应用型本科院校“十二五”规划教材/经济管理类

Public Finance

财政学

主　编　何　嵬　佟伯承
副主编　李　勇　郭玉侠
参　编　刘晓宇　张永丹

哈爾濱工業大學出版社
HARBIN INSTITUTE OF TECHNOLOGY PRESS

内容提要

本书力求按照财政学的内在逻辑关系和各部分的特点编排框架结构，内容相互衔接，更易于理解和掌握；吸收了近年来财政学理论的最新研究成果，注重联系我国财政改革发展的实际情况，例证丰富，通俗易懂；理论与实务各有侧重，理论部分着重介绍基本观点、主要原理，实务部分突出了操作性和知识性，注重学以致用。旨在培养学生掌握财政理论、税收、公债、购买性支出、转移性支出、政府预算以及财政政策等基本知识点，能够熟练灵活地运用各种财税常识和财政支出理论解决实际问题；以各类税收、公债、购买性支出、转移性支出、政府预算、政府间财政关系以及财政政策为主要内容，形成了完整的理论体系和知识结构。全书共分为十四章，各章配有案例导读、本章小结、自测题和案例阅读资料等内容。

本书适用于金融学、会计学、管理学、国际经济与贸易等经济管理类专业本科学生以及财税体系从业人员作为教材或参考书。

图书在版编目（CIP）数据

财政学/何鬼，佟伯承主编. —哈尔滨：哈尔滨工业大学出版社，2012.7

应用型本科院校“十二五”规划教材

ISBN 978-7-5603-3685-5

Ⅰ.①财… Ⅱ.①何… ②佟… Ⅲ.①财政学-高等学校-教材 Ⅳ.①F810

中国版本图书馆 CIP 数据核字（2012）第 163161 号

策划编辑　赵文斌　杜　燕
责任编辑　苗金英
出版发行　哈尔滨工业大学出版社
社　　址　哈尔滨市南岗区复华四道街 10 号　邮编 150006
传　　真　0451-86414749
网　　址　http://hitpress.hit.edu.cn
印　　刷　哈尔滨市工大节能印刷厂印刷
开　　本　787mm×960mm　1/16　印张 21.25　字数 458 千字
版　　次　2012 年 7 月第 1 版　2012 年 7 月第 1 次印刷
书　　号　ISBN 978-7-5603-3685-5
定　　价　39.80 元

《应用型本科院校“十二五”规划教材》编委会

序

哈尔滨工业大学出版社策划的《应用型本科院校“十二五”规划教材》即将付梓,诚可贺也。

该系列教材卷帙浩繁,凡百余种,涉及众多学科门类,定位准确,内容新颖,体系完整,实用性强,突出实践能力培养。不仅便于教师教学和学生学习,而且满足就业市场对应用型人才的迫切需求。

应用型本科院校的人才培养目标是面对现代社会生产、建设、管理、服务等一线岗位,培养能直接从事实际工作、解决具体问题、维持工作有效运行的高等应用型人才。应用型本科与研究型本科和高职高专院校在人才培养上有着明显的区别,其培养的人才特征是:①就业导向与社会需求高度吻合;②扎实的理论基础和过硬的实践能力紧密结合;③具备良好的人文素质和科学技术素质;④富于面对职业应用的创新精神。因此,应用型本科院校只有着力培养“进入角色快、业务水平高、动手能力强、综合素质好”的人才,才能在激烈的就业市场竞争中站稳脚跟。

目前国内应用型本科院校所采用的教材往往只是对理论性较强的本科院校教材的简单删减,针对性、应用性不够突出,因材施教的目的难以达到。因此亟须既有一定的理论深度又注重实践能力培养的系列教材,以满足应用型本科院校教学目标、培养方向和办学特色的需要。

哈尔滨工业大学出版社出版的《应用型本科院校“十二五”规划教材》,在选题设计思路上认真贯彻教育部关于培养适应地方、区域经济和社会发展需要的“本科应用型高级专门人才”精神,根据黑龙江省委书记吉炳轩同志提出的关于加强应用型本科院校建设的意见,在应用型本科试点院校成功经验总结的基础上,特邀请黑龙江省9所知名的应用型本科院校的专家、学者联合编写。

本系列教材突出与办学定位、教学目标的一致性和适应性,既严格遵照学科体系的知识构成和教材编写的一般规律，又针对应用型本科人才培养目标及与之相适应的教学特点，精心设计写作体例，科学安排知识内容，围绕应用讲授理论，做到“基础知识够用、实践技能实用、专业理论管用”。同时注意适当融入新理论、新技术、新工艺、新成果，并且制作了与本书配套的 PPT 多媒体教学课件，形成立体化教材，供教师参考使用。

《应用型本科院校“十二五”规划教材》的编辑出版，是适应“科教兴国”战略对复合型、应用型人才的需求，是推动相对滞后的应用型本科院校教材建设的一种有益尝试，在应用型创新人才培养方面是一件具有开创意义的工作，为应用型人才的培养提供了及时、可靠、坚实的保证。

希望本系列教材在使用过程中，通过编者、作者和读者的共同努力，厚积薄发、推陈出新、细上加细、精益求精，不断丰富、不断完善、不断创新，力争成为同类教材中的精品。

黑龙江省教育厅厅长

前　言

财政是经济的一部分，财政学是经济学的一部分。要把财政分配活动和财政知识上升到理论层面，分析其特殊性和总结其普遍性，抽象出规律性，就构成了一门学说——财政学。或者说，就是要用财政学科学的理论制定财政政策与制度，指导和约束财政分配活动的实践。

财政作为一门科学，就是要研究国家或政府分配自有资金的理论与政策，实现国家或政府的社会、政治、经济目的。一般来说，通过财政资金的分配，达到既满足社会公共需要，实现社会公平，又要优化资源配置，实现效率提高；既要通过财政支持保障政府政治需要，实现社会治理的管而不死，又要根据政府科学决策进行宏观经济调控，实现经济发展的活而不乱。这种以国家为主体的分配关系，就是财政学的研究对象和内容。

财政在国家生存和发展中占有非常重要的地位，也是国家进行国民经济宏观调控的两大重要闸门之一。财经类高校的各个专业都把财政学作为一门专业基础理论课程，我国教育部已经把财政学列入财经类高校的十门核心课程之一。作为财经类高校的大学生有必要掌握它的基本理论。我们在借鉴其他学者研究成果的基础上，结合多年来的教学成果，组织多位教师经过数次研究探索、切磋讨论和大胆尝试，编写了这本应用型本科《财政学》教材，期望能有所创新。

与以往的相关教材相比，本教材强调课程的实用性和创新性，既有传统证券类教材的理论性，又具有自身的新颖性。

1. 实用性

本教材强调应用型本科教育的定位，以应用为主线来构建结构和内容，做到理论适度，实际应用性突出。同时，把经济类、管理类学生应当学习和掌握的基本技能贯穿于教材中，将理论与实践有机结合起来。

2. 创新性

根据财政税收政策变化较快的特点，本教材及时地把新观点、新技术融入其中，保证学生接收和掌握到前沿实用的知识和技能。此外，本教材还以实例、案例贯穿于教材始终，使学生能结合本专业特点，灵活运用财政税收知识，增强分析问题和解决问题的能力。

本书由何嵬、佟伯承主编，并对全书进行了总纂和定稿。本书第一、二章由哈尔滨金融学院张永丹编写，第三、九、十二章由哈尔滨商业大学广厦学院佟伯承编写，第四、十三章由哈尔滨金融学院刘晓宇编写，第五、六、七章由哈尔滨德强商务学院李勇编写，第八、十、十一章由哈尔滨德强商务学院何嵬编写、第十四章由哈尔滨德强商务学院郭玉侠编写。

在编写过程中，我们参考并引用了大量文献资料，在此向这些文献资料的作者深表谢意。由于编写人员的水平有限，书中难免有疏漏之处，恳请各位专家和读者批评指正，以便我们做进一步的修改和完善。

编　者

2012 年 5 月

目　录

第一章

Chapter 1

财政学导论

【本章学习要求】

导论部分着重介绍财政学的基本概念及其研究方法，要求掌握财政学的概念，了解财政学的产生与发展过程和财政理论学说的演变过程，理解财政学的基本研究方法。

【本章主要概念】

财政；财政学；财政本质；国家分配论；社会共同需要论

【引导案例】

现实生活中的财政问题

在现代社会中，每个人的生活都会受到政府经济活动的影响。一早醒来，开灯照明，用的电是政府兴建的供电厂提供的；刷牙洗脸，用的水是由政府投资的自来水公司供应的；烧菜做饭，用的煤气是由政府创办的煤气供应公司提供的；上班下班，走的是市政部门投资修筑的道路，乘的是市政部门提供的公共汽车；晚餐之后，既可以在家里看看政府创办的电视台的节目，也可以到政府兴建的公园散散心。可见，我们每天的起居住行都与政府有着相当密切的关系。

从每个人的一生看，呱呱落地的那一天，我们中的多数人是在政府经营的医院里度过的。伴随时光的流逝，我们渐渐成长，开始接受应有的教育，而我们就读的幼儿园、小学、中学、大学等，多半是由政府开办的。在完成学业的过程中，如果经济方面出现困难，我们可以申请政府提供的助学贷款。当我们走上工作岗位后，受伤生病，可以享受政府提供的医疗保障服务；万一失业，可以按规定领取失业保险金；而当我们年老退休之时，可以获得社会养老保险金。此外，政府还专门针对穷人、老人和老兵们提供了相应的扶贫、补贴或抚恤计划。

当然，天底下没有免费的午餐。我们在享受政府所提供的各种产品和服务的时候，也需要付出相应的代价。与消费其他产品相似，我们在用水、用电、用气，或者在收看有线电视、乘坐公共汽车时，需要向相应的城市公用事业部门缴纳一定的使用费。同时，尽管像公园、广场、国防、治安等各种服务往往由政府向公众免费提供，但实际上，我们在享受政府所提供的各种服务的同时，也以纳税义务人的身份为政府的各方面开支缴纳各种税收。比如，在买卖各种商品的过程中，我们所支付的价格中已经包含了一定数量的税款；而当我们的收入达到一定水平后，就要向政府缴纳个人所得税；如果我们拥有一定数量的动产或不动产，就要为此而缴纳不同形式的财产税；此外，作为劳动者，我们之所以能够享受到社会医疗保险、失业保险和养老保险等各种服务，也主要是因为我们的收入所得中有一部分要以社会保险税(费)的形式上缴给政府部门。

第一节　财政学概述

一、财政现象

在现实经济生活中，我们社会中的每个人几乎都与财政有着各种各样的联系，通过各种方式、各种渠道与财政“打交道”。财政的特点是以政府作为活动主体，也是政府政治经济活动的综合反映。而财政学就是以财政为研究对象的科学，通过研究财政解释和阐述财政活动的规律，探索财政活动同国民经济、同其他经济活动的关系及其变化的规律性，进而为财政活动的实践提供理论依据——这就是人们研究财政学的基本目的。

财政学属于一门以人为研究对象的人文社会科学。那么，我们要提出的一个最基本的问题为：人是什么？对这个问题，可以从不同角度给出回答。按照20世纪美国心理学家马斯洛在《人类动机的理论》和《激励与个人》等著作中提出并阐述的需要层次理论，人可以被看成一种具有多层次需要的复合体——按照马氏的理论，人的需要可以被区分为五个层次，主要包括：生理上的需要；安全上的需要；感情和归属上的需要；地位和受人尊敬的需要；自我实现的需要。实际上，人的需要确实是多种多样的——极端的说法叫做“欲壑难填”。显然，人的多种多样的需要往往只有借助相应的方式或手段，才能得到某种程度的满足。

从财政学的角度看，所有的经济活动一般是由两个社会系统来支持的：一个是市场系统，一个是财政系统。市场是一个(主要)通过买卖或交换方式来满足人们多种需要的系统。劳动者通过劳动，取得收入，用货币在市场上购回自己所需的商品和劳务，价格是一只“看不见的手”，支持和协调着人们的行为。因此，无论从亚当·斯密的“看不见的手”和卡尔·马克思揭示的商品生产中的价值规律进行理论分析，还是从现实生活中进行观察，市场都是一种结构精巧而且常常能比较有效地满足人类社会需要的经济运行机制。

然而，市场并非万能，它不能满足人们的一切需要，从而也不能完全保持社会经济的正常运行。满足人们的需要，以保证居民生活和社会经济正常运行，不仅要通过市场来满足，还需要另一个系统——政府。政府主要通过财政以有别于市场的方式，通过组织开展相应的公共事务，来满足人类的其他多种需要，而这些需要通常不能或不适合通过市场买卖来满足。由此，我们便看到了政府从事的涉及个人衣食住行和国家政治、经济、文化建设等的各种公共事务，与之相关，我们也看到了各种各样的财政活动或财政现象——政府组织收入、安排支出并对收支进行管理的活动。反过来看，国家或政府通过其财政活动，向社会成员提供了满足其需要的各种各样的产品或服务。

例如，蚊虫是一种引起多种疾病流行、危害人类健康的害虫，人们可以选择各种不同的方式和手段来进行防疫灭蚊活动。比如：①人们可以减少室外活动，在家里关紧门窗，来减少或隔绝与蚊虫的接触，以避免蚊虫的叮咬，这种方式不花什么钱就能办到，但是却使人无法去室外进行各种必要的活动，因为室外蚊虫仍然横行。如果必须外出活动的话，上述方法显然不行。②人们还可以采取喷防蚊剂的办法防蚊。这种方法花钱不多，但是存在药效和外出的抗药性的问题，因而也不是解决根本问题的方法。③人们还可以选择在自己的房屋周围喷洒灭蚊剂的方法，在一定范围内消灭蚊虫。这种方法比前述的方法好一些，能维持一定时间的灭蚊效果，但隔一段时间后，其他地区的蚊虫依然会飞来。④最好的解决办法是人们在同一时间，统一地、大面积地行动起来，采取措施消灭蚊虫。这种办法效果最好，但花费也最大，而且这种公共或共同的行为需要统一组织。

在灭蚊这项公共行动中，要避免一种“免费搭乘”的问题。所谓“免费搭乘”，是借用免费搭车的行为来喻指人们不支付费用而享受好处的行为。试想在灭蚊行动中，如果有一个人肯出钱租一架飞机喷洒灭蚊剂的话，则该地区的所有居民可以不花分文而享受与付费者完全一样的好处。可是如果该地区每一个人都想“免费搭乘”，还会有人采取这种灭蚊方式吗？

再如，为了保证国家安全和维护公共秩序，需要军队、警察、法庭等国家机器；为了保证社会生产流通等经济生活的正常进行，需要铁路、公路、民航等交通运输网，需要供电、供气、供水、排水等公共基础设施，需要大型工厂、矿山、电站等工业设施，需要大型水利工程、灌溉系统等农业设施，需要大规模的商品储运、流通设施；为了满足人民生活的需要，需要博物馆、展览馆、体育馆、文化宫、学校、医院等事业单位；为了推动科技的进步，需要许多科研机构和大量科研经费；失业和下岗人员需要最低生活保障。而在这一过程中，无论个人还是企业都主动或被动地参与财政活动——可以说，在现代社会里，个人的生老病死、企业的生产经营都与财政密不可分。

二、财政的概念

从人类发展史来看，财政是伴随国家的产生而产生的，所以财政活动是一种历史悠久的经济现象。虽然在学术研究上还有不同的理解，但一般把财政理解为一种国家或政府的经济行为。简略地概括财政的概念，从不同的角度，可以有不同的理解。从实际工作来看，财政是指国家（或政府）的一个经济部门，即财政部门，它是国家（或政府）的一个综合性部门，通过它的收支活动筹集和供给经费和资金,保证实现国家(或政府)的职能。

(一)财政概念的历史演变

1.西方国家财政概念的演变

财政一词最早出现在拉丁文中,意为结算支付期限、支付款项、确定罚款支付等。16 世纪财政一词传入法国,意为公共收入;17 世纪演变为专门指国家理财;19 世纪进一步阐明是指国家及一切公共团体的理财,并相继传入欧洲其他国家,英语为 finance。19 世纪末,日本引进 finance的词义,同时借用中国的两个汉字"财"与"政",立财政一语(1882 年日本开始用"财政奏折"一词)。finance 释义较广,可译为金融、融资、财务等。专指国家理财时,西方国家一般用 public finance,可直译为公共财政。

2.我国财政概念的演变

我国在早期用"度支""国计""国用"等词来概括财政现象。到 19 世纪 90 年代,财政一词由日本传入我国。在戊戌变法(1898 年)"明定国事"诏书中首次出现"改革财政,实行国家预算"的条文。自民国开始,以"财政"命名官方机构,称"财政部"。20 世纪 40 年代旧中国中华书局出版的《辞海》对财政概念的解释是:"财政谓理财之政,即国家或公共团体以维持其生存发达为目的,而获得收入,支出经费之行为也。"这也是引用西方国家公共财政定义而进行的表述。传统计划经济时期和改革开放初期对财政理论的探讨和对财政概念的不同界说,主要有国家分配论、剩余产品论、价值分配论、社会再生产论、社会公共需要论等。上述观点中,国家分配论曾在较长时期内占据主流地位。80 年代中期以来,国家分配论、剩余产品论、社会公共需要论三者的融合倾向较为明显。

1992 年党的十四大提出建立社会主义市场经济体制的改革目标后,西方国家的公共财政概念被引入我国,理论界开始循着公共财政的精神对财政概念进行重新认识,并成为我国解释财政概念的主流意见。

(二)财政的基本特征

财政是以政府为主体,集中一部分国民收入来满足社会公共需要的收支分配,是政府从事资源配置和收入分配的一种公共经济活动。

这就表明,要较全面、准确地理解财政的概念,就应把握财政这种特殊分配活动包括的四个方面的具体含义:

1.财政是一种分配活动,属于分配范畴

这里的分配是广义的分配,既包括关乎社会再生产的资源配置即生产要素的分配,也包括关乎人们之间利益关系的收入分配。

2.财政活动的主体是政府(或国家)

财政表现为政府的集中性分配活动,是一种政府行为。这意味着:①财政是为实现政府职

能服务的;②政府是财政分配的组织者和主持者;③所有财政活动都体现着政府与其他经济主体之间的经济关系。这种经济关系在不同的社会制度下具有不同的性质,这是不同社会制度下财政的特殊性。

由于财政属政府的经济行为,在经济部门划分中政府属公共部门,因此,财政活动是一种公共经济活动。

3. 财政分配的目的是提供公共物品和满足社会公共需要

财政作为一种以政府为主体的分配方式或资源配置方式,与市场性的资源配置一样,目的都是满足社会需要。人类的需要可分为两类:一类是私人需要(包括个人生活需要和企业单位的生产经营需要),一类是社会公共需要。在市场经济条件下,私人需要通过市场机制提供私人物品来满足,社会公共需要由政府通过财政机制提供公共物品来满足。这是市场经济下市场与政府的基本分工。这样公共物品和公共需要问题就成了市场经济下财政问题的核心,公共物品和社会公共需要理论亦成了认识市场经济下财政概念的基点。

4. 财政分配的对象是一部分国民收入,即主要是剩余产品价值

财政是政府集中一部分国民生产总值或国民收入的收支活动,并通过收支活动调节社会总需求和社会总供给并使两者相协调,达到优化资源配置、公平分配以及经济稳定和发展的目标。主要表现为国家或政府安排和使用资金,并通过征税、举债等方式筹集资金的一种经济活动。

三、财政的产生与发展

(一)财政的产生

财政是一个古老的历史范畴,是人类社会发展到一定历史阶段的产物。这是“国家分配论”的财政起源观。

财政是社会生产力发展到一定程度,出现了剩余产品,产生了私有制,产生了阶级,继而伴随着国家的出现而产生的。国家机构的存在和国家职能的实现,必然要消耗一定的物质资料,可是国家本身并不从事物质资料的生产,无法通过自身的生产为自己提供这部分物质资料。国家就依靠它所拥有的公共权力,采取捐税等形式,强制、无偿地在物质生产领域以外再分配一部分社会产品,以满足其实现职能的需要,从而从整个社会产品的分配中,独立出一种由国家凭借其政治权力(公共权力)直接参与的社会产品的分配。这时,财政作为一个独立的经济范畴产生了。

(二)财政的发展

不同社会制度下的财政尽管代表着不同阶级的利益,反映着不同性质的社会产品分配关系,具有不同的特点,但作为一个经济范畴,它们又具有共性,即公共性。它们都是在一定生产资料所有制基础上的国家为实现其职能的公共需要，依据其权力而进行的一种社会产品的分配活动；其所反映的财政分配关系是各自社会总的社会产品分配关系的一个组成部分。随着社会生产力的不断发展，人类社会经历了几个不同生产资料所有制为基础的社会形态以及与之相适应的国家形态，从而也产生了几种不同类型的国家财政。在人类社会发展史上，存在着奴隶制国家、封建制国家、资本主义国家和社会主义国家，从而也相应地存在着奴隶制国家财政、封建制国家财政、资本主义国家财政和社会主义国家财政。

1. 奴隶制国家财政

奴隶制生产关系的基本特征是奴隶主占有生产资料和直接占有生产劳动者——奴隶。此时，奴隶制国家的国王不仅是掌握政治权利的统治者，而且本身也是最大的奴隶主，占有大量的土地和奴隶。

(1)奴隶制国家的财政收入

奴隶制国家的财政收入包括：①国王强制奴隶为他从事各种生产劳动而取得的王室土地收入；②向被征服的弱小部族或国家进行掠夺；③收受强派的贡物收入；④向农民和手工业者等自由民征收的捐税。

(2)奴隶制国家的财政支出

奴隶制国家的财政支出包括：①军事开支；②维护政权机构的支出；③王室的享用；④宗教和祭祀等。

(3)奴隶制国家的财政分配

奴隶制财政是奴隶制国家为了实现其职能，压迫和剥削奴隶及其他劳动者的一种手段，它反映着奴隶制国家与奴隶和其他劳动者之间的对抗性分配关系。由于奴隶社会的生产力水平仍然很低，自然经济占据统治地位，整个社会产品的分配基本上采用实物形式，这就决定了奴隶制财政的分配也主要采用了实物形式。

2. 封建制国家财政

封建制生产关系的基本特征是封建主占有生产资料和不完全占有生产劳动者即农奴，同时也存在着农民和手工业者等小私有经济。

(1)封建制国家的财政收入

封建制国家的财政收入包括：①官产收入；②诸侯贡赋；③捐税田赋；④专卖收入；⑤特权收入等。

(2)封建制国家的财政支出

封建制国家的财政支出包括：①维护其统治的战争支出；②行政支出；③皇室的享乐支出；④封建的文化、宗教等支出。

(3)封建制国家的财政分配

封建制财政是封建主阶级维持其统治、压迫和剥削农奴及其他劳动人民的一种手段，反映着封建国家与农奴及其他劳动人民之间的对抗性的分配关系。

在封建社会里，自然经济仍占统治地位，但随着社会生产力的发展，商品经济日渐发达，尤其到了封建社会后期，商品经济已占了相当比重。因此，封建国家财政分配也就如同整个社会产品一样，在采取实物形式的同时，越来越多地采取了价值形式，如当时的土地税、矿产税、渔业税等都采用了货币形式。

与此同时，在封建社会时期还产生了一些在现代社会具有很大重要性的财政范畴，如公债与国家预算。在封建社会后期，封建国家由于对内统治事务的发展与对外战争频繁等原因，各项支出迅速增长，已有的财政收入形式日益不能满足财政支出的需要。因此，封建国家除了继续加重捐税以外，还被迫向当时在政治上还无权，但却拥有强大经济力量的新兴资产阶级大量借债，于是公债这一财政范畴产生了。

在新兴资产阶级凭借自己的经济实力，以向封建国家提供财政资助为手段，与封建主积极作斗争，力求获得与自己的经济实力相适应的政治权利和政治地位时，新兴资产阶级通过是否同意纳税、借债，并进而获得审查和监督国家财政的新的权力，即对国家预算的审查批准权，从而使国家预算这一新的财政范畴也出现了。

正如马克思所说："原始积累的不同因素，多少是按时间顺序特别分配在西班牙、葡萄牙、荷兰、法国和英国。在英国，这些因素在17世纪末系统地综合为殖民制度、国债制度、现代税收制度和保护关税制度。"

这些方法一部分是以最残酷的暴力为基础，例如殖民制度就是这样。但所有这些方法都利用国家权力，也就是利用集中的有组织的社会暴力来大力促进从封建生产方式向资本主义生产方式的转变过程，以缩短过渡时间。可见，在封建制度解体和资本主义制度的确立过程中，国家财政也发挥了积极的作用。

3. 资本主义国家财政

资本主义生产关系的基本特征是资产阶级占有生产资料，劳动者靠出卖自己的劳动力为生。

(1)资本主义国家的财政收入

资本主义国家的财政收入包括：①税收；②公债；③专卖收入等。

(2)资本主义国家的财政支出

资本主义国家的财政支出包括：①提供公共产品和服务；②满足国防支出；③行政经费支出；④社会支出；⑤基础设施支出的公共需要。

(3)资本主义国家的财政分配

资本主义财政就其本质来说是资产阶级维持其统治，剥削无产阶级和其他劳动人民的一种手段，反映着资本主义国家与无产阶级及其他劳动人民之间的对抗性分配关系。在资本主义社会，由于具有高度发达的市场经济，因而财政分配采用的是价值形式。

由于不同时期经济发展的任务不同，资本主义财政在不同时期（自由资本主义时期和垄断资本主义到现代资本主义时期）的作用的侧重点也有所不同。在自由资本主义时期，国家为了给资本主义经济扫清障碍，采取了不直接掌握经济的自由放任的财政政策，通过创造资本主义经济自由发展所必需的外部条件，积极地促进了这一时期的资本主义经济的发展。随着资本主义社会从自由资本主义向垄断资本主义的转化，直到现代资本主义发展，客观上要求资产阶级利用国家的行政权力和财政手段干预调控宏观经济，以缓解经济危机的破坏性影响和努力推迟乃至克服经济危机的周期性出现。

因此，资本主义财政不仅从财力上保证着资本主义国家维持行政管理和军事机构的公共需要，而且作为国家干预社会经济的主要经济杠杆，为资产阶级的经济利益服务。

4. 社会主义国家财政

社会主义生产关系的基本特征是以生产资料社会主义公有制为主体、多种经济成分并存的经济。

这种基本的经济制度决定了社会主义财政发挥着与资本主义财政在形式上类似，但实质上却不同的国家职能。在社会主义初级阶段，财政是实现国家职能，巩固人民政权，发展与调控经济，满足公共需要与发展国有资产（本）需要的有效手段之一。在不同的历史时期，社会主义财政为了适应政治经济形势与发展的需要，承担着不同的任务，呈现出不同的特点，尤其是在社会主义市场经济时期，财政将经历一系列重大的变化和发展。

社会主义国家财政是以生产资料公有制为主体的经济结构，这决定了社会主义国家财政不再有剥削内容与对抗性矛盾，它始终反映着社会主义国家与广大劳动人民之间根本利益一致的分配关系。

四、财政的本质

（一）财政一般

财政作为一种现象、工具、杠杆、手段和形式，是“以国家为主体的分配活动（运行）”，国家和分配活动（运行）是财政定义中不可或缺的两个要素。而财政的本质则是财政现象（活动或运行）内在的东西，是“以国家为主体的分配关系”，国家和分配关系是财政本质定义中不可或缺的两个要素。“以国家为主体的分配活动（运行）”或“以国家为主体的分配关系”是“财政一般”，反映着财政的公共性，是任何社会形态共有的，适用于不同社会形态国家的财政。

（二）财政特殊

不同生产资料所有制的国家决定不同性质的财政，不同阶级统治的国家所进行的财政分配具有不同的特殊性质。这叫“财政特殊”，反映着财政的阶级性或社会性。

就社会主义国家财政而言，它除了与建立在私有制基础上的国家财政一样，具有“以国家为主体的分配关系"这一共同本质("财政一般")之外,还有着自己的特殊本质("财政特殊")。这就是社会主义财政,是以建立在生产资料社会主义公有制为主体的多种经济成分并存的基础上的以社会主义国家为主体进行的社会产品的分配,因而它具有"取之于民,用之于民"的本质特征。在社会主义国家,财政收入是劳动人民创造的物质财富,国家财政对其加以集中,这是"取之于民";财政支出则用于满足公共需要,巩固与发展社会主义公有制为主体的多种经济,发展社会生产力,直接、间接地用于满足人民的物质文化生活需要,这是"用之于民"。正是"取之于民,用之于民"这一本质特征,使社会主义财政同以私有制为基础的西方国家财政相区别。

(三)财政与国家具有最深层次的本质联系

财政是阶级社会的产物,是人类社会经济发展到一定阶段的产物。出现了阶级,产生了国家,才产生了财政。

财政与国家互为基础和前提。剩余产品是财政产生的物质基础,国家是财政产生的政治前提,国家为保证它的存在和发展,满足实现其职能的需要,必须凭借公共权力参与一部分社会产品的分配,没有这种分配,国家就不可能存在。所以,财政与国家同"生"共"死",相互伴随着同时萌芽、产生、发展和消亡。

五、财政学与经济学

(一)财政学与主要的基础经济学课程的关系

微观经济学、宏观经济学和马克思主义政治经济学作为基础经济学课程,都是讲最基本的经济知识和理论(各自的具体研究对象和理论体系不同)。财政学作为经济学的一个分支,只是研究政府或公共部门经济活动的一个主要方面——政府的资金收支活动,其中包括政府财政收支活动对个体和社会整体经济活动的影响。

1. 财政学与微观经济学内容的衔接关系

两者首尾相接。微观经济学通过对个体经济单位的经济行为的研究,说明市场机制的运行和作用,以及改善这种运行的途径。其最后要讲到市场失灵,引出政府干预的必要性。财政学正是从市场失灵讲起的。

2. 财政学与宏观经济学内容的衔接关系

宏观经济学是研究社会总体的经济行为及其后果,研究整个国家的经济运行情况,核心是讲国民收入的决定因素和宏观经济的均衡与增长问题。其中的主要内容之一是宏观市场失灵和如何运用财政政策与货币政策促进实现宏观经济的均衡与增长。财政学也要讲财政在经济稳定和增长中的作用和相应的财政政策问题。两者在这一点上是重合的。

3. 财政学与马克思主义政治经济学内容的衔接关系

马克思主义政治经济学的重要内容之一是社会再生产理论。社会再生产包括生产、分配、交换、消费四个环节。财政收支属分配范畴。财政学要研究财政分配在社会再生产中的作用与影响。

(二)财政学与其他相关经济管理课程的关系

1. 财政学与金融学

财政学与金融学(或货币银行学)都是关于钱的学问,但财政学是研究政府的钱怎么来,怎么用;金融学是研究市场上的钱怎么来,怎么用,是讲各个经济主体如何通过金融市场进行资金融通,也包括政府通过金融市场进行的融资活动,如发行公债。财政收支一般是无偿的,属政府行为,通过金融活动形成的资金收支是有偿的,属市场行为。

2. 财政学与财务管理学

两者也都是关于钱的学问,但财政学是研究政府的钱怎么来,怎么用;财务管理学是研究企业的钱怎么来,怎么用;政府的钱怎么来怎么用主要是个政策问题,企业的钱怎么来怎么用是个经营问题;政府财政的理财目标是实现社会整体效益的最大化,企业理财的目标是谋求自身利润的最大化。

第二节　财政理论学说的演变过程

一、中国古代的财政思想

我国古代财政大约发端于夏禹时代。据《史记》记载:“自虞、夏时,贡赋备矣。”财政实践活动的出现与展开,必然促使人们思考财政活动及其相关的问题,提出财政思想。在财政一词首次于1898年出现在我国官方文件之前,中文里是用“理财”“国用”“邦支”“度支”等词来指称国家财政活动或其某一侧面的。

就总体而言,我国历史上形成的财政思想是为奴隶制国家和封建王朝的统治服务的,但其中不乏至今仍有借鉴意义的杰出的财政思想,主要表现在以下四个方面。

(一)关于财政与经济的关系的认识

经济决定财政、财政反作用于经济。这是当代财政学理论中的一条基本原理。关于这一点,我国历代理财家、思想家都有较充分的认识,如:管仲提出“治国之道,必先富民”;刘晏认为“理财常以养民为先”;王安石主张“因天下之力,以生天下之财;取天下之财,以供天下之用”;丘浚说“理财之道,以生财之道为本”;魏源则以“植柳剪韭”形象化地表述了他对财政与经济关系的认识。

(二)关于如何组织财政收支及其平衡的认识

“以收定支”抑或“以支定收”乃至今争论不休的政府预算原则问题之一。在这个方面,我国很早就有人提出了不同的思想与主张,如:在三千年前的周代,以礼贤下士闻名于世的周公

(姬旦)率先提出了"量入为出"的理财原则。唐代的杨炎则提出了"量出制入"这种相反的思想主张。他说:"凡百役之费,先度其数而后赋于人,量出制入。"他的意思是说,要先核定国家的财政支出规模,然后再根据支出需要去征税。

(三)关于运用财政手段调节经济和平抑经济波动的认识

西汉时期的桑弘羊主持制定的"均输""平准"两法就很典型地体现了这种思想。桑弘羊还在两千年前注意到了财政支出形成需求的作用,因此反对将节约作为财政支出的唯一原则。

(四)关于减轻税负、公平征收、简化税制等的认识

如历朝历代在国内遭受严重自然灾害时对老百姓实行减税政策,以便休养生息;又如,明代万历年间的内阁大学士张居正推行的"一条鞭"税收制度改革,等等。

二、西方财政学说

自西方财政理论于200多年前诞生以来,其理论与政策思想发生了很大变化。应注意,对西方财政理论与政策思想的发展可以从不同角度进行分析,如根据方法论、社会经济制度演变、研究对象(范围)的拓展等。这里主要根据政策思想的变化,将西方财政理论的发展分为以下三大时期。

(一)古典时期财政理论

古典经济学的财政思想主要是反对国家干预经济,提倡提高国家税收收入,强调对内加强财政管理,保护、维持工商业发展,对外实行高关税、限制进口等,对发行公债持肯定态度。

1. 亚当·斯密的财政理论

亚当·斯密在其1776年出版的《国民财富的性质和原因的研究》中着重阐述了他的财政思想和政策主张。他认为私人的、自由的经济制度,在市场自发调节下,能保持理想的秩序,每个人在追求最大私利的同时,社会利益也能得以最大限度地实现。

关于国家职能,斯密认为,国家的活动属于非生产性活动,不创造物质财富。国家的职能是在保护国家安全、维护社会治安、抵御外来入侵、建设并维持某些公共事业等一些对社会有益而又不可缺少的活动中,充当"守夜人"的作用。

关于财政收入问题,他提出了以受益者负担为中心的收入理论,即按享受国家经费开支利益的大小和方向来筹集经费。

关于税收问题,他提出税源选择应以不妨碍资本积累为前提,主张以地租、利息、工资为征收的对象和源泉,并提出了著名的税收四原则:公平、确定、便利、经济。

关于公债问题,他提出了"公债有害论",即不主张发行公债。他认为巨额公债用于国家非生产性开支,会破坏资本生产机能。

关于财政支出问题,他认为政府开支是非生产性的,因此主张实行"廉价政府",把政府的财政支出压缩到最低限度,实行量入为出,预算平衡。

2. 大卫·李嘉图的财政理论

大卫·李嘉图继承和发展了亚当·斯密的财政思想。他于1817年发表《政治经济学及赋税原理》,对税收理论,尤其在税收转嫁与归宿理论方面作出了重要贡献。大卫·李嘉图同意斯密关于国家职能、公债、财政收支方面的观点,又提出了自己的赋税理论和财政补贴理论。

李嘉图的赋税理论主要体现在赋税总论和赋税论两个方面。在赋税总论方面,他认为任何形式的赋税都来源于利润、地租或其他形式的收入,都会减少资本积累。为了减轻对生产的破坏,他主张尽量减少对最终由资本来承担的赋税的征收,认为最好的财政计划是节约的财政计划,最好的赋税是负担最轻的赋税。在赋税论方面,他研究了包括地租税、利润税、工资税、农产品税、黄金税等当时主要的税种的转嫁、归宿问题及各项赋税政策对国民经济的影响。他反对政府对农产品进行补贴,理由有:①农产品补贴是一种不平等的政策;②财政补贴实际上是一种干预经济自由运行的手段,它在一定程度上破坏了市场的自然秩序;③补贴所用经费来源于税收,而增加税收于国于民是有害无益的。

3. 瓦格纳的财政理论

瓦格纳是历史学派的财政理论之集大成者,1872年,瓦格纳出版《财政学》一书,该书只完成四卷而未写完,但该书对各国财政学的影响一直延续至今。瓦格纳认为国家是财政的主体,财政是独立于私人经济的活动。他主张财政的社会政策性,用财政手段来贯彻一定的社会政策。

瓦格纳的财政理论是建立在他的国家职能理论和社会政策思想基础上的。他认为,国家职能不仅仅是维持国内秩序和防御外敌的任务,还要为社会的经济、文化和福利的发展服务。他主张扩大国有财产,实行铁路、保险、银行的国有化。瓦格纳的财政理论是以他的社会政策思想为依据的。他认为随着人类社会的发展,国家职能应该不断扩大,财政支出不断增长,并与经济的增长存在着一种函数关系。

在财政收入方面,他提出了"社会政策的赋税"的观点。他认为赋税不仅仅是以满足财政需要为目的,还应当增加社会政策的目的。因此,他主张在所得税中采用累进税制,对奢侈品、财产课以重税。他还建立起了自己的赋税原则:财政收入原则、国民经济原则、社会公正原则和税收行政原则。

4. 庇古的财政理论

庇古是福利经济学的创始人。1902年,庇古出版了《福利经济学》一书,开拓了福利经济学的研究领域,创造了福利经济学的完整体系。他主张国家干预经济生活,重视财政在资源配置和收入分配方面的作用。

他认为,每个人都在追求个人福利的最大化,而所有个人福利的总和就是社会的福利,国家的存在就是为了增加社会的福利。他提出国民收入总量越大,社会的经济福利越大;国民收入在个人之间的分配越均等,社会的经济福利越大。

关于财政收入,他提出了税收最小牺牲原则,对所得税实行累进税制,对穷人实施低税或免税政策,从而达到收入的均等化,增加社会福利。

关于财政支出,他主张对某些社会有益的产业予以补贴,增加失业人员、贫困家庭补助的社会福利支出,缩小收入差距,以及利用财政支出的变化,促进资源优化配置和充分就业等。

(二)凯恩斯主义时期财政理论

进入20世纪,西方国家发生了多次经济衰退,尤其是1929～1933年的经济大危机,席卷了整个资本主义世界。许多经济学者意识到古典经济学家所宣扬的自由市场经济理论不能适应实际情况。在实践中,美国1933年开始实施“罗斯福新政”。

1936年,凯恩斯出版了他的《就业、利息与货币通论》,提出了国家干预经济生活的理论。凯恩斯理论拓宽了经济学的范畴,使宏观经济学登上了西方经济学的大雅之堂。而财政政策是经济学的主要部分,因此,尽管凯恩斯本人并未对财政基本理论和财政收支决策进行系统的论述和分析,但凯恩斯对财政学研究理论的贡献仍然为后人所敬仰。

凯恩斯理论的核心是总需求理论,他认为经济危机的发生是由于有效总需求不足,而有效需求包括消费需求和投资需求,它们取决于“边际消费倾向”“资本边际效率”及“货币的流动偏好”三大基本心理因素,由于这些因素的作用,造成有效总需求不足,使得充分就业、经济稳定不能仅靠市场自动实现,因而主张扩大政府对经济生活的干预,运用财政政策和货币政策,刺激消费,扩大投资,提高社会有效总需求,即发挥政府宏观调控这只“看得见的手”的作用,以促进充分就业和经济稳定。

凯恩斯进一步认为,在经济萧条时期,由于存在“流动性陷阱”,政府通过增加货币供应量、降低利率以便刺激消费与投资的货币政策将归于无效。因此,他认为,当经济萧条时,要恢复经济增长、扩大就业,政府应当倚重直接扩大财政支出、实行赤字的财政政策;当经济增长过热时,政府则应削减财政支出以降低社会总需求。由此便形成了“财政最重要”的政策思想与主张。

凯恩斯的经济理论和政策主张提出后,引起西方经济学界的震动。以萨穆尔逊、汉森等为突出代表的许多西方经济学家对凯恩斯的经济理论作了各方面的解释、修补和发展,从而使得以加强政府干预为特点的西方财政理论得到了进一步发展(如提出了补偿性财政政策或周期预算平衡准则等)。

(三)新自由主义时期财政理论

20世纪70年代西方世界出现了“滞胀”问题。对这一问题,凯恩斯主义经济理论既不能作出解释,也不能提出政策措施加以解决。在这种背景下,西方经济学理论中又出现了所谓的“凯恩斯反革命”,西方财政学也进入了一个新的发展时期,主要有以下新自由主义经济学流派对凯恩斯主义的理论与政策主张提出反驳和攻击。

1. 货币主义学派

以米尔顿·弗里德曼为首的货币主义学派认为,不仅政府对经济的大规模干预窒息了市场经济的活力,而且所谓的"流动性陷阱"假说也得不到实证研究的支持。因此,他们认为必须抛弃"财政最重要"的政策主张,而代之以"货币最重要"。同时,他们认为,由于货币效应存在滞后现象,政府采取反周期性的货币政策行动很难收到效果,因而主张采取"保持货币(存量)增长稳定不变"的政策。

2. 供给学派

以阿瑟·拉弗等为代表的一些学者认为,凯恩斯主义的政府干预政策不仅干扰了市场机制的有效运作,而且在注重需求管理的同时,忽视了供给问题的重要性。他们主张,政策重点应转到刺激生产、鼓励投资以增加供给上来,由此形成了供给学派。拉弗还提出了(描述和说明政府收入或 GDP 与税率之间关系的)"拉弗曲线",为减税以刺激供给增长的政策主张提供了理论依据。实际上,20 世纪 80 年代初美国总统里根推行供给学派的政策主张以及其他一些西方国家掀起减税浪潮后,在一定程度上促进了经济增长。

3. 理性预期学派

以卢卡斯等为代表的理性预期学派认为,人们在必须作出决策时,往往要根据所能得到的信息对未来进行预测,政府的财政等宏观政策决策也要以有关预测为基础。然而,由于信息总是不完备的,有关预测模型也总有缺陷,加之企业、居民等微观经济主体总会知道政府政策的真实意图并采取自利性保护行动,从而导致政府宏观政策难以达到预期效果,甚至完全归于无效。因此,他们主张尽量减少政府对经济的干预。

4. 公共选择学派

20 世纪 60 年代以后,以布坎南、塔洛克为代表的一些经济学家将财政作为公共经济部门,集中研究社会公共需要及其满足手段——公共产品问题,并突破了把国家(或政府)拟人化的局限,不能把政府看成一个像公司等法人那样的有机整体,而应看成是一个社会成员(或公民),通过它集体地作出决策,并通过构建投票论、政治联盟论、官僚主义论和制度选择论等,运用经济分析的方法,研究公共产品的生产、分配以及相关的决策过程,从而深化了财政学研究,形成了具有极大影响的公共选择学派。

除了上述一些主要流派的财政思想和观点外,新制度经济学派对现代财政学也作出了重要贡献。这一理论的主要特征是研究政治行政机制的资源配置效率和政府支出效率,财政支出微观化就是在这一基础上发展起来的。

三、我国财政理论的建设

中国财政理论是随着新中国的诞生而产生的,大体可分为四个阶段。

(一)建国初期的财政理论

在这一阶段,占主流地位的是引自前苏联的财政理论。其中具有代表性的是货币关系论。这一理论认为财政所反映的经济关系是由于货币的使用而产生的,社会主义财政就是通过货币表现出来的价值分配关系。这一观点虽然正确地指出了财政与国家的内在联系,但它把企业财政和银行信贷都包括了进来,混淆了财政、财务、价格等范畴,模糊了财政研究的特定对象。所以,即使在“中苏蜜月”时期,我国仍然有许多人提出质疑,国家分配论就是在这些观点的论战中,由于其自身的逻辑说明力,赢得了越来越多的赞同而成为主流学派的。

(二)计划经济时期的财政理论

这一阶段大致以1956年计划经济体制基本确立为开端,到1978年改革开放开始而结束。其中具有代表性的是国家分配论。这一理论认为,财政是国家为维持其存在和实现其职能的需要,凭借国家的权力,强制地、无偿地参与社会总产品或国民收入的分配,形成以国家为主体的分配关系;财政的本质特征是财政分配与国家之间的本质联系。财政分配的主体是国家,在财政分配过程中,国家同有关方面(如阶层、集团、企业、部门、单位、个人等)构成矛盾的双方,而国家属于起主导作用的矛盾的主要方面,国家是一切财政活动的决策者和组织者,各阶层、集团、企业、部门、单位、个人等只能居于矛盾的次要方面,处于服从的被动地位。财政分配的依据是国家的政治权力,在公有制条件下,国家可以凭借国家的政治权力及生产资料的所有权这一双重权力参与国民收入的分配。财政分配主要以无偿分配为主。财政在参与社会总产品或国民收入的分配过程中,体现不同社会发展阶段的生产关系。

(三)20世纪80年代的财政理论

在这一阶段,财政学界围绕着财政本质,财政职能等问题展开了激烈的讨论。一方面,国家分配论最终形成;另一方面,各种新的理论不断提出,其中对国家分配论冲击最大的是社会公共需要论。这一理论认为,财政是为满足不同社会形态下的社会公共需要所形成的经济关系,人们为满足社会共同需要而对剩余产品进行的分配就是财政。随着社会生产力的发展,到原始公社末期,剩余产品与社会公共需要产生,财政也随之产生。不是国家创造了财政,相反,是财政为国家的产生奠定了经济基础。但国家出现后,国家成了社会共同需要的代表,从而社会共同需要的性质被扭曲为国家职能的需要。这一理论认为,社会共同需要既不是普通意义上的大家需要,也不是全社会需要,更不是全社会个人需要和集团需要的机械加总,在阶级社会中也不是各个阶级的共同需要,而是就社会总体或自身而言,维持社会存在的一般的社会需要。

(四)20世纪90年代的财政理论

在这一阶段,随着社会主义市场经济的建立,财政学界发生了关于财政模式问题的争论,其中影响最大的是公共财政论。这一理论提出,公共财政即政府为市场提供公共服务的分配活动或经济活动,是与社会主义市场经济相适应的财政模式。它的“公共性”是其区别于其他财政的根本性质,使其具有独特内涵。该理论认为,公共财政是弥补市场失效的财政;公共财政是为市场提供一视同仁服务的财政;公共财政是非盈利性的财政;公共财政是法治化的财政。

第三节 财政学的研究方法

财政学(public finance)是研究政府的经济行为的一门学科,正因如此,有人也将财政学称为政府经济学。与任何其他学科一样,财政学不仅具有自己专门的研究目的(或任务)和研究对象,也有其特定的研究方法。

一、财政学与其他学科的关系

(一)财政学的经济学基础

财政学是经济学的一个分支,这就决定了从经济学的角度、运用经济学方法研究财政问题,是当代财政学的主流。

首先,从西方财政学科的发展演变历史考察不难发现,财政学与经济学具有无法割裂的天然联系。从亚当·斯密将财政学发展为一门学科以来,一直到1892年巴斯塔布尔(Bastable. C. F.)出版《公共财政学》期间,财政思想和财政理论均是在经济学著作中予以阐述。在经历单独冠以"公共财政学"之名的阶段后,以1959年马斯格雷夫(Musgrave. R. A)《公共财政学理论:公共经济研究》一书的出版为标志,财政学再次与经济学融合发展为公共经济学,进一步突显财政学研究的经济学基础。正是由于这种演变,促成了财政学科研究在随后20多年中的壮大与繁荣。

其次,从财政学的研究任务看,财政学与经济学的研究主题具有高度的一致性。根据西方理论对财政产生原因的解释,政府主要是为提供公共产品而存在,财政学研究的是政府(公共)资源的配置问题,作为分析市场资源配置问题的逻辑与范式同样可以在财政领域运用,构成公共产品的生产、提供以及费用分摊的理论基础。因此,公共产品理论的提出与完善,成为联系和沟通财政学与经济学的主要桥梁。将经济学分析方法运用于财政学科领域有着悠久的历史,许多杰出的经济学家都有这方面的研究成果,这大大促进了财政学科的独立与成熟,如李嘉图(Ricar do,1817)的公债效应分析;古诺(Cournot,1838)的不完全竞争市场下的税收归宿分析;埃奇沃斯(Edgeworth,1925)的关于税收对生产企业的效应分析;拉姆齐(Ramsey,1927)的最优商品课税理论;莫里斯(Mirrlees,1971)的最优所得课税理论等。

(二)财政学的政治学基础

现代财政学在具有经济学基础的同时还具有政治学基础。首先,财政学与政治学研究的行为主体具有一致性。政治学以国家或政府机构为中心进行研究,而财政是以国家或政府为主体的分配活动,因此,政治学的理论与观点,尤其是政治学上的国家理论或政府理论会直接渗透到财政学研究中来。在财政学著作中,有些直接冠以《政府经济学》来体现财政学与政治学之间的密切关系。在西方财政学中,一直存在着将财政学与政治学相联系的倾向,西方经济学家道尔顿在其《公共财政学原理》一书中更是开宗明义地指出，财政学是介于经济学与政治学之间的一门学科。

其次，财政决策过程需要通过政治决策机制来完成。财政所研究的公共资源配置依赖于政治过程，政治决策机制与方法的差异对配置效率具有重要影响，因此财政收支活动与过程同时又是政治活动与过程。随着1960年布坎南(Buchanan. J. M)《公共财政学：教科书导论》的出版和公共选择理论的兴起，为政治学建立了与经济学相同的分析基础，使得经济学分析范式成功地拓展到政治领域，以经济学为纽带将财政学研究与政治学研究打通。公共选择理论的政党理论、投票理论在财政学中的运用，开辟了从完善政治决策机制的角度来提高公共资源配置效率的新领域，使经济学、财政学和政治学更为有机地结合起来，便于我们从经济学和政治学两个层面共同研究财政问题。

(三)财政学的管理学基础

财政从来都是同国家或政府的职能连在一起的，财政收支活动的目标就是要有效实现国家或政府的社会经济管理职能，从这种意义上说，财政可以界定为政府的一种经济管理活动。从经济学角度考察财政，主要侧重于财政运行规律的分析和揭示；从管理学角度考察财政，则侧重于财政管理机制的构造和操作，两者具有内在统一性。当今世界，传统意义上的公共管理或称公共行政已经或正在为“新公共管理”所取代。按照“新公共管理”理论所谓“产业型政府”的解释，政府部门实质上是一个特殊产业部门。因此，财政问题不仅是经济学和政治学问题，同样是管理学问题。

基于新公共管理理论，吸收管理学的合理内核，是构建合理的财政机制、提高财政管理水平的必然要求。财政管理归结为一系列的制度安排，通过这种制度安排构筑利害相关主体的约束与制衡机制、规范财政经济运行过程中的各种权利配置关系和利益分配关系，通过吸收企业治理理论来谋求财政的科学控制。从管理学角度出发，按照管理学的范式，将管理学中的制度、行为、组织和决策理论引入财政学来研究财政，必然会使财政学的学术基础得到进一步夯实。

(四)财政学的社会学基础

财政制度运行于特定的社会环境之中，社会文化制度会通过财政行为主体对财政运行产生重要的乃至决定性影响。自德国宗教社会学家马克思·韦伯提出其“韦伯命题”以来，人们越来越重视一国社会文化环境在经济发展中的地位与作用，透过经济现象去探究隐藏其背后的社会文化根源日益成为人们洞察经济问题的新视角。

社会文化环境对经济主体行为的影响，一方面是通过影响经济主体的价值观念来影响其行为取向与方式，从而发挥其对经济主体行为的导向功能与约束功能，进而使制定出的政策带有较为浓厚的伦理色彩；另一方面，根源于社会文化传统的非正式规则对约束、规制与调整人们的行为起重要作用，其对正式规则的作用发挥将产生积极或消极的影响。事实上，就是在同种经济运行机制(如市场机制)下,由文化传统所决定的非正式规则的差异,会在经济运行机制层面上得到反映,呈现出不同的特点,最终体现出制度效率的差异。由此我们不难理解,为什么同种制度在不同国度有着不同的运行状况和运行结果,为什么一项制度在具体运行过程中会出现偏差,为什么我们不能完全照搬产生于西方社会环境下的某些做法。因此,我们研究财政现象与问题时不能忽略社会文化环境的客观影响,否则,会使现实财政制度流于形式抑或趋于无效。

二、财政学研究的方法

如上所述,财政学属于应用性的理论学科,它是一门从财政经济实践活动中探索财政运行规律并上升为理论,继而又将理论应用于实践,为实践活动提供科学的理论依据,指导实践活动的理论学科。财政学科的这个特点,决定了财政学的学习和研究者应掌握以下几种研究方法。

(一)基本方法——唯物辩证法

唯物辩证法是马克思创立的科学研究方法,是研究自然科学和社会科学必须遵循的科学的方法论。

马克思主义哲学认为,唯物辩证法揭示自然、社会和人类思维发展的最一般的规律,是研究自然科学和社会科学所必须遵循的唯一科学的方法论。因此,国内学者一般也将唯物辩证法视为学习和研究财政学的基本的科学方法。

按照唯物辩证法,物质世界发生、发展、变化的过程无不体现这三大规律,即对立统一规律、质量互变规律、否定之否定规律,其中对立统一规律是唯物辩证法的最根本的规律,是辩证的实质和核心。按照唯物辩证法学习和研究财政学,就是以唯物辩证法所揭示的物质世界运动的三大规律为基本线索,来把握和研究财政活动过程的内部联系及其财政活动与其他社会政治经济活动的外部联系,进而了解和掌握财政活动的规律。如财政活动与政府活动之间的联系、财政收入与财政支出的联系、财政收入体系内部各种收入形式之间的联系、各种财政支出之间的联系等。运用唯物辩证法学习和了解上述财政活动中发生的各种联系,就是要注意了解和观察各种联系是如何既相互矛盾,又相互统一的,了解和观察各种联系是如何发生变化进而导致整个财政活动发展和变化的。

唯物辩证法的基本要求就是在科学研究上要实事求是,一切从实际出发,从发展和联系上把握事物,关于在经济科学中如何贯彻和落实唯物辩证法的这一要求问题,马克思在总结《资本论》研究方法时曾给予了回答:“分析经济形式,既不能用显微镜,也不能用化学试剂,二者都必须用抽象力来代替。”具体到经济活动的研究上,就是要运用从现象到本质,从具体到抽象这样一套方法论体系。不言而喻,这套方法论体系也构成了财政学学习方法的基础。

对于财政学的初学者来说,运用上述方法学习财政学,首先应正确理解掌握财政学中的一些基本概念、基本范畴,这是理解财政学教材中运用由本质到现象,由抽象到具体的方法所描述的财政学一般原理的重要前提条件。其次，学习和研究财政学应理论联系实际，财政学作为一门应用性的理论学科，同实践有着密不可分的关系，它的一切理论与原理，都是从实践中总结出来的，并且经过在实践中的应用、再应用而趋于完善。因此，学习财政学应密切结合实际，要结合当前国际国内的实际来理解财政学基本概念、基本范畴和基本原理，同时，还要适当运用所学习到的知识去分析和解决实际问题，只有如此，才能牢固地掌握所学到的财政学知识。

（二）学习财政学必须掌握政治经济学的基础理论

1. 以马克思主义政治经济学为理论基础

财政学作为一门应用性的理论学科，应以政治经济学作为理论基础。我国财政科学的建立和发展则是以马克思主义的基本原理为指导、以马克思主义政治经济学为理论基础的。因此，学习财政学，首先必须掌握马克思主义政治经济学的基本原理。我国财政学者一般认为，学习财政学以前，通常需要掌握马克思主义政治经济学的如下一些基本原理：

（1）劳动价值学说

马克思在19世纪50～60年代创立了著名的劳动价值学说，尤其是在19世纪60年代的经济学巨著《资本论》中最终建立了关于劳动价值学说的完整、严密的科学理论体系，马克思的劳动价值学说的主要内容包括：关于劳动价值学说的前提问题；关于劳动二重性理论；关于价值形式的理论；关于价值规律及其作用形式的理论等。我国许多财政学者认为，现代财政是一个价值分配范畴，因此，价值理论也是财政学的理论基础。例如，价值规律是商品经济的一般规律，现代财政活动作为商品经济活动中的一个组成部分，也必须遵循价值规律；根据马克思劳动二重性学说及其关于价值量问题的引申，一个社会必须在全社会范围内合理地分配社会劳动时间，财政活动在分配阶段，必须处理好财政收支规模同国民收入及国民生产总值的比例关系问题，处理好财政资金在公共部门内部的分配结果问题等。

（2）社会再生产理论

马克思在批判地继承前人的再生产理论的基础上，科学地创立了马克思再生产理论，其主要内容包括：关于社会总产品的原理；关于社会再生产总过程的原理；关于社会再生产形式的原理；关于简单生产的原理；关于扩大再生产的原理；关于国民收入的形式和用途的原理。以上六个方面的原理，构成了马克思再生产理论的体系。正是通过这个理论体系，马克思阐明了社会总资本再生产的实现条件和形式；阐明了国民经济协调稳定发展问题，等等。我国财政学者尤其重视马克思主义社会再生产理论对财政活动的实际指导意义，认为诸如财政分配中的财政收入占国民收入比例问题，积累性支出的比重问题，基本建设支出占财政支出的比重问题等，都必须依据马克思主义社会再生产理论才能得到妥善解决。因此，学习财政学首先必须了解马克思主义社会再生产理论。

（3）马克思的“社会扣除理论”

马克思的“社会扣除理论”，实际上是马克思主义社会再生产理论一个重要组成部分。马克思在他于1875年写作的《哥达纲领批判》一文中谈到“社会总产品”分配时，提出在进行社会总产品的个人分配之前必须作六项扣除。这六项扣除内容包括:第一,“用来保护消费掉的生产资料的部分”;第二,“用来扩大再生产的追加投资的部分”;第三,“用来应付不幸事故、自然灾害等后备基金或保险基金”。以上实际为生产过程中的扣除,除此之外,还必须扣除:第一,“和生产没有关系的一般管理费用”;第二,“用来满足共同需要的部分”;第三,“为丧失劳动能力的人等设立的基金”。以上理论也被称为马克思的“六项扣除理论”。我国财政学者认为,马克思的“社会扣除理论”对于我国财政参与社会产品和国民收入的分配,仍然具有重要指导意义,许多财政学教材在阐述社会主义财政参与社会产品分配和补偿基金、消费基金与积累基金这“三大基金”的形成原理时,常常引用上述“六项扣除”理论,并以此为依据。

除以上一些政治经济学基本原理以外,马克思主义创始人也曾经在一些经济学著作中论述证券财政问题,如税收问题、公债问题等,阐述了马克思主义的一些观点和看法。对于这些观点和看法,我国财政学者认为,它们对于我国当前的财政工作实践和财政学科建设仍然具有重要的理论指导意义。

2. 借鉴西方财政理论

西方财政学是以资本主义私有制为前提、以西方经济学为理论基础的财政学,尽管如此,西方财政学中的某些原理、方法、范畴对于我国财政学的建设和发展仍然具有重要的借鉴意义。因此,在我国,学习和研究财政学的同时也应借鉴西方财政理论。

在现代西方财政学理论中,既包含了许多现代市场经济运行的一般原理,也包括了几百年社会化生活管理经验的总结,同时也有许多科学的分析方法和分析工具的运用。在我国社会主义市场经济的今天,财政学必须研究市场经济条件下财政运行的规律问题。在这方面,我国财政学虽然形成了一定的理论,积累了一定的经验,但是,从客观上看,我国建设市场经济的历史毕竟很短,财政学对市场经济的研究也刚刚开始,为了加快我国社会主义市场经济建设的步伐,同时,也为了适应社会主义市场经济发展的需要,尽快建立和完善我国的财政学科,有必要从中国国情出发,借鉴世界各国,包括资本主义发达国家的一切反映现代市场经济的一般规律和管理经验,也有必要借鉴现代西方财政理论。相应地,作为攻读财政学这门课程的学生,学习和了解一些有关西方财政学方面的理论和知识也是十分必要的。

3. 了解中国财政史

中国财政史大体上可以分为中国古代财政史、中国近代财政史、中国现代财政史和新中国财政史等部分。尽管各个不同阶段上财政活动的背景、条件,乃至财政活动规模、活动方式本身同目前我国的财政活动有很大差异,但是,其中不乏至今仍有借鉴意义的杰出的理财思想和丰富的实践经验。

例如,古代理财家总结出来并提倡的经济决定财政的思想,“量入为出”与“量出制入”的理财原则,以及运用“均输”“平准”等财政手段去调节经济和平抑经济波动的政策主张等。在现代财政学中我们仍然可以找出它们的理论表现。因此,在学习财政学的过程中,学习中国财政史,有利于进一步加深对财政学有关原理的认识和理解。

（三）正确认识和把握实证分析法和规范分析法及其相互关系

实证分析法和规范分析法实际上是两种互相联系也互相区别的研究方法。一般说来，财政学研究方法就是这两种具体研究方法的统一。

实际上，在财政学当中，实证分析法和规范分析法，不仅仅是研究方法，这两种方法在财政理论叙述上，在《财政学》教科书中对财政学原理的阐述也常常被应用。因此，学习财政学，尤其是对于财政学的初学者来说，正确认识和把握实证分析法和规范分析法及其相互关系是十分必要的。

三、本书的知识框架

国内财政学教科书的编写，一般遵循两条思路：一条思路是从国家出发，强调财政是国家的分配行为，研究财政如何保障国家实现其职能；另一条思路是以政府与市场的分工为前提，研究政府活动的范围、方式及其对经济的影响。

本书的编写采用的是第二条思路。这是因为随着社会主义市场经济的建立，市场在资源配置中所占地位越来越重要，政府不再是配置资源的主要手段，而是对市场机制的补充。同时，随着我国社会经济的发展，也要求政府从过去的经济建设型向服务型转变，这就要求财政作出相应的转变。

根据这一思路，本书按照“财政基础理论→财政收入理论→财政支出理论→财政管理与政策理论”的逻辑结构来安排内容。本课程共分为四大部分，第一部分为财政基础理论，内容涉及财政的本质、职能、公共产品和公共选择理论等；第二部分为财政收入理论，内容包括税收、公债等；第三部分为财政支出理论，内容包括财政支出经济分析、财政购买性支出、财政转移性支出等；第四部分为财政管理与政策理论，内容涉及政府预算、财政体制、财政政策等。本课程坚持理论联系实际的原则，既注重基本理论、基本知识的介绍，又注重吸收新经验、新成果，比较系统全面地论述了财政学的基本理论、基础知识，同时又吸收和反映了我国财政理论研究的新成果和财政改革的新经验。

本章小结

财政是一个古老的经济范畴，财政活动古已有之，但“财政”一词在我国的使用则是近代的事情；在我国，“财政”一词属于外来语，据考证，“财政”一词是在旧中国的清代光绪年间传入我国的。

财政学就是以财政为研究对象的科学，通过研究财政解释和阐述财政活动的规律，探索财政活动同国民经济和其他经济活动的关系及其变化的规律性，进而为财政活动的实践提供理论依据——这就是人们研究财政学的基本目的。

财政模式（类型）的沿革与社会形态的演变相一致，在人类社会发展史上，存在着奴隶制国家财政、封建制国家财政、资本主义国家财政和社会主义国家财政。

财政是国家（政府）为了实现其职能的需要，凭借公共权力直接参与一部分社会产品或国民收入分配的活动。

财政学属于应用性的理论学科，它从财政经济实践活动中探索财政运行规律并上升为理论。在学习财政学过程中，必须掌握政治经济学的基础理论，借鉴西方财政理论，学习中国财政史，正确认识和把握实证分析法和规范分析法及其相互关系。

思 考 题

1. 什么是财政？
2. 论述财政的起源和发展。
3. 什么是财政的本质？

【案例分析】

夏、商、周，史称三代，是中国历史上的奴隶制社会时期（主要包括夏、商、西周，东周为奴隶制向封建制过渡的时期），在经济上以农业为主要生产形态，土地的产出是国家财政的主要收入，国家财政状况几乎完全依赖并取决于农业生产状况。然而，三代奴隶制时期，生产工具简陋落后，生产力水平极为低下，季节转换，气候变化和自然灾害都对农业收成的丰歉有严重影响。因此，三代时期的国家财政分配只能在可能取得收入的基础上来安排支出，即根据收入的数量来确定支出的规模，这就是中国历史上最早的“制国用，量入以为出”的财政原则，据此达到以收抵支，收支平衡的目的。但是，三代的财政收支平衡，又不是简单的平衡，而是要求多有结余。其原因在于早期农业社会对自然灾害缺乏抵御能力，农业生产靠天吃饭，不可能年年风调雨顺，五谷丰登。如果没有足够的结余，势必造成国家的社会经济危机。在周代，财政遵循多有结余原则，即“三年耕，必有一年之余，八年耕，必有三年之余”。按“耕三余一”来制定财政支出总额。如果“国无九年之蓄，曰不足，无六年之蓄，曰急，无三年之蓄，曰国非其国也”。由此可见三代时期“量入为出，多有结余”的重要地位。同时，周代还有专项储备，以待急用，即“凡邦国之贡，以待吊用，凡万民之贡，以充府库”，是为保证国用的充足和社会生活的安定。

请简要分析历史上强调“量入为出”的财政支出原则的原因。

第二章

Chapter 2

政府制度和财政职能

【本章学习要求】

本章要求掌握从市场失灵的角度提出关于公共选择理论和操作问题。同时还需要了解财政职能理论的演变,掌握社会主义市场经济条件下的财政职能及其内涵。

【本章主要概念】

公共产品;私人产品;市场失灵;财政职能

【引导案例】

市场失灵

20 世纪初的一天,列车在绿草如茵的英格兰大地上飞驰。车上坐着英国经济学家庇古(A. C. Pigou)。他一边欣赏风光,一边对同伴说:列车在田间经过,机车在田间经过,机车喷出的火花(当时是蒸汽机)飞到麦穗上,给农民造成了损失,但铁路公司并不用向农民赔偿。这正是市场经济的无能为力之处,称为"市场失灵"。

在近 70 年后的 1971 年,美国经济学家乔治·斯蒂和阿尔钦同游日本。他们在高速列车(这时已是电气机车)上见到窗外的禾苗,想起了庇古当年的感慨,就问列车员,铁路附近的农田是否受到列车的损害而减产。列车员说,恰恰相反,飞速奔驰的列车把吃稻谷的飞鸟吓走了,农民反而受益。当然,铁路公司也不能向农民收"赶鸟费"。这同样是市场经济所无能为力的,也称为"市场失灵"。

第一节 公共产品

一、产品的类型

社会产品具有有用性,即在使用的过程中给人们带来利益。但是不同性质的产品有不同范围的受益人,根据这种差别,可以把所有的社会产品分成两个极端的类别:一是公共产品,二是私人产品。

(一)公共产品

公共产品理论构成了现代西方财政理论的基石。该理论认为,市场主要提供私人产品,而公共产品主要由政府提供,公共产品是政府活动存在的经济学依据,是政府行为的基础。

1. 公共产品的概念

美国经济学家萨缪尔森1954年提出:“纯粹公共产品是指这样的物品,即每个人消费这种物品不会导致别人对该物品消费的减少。”

2. 公共产品的特征

(1)消费的非排他性

非排他性是从公共物品的供给角度来讲的。即为该物品的供给出资的人在享受该物品带来的利益时,无法排除其他任何人从中受益。具体来说,就是无法将拒绝为之付款的人排除在受益范围之外。不可排除的原因,或是技术上不可能,或是排除的成本高昂到不可接受。

首先,公共产品在技术上就是不易于排斥众多的受益者。比如,国防就是一个纯粹公共产品的例子。公共产品不仅具有非排他性,而且具有非拒绝性(也即收益的不可阻止性)。其次,某些公共产品即使在技术上可以实现排他性原则,但要实现排他,其代价十分昂贵。公共物品的非排他性意味着存在“搭便车”现象,即免费享用公共物品的利益。

(2)消费的非竞争性

非竞争性是从公共物品的消费、受益角度讲的。即任何一个消费者对公共物品的消费,都不影响其他消费者的消费或同时从中受益。严格说来,非竞争性包含两方面的含义:一是消费者的增加不引起生产成本的增加,即增加一个消费者的边际生产成本为零;二是消费者的增加不会影响其他消费者的消费数量和消费质量,即多一个消费者的边际拥挤成本为零。

当一种商品在增加一个消费者时,其边际成本等于零,这种商品就称为消费上具有非竞争性。例如,不拥挤的桥梁、非载满的火车客厢、未饱和运转的计算机、不拥挤的公园等。

(3)效用的不可分割性

公共产品的效用为整个社会成员所享用,而不能将其分割。例如,国防是一种纯公共产品,只要一个人生活在一国境内,他实际上就享受到了国防的效用,但不能说他享受了多少份额的国防效用,因为国防作为一个整体是不可分割的。所以,任何一个人享受公共产品的效用是不可分割的。

（二）私人产品

1. 私人产品的概念

私人产品也称私人物品，是由市场供给用来满足个别人需要的商品和服务。

2. 私人产品的特征

(1)排他性

个人被排除在消费某种产品的利益之外。当消费者为私人产品付费之后，其他人就不能享用此种产品或劳务所带来的利益，其他人必须付费并且支付足额的费用才能消费该物品。私人产品在所有权上的排他性，能够在财产权上明确只属于我而不属于他，这一性质，保证了私人物品的所有者有权对私人产品索取价格。

(2)竞争性

增加一个消费者会导致生产成本的增加。由于在消费上的竞争性，该物品不能公共消费，这一性质，保证了私人产品的所有者有可能向私人产品的消费者单独索取价格。私人产品在产权上与消费中都是可以分割的，因而可以通过价格机制来在个人之间进行交易。

3. 公共产品与私人产品的区别

萨缪尔森曾严格地用数学公式描述公共产品与私人产品的区别，即：对于私人物品，某一物品的总量等于每一消费者拥有或消费的数量之和；对于公共物品，某一物品的总量等于某一个消费者拥有或消费的数量。

公共产品是与私人产品相对而言的，两者可以用是否具有排他性和对抗性来确定。纯粹私人产品与纯粹公共产品的区别在于：

①对私人产品而言，商品 X_j 的总量等于每一个消费者所拥有或消费的该商品数量的总和，它表明纯私人产品在个人之间是完全可分的，每个人的消费是互相排斥的。

②就公共产品来讲，对任一消费者，他为了消费而实际可以支配的公共产品 X 的数量就是该公共产品的总量。换言之，公共产品 X 的消费总量等于每个消费者的个人消费量。

（三）混合产品

公共物品和私人物品是社会产品中典型的两级。许多公共物品同时具有上述两种特征，属于纯公共物品。但也有些物品是兼备公共物品与私人物品的特征，因而可称之为混合物品或准公共物品。

混合物品即兼有私人物品与公共物品的双重性质的物品。其大致有以下两类：

第一类是非排他性、非竞争性不完全、不充分的物品。其又分为三种情况：一是具有非竞争性但可以排他的，如不拥挤的桥梁；二是非竞争性不充分且可以排他的，如拥挤的桥梁；三是排他性不充分的，如带有围墙的花园。

第二类是具有正外部性的物品，如水力发电设施。

随着条件的变化,特别是科学技术的进步,有些公认的纯粹的公共物品的非排他性日益变得淡化,即排除日益从技术上变得可能或排除的成本降低了,以至具有了私人物品的性质。如有线电视就是典型的例子。

二、公共产品的提供

提供公共产品满足社会需要有两个系统:一是市场,二是政府。市场提供私人物品满足私人需要,政府提供公共物品满足公共需要。因而公共物品的提供方式是确定政府提供公共物品规模和财政支出规模的基本依据。

为什么纯公共物品不能由市场提供而只能由政府提供呢?这是由市场运行机制和政府运行机制的不同决定的。市场是通过买卖提供产品和服务的。在市场上,谁有钱谁就可以购买商品或享用服务,钱多多买,钱少少买,无钱就不能买。总之,市场买卖要求利益边界的精确性。由于公共物品具有非排他性和非竞争性的特征,它的需要或消费是公共的或集合的,如果由市场提供,每个消费者都不会自愿掏钱去购买,而是等着他人去购买,而自己顺便享用它所带来的利益,这就是经济学中的“搭便车”现象。

因此,公共产品的市场提供将造成巨大的损失。图2.1用无差异曲线表现了这一效率损失。图中,*AB*为一个社会的生产可能性边界,它表明这个社会在现有的资源和技术条件下所能生产的所有公共产品与私人产品的组合,I_1和I_2是两条表示不同社会福利水平的无差异曲线。*E*点是无差异曲线I_2与生产可能性曲线*AB*的切点,该点所代表的产品组合使社会福利达到最大化。但由于存在着搭便车现象,消费者会将自己的收入全部或基本上全部用于私人产品的消费,因此价格机制无法引导资源配置逼近*E*点,公共产品的提供量会非常有限,就像图中*C*点所表现的那样。这样就会造成效率损失,损失的量表现为无差异曲线I_1和I_2之间社会福利水平的差额。

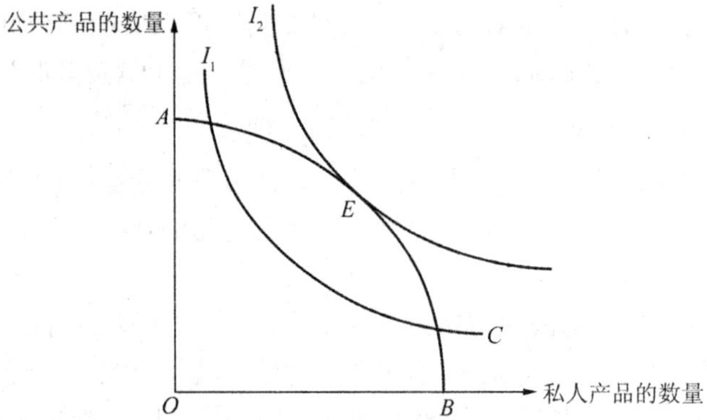

图2.1　公共产品市场提供的效率损失

解决这一问题的办法就是通过政府税收取得资金补偿公共产品生产成本,并免费向公众提供。政府的运行机制和市场的运行机制是截然不同的。政府主要是通过无偿征税来提供公共物品。但是,征税是可以精确计量的,如按税率征收或定额征收,而公共物品的享用一般是不可分割的,无法量化。每个人的纳税额与他对公共物品的享用量是不对称的,不能说多纳税就多享用,少纳税就少享用,不纳税就不享用。尽管财政学界对税收合理负担问题有能力说,有利益说,但不可否认的事实是,相对于市场买卖中利益边界的精确性而言,纳税人负担与公共物品享用之间的关系缺乏精确的经济依据,带有模糊数学的性质。

由以上分析可知,市场只适于提供私人产品和服务,对提供公共物品是失效的,而提供公共物品恰恰是政府活动的领域,是政府的首要职责。财政学关心的问题是政府提供公共物品与市场提供私人物品之间的恰当组合,以及政府提供公共物品所花费的成本和代价,合理地确定政府提供公共物品和财政支出的规模。为此,需要加强财政管理,提高财政支出效率,规范公共物品提供的政治决策程序,尽量减少可能带来的效率损失。

三、混合产品的提供

上面说的是纯公共物品的提供方式,而公共物品有纯公共物品和混合公共物品两类。混合物品的特征是兼备公共物品和私人物品的性质,不言而喻,可以采取公共提供方式,也可以采取混合提供方式。

(一)混合产品的需求与供给

混合产品的总需求曲线可以看成是该混合产品私人的总需求曲线(个人需求曲线水平加总)和公共部分的总需求曲线(个人需求曲线的垂直加总)汇总(垂直加总)获得的。有关混合产品的需求分析可见图 2.2 至图 2.4。在同一产品数量下,混合产品的社会消费者必须承担两部分价格(私人、公共),故总需求曲线是垂直加总。其总供给曲线可由私人总供给线或公共总供给线一方单独决定。

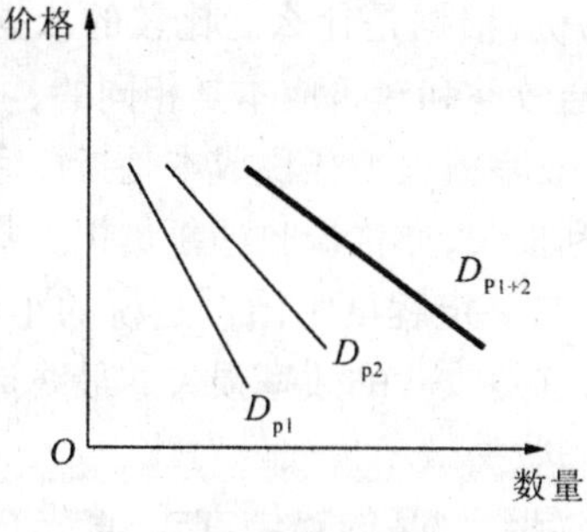

图 2.2 混合产品私人性质的需求

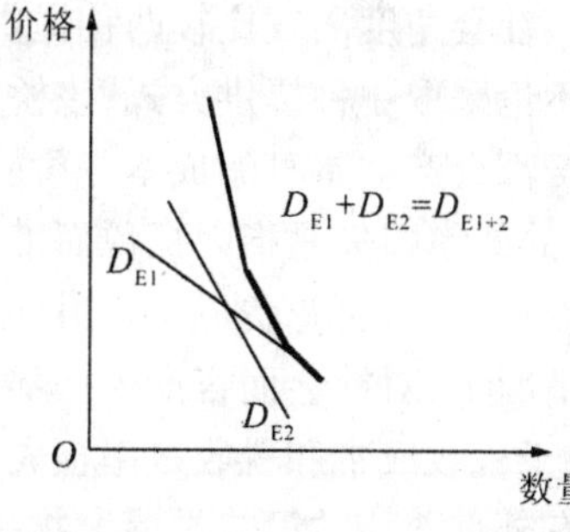

图 2.3 混合产品公共性质的需求

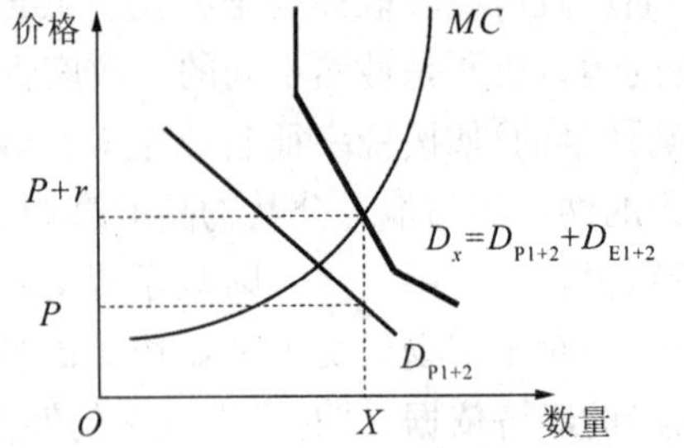

图 2.4　混合产品的综合需求

(二)混合产品的市场均衡条件

混合产品的市场均衡条件是 $MSB = MSC$,$MPB + MEB = MPC + MEC$。其中,MSB 表示的是消费者愿意支付的价格之和,MSC 表示的是消费者共同生产公共产品的边际成本 MC;MPB 为私人边际收益,MEB 为公共边际收益(外部边际收益)。MPC 为私人边际成本,MEC 为公共边际成本(外部边际成本)。其均衡价格为 $P_0 = P + r$,其中 P 为私人面临的价格,r 为政府的公共支出。

(三)混合产品的供应方式

混合产品的市场均衡表明,若想实现最佳的资源配置,其费用支付既不能只由私人来承担,也不宜由政府全部包下来,其供应一般采用混合方式,即市场供应与政府预算供应相结合的方式。至于谁为主的问题,则应视产品性质灵活决定。混合物品的特征又是由两种原因引起的:一类是既具有非竞争性又具有排他性;另一类是具有外部效应。

先看既具有非竞争性又具有排他性的第一类混合物品。仍以一座桥梁为例,桥梁成本可以通过两种方式来弥补:一是由政府税收弥补,免费使用,这是公共提供方式;二是由过桥车辆收费弥补,如同一般商品买卖一样,谁过桥谁交费购买使用权,这是市场提供方式。政府要考虑的问题是从社会角度出发比较两种提供方式何者为优,根据是什么。比较的依据只能是效益和成本。不论采取哪种提供方式,该桥梁提供的社会效益和建筑成本是相同的,可比的是无论征税或收费都会产生本身的成本并可能带来一定的效率损失。征税成本是指征管成本和缴纳成本,税收的效率损失是指因征税而带来的社会福利损失,亦称税收超额负担。收费要设置管理设施和管理人员,要花费成本。另外,由于收费会在一定程度上限制过桥的车流量,在不过分拥挤的情况下,对社会而言产生一部分消费损失,这是收费的效率损失。最终选取哪种提供方式,取决于税收成本和税收效率损失同收费成本和收费效率损失的对比。

再看具有外部效应的第二类混合物品。选取这类混合物品的提供方式,首先在于判断外部效应的大小。当外部效应很大时,可视为纯公共物品,采取公共提供方式。例如基础科研成果是一种典型的外部效应物品,而且政府的政策是鼓励付诸应用,一般是采取公共提供方式。

其实，多数公共物品都具有较大的外部效应，不过为了提高公共物品的使用效率，并为了适当减轻政府负担，对多数混合物品采取混合提供方式是一种较佳的选择。例如，卫生保健，一部分由政府提供，一部分向医疗者收费，采取混合提供方式，既可以保障职工和居民的医疗需要，又可以避免病床过分拥挤和药品的浪费。当采取收费方式时，政府所要关心的问题是合理制定收费标准，同时严加管理，避免利用垄断地位滥收费，或提高收费标准，加重居民负担，甚至造成严重的社会问题。

四、私人产品的提供

私人产品是在消费上具有竞争性和排他性的产品，它符合完全竞争假定前提中关于产品的消费利益必须内部化的要求。私人产品不存在市场缺陷，如果产品在生产方面符合完全竞争的假定条件，即该产品的每一个生产者都只是价格的接受者，不具有控制市场价格的能力，且能在现有技术的条件下最有效地生产这一产品，那么市场提供将使得这种产品的生产和消费处于理想的水平上。

（一）无限量的公共提供

由于私人产品在消费方面不具有市场缺陷，因此公共提供不仅不会改进效率，而且还会造成巨大的效率损失。倘若政府免费提供某种私人产品，同时又不作任何数量上的限制，那么这种产品必定会被人们尽情地消费，一直到它的边际效用为零时为止。人们将不管这一产品的成本是多少，对这一产品进行过度消费，它会像经济中的一个“黑洞”，无止境地吞噬社会资源。无限量地提供私人产品所造成的效率损失的大小取决于两个因素：一是该产品的需求弹性。假如该产品很快就使消费者感到充分满足（需求曲线较为陡直，在一个相对小的消费量上边际效用达到零），那么效率损失就会小一些。例如，免费提供盐会比免费提供服装产生较小的浪费。二是该产品的生产成本。如果生产某一产品的成本很高，公共提供所造成的资源浪费会较大。

实践中较常见的是私人产品的部分公共提供，即消费者购买产品的价格只是部分弥补产品的成本，其余部分由政府的补贴来弥补。例如，由政府予以补贴，低价提供粮、油、副食品和住房。由于消费者所支付的价格仍低于产品的边际成本，过度消费的情形仍会产生，只是程度上有所减轻。图2.5中某产品的需求曲线 D 与供给曲线 S 交于 E，Q_1 是该产品理想的产出水平。政府补贴使得生产者所承担的边际成本线降到 S'，产出水平由需求曲线 D 和新的边际成本曲线 S' 的交点 E' 决定。消费量由原来的 Q_1 增至 Q_2。增加的消费量的社会边际成本超过了边际效益，但由于消费者自己不用支付全部成本，因而造成了过度消费，效率损失表现为图中阴影的面积。

（二）限量的公共提供

无限制地提供私人产品对社会的危害极其严重，因而在实践中这类例子并不多见。较为常见的是政府采取某种限量供应的方法,换言之,不是消费者想要多少就给多少,人们获得该产品的数量受某些非价格因素的制约。限量可以避免资源配置效率受到过大的损害,但其程度取决于政府所决定的供应总量,在很大程度上接近该产品供求曲线的交点所对应的产量。

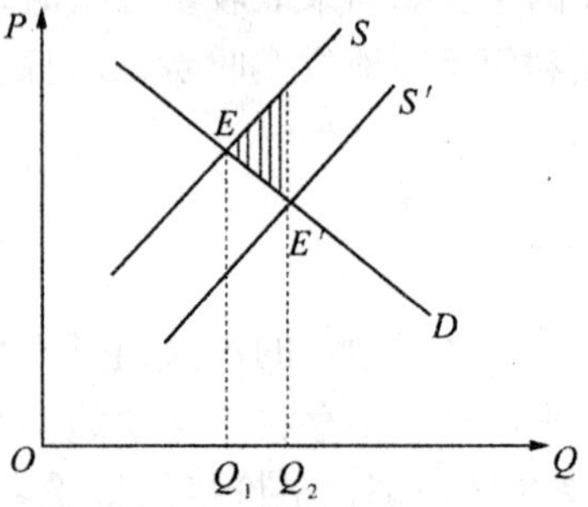

图 2.5　私人产品的价格补贴所造成的效率损失

一旦免费提供的产品在总量上受到限制,就会产生一个问题:如何将这一总量分给个人。公共提供私人产品的限量机制通常有以下几种:

1. 平均定量供应

在这种机制中,公共提供或半公共提供的产品原则上每人一份,大家均等。平均的定量供应实施办法通常是发票证,每一个人按规定的份额领取票证,并以票证去领取免费提供的产品或去购买半免费提供的产品。在我国以往的计划体制中,各种各样的票证有上百种,几乎涉及所有日常生活用品。即使政府将这种产品的提供总量规定在符合产品组合效率的水平上,平均的定量供应依然会因偏离交换效率而产生资源配置的效率损失。如图 2.6 所示。

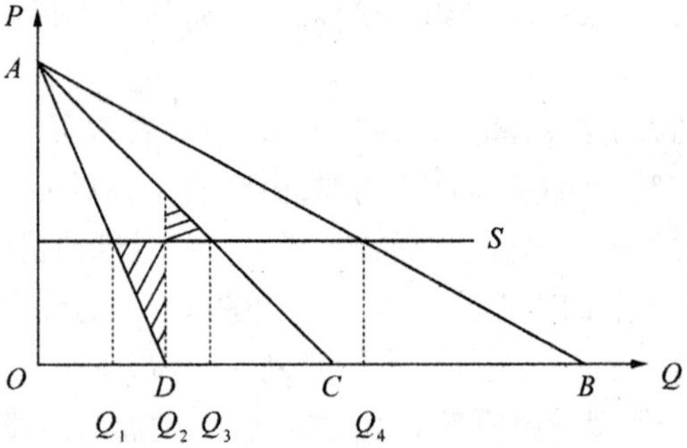

图 2.6　私人产品定量供应的效率损失

假定一个社会由甲、乙二人组成,*AD* 为甲对某种私人产品的需求曲线,*AC* 为乙对这种产品的需求曲线,社会的需求曲线为个人需求曲线的横向相加,在图中为 *AB*,它与该产品的边际

成本曲线 S 决定了具有产品组合效率的产品产量 OQ_4，若是市场提供，甲的消费将为 OQ_1，乙的消费将为 OQ_3。这时，各人的边际效用都等于该产品的边际成本，即满足交换效率。在定量的公共提供条件下，两个人消费相同量的 OQ_2。对甲来说，在这个消费量上，个人的边际效用已低于该产品的生产成本，换言之，减少甲的消费量可改进效率。对乙来说，在这个消费量上，个人的边际效用大于该产品的边际成本，也就是说，再多消费一些可改善效率。这样平均的定量供应就造成了效率损失，这种损失表现为图中阴影部分的面积。

2. 排队供应

公共提供或部分公共提供的产品可以依靠排队将既定总量分到每个人。根据排队先后顺序以及排队的次数来决定各人所得到的份额。在这种限量机制中，各人所得到的数量都是不一样的，有的人会花掉更多的时间去排队等候，得到较多的产品，而另外一些人花的时间少些，得到的产品也会少些。这种机制对效率的损害主要表现在生产效率方面。因为等候不会生产出产品，如果大家都来竞相排队，而不去生产，那么社会实际的生产水平将远远低于生产可能性边界。

3. 酌情供应

定量供应不能考虑到个人的不同情况，而排队供应则要牵制人们很大的精力。由某些人或某个人根据各种具体情况，来决定如何将这些产品分配给个人，往往能在一定程度上克服前两种方式的缺点。例如我国传统体制中的住房分配在全社会并没有一个统一的规定，不同的单位各有各的分配方案。灵活和方便是酌情供应的优点，另一方面也是其缺陷，因为这意味着产品的公共提供没有一个正式的、统一的制度，如何分配较多地受到基层决策者个人的价值观念、信息量以及个人品质的影响。换言之，这时公共提供具有更多的“人治”因素，很可能为开后门、权钱交易打开方便之门。由于产品分配既不取决于个人对生产的贡献也不取决于个人对产品的需要，生产效率以及交换效率都会受到损失。

（三）优效品的提供

如果某种私人产品被认为是优效品，消费者自己确认的边际效用曲线在图 2.7 中为 CB，而实际上他给消费者个人所带来的边际效用则由曲线 AB 表示。如根据消费者自己的偏好去购买的话，均衡的产量为 Q_1，但若根据实际边际效用来判断，最适当的消费量应为 Q_2。政府不加任何干预的市场提供将产生图 2.7 中阴影面积所表示的效率损失。这个图看上去与前面讲的外部效益情况一样，但实际意义有所不同。在外部效益情况下，AB 与 CB 两条曲线之间的距离表示购买者给其他人所带来的边际效用。而在优效品的情况下，它表示由购买者本人享有但又未被他自己意识到的边际效用。

单纯的市场提供所产生的效率损失大小，取决于消费者偏好的不理智程度。如果他对某产品的效用评价大大低于被认为合理的效用评价，那么纯市场提供所造成的效率损失就会较大，反之则会较小。

优效品的公共提供也会因过度消费而产生较大的效率损失。一种较为有效的办法是采取一定的管制措施,强制性地要求消费者将购买量增加到某个合理水平(如图2.7中的Q_2)。这种办法在实践中常被采用。例如,有人忽视汽车座位上的安全带,政府可以作出规定,无安全带的车辆不得在高速公路上行驶;有人忽视未来可能产生的困难和风险,不愿作好事先准备(储蓄和保险),政府可强制性地要求人们参加社会保险。另一种办法是对这一产品进行补贴,鼓励人们对这种产品的消费。总之,对于具有优效品性质的私人产品,需要政府采取某种干预措施以减少或避免效率损失。

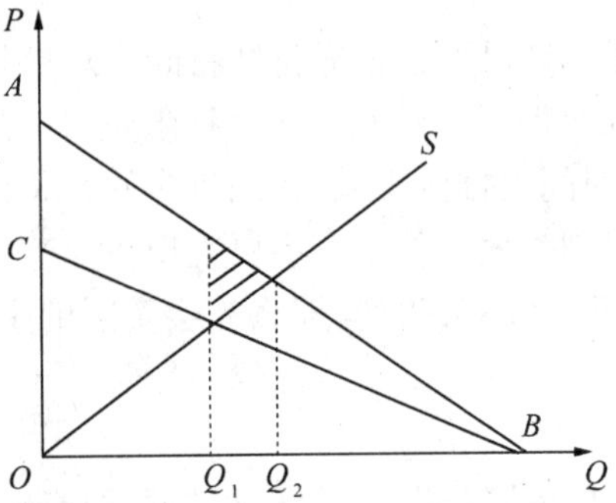

图2.7　市场提供有效品的效率损失

以上分析表明,为了实现资源的有效配置,在政策上对私人产品应尽可能避免采用公共提供的方式,不论是免费提供还是价格补贴都会有损于效率目标。改革意味着公共提供的范围逐步地收缩,在较大的程度上通过市场来提供私人产品。

第二节　市场失灵

西方经济学认为,在完全竞争条件下,市场经济能够在自发运行的过程中,仅仅依靠自身力量的调节,使社会上现有的各种资源得到充分、合理的利用,达到社会资源的有效配置状态。但是,市场经济并不是万能的。建立在自由放任基础之上的市场竞争机制,并非在任何领域、任何状态下都能够充分适应。在一些领域或场合市场机制本身并不能得到有效的发挥,从而达到有效配置资源的结果;而在另外一些领域或场合,市场机制即使能够充分发挥,也无法达到符合整个社会要求的正确的资源配置结果。这些问题就是市场经济自身所无法克服的固有的缺陷或不足,西方经济理论将它们统称为“市场失灵”(market failure)。

一、资源配置领域的失灵

当代西方财政理论的基石是公共产品理论,而公共产品理论又是从市场失灵的角度来论述的。所以,介绍西方财政理论,就必须从分析市场失灵开始。

(一)完全竞争市场的假设条件

完全竞争市场建立在价格信号具有充分灵活性和伸缩性的基础之上,在理论上必须具备以下五个条件:

①所有的生产资源都为私人所有。此条件可以保证所有的生产资源可以自由通过市场进行交换,而且资源的产权清晰,不会发生产权不清的纠纷。

②所有的交易都在市场上发生,并且每一市场都有众多的购买者和销售者。即人们的交易通过市场进行,既可保证交易的公平性,又可通过市场反映供求关系。每一市场都存在足够多的供求双方,市场供求形成充分竞争,没有垄断发生。

③没有任何购买者或销售者能单独操纵价格。即参与市场交易的任何一方只是市场价格的接受者,没有任何一个买者或卖者可以操纵价格。

④购买者和销售者都拥有充分的信息。人们能够通过方便的渠道了解信息,不会发生信息不对称的情况,人们的交易都是通过市场进行的,而且人们掌握交易的充分信息,因而没有市场欺诈行为的发生。

⑤资源可充分流动并且无任何阻碍地流向任何使用者。即资源的流动不受任何干扰,不设人为的障碍而可以自由流动,资源的交换通过公开市场进行,资源交换的价格由市场确定。

除此之外,在完全竞争的市场中,也存在着竞争者都具有理性的假设,即竞争者都可以依据自己掌握的信息,按照利益最大化的准则来作出自己的行为选择。根据西方经济理论,如果能满足以上条件,则经济运行处于均衡状态,在这种均衡状态下的资源配置能够实现优化配置,即达到帕累托最优状态。不过,西方经济学家普遍认为,上述的假设条件非常苛刻,完全竞争市场很难存在于现实中。所以,完全竞争的市场机制是一种理论上的理想状态,因为在现实生活中,它的五个必要条件不可能同时具备。尽管从总体上看,现实的市场不能同时满足五个必要条件,但现实中某些市场的情况可接近完全竞争市场情形,例如证券市场、商品市场等。

(二)帕累托效率

要理解市场失灵的含义,就要先了解在完全竞争市场中如何使资源配置具有效率,即达到帕累托效率状态。帕累托效率的含义是:资源的配置达到这样的状态,已不可能再增加任何一个人的福利而不减少其他一些人的福利,也就是不可能通过改变资源的配置来使一些人得到利益,同时又不使另一些人受到损失。如果资源配置达到了这样一种状态,资源配置则具有帕累托效率,否则,不具有帕累托效率。帕累托效率已经成为衡量资源是否实现优化的标准。

在完全竞争市场中,为什么资源配置能够达到帕累托效率状态?这是因为具备实现资源配置帕累托最优状态的条件。而西方经济学认为,要实现资源配置达到帕累托效率,需要满足三个条件:

(1) $MRTS_{LK}^{X} = MRTS_{LK}^{Y}$(劳动与资本边际技术替代率相等)

(2) $MRS_{XY}^{A} = MRTS_{XY}^{B}$($A$、$B$ 两人的边际替代率相等)

(3) $MRS_{XY}^{A}=MRS_{XY}^{B}=MRT_{XY}$($A$、$B$ 两人边际转换率等于边际替代率)

这里,X、Y 表示两种商品;L、K 表示劳动力和资本两要素;A、B 表示两个人。

假定存在两种商品、两人交换的私人市场中,要实现商品的生产和交换的帕累托效率状态,必须:

第一,帕累托效率要求采用最好技术,使生产一定数量的某种产品同时能生产出最大可能数量的其他产品。如果一项技术能生产 X 产品 100 单位和 Y 产品 80 单位;另一种技术可以生产 X 产品 120 单位和 Y 产品 100 单位,显然应当采用后者。

第二,不同产品在消费上的边际替代率必须相同。边际替代率是指消费者愿意用一种产品同另一产品相交换的比率,也就是消费者对一种产品的边际效用和另一种产品的边际效用之间的比率。假定,甲对 Y 产品的边际效用相当于对 X 产品的 1/2,即甲愿以 1 个 X 产品交换 2 个 Y 产品。如乙对 X 产品的边际效用相当于对 Y 产品的边际效用的 1/3,即乙愿以 1 个 Y 产品交换 3 个 X 产品,那么,进行这种交换可使乙得到更多的 X 产品,而甲也没有损失。这种交换继续下去,当乙的 Y 产品减少而 X 产品增加,由于边际效用递减规律的作用,乙对 Y 产品的边际效用将上升,对 X 产品的边际效用将下降。所以,甲对 X 产品同 Y 产品的边际替代率和乙对 X 产品同 Y 产品的边际替代率达到相等,交换停止。可见,产品交换实现最优的条件可用等式表示如下:

$$\frac{\text{甲对 }X\text{ 产品的边际效用}}{\text{甲对 }Y\text{ 产品的边际效用}}=\frac{\text{乙对 }X\text{ 产品的边际效用}}{\text{乙对 }Y\text{ 产品的边际效用}}$$

即

甲对 X 产品同 Y 产品的边际替代率 = 乙对 X 产品同 Y 产品的边际替代率

第三,消费上的边际替代率等于生产上的边际转换率。边际转换率是指生产者减少一种产品的生产而能够增加另一种产品的生产的比率。例如,减少生产 1 个 Y 产品,能够增加 3 个 X 产品,那么,X 产品的转换率就为 3∶1。如果消费者对 X 产品同 Y 产品的边际替代率为 3∶2,即表示愿以 3 个 X 产品交换 2 个 Y 产品。如消费者需要较多的 X 产品,生产者增加生产 X 产品就可以提高消费的效用。这样进行下去,X 产品生产逐渐增加,在生产者方面,由于收益递减的作用,生产 X 产品的成本相对上升,而在消费者方面,由于边际效用递减的作用,对 X 产品的边际效用下降,因而在消费方面 X 产品同 Y 产品的边际替代率和在生产方面 X 产品同 Y 产品的边际转换率就达到相同。

(三)资源配置领域市场失灵的表现

所谓市场失灵,就是说完全依靠市场机制的作用,无法达到社会福利的最佳状态。它主要包括两重含义:其一是单靠市场机制不能达到优化社会资源配置的目的;其二是市场对那些以社会目标为主的活动无能为力。正是由于市场机制在许多领域无效或缺乏效率,市场失灵或市场缺陷为政府介入或干预经济提供了必要性和合理性的依据。

1. 公共产品

公共产品具有不同于私人产品的特殊性，这些特性使得市场的竞争机制和价格机制无法在公共产品身上起作用，导致市场机制在配置公共产品上出现失灵。如果让市场机制来配置公共产品，由于“免费搭车”的存在，那么不可避免地将出现公共产品短缺的情况。因此公共产品不适宜通过市场机制配置给个人，而只能通过非市场机制（政治机制）配置给个人。

2. 外部效应

外部效应又称外溢性，是指未被市场交易价格反映的额外经济交易成本或效益。当市场交易导致了对第三方的影响，而价格机制又不能为之提供正确信号时，就必然导致资源配置的无效率。在这里价格机制的失灵导致了市场机制的失灵。

外部效应产生低效率资源配置的图形说明：当市场存在外部效应时，当事者一方的产出要么提供过多，要么提供不足。即当存在负的外部效应时，造成负的外部效应的一方的产出总是过多，即资源被其过多利用，资源没有达到优化配置；而当存在正的外部效应时，产生正的外部效应的一方的产出总是过少，即资源未被其充分利用，资源同样无法实现优化配置。下面用图解来说明之。

为方便分析，设：A 为造成外部效应的一方，MC 为其从事某种经济活动的边际成本，MB 为边际收益。如图 2.8（a）所示，在没有外部效应时，A 产出的均衡条件是：$MC=MB$，Q 为均衡产量。当 A 的活动产生正外部效应时，给 n 个经济主体带来的边际收益之和为 $\sum MB$，社会要求 A 按新的均衡点 $MC=MB+\sum MB$ 进行生产，但 A 给 n 个经济主体带来的边际收益不能通过市场来获得，所以 A 的产出会小于理想水平 Q^*，即 $Q<Q^*$。

同理，还设 A 为造成外部效应的一方，MC 为其从事某种经济活动的边际成本，MB 为边际收益。如图 2.8（b）所示，在没有外部效应时，A 产出的均衡条件是：$MC=MB$，Q 为均衡产量。当 A 的活动造成负外部效应时，给 n 个经济主体带来的边际成本之和为 $\sum MC$，社会要求 A 按新的均衡点 $MB=MC+\sum MC$ 进行生产，但 A 给 n 个经济主体带来的边际成本不能通过市场内在化，所以 A 的产出会大于理想水平 Q^*，即 $Q>Q^*$。

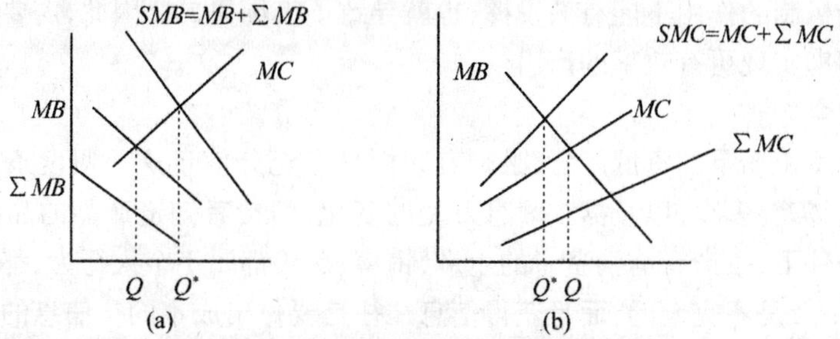

图 2.8　外部效应与资源配置

当涉及外部效应时，由于市场价格并不能准确地反映交易产品的所有社会收益或社会成本，作为市场参与者决策基础的边际成本或边际收益将会偏离实际有效的社会边际成本或社会边际收益，所以就会产生资源配置的无效率问题，而且无论是负外部效应还是正外部效应都存在着资源配置的无效率问题。

3. 自然垄断

完全竞争的市场要求每一个市场都有众多的买者和卖者，每个行为主体都不具有控制市场供求和价格的能力。这意味着经济主体的供给与需求在市场的供求总量中所占的比重都是足够小的，每个主体的行为都无法影响市场价格。这样在市场价格一定的条件下，每个主体按照最优化原则进行决策，生产者采取利润最大化行为，而消费者则根据收入预算，最大限度地实现边际支出效用最大化。然而，在现实经济生活中，有很多因素影响了市场的竞争性，自然垄断就是一个突出的例子。

在一般竞争部门中，产品成本随着产量的增加而递增，而且边际成本总是高于平均成本。但在某些产业中，产品的平均成本随着产量的增加而递减。成本递减体现了生产效率的客观要求，它意味着在一定的范围内由一个大企业集中经营会比众多小企业分散经营更有效率。但在另一方面，成本递减使得成本递减企业的净收益不断增加，从而把较小的企业排出竞争，形成经济学中所称的自然垄断。这类行业一般有两个特征，一是产品成本中固定成本所占比重很大，可变成本的比重很小，一旦投资形成，在既定的需求水平上，产量的增加并不会使边际成本上升，从而使产品的平均成本随着产量的增加而不断下降。二是具有较强的地域性。城市公用事业就是典型的自然垄断行业，如自来水、煤气、电力、公共交通、邮电通信等。这类行业通常需要大量资本投资，一旦设备形成，在既定的需求水平上，增加单位产品或服务所需的追加成本并不大，所以，产量越大，其平均成本就越小。此外，由于这类产品或服务难以在地区间流动，所以异地的同类企业就难以进入该产品的竞争。

在规模报酬递增的状态下，充分竞争的市场最终必将走向自然垄断。当某个商品的生产出现了垄断性生产者，则竞争的优越性无法充分发挥，从而丧失了市场效率，致使市场的资源配置功能和市场机制的作用不能有效发挥，也就导致了市场失灵。因此，需要政府生产或对私人生产进行管理来实现更有效率的产出。

4. 信息不完全

分析完全竞争市场下的资源配置，必须有人们具有充分信息这一假设条件。生产者知道消费者需要什么，需要多少，以及需求瞬息万变的变化，消费者知道产品的品种、性能和质量。而在市场经济条件下，生产者与消费者的生产、销售、购买都属于个人行为，都不可能掌握必要的信息，即信息一般是不完全的，而且获得信息往往是要付出成本的。信息的不完全性和相应产生的信息成本会影响到市场机制运行的结果，引起资源配置的低效率。

无论怎样，拥有信息较多的一方都会通过以下两种方式在与对方的交易中充分利用自己的信息优势造成市场失灵，这两种方式分别被称为逆向选择（adverse selection）和道德风险

(moral hazard)。

(1)逆向选择(adverse selection)

逆向选择指交易中的一方无法观察到另一方的重要外生特征时所发生的劣质品驱逐优质品的情形。典型例子是保险市场:在保险市场上,承保人一般无法辨出一个具体的投保人的风险状况,如保险公司对于某位健康保险的购买者患病的可能性或对于某位汽车保险的购买者驾车的技术水平都不可能准确了解。这样一来,逆向选择发生了,即总是那些估计自己发生不幸事件的可能性较大的人更多地购买保险,从而将对保险公司而言的所谓"风险小的客户或优质的客户"驱逐出保险市场。如果保险公司试图改变按风险发生的平均概率收取保险费率的办法,转而提高保险费率,结果只能是进一步减少该险种的购买者,即仍是那些风险更大的投保人多买保险。最终,逆向选择会导致保险市场无法有效地分担风险,即市场失灵。

(2)道德风险(moral hazard)

道德风险指交易一方无法观察到另一方所控制和采取的行动时所发生的知情方故意不采取谨慎行为的情形。由于知情方故意不采取提防行动会招致对交易中另一方的损害。仍以保险市场为例:由于保险公司无法观察投保人是否采取了有效的措施防止风险的发生。所以,盗抢险的购买者可能会有意减少本身的防盗支出;火灾险的购买者可能会有意无意放松对防火安全的关注,使发生火灾的风险的概率增加,以致给保险公司造成损失;公费医疗的参加者会故意增加就医次数,索要高价药品等。这些都属于信息不对称带来的低效率。当然这种低效率也会发生在其他市场上,比如在劳动力市场和经理市场上,劳动者和经理人员都有可能通过其"隐蔽行动"而牺牲企业所有者的利益。这一领域中的问题又被称作委托-代理问题(principal-agent problem)。因此,道德风险也可解释为,代理方利用信息优势在追求自身利益最大化的同时采取不利于委托方利益的行动。

二、收入分配领域的失灵

1. 收入分配不公(unequal distribution)

分配不公是市场失灵的又一种表现。前面分析的市场失灵是指市场在资源配置方面的无效或低效,对收入分配不公来说,则是假定市场在有效配置资源后产生的另一种类型的失效。

收入分配不公指的是特定时期内与当时社会公认的公平准则不相符合的收入、财富和社会福利的分布状态。社会分配不公状态是市场经济自发运行所必然出现的结果,它是由市场要素禀赋分配通过市场机制而产生的两极分化、贫富差距加剧问题,这个问题也是公认的市场依靠自身力量无法解决的重大难题之一。效率与公平的问题一直是困扰市场经济的最大问题之一。虽然二战以后,发达国家通过收入再分配政策使不公平问题得到相当缓解,但是收入分配不公仍然是根植于市场内部的一个重大弊病。

市场经济是效率经济,要求资源的有效性和高效性,这样的效率性是通过价格竞争来实现的。对各种生产要素的定价除了依据要素的供给外,还要依据竞争过程。由于生产要素的分布不可能是均等的,各人拥有的体力、智力、天赋和资本在质和量上也会有很大差别,按市场规则进行分配会造成贫富差距,而且这种差距又会成为收入分配差距进一步扩大的原因。收入分配的悬殊差距不仅与公平目标相抵触,还会引起许多社会问题,直接威胁到市场机制本身的存在。因此,即使市场实现了帕累托最优,达到了资源的最优配置,结果并不一定符合社会的愿望,符合公平的标准。所以,社会收入分配不公平是市场经济自发运行必然出现的结果,是市场有效配置资源的结果,这一结果是市场无法单独依靠自身的能力解决的,需要政府介入和干预,以实现社会公平。

2. 有益品(优效品)

有益品理论最初是由理查德·阿贝尔·马斯格雷夫在1957年的《预算决定的多重理论》中提出来的,他将有益品定义为"通过制定干预个人偏好的政策而提高生产的物品",这意味着有益品主要是由国家提供的。马斯格雷夫举例说,有时候,老百姓宁愿购买第二辆汽车和第三个冰箱,也不愿意让其孩子接受足够的教育。相对有益品而言,有害品是那些政府为了降低消费而征税或禁止的物品,例如烟、酒和毒品。

市场经济尊重消费者主权,这就意味着消费者的偏好将对资源配置产生重大影响。个人偏好的合理性是市场竞争结果合理性的前提条件,因为市场就是按所有个人的偏好来配置资源的。但在现实经济中,并不是每个人的要求、愿望都是合理的。可能某种产品能给个人带来较大的利益,但消费者本身并没有意识到,而只给予它较低的评价,也就只有在很低的价格下才愿意购买;反之,某种产品能给个人带来的好处不大,或者根本有害,但消费者却给予较高的评价,表现为消费者愿意以较高的价格购买。这些不合理偏好的选择没有起到优化资源配置的作用。

三、宏观经济领域的失灵

社会总供给与总需求的平衡是市场经济正常运行的基本前提之一。总供求的长期大幅度失衡,将导致各个商品市场、要素市场的供求失衡,使市场竞争中的各方力量对比失衡,导致社会资源配置的无效率;总供求的长期大幅度失衡必然破坏价格机制,使价格这一市场经济中最有效的信息渠道、激励机制丧失作用。也就是说,市场机制本身无法消除经济运行中的失业、通货膨胀和经济失衡问题,即失业、通货膨胀和经济失衡是市场机制失灵的一种表现,正因为如此,必须要由政府干预,才有可能解决这些问题。

(一)失业

在竞争性市场条件下,企业对劳动力的需求取决于两个因素:第一,雇佣劳动力所能带来的收益;第二,雇佣劳动力应支付的工资。当增加雇佣劳动力所带来的利润大于为此支付的工资时,企业对劳动力的需求将增加。根据正常的总体生产函数条件,边际劳动力物质产量是就业水平的递减函数。在此条件下,企业最终雇佣劳动力的最大数量是实际工资与边际劳动力物质产量相等时的劳动力数量。因此,如果劳动力的供给超过需求,就会产生失业。

失业有广义和狭义之分。广义的失业指的是生产资料和劳动者分离的一种状态。在这种状态下，劳动者的生产潜能和主观能动性无法发挥，不仅浪费社会资源，还对社会经济发展造成负面影响。狭义的失业指的是有劳动能力的处于法定劳动年龄阶段的并有就业愿望的劳动者失去或没有得到有报酬的工作岗位的社会现象。按照失业原因，分为自愿性失业、摩擦性失业和结构性失业等。

1. 自愿性失业

所谓自愿性失业是指工人所要求的实际工资超过其边际生产率，或者说不愿意接受现行的工作条件和收入水平而未被雇用而造成的失业。由于这种失业是由工人主观不愿意就业造成的，所以被称为自愿性失业。

2. 摩擦性失业

摩擦性失业是指生产过程中难以避免的、由于转换职业等原因而造成的短期、局部失业。这种失业的性质是过渡性的或短期性的。它通常起源于劳动的供给一方，因此被看成是一种求职性失业，即一方面存在职位空缺，另一方面存在着与此数量对应的寻找工作的失业者，这是因为劳动力市场信息的不完备，厂商找到所需雇员和失业者找到合适工作都需要花费一定的时间。摩擦性失业在任何时期都存在，并将随着经济结构变化而有增大的趋势，但从经济和社会发展的角度来看，这种失业存在是正常的。

3. 结构性失业

结构性失业是指劳动力的供给和需求不匹配所造成的失业，其特点是既有失业，也有职位空缺，失业者或者没有合适的技能，或者居住地点不当，因此无法填补现有的职位空缺。结构性失业在性质上是长期的，而且通常起源于劳动力的需求方。结构性失业是由经济变化导致的，这些经济变化引起特定市场和区域中的特定类型劳动力的需求相对低于其供给。

（二）通货膨胀

通货膨胀是经济不稳定的另一种表现，市场机制虽然能对这种通胀作出反应，但单靠市场机制的作用力度是不够的，而且存在相当长的时滞。

1. 通货膨胀的定义

通货膨胀（inflation）指在纸币流通条件下，因货币供给大于货币实际需求，也即现实购买力大于产出供给，导致货币贬值，而引起的一段时间内物价持续而普遍地上涨现象。

货币是实物交换过程中的媒介，货币也就代表着所能交换到的实物的价值。在理想的情况下货币数量的增长（货币供给，如央行印刷，币种兑换）应当与实物市场实物数量的增长相一致，这样物价就能稳定，就不会出现通货膨胀。

2. 通货膨胀的类型

（1）低通货膨胀

低通货膨胀又称温和的通货膨胀，低通货膨胀的特点是，价格上涨缓慢且可以预测。我们或许可以将其定义为年通货膨胀率为一位数的通货膨胀。此时的物价相对来说比较稳定，人们对货币比较信任。

(2)急剧通货膨胀

急剧通货膨胀又称加速的通货膨胀,急剧通货膨胀的特点是,当总价格水平以每年的两位数或三位数的比率上涨时,即产生了这种通货膨胀。这种通货膨胀局面一旦形成并稳固下来,便会出现严重的经济扭曲。

(3)恶性通货膨胀

恶性通货膨胀又称超速通货膨胀,其特点是通货膨胀率非常高,而且完全失去了控制。最恶性的通货膨胀,货币几乎无固定价值,物价时刻在增长,其灾难性的影响是市场经济变得一无是处。

(4)受抑制的通货膨胀

受抑制的通货膨胀又称隐蔽的通货膨胀。这种通货膨胀是指经济中存在着通货膨胀的压力,但由于政府实施了严格的价格管制与配给制,通货膨胀并没有发生。一旦解除价格管制并取消配给制,就会发生较严重的通货膨胀。

在有通货膨胀的情况下,必将对社会经济生活产生影响。如果社会的通货膨胀率是稳定的,人们可以完全预期,那么通货膨胀率对社会经济生活的影响很小。因为在这种可预期的通货膨胀之下,各种名义变量(如名义工资、名义利息率等)都可以根据通货膨胀率进行调整,从而使实际变量(如实际工资、实际利息率等)不变。这时通货膨胀对社会经济生活的唯一影响,是人们将减少他们所持有的现金量。但是,在通货膨胀率不能完全预期的情况下,通货膨胀将会影响社会收入分配及经济活动。因为这时人们无法准确地根据通货膨胀率来调整各种名义变量,以及他们应采取的经济行为。

(三)通货紧缩

1. 通货紧缩的定义

通货紧缩是指当市场上流通货币减少时,人们的货币所得减少,购买力下降,导致物价下跌,造成通货紧缩。长期的货币紧缩会抑制投资与生产,导致失业率升高及经济衰退。对于其概念的理解,仍然存在争议。但经济学者普遍认为,当消费者价格指数(CPI)连跌三个月,即表示已出现通货紧缩。通货紧缩就是因产能过剩或需求不足导致物价、工资、利率、粮食、能源等各类价格持续下跌。

2. 通货紧缩的影响

通货紧缩与通货膨胀都属于货币领域的一种病态,但通货紧缩对经济发展的危害比通货膨胀更严重。首先,通货紧缩会加速经济衰退。由于物价水平的持续下降,必然使人们对经济产生悲观情绪,持币观望,使消费和投资进一步萎缩,加速经济的衰退。其次,物价的下降会使实际利率上升,企业不敢借款投资,债务人的负担加重,利润减少,严重时引起企业亏损和破产。由于企业经营的不景气,银行贷款难以及时回收,出现大量坏账,并难以找到赢利的好项目,经营也会出现困难,甚至面临"金融恐慌"和存款人的挤提风险,从而引起银行破产,使金融系统面临崩溃。再次,经济形势的恶化与人们的预期心理相互作用,会使经济陷入螺旋式的恶性循环之中。同时这种通货紧缩还会通过国际交往输出到国外,而世界性的通货紧缩又会反过来加剧本国的通货紧缩局面。

市场失灵是市场运行过程中在一定时期、一定程度上表现的一个机制失灵问题,这只是它不好的一面。对这个不好一面的评价应一分为二,尽量全面客观。市场失灵揭示了市场经济的一个极为重要的特征,它使人们对市场的认识由过去的过于理想化变得比较客观现实。传统的市场观倾向于认为市场有效,甚至市场万能;现代的市场观倾向于认为市场“有限”有效,即市场总的来讲是有效的,但也存在着缺陷。但市场经济仍然是目前人类社会所运行的最有效的经济机制。

第三节　公共选择

20 世纪 70 年代以来,凯恩斯主义对经济陷入滞涨缺乏合理的解释,此时在西方经济学界对其批评的基础上兴起一股自由主义复兴的思潮,公共选择学派即是其中的一派。

公共选择理论(theory of public choice)是当代经济学领域中一个相对较新的理论分支与学说;它帮助人们理解和加深对公共产品、公共权力、公共选择等核心概念的认识,主要从新政治经济学理论的视角介绍国家的起源、政府的权利和义务、公共所有权、公共资源、公共政策、宪法、宪政、共和、民主和自由、市场与国家等方面的基础理论与基本知识。

一、公共选择理论的基本内容

(一)公共选择理论的含义

公共选择理论(public choice theory)是一种以现代经济学分析民主立宪制政府的各种问题的学科,传统上是属于政治学的范畴(对此更为普遍的称呼则是政治经济学,但应该注意这不可与马克思主义对此词的定义混为一谈)。公共选择理论研究选民、政治人物以及政府官员们的行为,假设他们都是出于私利而采取行动的个人,以此研究他们在民主体制或其他类似的社会体制下进行的互动。公共选择理论也采用许多不同的研究工具进行研究,包括了研究对效用最大化的局限、博弈论或决策论。公共选择理论的分析方式很大一部分是根基于实证分析的方法上(这是什么);但却是将此作为研究规范(这应该是什么)的工具,以探索问题的所在点,并研究如何在宪政体制内改善这些问题。公共选择理论提出的主要公式之一是理性选择理论(rational choice),假设人们的行为都是出自从有限的可用手段里挑选达成目标的途径。另一个研究目标不同、但却有相同研究公式的学科则是实证政治理论(positive political theory)。而社会选择理论(social choice theory)也是一个相关联的研究领域。公共选择理论是一门介于经济学和政治学之间的新兴交叉学科,它是运用经济学的分析方法来研究政治决策机制如何运作的理论。

(二)公共选择理论的理论起源

公共选择理论产生于20世纪40年代末,并于五六十年代形成了公共选择理论的基本原理和理论框架,60年代末以来,其学术影响迅速扩大。英国经济学家邓肯·布莱克被尊为“公共选择理论之父”,他于1948年发表的《论集体决策原理》一文(载《政治经济学杂志》1948年2月号)为公共选择理论奠定了基础。他在1958年出版的《委员会和选举理论》被认为是公共选择理论的代表作。公共选择理论的领袖人物当推美国著名经济学家詹姆斯·布坎南。布坎南是从20世纪50年代开始从事公共选择理论研究的,他发表的第一篇专门研究公共选择的文章是《社会选择、民主政治与自由市场》(载《政治经济学杂志》第62期,1954年4月号)。布坎南与戈登·塔洛克二人合著的《同意的计算——立宪民主的逻辑基础》被认为是公共选择理论的经典著作。这本书被视为是创立公共选择学派的里程碑。尤其因为本书探讨了一个自由社会下的政治结构,然而两人所使用的研究方式和概念在本质上却是源自于研究一个社会的经济架构的学科。这本书专注于以实证经济学的分析方式解读现代立宪民主制政府的运作,但研究的主轴则是聚焦于政府在政策实践上与社会选择间产生的冲突,与原先理想中的资源分配最佳状态的落差。布坎南因在公共选择理论方面的建树,尤其是提出并论证了经济学和政治决策理论的契约和宪法基础,获得了1986年度诺贝尔经济学奖。

二、公共选择理论的主要流派和观点

根据研究方法和主要理论观点上的差别,公共选择理论一般可以划分为以下三个学派。

(一)罗切斯特学派

顾名思义,该学派的大多数成员生活和工作在美国罗切斯特大学,其成员包括赖克(William Riker)、奥德舒克(P. C. Ordeshook)、布拉姆斯(S. J. Brams)、赫里奇(M. J. Hinich)、阿兰森(P. H. Aranson)等,赖克是该学派的领袖人物。该学派有两个特点:一是坚持用数理方法来研究政治学问题,在投票、互投赞成票、利益集团和官员研究中使用数学推理;二是坚持把实证的政治理论与伦理学区分开来。其更多地运用理性选择理论和政治行为的博弈理论。赖克认为,政治活动是一个博弈过程,政党竞争是一个零和博弈,一方所得是另一方所失,每个政党的最优策略是让对手规模尽可能大,而自己只需保持略有优势(有时甚至是一票之差)就可以战胜对手。因此,在多数票选举制度下,最终将会形成在规模上略有差异,但仍然是势均力敌的两个政党。因而,冲突和冲突和解是公共选择理论必不可少的组成部分。该学派始终一贯地把实证的政治理论用来研究选举、政党策略、投票程序控制、政党联盟形成、立法机构和政府官员。直到20世纪80年代初,该学派论著的大部分内容都是理论性的和抽象的,基本上不涉及制度内容。这一派的成员大多对西方传统的政治学偏好制度主义持反感态度,而注重空间投票模型的研究。同时,该学派的大多数论著不讨论规范问题,他们试图站在中性立场上来研究民主选举中的多数票循环、互投赞成票所造成的缺乏效率、利益集团政治学、官员斟酌权等公共选择论题。

(二)芝加哥学派

公共选择理论中的芝加哥学派又称芝加哥政治经济学,它是公共选择理论中起步较晚的一个学派。1971 年斯蒂格勒(George Stigler)发表的《经济规则理论》标志该学派的诞生,其代表人物有贝克尔、佩茨曼等。芝加哥学派的自由主义色彩尤其是“反历史”的色彩最为明显。该学派认为,经济学家可以观察、解释和描述历史过程,但是不能影响历史过程;改变这个世界的努力总的来说是枉费心机的,是对本来就稀缺的资源的一种浪费。根据这个基本思想,该学派排除了经济学家向政府提供政策建议以及政府干预的必要性。芝加哥政治经济学建立在效用和利润最大化的假设基础上,它从价格理论和实证经济学的角度来分析政府,把政府主要看作是受追求自身利益的理性的个人所利用的、在社会范围内对财富进行再分配的一种机制。其否认政府是为公众谋利益的,它认为,政治市场只不过是满足起决定性作用的利益集团成员再分配偏好的技术上有效率的机制。它把私人市场分析中所使用的方法扩展应用于政治市场分析。它把政府也看作是一种市场,在这个市场上是货币于权力相交换。另外,芝加哥学派还认为,无论是瞬时均衡还是长期均衡,政治市场总是出清的。在均衡状态下,没有一个人可以增加他的预期效用而不减少另一个人的预期效用,即政治市场均衡是处于帕累托最优状态。

(三)弗吉尼亚学派

布坎南和塔洛克的主要研究基地从最初弗吉尼亚大学的托马斯·杰斐逊中心到后来乔治·梅森大学的“公共选择研究中心”,始终没有离开过弗吉尼亚,学派也就因此而得名。该学派的特色是强调方法论上的个人主义和宪法政治经济学。他们认为,个人是社会秩序的基本组成单位,政府只是个人相互作用的制度复合体,个人通过复合体做出集体决策,去实现他们相互期望的集体目标。只有个人才做出选择和行动,集体本身既不选择也不行动。社会选择仅仅是个人做出的选择和采取的行动的结果。他们认为,如果说外部性、公共物品和信息问题折磨着私人市场,从而造成市场失灵的话,那么,它们也破坏了产生牢固的不可分性并且只限制退出选择的政治市场,从而折磨着老百姓,因此他们提出了政府失灵的观点。而改革方案就是宪法改革。宪法可以看成是能够使个人从相互交易中获得利益的一套规则,政府失灵的原因是约束政府行为的规则过时了或约束乏力。因此,要改善政治,就必须改善或改革规则。他们主张对投票规则、立法机构、官员政治和政府决策规则进行一系列的改革,通过这些规则起到约束政府、甚至是守夜人——国家的作用。他们不赞同把未经修改的私人市场理论原封不动地应用于政治市场分析,认为政治市场上的决策者并非总是对现状具有完全的信息;这些决策者不可能总是可以把未来的不确定性转化成确定性的等值,决策者不可能不犯错误。政府失灵是普遍的现象,关键是要进行制度建设和宪法改革。

可以说,它与公共选择中的芝加哥学派有点同宗共源的味道,但它更多的是来源于奈特和西蒙斯的经济自由主义思想。然而,弗吉尼亚学派并没有沿袭前人的研究习惯,他们一开始就反对传统的新古典经济学,也反对传统的政治学,同时还对福利经济学、凯恩斯主义等提出挑战,从而将自己置于西方经济学和政治学的异端地位。但是在漫长的研究生涯中,布坎南和塔洛克始终坚持用经济学的方法和原则来分析政治、法律问题,坚持在“法律和制度”的社会结构之中来研究经济,从而使得弗吉尼亚学派成为公共选择学派中最具影响力的学派。

公共选择学派除了上述三个学派外,还有一个叫做印第安纳学派,其领袖人物是一对夫妇政治学家文森·奥斯特洛姆(Vincent Ostrom)和埃利诺·奥斯特洛姆(Elinor Ostrom),他们研究的主题是个人自我利益与公有社会文化之间、政府强制与自愿合作之间的紧张而有趣的协调;他们接受理性人假说,但还承认个人除了经济利益外还有其他利益;同时,他们也是方法论上的个人主义者,但是又强调文化和制度在形成个人需要、社会权力恶化社会习俗方面的作用。

第四节　财政职能

财政职能是指政府活动所固有的经济功能。政府的收支、政府的消费、生产和分配活动必然要对经济产生影响,从而改变经济的原来状态。政府活动对经济的方方面面所产生的这种影响和变化就体现为财政的职能。这种职能是政府所固有的,只要政府存在,它就必然要进行某些活动,这些活动必然会对经济产生影响。

一、资源配置职能

(一)资源配置职能的概念

所谓财政的资源配置职能,就是指财政通过参与财力分配来实现资源优化配置的功能。在发挥市场机制在资源配置中的基础作用的前提下,通过政府和公共财政的介入,确保社会资源配置的效率性,便构成了政府及其财政活动的首要职能。

资源配置是指社会资源在社会经济各个领域之间的分配,即通过资源在不同用途、不同使用者和不同时期之间进行分配,使有限的资源形成一定的资产结构、产业结构、技术结构和地区结构,以达到资源的有效和合理利用、优化资源结构的目的。广义上讲,社会资源既包括物质资源,又包括人力资源;既包括有形资源,又包括无形资源。资源配置问题是经济学中的核心问题。这里要注意以下两点:

第一,资源的使用效率包括两个方面。一是资源的充分利用。资源总是有限的,或者说是稀缺的,因此有必要对社会资源在各种可能的用途之间进行选择,尽可能使一切资源都被充分利用,以获取最大可能的配置效率。资源能否充分利用,决定了一国的实际产出和物质福利。二是被充分利用的资源是否真正被用得恰到好处,即是否达到了最优配置。假设资源总量的利用程度一定,那么资源越是接近于最优配置,其使用效率就越高。

第二,在现代社会中,存在着两种资源配置方式,即市场配置和政府财政配置。市场配置资源的主要机制是市场机制,通过需求刺激价格,价格引导投资来实现。市场机制是迄今为止最有效的资源配置方式。但是在资源配置过程中,市场机制也存在着低效或无效,需要政府介入社会资源配置过程,以弥补市场机制的缺陷,并为市场配置创造一个公平的环境。政府的资源配置主要是通过财政分配手段实现,这里讨论的就是财政资源配置的职能。

(二)资源配置职能的范围

财政资源配置职能的范围大小应由政府的职能范围来确定。在社会主义市场经济体制下,根据政府的职能范围,财政资源配置范围只应该是市场配置无效而又是市场需要的公共物品和劳务,包括:

第一,满足政府执行职能的需要,包括政府机构的正常运转和执行社会公共职能的基本需要,如国家行政开支、国防、社会治安,等等。

第二,市场不能有效配置而又是社会需要的准公共物品和劳务,如教育、公共卫生和防疫、大型公共设施和基础设施等。

第三,对社会资源配置的引导,如公共资源和短缺资源的配置、对竞争失效和不完全市场的调节等。

(三)资源配置职能的手段

1. 政府支出

政府可直接提供某些市场供给不足的产品,如公共品、准公共品、私人经营容易产生垄断的产品、市场不完全产品等。这些市场供给不足的产品,政府可以通过财政补贴的方式刺激私人企业生产,达到与政府直接提供相同的目的。而政府对私人产品的购买也可视为对该产品的补助,因为它直接体现为对该产品的需要,可起到刺激该产品的生产、扩大供给的效果。另外,合理安排政府投资的规模和结构可以将集中起来的社会资源配置到某个行业或某个地区,并保证国家的重点建设。

2. 财政税收

政府是一个非生产性的部门,它要参与到社会资源中,首先必须依靠国家财政的力量集中一部分的社会资源,税收则是征收财富的一种最重要的手段。政府也可以通过调整税率来鼓励或限制某些产品的生产。通过政府税收手段带动和促进民间投资、吸引外资和对外贸易,提高经济增长率。

3. 公债

公债是现代市场经济国家经常使用的一个财政工具。虽然公债收入不是国家强制、无偿征收的,但政府可以用它筹集到的大量的闲散资金,达到资源重新配置的目的。

二、收入分配职能

收入分配的核心问题是实现公平分配,因而财政的收入分配职能所要研究的问题主要是确定显示公平分配的标准和财政调节收入分配的特殊机制和手段。

(一)收入分配职能的含义

收入分配,通常是指在一定时期内创造的国民收入在价格、税收、政府支出等工具的作用下,在国家、企业和个人之间分割,形成流量的收入分配格局和存量的财产分配格局。财政的收入分配职能,是指财政运用多种方式参与国民收入的分配和调节,以期达到收入分配的经济公平和社会公平。换句话说,就是通过财政收支政策,对国民收入和社会财富进行再分配,使之符合社会普遍认可的公平或合理的标准,也就是建立不同于市场的合理分配模式。

财政参与国民收入分配的原因有以下两点:

第一,一些稀缺的自然资源存在着垄断性,而且不同地区的资源条件有很大差异,由此形成了垄断性的级差收入。财政有必要对其进行干预,防止某些企业谋取垄断利润而损害公众的利益,并收取一部分垄断利润以实现收入的相对公平。

第二,市场机制为基础的现状导致分配收入的结果主要体现了经济公平,而往往损害了社会公平。市场分配机制遵循经济公平的原则,强调收入分配应以各利益主体为社会提供的生产要素的数量和质量为依据。

现实生活中人民的劳动能力、财产占有量等方面存在着客观上的差别,使得市场分配的结果必然会形成收入差距过大。因此,财政也有必要进行干预,防止收入悬殊和两极分化,并为那些无劳动能力、又不能提供其他生产要素的人提供财政补助以维持生存。由此可见,调节收入分配也成为财政的一项重要职能。

(二)收入分配职能的范围

财政在执行收入分配职能时首先要界定它的职能范围。财政这一职能的范围应限定在对不公正分配结果的纠正和调整,至于对收入分配过程本身,财政不应直接介入,因为它归属于市场经济本身的运行范围。当然,这也不排除政府对不完全的要素市场采取的必要干预,以预防不公平分配的结果,如纠正要素市场的垄断价格等。具体来讲,界定财政收入分配职能范围应注意下面几个方面的问题:

①财政不应介入对劳动收入的调节。财政对按劳分配不应具有调节功能。按劳分配体现的是“多劳多得,少劳少得,不劳动无所得”的精神,它本身就具有了社会公平的含义,所以理论上它不属于财政调节的范围。在实践中,由于征收个人所得税所引起的收入再分配结果应该通过税收公平原则予以适当解决。

②对于无竞争能力、无劳动技能或劳动技能低下的老弱病残者,应由财政的转移支付制度解决,以维持这些人的基本生活需要。

③对于凭借生产资料的所有权参与收益分配所形成的收入及其他非劳动收入,应该加强税收的调节,把收入差距缩小到社会所能接受的合理范围。如通过个人所得税调节少数人收

入畸高的现象，通过资源税调节级差收入对个人收入的影响，等等。

④规范公务员工资制度。一般企业的职工实行按劳分配，其工资由劳动力市场价格和企业经营成果来确定。国家公务员的工资则不能由劳动力市场价格和企业经营成果来确定，必须由财政予以保证和规范，根据社会经济发展状况并参照企业平均工资水平来确定和调整。事业单位可以实行不容的工资制度和分配形式，但财政要给予适当支持，并鼓励其逐步走向市场。

（三）收入分配职能的手段

1. 转移支付

通过政府间的转移支付、社会保障支出及各种补助金或救济金支出实现收入在全国范围内的转移分配，保证社会福利水平和社会成员的基本生活需要，如加大政府的社会保险支出。失业、疾病、退休等是市场经济下的必然现象，从社会范围看，这类现象都具有普遍性，关系到整个社会秩序和市场运行。政府通过建立社会保险制度，通过财政做财力后盾，维护社会的福利水平。通过转移支付方法进行的收入再分配，是一种直接的方式，它将现金直接补贴给个人，有明确的受益对象和范围，在操作上也有明确的政策选择性。所以，与财政收入分配职能的其他手段相比较，对改变社会分配不公程度有更为明显的作用。

2. 财政税收

政府拥有强制征税的权力，该项权力使政府能够大规模地进行再分配工作，政府能够通过税制解决由于要素市场的不完全性与垄断定价所产生的收入分配问题。例如，通过征收企业所得税调节企业收入水平；通过征收累进税率的个人所得税、财产税来缩小贫富差距和缓和财富在不同人群中的分布不均状况；通过征收资源税可以缩小部门和地区间资源条件和地理环境不同而形成的级差收入等。

另外，需要注意以下两点：第一，公平是一个“规范性”的问题，公平与否很难有一个公认的标准。公平与效率有着相互制约的关系，如果一味强调征收高额累进税，很可能打击边际生产力水平较高的人们的工作积极性，甚至可能使得部分资本流向国外，对一国的经济发展不利。当前讨论的主要是防止贫穷，防止收入过分悬殊，而不是限制最高收入。第二，通过税收进行的收入再分配活动，带着一定的强制性，是在全社会范围内所进行的收入直接调节，这种调节以收入数量为公平标准，而不论与效率相联系的收入获取过程的公平与否。

3. 基本公共服务均等化

通过公共支出提供公共福利，如公共教育、公共卫生防疫、福利设施等。通过公共投资，加大对某些产业的扶持，缩小行业间的收入差距。

三、稳定和调控经济职能

（一）稳定和调控经济职能的含义

财政稳定和调控经济的职能，可概括为通过财政分配对人们的生产、消费、储蓄、投资等行为产生影响，以实现国民经济中总供求的平衡和持续、稳定的增长，即社会条件不断改善的职能。

经济稳定包含多方面的含义，其主要是指充分就业和物价稳定。严格说来，还包括国际收支平衡，并内含适度的经济增长。

（二）稳定和调控经济职能的手段

1. 相机抉择财政政策

相机抉择财政政策是指国家依据宏观经济的波动特征，有意识地采取特定的财政手段消除通货膨胀或通货紧缩缺口；当经济处于上升期时，政府通过增加税收和削减支出等措施，抑制总需求，以减少通货膨胀缺口；反之，当经济不景气时，政府通过减少税收和增加支出等措施，刺激总需求，以减少通货紧缩缺口。通过灵活地调整财政收支（总量），来影响社会总需求与总供给的总量关系，使之趋于平衡。

2. 自动稳定器的财政政策

自动稳定器的财政政策，是指在经济发生变化时某些能够自动发挥稳定效果的财政政策。财政政策的这种稳定效果是自动执行的，财政收支的伸缩是自动地由经济周期的波动决定的。自动稳定的财政政策的作用主要体现在税收收入和财政支出两个方面。例如，采用累进税率的个人所得税，对经济波动相当敏感。当经济处于上升期时，税收收入会以比个人收入更快的速度增长，从而抑制了非政府消费和投资。反之，当经济处于衰退期时，累进税率将自动降低，从而刺激非政府消费和投资，自动地发挥促进经济回升的作用。从财政支出方面看，最为典型的是社会保障支出。当经济处于不景气时期时，政府的社会保障支出会大幅度增加；反之，当经济处于上升期时，失业率下降，人们的收入增加，政府的社会保障支出会大幅度减少。

3. 预算收支政策

预算收支政策通常有三种类型：预算赤字、预算结余和预算平衡，分别对应着扩张性、紧缩性和中性财政政策。当社会总供给大于总需求时，应采用扩张性财政政策，使政府支出大于收入，以刺激需求；反之，需要采取紧缩性的财政政策，使预算收入大于预算支出，抑制总需求；若总供求基本处于平衡状态，则采用中性财政政策，保持预算收支基本平衡。

4. 其他财政政策

通过有目的、有计划的集中性收支活动及其他财政税收政策，加快农业、基础产业、能源、交通运输等公共设施及其他薄弱环节的发展，消除经济增长中的“瓶颈”，加快产业结构转换，保证经济增长协调与高速的最优结合，为社会经济发展和人民生活提供良好的环境与条件。

四、监督管理职能

在社会主义市场经济条件下，财政作为监督手段，是代表国家以政权行使者和资本所有者的双重身份来实现其监督管理职能的，以维护财经纪律，提高财政效益。作为市场活动的监督管理者，它在维护市场秩序、防止人为因素和反垄断行为等方面起着重要作用。

财政的监督管理职能，是指财政在分配社会产品或国民收入，即在分配、配置资源和调控经济过程中，对国民经济的各个方面的活动状况进行综合反映和制约的客观功能。

尽管市场机制作用的发挥有赖于其客观经济基础和市场本身的发展，但市场体系的建立，市场正常运转规则的制定，却不能靠市场本身，而只能靠政府。政府为了实现其监督职能就应该处于制定并监督比赛规则的专门位置。财政作为市场的监督者，在维护市场秩序，防止人为因素如垄断对市场机制的破坏等方面起着重要作用。

从资产所有者身份的角度看，我国社会主义市场经济与西方市场经济的主要区别在于我国仍以公有制为主体，国家财政作为国有资产的代表者，必须对国有企业及其资产实施监督。财政监督的目的是给国有企业以方向和航向的指引，使其在市场经济这个汪洋大海之中能够按照预定目标乘风破浪前进。财政监督的重点是国有资产（本）的补偿、保值、增值以及盈利分配，保证国有资产（本）能发挥方向性、垄断性与补偿性作用，促进经济的健康发展。监督的方式主要是法制监督，监督国有企业执行国家的法律和制度，规范国有企业的经营活动。

财政职能是指政府活动所固有的经济功能。包括资源配置职能、收入分配职能、稳定和调控经济职能和监督管理职能。这四大职能各有自己的职能范围和政策取向，即实现的机制和手段，但在四大职能之间并不是完全独立的。四大职能共存于财政的活动过程，存在着一定的关系。在财政活动中，不能仅就某一职能或某一政策目标来评价其功过。

本章小结

公共产品理论构成了现代西方财政理论的基石。该理论认为，市场主要提供私人产品，而公共产品主要由政府提供，公共产品是政府活动存在的经济学依据，是政府行为的基础。公共产品具有非排他性、非竞争性和效用的不可分割性。

帕累托效率是指资源的配置达到这样的状态，已不可能再增加任何一个人的福利而不减少其他一些人的福利，也就是不可能通过改变资源的配置来使一些人得到利益，同时又不使另一些人受到损失。如果资源配置达到了这样一种状态，资源配置则具有帕累托效率，否则，不具有帕累托效率。帕累托效率已经成为衡量资源是否实现优化的标准。

市场失灵主要包括两重含义：其一是单靠市场机制不能达到优化社会资源配置的目的；其二是市场对那些以社会目标为主的活动无能为力。正是由于市场机制在许多领域无效或缺乏效率，市场失灵或市场缺陷为政府介入或干预经济提供了必要性和合理性的依据。

外溢性又称外部效应，是指未被市场交易价格反映的额外经济交易成本或效益。当市场交易导致了对第三方的影响，而价格机制又不能为之提供正确信号时，就必然导致资源配置的无效率。

财政职能是指政府活动所固有的经济功能。包括资源配置职能、收入分配职能、稳定和调控经济职能和监督管理职能。

思 考 题

1. 区分公共产品与私人产品的两个基本标准。
2. 外部效应产生的根本原因是什么？有何解决措施？
3. 为什么市场制度适宜配置私人产品而政府制度适宜配置公共产品？
4. 市场失灵的主要表现有哪些？

【案例分析】

假定某个村子有一块归全体村民共有的草地，村民在这块草地上放牛是免费并且无限制的，那么为村民共有的草地就具有以下产权特征：一是所有权的不可分性，即草地归全体村民所有，但每个村民不能声明自己对草地拥有所有权；二是使用权的非排他性，即任何人都不能限制其他人进入草地放牧；三是存在外部效应，即草地上的草是稀缺资源，某一村民多放奶牛，就意味着对其他村民利益造成损害，因为其他村民养的奶牛吃的草少了；四是所有权的不可转让性，即除非所有村民一致同意，否则任何村民都不能转让其在草地上的权利。“草地上放牧过多奶牛”就是由外部正效应引起市场失灵的一个典型案例。

简要分析：当追求自身利益最大化的村民有自由放牧奶牛的机会时，那么只要一头奶牛的产出大于这头牛的成本，放牧这头牛就是有利可图的。只有当利润降至零时，村民才会停止在草地上增加放牧。但单个村民在决策时忽视了他放牧行为的社会成本，即他多放奶牛将使其他奶牛的奶产量下降。当个别村民增加放牧的损人利己行为得不到制止时，其他村民也会选择增加放牧数量，其后果必然导致在草地上放牧过多的奶牛，最终把草场彻底地破坏掉。

由此可知，在资源稀缺的条件下，一旦产权的归属不明确，就会出现“搭便车”现象，即行为人不愿主动为公共产品付费，总想让别人提供公共产品，然后自己免费享用。这样，就不可能生产出最优数量的公共产品。

如何解决因外部性导致对稀缺资源的过度使用呢？

第三章

Chapter 3

财政收入概述

【学习目的与要求】

通过本章学习,要求学生了解财政收入的含义和种类;掌握财政收入的结构类别;掌握财政收入规模的含义、制约因素及财政收入规模的确定;了解财政收入的原则。

【本章主要概念】

财政收入;财政收入结构;财政收入规模;财政收入原则。

【引导案例】

2011 年全国财政收入首次突破 10 万亿元

2012 年 1 月 20 日,财政部公布《2011 年公共财政收支情况》,数据显示,2011 年,全国财政预算执行情况良好,财政收入较快增长,各项重点支出得到较好保障。其中,1 ~12 月累计,全国财政收入 103 740 亿元,比上年增加 20 639 亿元,增长 24.8%。据悉,2011 年全国财政收入首次突破 10 万亿元。此外,1 ~12 月累计,全国财政支出 108 930 亿元,比上年增加 19 056 亿元,增长 21.2%。

第一节 财政收入的含义与分类

一、财政收入的含义

财政收入是指国家为了满足实现其职能的需要,依法参与社会产品或国民收入分配而取得一部分社会产品或社会产品价值的过程。财政作为政府参与社会产品的分配活动,是组织收入、安排支出的过程。财政收入在商品经济条件下,表现为归政府支配的货币资金,是财政支出的源泉、前提和基础。随着生产力的发展，在不同社会经济条件下，财政收入的规模、结构、形式等相应发生变化。财政收入包括三方面的含义：

（一）财政收入是国家筹集的一部分社会产品的价值，主要是剩余产品价值

从财政收入的物质内容看，财政收入是一部分社会产品，主要是剩余产品价值。这部分社会产品是国家为了实现其职能的需要，以社会管理者和资产所有者身份，凭借政治和经济权力采取税收、国有资产权益收入等形式参与社会产品的分配和再分配，把分散在各个微观经济主体手中的一部分社会产品筹集起来，由国家集中占有并支配使用。国家集中的这部分社会产品，在不同的历史时期有不同的表现形式，在自然经济条件下，财政收入表现为一定量的实物或劳务，如农业社会的"粟米之征""徭役之征" 等；在商品货币经济条件下，财政收入还表现为国家占有和支配的一定量的货币资金，现代社会的大部分财政收入是货币资金。

（二）财政收入是财政支出的前提

从财政资金的循环看，财政收入是一个动态的不间断的运动过程。财政资金循环包括"财政收入—财政支出"两个相互衔接、继起的阶段，财政收入是财政资金循环的起点和前提，财政支出是财政资金循环的终点和归宿。只有取得财政收入，财政支出才有物质保证；只有实现财政支出，财政收入的目的才能实现。

（三）财政收入是国家调节经济的重要手段

组织财政收入，不是单纯地筹集资金，通过采取不同的收入形式或数量，可以起到保持经济稳定、优化资源配置和调节收入分配的作用。市场经济国家普遍运用税收、公债等手段调节资源在公共部门与私人部门、公共产品与私人产品之间的配置结构，促进整个社会资源的合理配置和充分利用；调节收入和财富在社会成员之间的分配结构，促进收入分配趋于合理，维护社会安定；调节和控制经济发展的速度和节奏，使经济在增长中保持稳定和协调。

二、财政收入的分类

各国财政学者都十分重视对财政收入的分类。财政收入的复杂性以及对财政收入进行分析研究的目的不同，分类方法也就多种多样。从我国的实际情况及财政收入分类的理论和实践价值看，财政收入的分类方法主要包括以下几种：

（一）按财政收入的形式分类

财政收入形式是指政府取得财政收入的具体方式或方法。财政收入形式是特定财政分配关系的反映，也是财政方针政策在收入上的具体体现。在世界范围内，各国由于在政治经济制度、经济结构、财政制度等诸方面存在差异，财政收入形式也不尽相同，但各国的主要财政收入形式都是税收，而非税收收入则因国而异。在我国，财政收入的形式主要有：

1. 税收收入

税收收入是指国家为了实现其职能，凭借政治权力，依靠国家税法规定所取得的财政收

入。它具有强制性、无偿性、固定性三大基本特征，是征收面最广、最稳定可靠的财政收入形式，也是我国最主要的财政收入形式。税收除了可以取得财政收入，还能起到调节经济运行、资源配置和收入分配的重要作用。

2. 国有资产权益收入

国有资产权益收入是国家凭借国有资产所有权，参与国有企业利润分配，所应获取的经营利润、租金、股息(红利)、资金占用费等收入的总称，主要以利润上缴形式体现。这是建立在生产资料公有制基础上的社会主义国家特有的和不可缺少的收入形式。在我国实行市场经济之前，利润上缴收入也是财政收入的一个主要形式，企业利润的分配制度改革后，利润上缴收入在财政收入中的比例有所下降。

3. 公债收入

公债收入是国家以债务人的身份，按照信用的原则，采取还本付息的信用方式，从国内外取得的各种借款收入，包括在国内、国外发行的各种政府债券，也包括向外国政府和国际组织的借款收入。在现代社会里，公债因具有有偿性、自愿性、灵活性和广泛性等基本特征，并具有弥补财政赤字、调剂国库余缺、筹集财政资金和调控经济运行等多种功能，已成为一种不可缺少的重要财政收入形式。同时，公债是国家取得财政收入的一种特殊形式，这可从以下三方面来理解：第一，公债的特殊性在于与税收相比，不但具有偿还性，而且具有自愿性；第二，公债是政府调节经济的杠杆，是政府进行宏观调控、保持经济稳定、促进经济发展的一个重要经济杠杆；第三，公债是一个特殊的债务范畴，它并不以财产或收益作为担保物，而是依靠政府的信誉发行。在一般情况下，公债比私债要可靠得多，而且收益率也高于普通的银行存款，所以通常称为金边债券。

4. 其他收入

其他收入是指除了上述几项收入外，取得的各项财政收入。其他收入在财政收入中占的比重一般不大，但项目很多，政策性很强，主要包括：规费收入、罚没收入、国有资产管理收入、公产收入及其他杂项收入等。收费收入涉及面广，收入不多，在财政收入中占有比重较小，但政策性强。

其他收入在财政收入中占的比重不大，但包括的项目多、政策性强。其中，事业收入是指中央和地方各部门所属事业单位向国家交纳的收入。规费收入是指国家机关为居民或单位提供某些特殊服务时所收取的手续费和工本费，如工商执照费、商标注册费、户口证书费、结婚证书、商品检验费以及护照费等。国家征收规费的目的除了可以取得一些财政收入外，主要还是为了对某些行为进行管理和统计。罚没收入是指工商、税务、海关、公安、司法等国家机关和经济管理部门按规定依法处理的罚款和没收品收入，以及各部门、各单位依法处理追回的赃款和赃物变价款收入。国家资源管理收入是指各单位经国家批准开采、使用国家矿藏等资源，按规定向国家交纳的有关费用，如矿产资源补偿费、探矿权使用费和采矿权使用费等。公产收入是指国有山林、芦苇等公产的产品收入、政府部门主管的公房和其他公产的租赁收入，以及公产变价收入等。

此外，还有基本建设其他收入、国际组织捐赠收入、对外贷款归还收入、收回国外资产款收入等。

按收入形式分类是财政收入分类的主要方法之一。我国目前的国家预算收入科目即按此设置。这种分类方法，能够反映财政收入过程中不同的筹集方式及其通过各种方式取得的收入在总收入中所占的比重，有利于了解掌握国家政府活动的范围及其方向，有利于分析预算执行情况，总结经验，为调整、制定下年度的预算编制提供依据。

（二）按财政收入来源的所有制结构分类

按财政收入来源的所有制结构分类，财政收入可分为来自国有经济收入、集体经济收入、中外合资经济收入、中外合作经济收入、私营经济或外商独资经济收入、个体经济收入等。其中，国有经济提供的收入一直占据主导地位。

这种分类方法能够反映所有制结构对财政收入的影响，便于国家调整收入政策，完善经济关系。

（三）按财政收入来源的部门结构分类

按财政收入来源的部门结构分类，财政收入可分为来自农业部门收入、工业部门收入、商业部门收入、交通运输业部门收入等；还可分为来自第一产业部门收入、第二产业部门收入和第三产业部门收入等。其中，工业部门提供主要的收入来源。

这种分类方法便于了解部门、产业结构以及与之相关的价格变化对财政收入的影响，及时掌握财政收入变化的趋势，开辟、培养新财源。

（四）按财政收入来自国境内外分类

按财政收入来自国境内外分类，财政收入可分为国内收入和国外收入。

1. 国内收入

国内收入是指在中华人民共和国境内取得的各项财政收入。主要包括以税收、国有资产权益收入、国内债务收入以及其他收入形式取得的收入。国内收入是财政收入的主体，一般占财政总收入的90%以上。

2. 国外收入

国外收入是指在中华人民共和国境外取得的各项财政收入。主要包括国外债务收入，国外各界对我国的赠予、无偿援助等。国外收入一般只是财政收入的辅助、调剂部分。

这种分类方法，便于分析我国在一定时期内的财政收入内外结构及其发展变化趋势，把财政收入的增长建立在国内经济发展和经济效益提高的基础上。同时，根据我国的国情和国力，适时、适度、有效地利用国外资金，以调剂国内的余缺，形成合理的内外财力主辅结构，促进经济社会发展。

（五）按财政收入的管理权限分类

按财政收入的管理权限分类，财政收入可分为中央财政收入和地方财政收入。

1. 中央财政收入

中央财政收入是指按照国家预算法规和财政管理体制规定的，由中央政府集中筹集和支配使用的财政资金。中央财政收入主要来源于国家税收中属于中央的税收、中央政府所属企业的国有资产收益、中央和地方共享收入中的中央分成收入、地方政府向中央政府的上缴收入以及国债收入等。中央财政收入在一国纵向财政结构中居于主导地位。

2. 地方财政收入

地方财政收入是指按照国家预算法规和财政管理体制规定的，由地方政府集中筹集和支配使用的财政资金。地方财政收入主要来源于地方税、地方政府所属企业的国有资产收益、共享收入中的地方分成收入以及上级政府的返还和补助收入等。地方财政收入在纵向财政结构中居于基础地位。

这种分类方法，有利于正确处理财政分配中集权与分权的关系，为探求中央财政与地方财政的合理比例、改革和完善财政管理体制提供依据。

第二节　财政收入构成

一、财政收入构成的含义

财政收入构成，是指财政收入的构成要素以及各要素之间的相互关系。财政收入结构反映了财政收入的基本构成内容及各类收入在财政收入总额中的所占比例及其相互关系；同时，也反映了一定时期内财政收入的来源和财政收入政策调节的目标、重点、手段和力度。一定时期的财政收入结构既是经济结构的集中反映，又制约着经济结构的形成。研究财政收入结构，目的在于揭示财政收入结构与经济结构之间的内在联系及其规律性，为科学地编制和执行政府财政收入预算，有效地筹集财政资金和发挥财政收入政策调控经济的职能作用服务。同时，也为正确处理政府、经济组织、个人之间的财政分配关系，促进经济发展，开辟和培养财源，建立起科学合理的财政收入结构，保证财政收入取之合理、取之有度提供理论依据。

二、财政收入结构分析

（一）财政收入的价值结构

社会总产品按价值构成可分为 C、V、M 三部分。由财政进行分配的只是社会总产品的一部分而非全部。在这一部分社会总产品中来自国民经济各部门创造的纯收入即 M 是财政收入主要的经济来源。

C、V、M 三部分之间存在着此消彼长的关系，由于剩余价值 M 是构成财源的主要因素，因此研究社会总产品价值构成同财政收入的关系应着重研究社会总产品价值构成中成本因素 C 和 V 的变化对 M 从而对财政收入的影响。在社会总产品一定且 V 不变时，降低物化劳动消耗即 C，是降低生产成本、增加 M 和增长财政收入的主要途径。降低生产资料耗费，要根据生产资料的性质区别对待。属于原材料、易燃易耗品等生产资料的耗费，应通过加强内部管理在保证产品质量前提下，力求节约，通过技术或生产工艺流程创新降低成本，增加企业纯收入和财政收入。属于固定资产耗费的补偿，应合理确定折旧率，提高设备利用率，减少每件产品中转移的折旧价值，降低单位产品成本从而增加企业盈利和财政收入。如果折旧率过高，就势必减少企业利润和财政收入；如果折旧率过低，此时财政收入的增长是以牺牲企业发展后劲、减慢企业设备更新改造步伐为代价的，是虚假且不真实的。

在社会总产品一定且 C 不变时，V 部分增大，M 部分减少，相反 V 部分减少，M 部分则增大。因此，充分调动劳动者积极性，提高劳动生产率，对增加企业利润和财政收入有着重大意义。

1. 社会总产品中的 M 是财政收入的主要经济来源

M 是生产领域中劳动者为社会所创造的社会产品的价值，即新创造的价值中归社会支配使用的部分。剩余产品价值包括税金、企业利润和用剩余产品价值支付的费用（如利息）。其中主要是税金和企业利润。它是社会进行扩大再生产和满足社会公共需要的物质基础，是财政收入的主要来源。关于这一点可从以下两方面进行说明：

（1）从 M 的特点来看

在社会总产品价值构成中，M 表现为社会总产值扣除成本（$C+V$）之后的余额，这就使它有可能更多地由财政来分配。因为社会总产值在扣除了成本之后，企业维持其简单再生产就有了保证，M 可以离开生产领域，财政对 M 进行再分配就不至于影响企业正常生产。

（2）从 M 的最终用途来看

M 最终用于两个部分：一部分是消费；另一部分是积累。即最终形成消费基金和积累基金。在社会主义市场经济条件下，社会消费基金的绝大部分需要在全社会范围内进行统一筹集和使用，积累基金的很大一部分也需要在国民经济范围内进行统一的调节。在全社会范围内统一筹措、使用社会消费基金；在国民经济范围内统一调节积累基金，主要是通过财政分配来进行的。所以财政分配的主要对象是 M 部分，剩余产品价值 M 的扩大是增加财政收入的最根本的源泉。

2. 社会总产品中的 V 是财源的补充

V 是国民收入中以工资形式支付给生产领域的劳动者必要劳动的价值，即新创造价值中归劳动者个人支配使用的部分，属于个人消费基金范畴。V 能否构成财政收入的来源需做具体分析。

(1)从个人货币收入层次看

V在总体上是由社会平均维持劳动力再生产的费用决定的,应全部留归劳动者个人。但由于客观上存在着劳动能力上的差别,以及社会产品分配中存在多种个人收入分配形式,各个劳动者实际得到的货币收入在数量上是不同的。一部分高收入者的收入远远高于社会平均必要劳动价值;另一部分低收入者的收入则低于社会平均必要劳动价值。为了维护收入分配的公正、合理,保持社会稳定,政府应以社会管理者身份凭借政治权力采用税收形式对高收入者进行再调节;对低收入者进行补贴,可见V构成了财政收入的来源。

(2)从个人收入V的消费层次看

个人收入用作消费的部分(剩余部分用作储蓄)可分为三个层次:一是维持劳动者自身及其家属最低限度的生活需要;二是用于发展个人专门技能或知识能力方面的需要;三是用于业余消闲或享受部分的支出。在现代文明社会里,维持合格劳动力再生产的费用应主要包括前两部分,它一般不应成为财政分配的对象;而第三部分有很大的伸缩性,尤其与收入水平相关联,因此,对用于这一消费层次的收入可采用税收形式予以适当调节,对个人收入课征所得税或特定消费品课征消费税,最终应以第三部分消费支出来负担。

从我国目前的实际情况看,来自V的财政收入包括直接获取和间接转化两部分。直接来自V的有:对个人征收的各种税、规费收入、罚没收入和居民购买国库券、公债等。间接来自V的有:高税率的消费品税负转移到消费者身上所获得的一部分财政收入,服务性行业和文化娱乐业等企业单位上缴的税收,其中的一部分是通过对V的再分配转化而来的。但是,由于我国目前平均工资水平还较低,财政收入来自V的部分不可能太多,可见,V是我国财政收入的一个来源,但不是主要来源。

3. 补偿基金中C的一部分成为财政收入

补偿价值C中的基本折旧基金在计划经济体制下构成财政收入的一部分,在市场经济中一般已不适宜将折旧基金列为财政收入,但是,由于实行国民生产总值型的增值税,仍有一部分C通过增值税成为财政收入。C是指用来补偿生产过程中消耗掉的生产资料的价值部分,属于补偿基金范畴。具体来讲,补偿基金C可以分为C_1、C_2两部分。C_1是指用于补偿生产中消耗掉的劳动对象的基金,即流动资金价值,主要指原材料、燃料、辅助材料等劳动对象的价值。这部分消耗的补偿特点是价值补偿与实物补偿在时间上是一致的。具体表现为:劳动对象在参加一个生产过程后,其实物形态就全部被消耗掉,其价值也就一次、全部地转移到新产品价值中去,构成产品成本的组成部分。产品出售后取得销售收入,被消耗的劳动对象得到价值补偿,然后再用于购买原材料等劳动对象,继续投入生产。只要生产不断进行,其价值补偿与实物补偿就不能停止,否则就会影响企业简单再生产顺利进行。因此,为了保证企业生产的正常进行,就必须把这部分补偿价值C留给企业,由企业掌握运用。可见,C_1不可能也不需要通过财政分配,它不是财政收入的来源。C_2是指用于补偿生产中消耗掉的劳动手段的基金,即固定资金价值,主要指机器设备、厂房和其他建筑物等劳动工具的价值。这部分消耗的补偿具有其特殊性,主要表现为价值补偿与实物补偿在时间上和空间上都是分离的。具体表现为:固定资产的价值形态在生产过程中随着磨损的程度逐渐地、部分地分次转移到新产品价值中去,然后以折旧费的形式计入产品成本,待产品出售后,再从销售收入中以折旧基金的形式提存出来,以备固定资产报废时进行重置更新。而固定资产的实物形态是在其报废时一次性进行更新的。因此,在固定资产进行实物更新之前的一段时间里,计提的折旧基金就会形成一定的"货币沉淀",这就为财政集中一部分折旧基金提供了可能。当固定资产在生产过程中继续发挥作用时,财政把它的折旧基金集中一部分并不影响企业生产的正常进行。可见,折旧基金可以作为财政收入的一个来源。在我国历史上对国营企业曾将全部折旧基金集中财政,逐步发展为将部分折旧基金集中财政,现在为搞活企业,财政一般不再集中这部分资金,而是留归企业。

由此可见,补偿基金 C 中的 C_1 部分不能构成财政收入,C_2 部分可以构成财政收入,但数量有限,因此补偿基金不是财政收入的主要来源。

综上所述,我国的财政收入就它的价值构成看包括 C、V、M 三个部分,其中 C、V 两部分可以构成财政收入,但数量非常有限,只有 M 是财政收入的主要来源。因此,从开辟财源扩大财政收入来说,根本的途径是增加 M。只有在发展生产、降低消耗、保证劳动者个人收入相应提高的基础上增加 M,国家的财源才能充裕。

(二)财政收入的产业结构

国民经济按产业可分第一产业、第二产业和第三产业。第一产业包括:农业、牧业、林业、渔业等。第二产业包括:工业和建筑业。第三产业包括:除上述一、二产业以外的其他产业,主要有流通部门如交通运输等,为生产和生活服务的部门如金融保险等,为提高科学文化水平和居民素质服务的部门如教育文化等,为社会公共需要服务的部门如军队和警察等。三大产业在国民经济整体中的地位不同,在财政收入中的地位也不相同。探究财政收入的产业结构以及与之相关的价格结构变化对财政收入的影响,便于根据各部门的发展趋势和特点,合理地组织财政收入,开辟新的财源。

第一产业是国民经济的基础,第一产业的发展会影响整个国民经济的发展,从这个意义上说,农业也是财政收入的基础。农业作为财政收入的基础主要表现在两个方面:第一,农业直接提供的财政收入主要是农牧业税。这一部分收入在整个财政收入中占的比重不大,约为3% ~5% 。这是由于我国农业生产率一直较低以及我国长期以来对这一产业劳动者贯彻稳定负担政策和轻税政策。第二,农业间接提供的财政收入。长期以来我国工农业产品交换中存在着剪刀差,致使农产品按照低于其价值的价格出售,再通过价格的再分配作用,使农业部门创造的一部分价值转移到以农产品为原料的工业或农业部门实现。因此,这些部门上缴国家的税利中,就包含有一部分农业所创造的价值,从而形成财政间接来自农业的收入。现在,我国已基本取消了农牧业税,因此,农牧业税这一直接税种已不能构成我国的财政收入,而来自农业的财政收入主要来自于间接收入。

总之,没有农业的发展,就没有其他经济部门的发展,也就没有国家财政收入的增长。农业既是国民收入的基础,又是财政收入的基础,不断增加农业投入,大力发展农村商品生产,增强农业后劲,提高农业劳动生产率是当务之急。

第二产业是国民经济的主导。我国财政收入绝大部分来自第二产业,因此第二产业对财政收入的状况起决定作用。由于我国工业资本有机构成相对其他行业高,劳动生产率、积累水平也较其他部门高,而且目前我国国有经济占有较大比重,其创造的社会纯收入的大部分要以税利的形式上缴国家,因此工业是财政收入最主要的来源。财政收入能否随着第二产业生产的发展而相应增长,一是取决于企业的经济效益;二是取决于产业内部各行业的比例结构是否合理,即轻重工业之间,基础工业与加工工业之间要保持适当的比例关系。如果只片面强调产值与速度,忽视经济效益与合理的比例结构,往往会导致速度和效益脱节,虽然国民生产总值或国民收入可实现一定程度的增长,但财政收入却不能同步增长甚至出现下降的现象。因此,从财政收入的产业结构来看,要想增加财政收入,就应该积极把握工业生产的特点及其规律性,加强企业经营管理,降低消耗,提高劳动生产率,提高经济效益。同时财政政策的制定要有利于协调和保持各行业之间适当的比例关系,增强企业活力,保证财政收入随工业的发展实现适度增长。

第三产业部门创造的价值构成国民生产总值的一部分,同时也构成财政收入的来源因素。第三产业产值在国民生产总值中的比重,随着经济发达程度不同而发生变化。随着社会生产力发展和科学技术的进步,第三产业产值占国民生产总值的比重越来越高,这是各国产业发展的一般趋势。因此,财政收入来源于第三产业的比重也会越来越高。经济体制改革前,我国第三产业严重滞后,与第一、第二产业发展不适应,再加上价格不合理因素,财政来自第三产业的收入不高。随着社会主义市场经济的发展、生产力水平的提高和价格体系的逐步完善,第三产业在我国已经有了迅速的发展。从发展前途看,第三产业在开辟财源、筹集建设资金方面将发挥越来越重要的作用。随着知识经济时代的到来,第三产业将会成为财政收入重要的新的增长点。

(三)财政收入的所有制结构

所谓财政收入的所有制结构指的是财政收入作为一个整体,是由不同所有制的经营单位各自上缴的利润、税金和费用等部分构成的。

财政收入按经济成分分类,有来自全民所有制经济的收入、集体所有制经济的收入、私营经济的收入、个体经济的收入、外资企业的收入、中外合资经营企业的收入和股份制企业的收入。

我国财政收入始终是以国有经济为支柱的。目前,我国财政收入主要是来自全民所有制的国有经济,国有经济上交的财政收入占整个财政收入的 2/3 左右。

建国初期,个体和私营经济在国民经济中占有相当的比重,来自于两者的财政收入占

40%以上。随着社会主义改造的进行,国有经济和集体经济的比重急剧增加,到"一五"时期,来自国有经济的财政收入已达69.4%,来自集体经济的财政收入也有9.8%,个体和私营经济则退居次要地位。改革前夕的1978年,国有企业上缴的收入占全部财政收入的87%,直到1995年占71.1%,仍未失去它的主导地位。而同一时期集体经济以及其他非国有经济的发展速度远远大于国有经济的发展速度,在GDP以及工业总产值中所占比重迅速提高而它们所提供的财政收入的增长则相对缓慢,同这些经济成分的增长速度很不相称。今后,随着城乡集体经济、个体经济、私营经济的发展,三资企业的增加和财税管理制度的进一步完善,来自这些经济成分的财政收入也会相应增加。

(四)财政收入的地区结构

财政收入的地区结构和生产力的合理布局,不仅关系到国民经济的平衡发展,而且是影响财政收入的重要因素。我国各地区的发展很不平衡。按经济发展水平、交通运输条件、经济地理位置等方面的差别,全国可以分为东部、中部、西部三大经济地带。东部11个省市的土地面积占全国的14.2%,人口占全国的41.3%,工农业总产值占全国的55%以上。中部地带9个省,土地面积占全国的34.3%,人口占全国的41.9%,工农业总产值占全国的38%。西部地带9个省,土地面积占全国的51%,人口占全国的11%,工农业总产值只占全国的6%。经济发达程度不一,导致积累水平相差悬殊,东部地带是我国财政收入的来源地带。因此,只有将东部的资金、技术、人才优势与西部的资源优势有机结合起来实现优势互补,帮助西部地区发展经济、培植财源,才能实现东西部地区财政收入同方向的较快增长。如果放弃挖潜西部经济潜力,只重东部经济的发展,势必将东部地区财政收入增收的一部分以转移支付方式用于西部地区非生产性支出,其结果是不能保证财政收入较快增长;如果牺牲东部经济的发展去孤立地发展内地工业,其势必拖累经济增长水平和财源建设。

第三节　财政收入规模分析

一、财政收入规模的含义

财政收入规模,是指在一定时期内(通常为一年)国家所能筹集到的财政收入的绝对量或相对量。

财政收入规模的绝对量,是指在一定时期内国家所能筹集到的财政收入的数量。通常用年度财政总收入来衡量。从静态考察,财政收入的绝对量反映了一国或一个地区在一定时期内的经济发展水平和财力集中程度,体现了政府运用各种财政收入手段调控经济运行、参与收入分配和资源配置的范围和力度;从动态考察,即把财政收入规模的绝对量连续起来分析,可以看出财政收入规模随着经济发展、经济体制改革以及政府职能变化而增减变化的情况和趋势，进而分析出市场机制与政府财政机制在调控经济运行、资源配置和收入分配中的范围、力度的变化趋势。

财政收入规模的相对量，是指一定时期内财政收入与有关经济和社会指标的比率。通常用财政收入占国内生产总值 GDP 或国民生产总值 GNP 的比例来表示。其重要意义包括：

1. 财政收入的相对规模影响资源有效配置

在市场经济中，市场主体主要包括企业、居民和政府三个部分。各个主体对国民经济和社会发展具有不同的职能作用，并以一定的资源消耗为实现其职能的物质基础。而社会经济资源是有限的，各利益主体对资源的占有、支配和享用客观上存在着此增彼减的关系。按照边际效益递减规律，无论哪一个利益主体的资源投入增量超过了客观上所需要的数量，就整个社会经济资源配置而言，都不会实现资源配置的最优化。问题的焦点集中在政府对有限经济资源的集中配置程度即财政收入占 GDP 的比重上。理想状态的集中度，应是政府集中配置的资源与其他利益主体分散配置的资源形成恰如其分的互补关系，或者说，形成合理的私人产品与公共产品结构，使一定的资源消耗获得最优的整体效益。反之，则相反。

2. 财政收入的相对规模影响经济结构的优化

在一定时期内，可供分配使用的国民生产总值是一定的量，但是，经过工资、利息、利润、财政税收等多种分配形式的分配和再分配最终形成的 GDP 分配结构则有可能是多种多样的。分配的结构不同，对产业部门结构的影响也就不同。在 GDP 一定时，若政府财政集中过多，就会改变个人纳税人的可支配收入用于消费与投资的比例，税负过高也会降低企业纳税人从事投资经营的积极性。若消费与休闲的代价因政府加税而变得相对较低，人们就愿意选择消费和休息而不是投资和工作，致使国民生产总值在投资与消费之间的结构失衡。当然，在宏观财税负担一定时，若财税负担在不同产业部门、不同地区、不同所有制等之间的分布不合理，也会通过误导生产要素向财税负担相对较轻的产业、地区和所有制的不合理流动，从而造成 GDP 的生产与分配结构失衡，影响整个国民经济的稳定、协调发展。

3. 财政收入的相对规模既影响公共需要的满足，也影响私人需要的满足

经济生活中的任何需要（公共需要和私人需要）都要以 GDP 所代表的产品和劳务来满足。政府征集财政收入的目的在于实现国家职能，满足公共需要。公共需要是向社会提供的安全、秩序、公民基本权利和经济发展的社会条件等方面的需要。其中，既有经济发展形成的公共需要，又有社会发展形成的公共需要。前者的满足可直接推动社会经济发展，后者的满足则可以直接推动社会发展并间接推动经济发展。总之，满足公共需要实际上形成了推动经济、社会发展的公共动力。GDP 中除财政集中分配以外的部分，主要用于满足私人需要。私人需要是企业部门和家庭部门的需要，满足私人需要是经济生活中形成私人动力的源泉。私人动力对国民经济发展具有直接的决定作用，实际上，公共动力对经济社会的推动作用最终也要通过私人动力来实现。而私人动力对经济的决定作用也须借助于公共动力的保障来实现。在 GDP 一定时,需要寻找公共需要满足程度与私人需要满足程度的最佳结合点,实际上也就是财政收入占 GDP 的合理比例。

4. 财政收入的相对规模既是财政政策的直接目标,又是财政政策的中介目标

财政收支作为一个整体,其运作必须服从财政政策目标。财政收支作为相对独立的财政活动,不仅要有财政政策目标作为终极目标指向,而且还要有更为明确、具体的直接目标分别指示其运作的方向和力度,这些直接目标决定于财政政策目标,并具体指导着财政分配活动,可将其称为中介目标。指导财政收入活动的中介目标是财政收入政策目标,而最主要的财政收入政策目标就是财政收入占 GDP 的比例。

综上所述,合理确定财政收入的规模有其重要的理论和现实意义。

(二)财政收入规模的确定

财政收入规模是由多种因素综合决定的,不仅在不同国家里财政收入规模有较大差异,而且在同一国家的不同历史时期,财政收入规模也不相同。因此,在现实的财政经济生活中,很难用一成不变的固定数值或比例来衡量世界各国各个时期财政收入规模的合理性。当然,这也并不是说适度、合理的财政收入规模就无法测定。实际上,在特定的时间和条件下,衡量财政收入规模是否适度、合理,大致有一个客观标准。这个标准主要包括两个内容:

1. 效率标准

效率标准,是指政府财政收入规模的确定应以财政收入的增减是否有助于促进整个社会资源的充分有效利用和经济运行的协调均衡为标准。

(1)资源利用效率

征集财政收入的过程,实际上是将一部分资源从企业和个人手中转移到政府手中的过程,转移多少应考察是否有助于提高整个资源的配置效率。若财政集中过多,虽然政府能为企业和国民提供良好的公共服务,但因相应加重了微观主体的财税负担,使微观经济主体的活动欲望、扩张能力、自主决策能力等都因缺乏资源基础而受到不恰当的限制,不利于经济发展和提高效率;若财政集中过少,微观经济主体虽然因减轻了财税负担而有足够的活力从事投资和消费活动,但同时也会因政府缺乏经济资源导致公共服务水平下降,从而直接或间接地增加微观经济主体的单位产品消耗、提高交易成本和消费结构畸形等,出现资源配置和利用的低效浪费现象。总之,财政转移资源所产生的预期效率应与企业和个人利用这部分资源所产生的预期效率进行比较,若国家使用的效率高,则可以通过提高财政收入占 GDP 的比重来实现转移;否则应降低这一比例。

(2)经济运行的协调均衡

一般地说,当经济处于稳定增长的良好态势时,财政收入规模应以不影响市场均衡为界限,这时的财政收入规模应该既能满足公共财政支出需要,又不对市场和经济发展产生干扰作用。当经济运行处于失衡状态时,财政收入规模就应以能够有效地矫正市场缺陷、恢复经济的协调均衡作用为界限。

2. 公平标准

公平标准,是指在确定财政收入规模时应当公平地分配财税负担。具体地说,就是财政收入占 GDP 的比例要以社会平均支付能力为界限,具有相同经济条件的企业和个人应承担相同的财税负担;具有不同经济条件的企业和个人应承担不同的财税负担。在公平负担的基础上,确定社会平均支付能力,并据以确定财政收入规模,尤其是财政收入占 GDP 的比例,确保财政收入规模的合理性。

二、影响财政收入规模的因素

(一)经济发展水平对财政收入规模的制约

保证财政收入持续稳定增长是各国政府尤其是被赤字笼罩的国家的一个主要财政目标。但是政府的意愿并不能决定财政收入规模,财政收入的多与少要受到各种政治经济条件的制约,这些条件包括经济发展水平、生产技术水平、价格及收入分配体制等,其中最主要的是经济发展水平。经济发展水平反映一个国家的社会产品的丰富程度和经济效益的高低。经济发展水平高,社会产品丰富,国民生产总值或国民收入就多。一般而言,国民生产总值或国民收入多,则该国的财政收入总额较大,占国民生产总值或国民收入的比重也较高。经济发展水平对财政收入规模的制约关系不仅可通过定性分析来证实,也可以运用回归分析方法定量分析。假设 Y 代表财政收入,X 代表国民收入,则有下列公式:

$$Y = a + bX$$

其中,a 和 b 为待定系数,我们可以依据历史经验确定其大致数值,证明国民收入与财政收入的相关性是很高的,即经济发展水平对财政收入规模有显著的制约作用。从世界各国的现实状况考察,发达国家的财政收入规模大多高于发展中国家,而在发展中国家中中等收入国家又大都高于低收入国家,绝对额是如此,相对数也是这样。实际资料证明:经济决定财政,没有经济不发达而财源可以丰裕的,这也是我们反复强调的财政原理。

生产技术水平也是影响财政收入规模的重要因素,但生产技术水平是内涵于经济发展水平之中的,较高的经济发展水平往往是以较高的生产技术水平为支柱。所以,对生产技术水平制约财政收入规模的分析,事实上是对经济发展水平制约财政收入规模研究的深化。简单地说,生产技术水平是指生产中采用先进技术的程度,又可称之为技术进步。技术进步对财政收入规模的制约可从两个方面分析:一是技术进步往往以生产速度加快、生产质量提高为结果,技术进步速度较快,社会产品和国民收入的增加也较快,财政收入的增长就有了充分的财源;二是技术进步必然带来物耗比例降低,经济效益提高,剩余产品价格所占的比例扩大,从而增加财政收入。由此看来,促进技术进步,提高经济效益,是增加财政收入的首要途径。

（二）价格对财政收入规模的影响

财政收入是一定量的货币收入，它是在一定的价格体系下形成的，又是按某一时点现价计算的，所以，由于价格变动引起的GDP分配必然影响财政收入增减。价格变动对财政收入的影响，有以下几种不同的情况：

①财政收入增长率与物价上升率大体一致，即财政收入只有名义增长，而实际不增不减。如1986年零售物价上升率为6%，财政收入增长率为5.8%，两者大体一致。

②财政收入增长率低于物价上升率，即财政收入名义上正增长，而实际上负增长。如1989年我国零售物价上升率为17.8%，而财政收入增长率仅为13.1%。

③财政收入增长率高于物价上升率，即财政收入实际增长大于名义增长。如1985年零售物价上升率为8.8%，而财政收入增长率为22%。

价格分配对财政收入的影响主要取决于两个因素：一是通货膨胀，二是财政收入制度。通货膨胀是由财政赤字和信用膨胀两条渠道共同形成的。假如通货膨胀是因弥补财政赤字造成的，国家财政就会通过财政赤字从GDP再分配中分得更大的份额。这种通过价格再分配机制实现的财政收入增长通常称为“通货膨胀税”。在长期奉行凯恩斯的赤字财政政策的一些发达国家中，“通货膨胀税”是国家财政的一项经常性收入来源。假如通货膨胀是信用膨胀所致，那么财政在再分配中有得有失，而且可能是所失大于所得，即财政收入实际增长小于名义增长。财政收入制度是决定价格分配对财政收入影响的另一个因素。如果是以累进所得税为主体的税制，纳税人适用的税率会随着名义收入增长而提高，即出现所谓“档次爬升”效应，从而财政在价格再分配中所得份额将有所增加。如果实行的是以比例税率的流转税为主体的税制，这就意味着当税收收入的增长率等同于物价上涨率时，财政收入只有名义增长而不会有实际增长。如果实行的是定额税，在这种税制下，税收收入的增长总要低于物价上涨率，所以财政收入即使有名义增长，实际也必然是下降的。我国现行税制是以比例税率的流转税为主，同时，对所得税的主要税种之一的企业所得税也实行比例税率，因而在物价大幅度上涨的时候，就可能存在财政收入名义上正增长而实际上负增长的情况。价格总水平的变动往往是和产品比价的变动同时发生的，而产品比价关系变动以两种形式影响财政收入：一是产品比价变动会引起货币收入在企业、部门和个人各经济主体之间的转移，形成国民收入的再分配，使财源分布结构发生变化；二是财政收入在企业、部门和个人之间的分布是非均衡状态，或者说，各经济主体上缴财政的税利比例是不同的。这样，当产品比价变化导致财源结构改变时，相关企业、部门和个人上缴的税利就会有增有减，而增减的综合结果最终都会影响财政收入规模。

（三）GDP分配制度对财政收入规模的制约

经济发展水平是分配的客观条件，GDP就是可供分配的蛋糕。蛋糕的大小决定财政收入规模，但在蛋糕大小固定的条件下，在政府、企业、个人三者之间按不同的比例分配也会影响财政收入规模，这说明在一定的经济发展水平下分配制度对财政收入规模具有制约作用。改革开放以来,我国财政收入占GDP比重呈现逐年下降趋势,主要是由于分配制度发生急剧变化。据统计,从最终收入分配格局分析,1978年政府预算收入、企业收入、个人收入的比重分别为31.3%、18.2%、50.5%,而到了1994年则分别为12.0%、21.5%、66.5%,GDP分配格局明显向个人倾斜。而近几年,个人收入在GDP中所占比重又呈现一种逐渐下降的趋势,资本收入在GDP中所占比重则呈现上升的势头,这势必使收入差距过大的问题显得愈加突出。GDP分配格局变化的原因主要是经济体制改革造成的。过去计划经济体制下的统收统支的分配格局明显是与市场经济相矛盾。经济体制转轨带来分配制度的转换是必然的,而且,这种转换又进一步解放了生产力,提高了企业的生产积极性和居民的生活水平。当然,GDP分配格局变化应与体制转轨的步伐一致,如果变化过于剧烈势必产生负效应,如政府财力下降使宏观调控能力下降,造成资金分散与保证国家重点建设的严重矛盾。因此,在提高经济效益的基础上调整分配格局,适当提高财政收入占GDP的比重,也是深化改革的一项重要课题。

四、我国财政收入规模的变化趋势分析

(一)我国财政收入规模的变化情况

改革开放以来,我国财政收入在总量上有了较大增长,由1978年的1 132.26亿元增加到2010年的83 080亿元,32年间增长了73倍。但相对于国内生产总值的增长而言,其规模变化情况则不能一概而论.就财政收入本身而言,各年的增速虽然是波折的,但总体呈现逐渐增长的态势。然而,相对于GDP的增长而言,则呈现明显不同的两个阶段:1995年以前表现为不断下降的趋势;从1996年开始回升,并从1998年开始表现为快速回升的趋势。我国财政收入占GDP的比重的变化趋势同财政支出占GDP的比重的变化趋势一样,在过去的计划经济体制下,这一比重是很高的,1978年仍占31.24%。但实施经济体制改革以后,则逐年下降,至1995年下降为10.67%,17年间每年下降多于1个百分点;1996年回升为10.91%,到2010年上升为20.86%,15年间上升了近10个百分点。具体情况见表3.1。

表3.1　我国财政收入规模变化比照情况

项目 年份	GDP /亿元	GDP增长率/%	财政收入 /亿元	财政收入 增长率/%	CPI增速/%	财政收入占 GDP比重/%
1978	3 624.1	13.19	1 132.26	29.48	0.70	31.24
1979	4 038.2	11.43	1 146.38	1.25	2.00	28.39
1980	4 517.8	11.88	1 159.93	1.18	6.00	25.67
1981	4 862.4	7.63	1 175.79	1.37	2.40	24.18
1982	5 294.7	8.89	1 212.33	3.11	1.90	22.90
1983	5 934.5	12.08	1 366.95	12.75	1.50	23.03

续表 3.1

项目 年份	GDP /亿元	GDP 增 长率/%	财政收入 /亿元	财政收入 增长率/%	CPI 增 速/%	财政收入占 GDP 比重/%
1984	7 171	20.84	1 642.86	20.18	2.80	22.91
1985	8 964.40	25.01	2 004.82	22.03	8.80	22.36
1986	10 202.2	13.81	2 122.01	5.85	6.00	20.80
1987	11 962.5	17.25	2 199.35	3.64	7.30	18.39
1988	14 928.3	24.79	2 357.24	7.18	18.50	15.79
1989	16 909.2	13.27	2 664.9	13.05	17.80	15.76
1990	18 547.90	9.69	2 937.10	10.21	2.10	15.84
1991	21 617.8	16.55	3 149.48	7.23	2.90	14.57
1992	26 638.1	23.22	3 483.37	10.60	5.40	13.08
1993	34 634.4	30.02	4 348.95	24.85	13.20	12.56
1994	46 759.4	35.01	5 218.1	19.99	21.70	11.16
1995	58 478.10	25.06	6 242.20	19.63	14.00	10.67
1996	67 884.6	16.09	7 407.99	18.68	6.10	10.91
1997	74 462.6	9.69	8 651.14	16.78	0.80	11.62
1998	78 345.2	5.21	9 875.95	14.16	-2.60	12.61
1999	82 067.5	4.75	11 444.1	15.88	-3.00	13.94
2000	89 468.10	9.02	13 395.20	17.05	-1.50	14.97
2001	97 314.80	8.77	16 386.00	22.33	-0.80	16.84
2002	103 935	6.80	18 903.64	15.36	-1.30	18.19
2003	116 741	12.32	21 715.3	14.87	-0.10	18.60
2004	159 878	36.95	26 355.9	21.37	3.90	16.49
2005	182 321.00	14.04	31 649.3	20.08	1.80	17.36
2006	209 407	14.86	39 373.2	24.40	1.50	18.80
2007	246 619	17.77	51 304	30.30	4.80	20.80
2008	300 670	21.91	61 316.90	19.5	5.9	20.40
2009	335 353	11.53	68 477	11.68	-0.7	20.42
2010	397 983	18.67	83 030	21.25	3.3	20.86

对表3.1中的数据进行对比分析,可以看出改革开放以来我国财政收入的变化大体经历了以下几个阶段:

(1)1979～1982年,连续4年,GDP增长平均速度为9.96%,国家财政收入平均增长1.73%,CPI平均值3.08%。国家财政收入增长不仅远低于GDP增长,也低于CPI增长,实际上负增长。显示当时的财政政策,是黄老之术,让人民休养生息,培养民力。而对于通过改革而释放出来的个体经济活力和财富,政府没有进行任何征收;对于同步逐渐恢复的国有企业和经济,税收的负担也实际上下降。

(2)1983～1985年,连续3年,GDP增长平均速度为19.31%,国家财政收入平均增长18.32%,CPI平均值4.87%。国家财政收入增长和GDP增长大致保持相当。显示当时财政开始从逐渐恢复的国民经济中抽钱,可能是为了应对当时政府启动城市改革所需资金。

(3)1986～1988年,连续3年,GDP增长平均速度为18.62%,国家财政收入平均增长5.56%,CPI平均值10.60%。又回到了1978～1982年的状况,国家财政收入增长远低于GDP增长,甚至没有跑过物价水平,为实际上负增长。

(4)1988、1989两年,连续两年出现严重通胀,1989年GDP实际上负增长,国家财政收入亦然。

(5)1990～1992,连续3年,GDP增长平均速度为16.49%,国家财政收入平均增长9.35%,CPI平均值3.47%。经济增长从1989年的衰退中走出并开始加快;国家财政收入增长也同步上升,但增长幅度仍远低于GDP增长。

(6)1993～1995年,连续3年,中国经济迅速升温。出现连续3年2位数的CPI上涨,CPI上涨年平均值高达16.30%。按名义货币计算,GDP增长平均速度达到30.03%,国家财政收入平均增长21.49%,经济全面过热。但国家财政收入增长速度仍低于GDP增长速度8个百分点。

(7)1996～2010年,连续15年,在CPI大多时候保持低位,15年中有7年为实际下降,CPI年平均增长率仅为1.21%的前提下,国家财政收入年平均增速高达18.91%。远远高于GDP年均13.89%的增速。

具体地说,改革开放33年来,我国财政收入的变化可划分为以下两个阶段:

第一个阶段:1978～1995年,财政收入的年均增速明显低于GDP年均增速阶段。

以名义货币计,该阶段GDP年平均增长(算术平均,下同)17.76%,国家财政收入年平均增长11.87%,CPI年均7.5%。国家财政收入增速显著低于GDP增速,差距为5.89个百分点。1978年,财政收入占GDP比例高达31.24%,显示在改革开放之前,计划经济时代国民经济负担之重。之后,国家财政对GDP占比逐年下降,占比年均下降1.21个百分点,到1995年达到最低点,为10.67%。显示这一阶段的政策是政府与民让利,藏富于民。

第二个阶段:1996～2010年,财政收入增速快于GDP增速阶段。

该阶段 GDP 年平均增长 13.89%，国家财政收入年平均增长 18.91%，CPI 年均1.21%。国家财政收入增速显著高于 GDP 增速，差距为 5.02 个百分点。国家财政收入占 GDP 的比重以 1995 年为最低点兼拐点，之后开始逐年上升，从 1995 年的 10.67%，增加到 2010 年的 20.86%，年均上升 0.68 个百分点。

不仅如此，在第二个阶段的最近 8 年中，即 2003～2010 年，剔除物价因素，GDP 的年增长速度基本平稳，均保持在 12%～13% 左右；而国家财政收入 8 年增长速度分别为 14.97%、17.47%、18.28%、22.90%、25.50%、13.60%、12.38%、17.95%，呈现明显的增速不断上升的态势。

（二）合理调节财政收入规模的基本政策思路

1. 适度提高财政收入占 GDP 的比重

党的十六届六中全会提出，新世纪新阶段，要抓住机遇，应对挑战，把中国特色社会主义伟大事业推向前进，坚持以经济建设为中心，把构建社会主义和谐社会摆在更加突出的地位。构建和谐社会，首先要发展，要大力发展社会生产力，不断为社会和谐创造雄厚的物质基础，同时，要更加注重解决发展不平衡的问题，更加注重发展社会事业，推动经济社会协调发展。"十一五"时期，是全面建设小康社会和构建和谐社会的关键时期，具有承前启后的历史地位，既面临难得的机遇，也存在严峻的挑战。为了实现这一宏伟目标和艰巨任务，国家财政必须动员全社会力量，多方面筹集建设资金，加大投入，而其中建设社会主义新农村、促进区域协调发展、发展和谐劳动关系、坚持教育优先发展、加强医疗卫生事业、完善社会保障制度和加强环境治理保护等，都必然要求加大政府的直接投入，因而继续适度提高财政收入占 GDP 的比重仍然是必要的。

2. 将财政收入规模控制在适当的水平上

中共十六届三中全会作出《中共中央关于完善社会主义市场经济体制若干问题的决定》，要求更大程度地发挥市场在资源配置中的基础性作用，而正确处理政府与市场在资源配置中的关系又是关键，为此必须继续完善国家宏观调控体系，加快政府职能的转变，切实把政府经济管理职能转到为市场主体服务和创造良好发展环境上来。因此，从完善市场经济体制的角度思考，我国的财政收入规模又不宜过大，对目前过快的财政收入增长速度应适当加以调节，使财政收入规模控制在适当的区间。

3. 调节财政收入规模的关键在于调节财政收入增长弹性系数和增长边际倾向

财政收入规模是以财政收入占 GDP 的比重来表示的，而每年的财政收入规模是由财政收入增长弹性系数和增长边际倾向决定的。从表 7.3 可以看出财政收入（预算内）增长弹性系数和增长边际倾向与财政收入占 GDP 的比重的关系。我国财政收入增长弹性系数和增长边际倾向的变化是不规则、不稳定的。总的来说，增长弹性和增长边际倾向陡降，财政收入占 GDP 的比重下降了 2.9 个百分点，1980 又下降 2.7 个百分点，1995 年以前弹性系数基本小于

1,财政收入占 GDP 的比重持续下降,1996 年以后增长弹性系数和增长边际倾向基本上持续上升,财政收入占 GDP 的比重也持续上升。因此,财政收入增长弹性系数和增长边际倾向既是财政收入占 GDP 的比重变动趋势的反映,也是调控该比重的有效手段。

4. 坚决取缔乱收费,继续进行税费改革,控制预算外收入增长

对预算外资金,一是要加强“收支两条线”管理,切实纳入预算控制之内;二是继续进行税费改革,将可以规范为税收的收费纳入预算内。还要继续清理整顿没有确实统计数字的制度外收入,增加税基,保证税收的合理增长。

5. 对现行税制和税收政策继续进行有增有减的结构性调整

预算内财政收入主要来自于税收收入,而近年来税收收入的快速增长带来了财政收入的快速增长,对近几年税收的快速增长必须有清醒的认识。我国税收收入占 GDP 的比重变化的趋势,同样是在改革开放初期一路下滑,从 1996 年开始转为上升,这种恢复性上升是正常的,但随后又直线上升,每年上升近 1 个百分点,这种超常增长现象不能视为一种规律性。税收增长率与 GDP 增长率之间的弹性系数,从 1997 年开始大于 1.5,这种超常增长的趋势不应当也不可能长期继续下去。因为税收增长大幅度超出 GDP 的增长是一定时期特有的现象,而不是一种普遍的规律性。当我国市场经济体制基本建立时,经济发展走向健康稳定增长,税收征管趋于规范和完善,税收与 GDP 将趋于同步增长,即税收收入主要依靠经济增长带来的自然增长,税收占 GDP 的比重将趋于相对稳定。但是,根据目前的政治经济形势又不适于实行全面减税政策,最佳途径是对现行税制进行有增有减的结构性调整,同时,可以通过税基和税率的调整达到合理控制税收收入增长趋势的目的。

6. 兼顾“以收定支”和“以支定收”方针,规范政府与市场关系,确定财政收入规模的合理区间

从上面的分析可知,一个国家的财政收入规模受经济、政治、社会以及历史文化和特殊国情等多种因素的影响,不可能用一个简单的数字来确定,而必须全面考虑各种影响因素的综合作用。从古至今,一向存在所谓“以收定支”还是“以支定收”的争论,这种争论犹如“蛋生鸡”还是“鸡生蛋”的争论一样,不会有任何结论,也无助于解决合理的财政收入规模问题。其实,收与支是矛盾统一的两个方面,不存在谁决定谁的问题,而是相互制约、相互牵动的关系,以收定支和以支定收不是绝对的,二者都是一定时期和一定条件下的政策性问题。比如,计划经济时期,一切取决于统一的计划,所以执行以收定支、略有结余的方针,在预算安排上不允许出现赤字。改革开放以后,进入由计划经济体制向市场经济体制的转轨时期,这个时期的一个核心问题是要合理处理政府与市场的关系,这样就需要先调整好政府与市场的关系,在此基础上确定财政支出规模,而后再确定税收的负担水平;当税收制度和税收征管走向法制化和规范化之后,税收收入规模又反过来制约财政支出规模。

从总体上看,我国目前的经济发展水平、长远的社会经济发展战略和相应的方针政策,是确定我国合理财政收入规模的主要依据。我国虽然仍是一个发展中国家,但我国是一个大国,人均收入已经达到中等收入国家水平,目前又处于全面建设小康社会的快速发展时期,因而我国财政收入规模适当高于发展中国家的平均水平是必要和可能的,但为了充分发挥市场在资源配置中的基础性作用,财政收入占 GDP 的比重又不宜过高。从我国的纵向比较和国际的横向比较来看,我国计划经济时期的水平(如 1978 年财政收入占 GDP 的比重为 31.1%,其中未包括社会保障收入)和发达国家中较低比重的国家——美国的水平相比(如包括社会保障收入,为 35% 左右),可以作为确定我国当前财政收入占 GDP 比重的合理规模的参考值。

第四节　财政收入原则

财政收入原则是组织财政收入所依据的基本法则。组织财政收入不仅关系到社会经济发展和人民生活水平的提高,也关系到正确处理国家、单位和个人三者之间,中央与地方两级利益之间的关系,还关系到不同对象的合理负担问题。为了处理好这些关系,在组织财政收入时,必须掌握好以下几项原则。

一、发展经济、广开财源原则

发展经济、广开财源是指在组织财政收入时必须从发展经济的角度出发,扩大财政收入的来源。国民经济各物质生产部门所创造的国民收入,是社会主义财政收入的主要来源。只有扩大经济发展规模,加快经济发展速度,提高经济效益,才能使财源充裕,为财政收入开辟丰富的财源。因此,财政收入的规模和增长速度,取决于国民经济发展的规模、速度与资金积累水平。离开经济的发展,财政资金的筹集就会成为无源之水、无本之木。所以,发展经济、广开财源是组织财政收入的首要原则。

在计划经济体制下,我国财政直接承担着筹集建设资金的任务,财政能够筹集到多少资金,以及是否能够合理有效地使用这些资金,就直接关系到乃至决定着我国经济的发展速度和状况,以及建设成果等根本问题。尽管当时也有主张发展经济、广开财源的组织财政收入原则,但在计划经济体制下,该原则的实施受到了许多局限,尤其是在统收统支高度集中的财政体制下。

社会主义市场经济体制下,坚持“发展经济、广开财源”原则是一个重要课题。发展社会主义市场经济与坚持“发展经济、广开财源”原则并不矛盾。要坚持“发展经济、广开财源”原则,就必须以促进经济的发展为出发点,将发展经济摆在首位。发展经济,就是要发展我国农业、工业、商业、交通运输业、金融业等经济部门。

农业是财政收入的基础,发展经济就要大力发展农业。发展农业,一靠科技,二靠政策,三靠法律。同时要大力促进农业生产商品化、专业化,使之适应市场经济的需要。农业发展了,不仅直接增加与农业有关的税收，也能为以农副产品为原料的轻工业的发展打下坚实的基础，还能增加农业人口的纯收入，扩大消费市场，促进工业经济的发展。

工业是财政收入的支柱。目前，我国国有企业经济效益普遍较差，严重影响国民经济的正常发展，提高国有工业经济效益成为当务之急。发展工业，要加大企业改革的力度，转换企业经营机制，使企业真正成为自主经营、自负盈亏、独立核算的法人。从战略上调整国有经济布局和改组国有企业，加快推进技术进步和产业升级。不断加强和改善企业管理，建设高素质的经营管理者队伍。

第三产业是财政收入的重要来源，既能加速劳动成果的价值转化，为社会再生产创造条件，又能及时向社会提供各类消费品，满足市场需要。商业企业内部要加强经营管理，勤进快销，减少商品库存，缩短流通时间，加速资金周转，不断提高经济效益。

总之，“发展经济、广开财源”原则还应根据社会主义市场经济的要求不断充实和完善，不应再是单纯为直接的财政筹集资金，而应在组织财政收入时，更多地注意培育和完善市场，更多地通过鼓励各种来源投资的增加，去促进市场经济的发展，从而增大财源。一句话，就是要将组织财政收入的思路根本地转到服务市场、由市场直接培育财源上来。

二、兼顾三者关系和两级利益原则

（一）三者利益关系

兼顾三者利益是指财政在处理国民收入分配并相应取得自身收入的过程中，不能只顾财政收入的取得，还应将必要的财力留给单位和个人，以调动和发挥他们的积极性。这样，才能保证经济发展和效益提高，从根本上看也是保证财政收入的渠道。

组织财政收入所要考虑的“兼顾三者利益”原则，实质上就是要正确地处理国家、企业和个人的关系。国家代表全国人民的根本利益和长远利益，承担着发展社会生产力、增强国家实力、提高人民生产水平、保卫国家安全的重任。为此，必须有足够的财力满足需要。没有国家利益就没有企业利益，更没有个人利益。企业是商品生产和商品交换的主要参与者，是创造社会物质财富的基础，也是推动社会生产力发展的主导力量。因此，企业应有充足的资金，以满足生产发展的需要。劳动者个人是社会物质财富的创造者，是生产力中最活跃、最能动的因素。必须保证劳动者的物质利益，才能不断推动生产力的发展。总之，在组织财政收入时，只有兼顾国家、企业和个人的物质利益，才能正确处理好这个分配关系。

（二）中央、地方两级利益关系

兼顾中央与地方利益是指国家财政在处理国民收入分配，并相应取得自身收入的过程中，不能只考虑中央或地方财政收入，还得同时兼顾中央级财政和地方级财政的利益关系。按目前的财政管理体制，我国的国家财政是分别由中央预算和地方总预算构成的两级财政。两级财政有各自的具体职能，也形成各自的利益关系，在组织财政收入时也应兼顾两级利益关系。

1956 年,毛泽东在《论十大关系》一文中指出:“处理好中央和地方的关系,这对于我们这样的大国大党是一个十分重要的问题。这个问题,有些资本主义国家也是很注意的,它们的制度和我们的制度根本不同,但是它们发展的经验,还是值得我们研究的。”在我国社会主义条件下,中央和地方之间的资金分配关系,在根本利益上是一致的。但是,各级预算之间的分配关系,在根本利益一致的基础上,也存在着一定的矛盾,主要是国家整体利益与地方局部利益的矛盾、长远利益与眼前利益的矛盾、民主与集中的矛盾、需要与可能的矛盾等,这些矛盾都必须加以正确处理。毛泽东曾指出处理中央与地方关系的原则是“两个积极性好”。在我国,国家的各项职能是由各级政府共同承担的,为了保证各级政府完成一定的政治经济任务,就必须在中央和地方政府、地方各级政府之间,明确地划分各自的财政收支范围、财政资金支配权和财政管理权。一般地说,各级政府应有什么样的行政权力,就应当有相应的财政收入权,以便从财政收入上保证各级政府实现其职能的需要。

随着社会主义市场经济体制改革的深化,中央和地方的分工更加清晰。中央主要负责提供满足全国性“公共需要”的“公共产品”,如国防、外交等,而地方政府应提供的主要是满足地方性“公共需要”的“公共产品”,如基础设施建设等。中央和地方分工的明晰化客观上更加要求在组织财政收入中兼顾中央和地方两级的利益。

(三)坚持兼顾三者和两级利益原则

1. 社会主义市场经济条件下要坚持“兼顾三者利益”原则

(1)兼顾国家与国有企业的利益

计划经济体制下,由于财政过于集中,国家对国有企业在财力方面统得过死,分配中又存在严重的平均主义,因而国有企业没有应有的财务自主权和必要的财力,缺乏在生产经营中的应变能力和自我发展能力。严重压抑了企业和职工的积极性,使作为相对独立的商品生产单位,在很大程度上失去了活力。随着社会主义市场经济体制的建立和逐步完善,企业应是独立的经济实体,成为市场公开竞争的主体。企业拥有相对独立的经济利益,这样,政府只能以资产所有者和行政管理者的双重身份参与一部分企业纯收入的分配,对不含国有资产的企业,则主要通过税收形式参与分配,当然,财政在具体参与企业纯收入分配时,既要防止过度的征集影响企业扩大再生产,也要防止过多的减免和优惠,造成财政收入的流失。企业其余的纯收入应留给企业自主支配。

(2)兼顾国家与劳动者个人之间的利益

计划经济体制下,我国长期实行低工资的政策,加之分配中的平均主义,严重地挫伤了劳动者的积极性,影响了经济的发展和财政收入的应有提高。改革开放以后,国家多次提高了职工工资水平,实行奖金制度,大批安置城镇待业人员就业,劳动者长期被压抑的积极性被调动起来,使得国民经济保持了长期、稳定、持续、快速发展。不过,如果个人工资水平增长速度持续超过生产的增长和劳动生产率的增长速度,盲目提倡“高工资、高消费”或者工资增长不能起到调动劳动者积极性的应有作用，都会直接或间接地影响财政收入，并造成市场供求紧张，商品价格上涨，而危及经济的发展。因此，合理兼顾国家与劳动者个人之间的利益关系，建立积累与消费的正确比例以及个人消费基金在消费基金中的比重，才能既满足人民生活水平提高的愿望，调动劳动者积极性，又防止挤掉生产发展所需的积累基金，影响经济增长和财政收入的增加。

2. 社会主义市场经济条件下坚持兼顾中央和地方利益的原则

正确处理中央和地方利益关系表现在财政收入方面便是合理分配中央和地方的收入，既要防止财权高度集中于中央使地方积极性长期压抑的“一统过死”现象，又要防止“一放就乱”现象。80 年代实行“分灶吃饭”的财政体制，使财政财力极度分散，中央财政收入占国家财政收入的比重由 1972 年的 19.9% 下降到 1989 年的 6.9%，严重威胁中央财政的主导地位。1994 年以来实行分税制后，这种情况得到了改善，经过几年的调整，到 1998 年的财政年度，中央财政收入的增长开始超过地方财政收入的增长。

三、“合理负担”原则

（一）合理负担

“合理负担”原则主要体现在税收中，就是指在组织财政收入时，按纳税人收入的多少，采取不同的征收比例，负担能力强的多负担，负担能力弱的少负担。它通常采取不同的征税范围，不同的税率、减免税等方式来实现。实行合理负担，是实现企业公平竞争的需要，也是保证国家财力的需要。

“合理负担”原则作为财政收入原则之一是一定时期经济关系和财政分配关系的反映。在计划经济体制下“合理负担”原则有特定的含义，主要表现在两方面：一方面，长期以来，理论界对“合理负担”原则的具体表述是“区别对待，合理负担”。“区别对待”是指对不同的经济、不同的经济成分采取区别对待的税收政策，即“优待”国营经济，“虐待”私有经济。“区别对待”与“合理负担”是目的，而且该原则的重心放在“区别对待”上，我国财政长期实行“区别对待”并不是公有制的主导地位造成的，而是计划经济否定公平竞争的后果。计划经济不要求公平竞争，财政才有可能对不同经济成分实行不同的税收负担政策。另一方面，“合理负担”原则主要是针对企业和农业生产单位，很少涉及个人纳税人，与计划经济条件下我国长期没有对个人直接征税有关。

（二）社会主义市场经济体制下坚持“合理负担”原则必须注意的几个方面

首先，“合理负担”原则不应以“区别对待”为前提，“区别对待”是与追求平等的市场经济不相称的。市场经济的公平竞争本性，决定着财政必须对所有的企业不管其经济成分如何都实行统一的税收制度。1994 年税制改革大体上做到了这一点，但尚有不足之处。这不仅体现在内外资企业不同的税制上，对于国有企业与非国有内资企业税收的具体制度规定上也存在着或大或小的差别对待问题,因此还应进一步完善我国的税收制度。

其次,"合理负担"的原则应逐步加进对个人税负实行合理负担的内容。改革开放以后,我国分配格局和分配秩序发生了显著变化。一方面,GDP 分配格局明显向居民个人倾斜。个人收入 GDP 的比重由 1978 年的 50.5% 变为 1994 年的 66.5%,上升了 16 个百分点,居民可支配的收入快速增长。另一方面,我国居民收入分配秩序较为混乱,表现为居民个人之间的收入差距急剧扩大。目前,居民收入可分为两部分:一是制度内收入或称正常收入,主要是工资、奖金、经营收入和财产收入,这部分收入特别是工资收入目前还是处于相对平均状态,据计算,基尼系数仍处于 0.23 的水平。二是制度外收入或称非正常收入,即所谓灰色收入和黑色收入,这部分收入的特征是透明度差,通过哪些渠道,采取哪些形式,比重有多大,至今仍是若明若暗,带有很大的隐蔽性。后一部分收入的急剧增长不仅是居民收入差距急剧扩大并形成分配不公的主要原因,而且是造成财政收入流失的一个重要原因。分配格局和分配秩序的急剧变化使得个人收入构成更为繁杂,这就要求我国在组织财政收入时更为谨慎地对待个人所得税的"合理负担"问题。

本章小结

财政收入是指国家为了满足实现其职能的需要,依法参与社会产品或国民收入分配,取得一部分社会产品或社会产品价值的过程。

按财政收入的形式可将其分为税收收入、国有资产权益收入、公债收入、其他收入。

财政收入构成,是指财政收入的构成要素以及各要素之间的相互关系。社会总产品按价值构成可分为 C、V、M 三部分。财政收入的产业结构可分为第一产业、第二产业和第三产业。

影响财政收入规模的因素包括:经济发展水平、价格因素、GDP 分配制度。

财政收入的原则主要是发展经济、广开财源原则;兼顾三者关系和两级利益原则;"合理负担"原则。

思考题

1. 财政收入的主要形式有哪些?
2. 按产业标准可以将财政收入分为哪几类?
3. 列举影响财政收入规模的因素。
4. 财政收入的原则有哪些?

【案例分析】

尽管政府能从许多不同的渠道获取收入以满足交通开支的需要,但从使用者身上征得的税费构成了重要的组成部分。来自美国交通部的资料表明,1992 年政府耗费于公路支出的近 61% 直接来自于对公路使用者的税收和通行费。1993 年几大类的交通税税率和收费如下表所示:

来　源	税　种
联邦政府	
卡车燃油税	0.184 美元 / 加仑(汽油)
卡车和挂车税	0.244 美元 / 加仑(柴油)
轮胎税	零售价的 1% ~2%
卡车道路使用费	0.15 美元 ~0.50 美元 / 磅
航空交通费	100 美元 ~500 美元 / 辆
机场费	机票价格的 8%
水路交通使用费	
州 - 地方政府	
汽车燃料税(不含州和地方政府对汽油和汽车所征的一般销售税)	0.04 ~0.29 美元/辆
汽车牌照费	
汽车司机执照费	
公路使用费和通行费	
停车场收费	
机场使用费 - 着陆费;乘客便利费(1 美元,2 美元,3 美元)	
水路交通使用费	

在美国,联邦政府对汽车燃料、轮胎、卡车和挂车、飞机票等征收国内消费税,同时也对公路使用者、空中航道使用者和水路使用者收费。州和一些地方政府也对汽车燃料的销售征收特别消费税。某些州还对汽油销售征收一般销售税,并把这种收入专款用于交通开支。州-地方政府筹集交通使用费,既体现了管理的职责,又是一种交通收入来源。他们用这些收入给车辆及其使用者颁发牌照。州-地方政府也向使用公路、机场、港口、停车场的使用者征收通行费。即使我们提到对交通使用者征税收费的范围包括很多方面,但是汽车燃料税至少占使用者所交费用的 60%。

请分析美国交通部这种做法的利弊。

第四章

Chapter 4

税收理论与税收制度

【本章学习要求】

本章要求掌握税收的概念及其特征;了解税收制度;能够运用税收的理论解决有关实际问题。

【本章主要概念】

税收;税收原则;税收的转嫁与归宿;税收制度

【引导案例】

2010年我国财政收入首超8万亿　税收占88%

我国财政收入首次超过8万亿元大关。2010年1至12月,全国财政收入83 080亿元,比上年增加14 562亿元,增长21.3%。税收占财政收入88%,其中,财政收入中的税收收入73 202亿元,增长23%;非税收收入9 878亿元,增长9.8%。据此计算,税收收入仍占我国财政收入的主体,2010年占比为88%。具体来看,有几个税种超过平均增速,如消费税增长27.5%。财政部称,是因为2009年成品油税费改革和提高烟产品消费税税率,2010年前几个月有翘尾增收因素,以及汽车销量大幅增长带动消费税增加。其次,受固定资产投资平稳较快增长等因素带动,相关行业营业税增长,营业税增长23.8%。此外,个人所得税增长22.5%,超过整体增速,财政部称,这是受居民收入增加以及加强征管等因素的影响。另外,2010年货物的大幅进口也致使进口环节的增值税、消费税、关税,均超过整体增速。

第一节　税收理论

一、税收的概念和特征

(一)税收的概念

税收是一个与国家有本质联系的分配范畴。税收的产生经历了一个漫长的历史过程,可以说,税收的历史同国家一样久远。它是伴随着国家的形成而产生的,国家的存在是税收产生的前提条件,而税收又是国家实现其职能的经济基础。在中国历史上,贡、助、彻、役、钱、课、赋、租、捐等都是税的别称,在中亚和欧洲封建社会的早中期,君权神授的观念笼罩着整个社会,国家征税被看成神的意志的体现。自古以来,无论是什么社会,税收都是不可或缺的,它是维系整个社会生存和发展的基础,是国家取得财政收入的主要来源。

英国经济学家、古典学派经济学的主要代表亚当·斯密在《国富论》中说:"税收是人民须拿出自己一部分私有收入,给君主或国家,作为一笔公共收入。"马克思说:"赋税是政府机器的经济基础,而不是其他的任何东西;国家存在的经济体现就是税收。"

税收,又称赋税、捐税、租税等,是政府凭借国家的政治权利,为了满足执行职能的物质需要,按照法律规定的范围和标准,对一部分社会产品进行强制性的分配,并以货币或实物的形式无偿地取得财政收入的一种形式。

税收作为国家财政收入的一种手段,从税收的本质来说,它是参与并调节收入分配的经济手段和杠杆,国家在征税的过程中形成以国家为主体的分配关系。目前,我国共有 19 个税种,其中 16 个税种由税务部门负责征收,关税和船舶税由海关征收,进口货物的增值税、消费税由海关部门代征。

对税收概念的理解,可以从两方面来把握,一方面是由税收的定义可知,税收征收的主体是国家,国家通过税收把分散的资金集中起来,用于建设人民军队,保卫祖国,投资城市基础设施及教育设施,还要建造医疗、图书馆、文化馆以及修建农田水利。所有的这些社会公共需要,90% 以上都是来自税收。另一方面,税收的客体是社会成员,亦即企业、个人等。

(二)税收的特征

税收作为国家财政收入的一种形式,却不同于其他财政收入形式,有其独有的特征,强制性、无偿性、固定性。税收的特征也是税收区别于其他财政收入形式,如上缴利润、国债收入、规费收入等基本标志。可以说,税收的"三性"不仅反映了不同社会形态下税收的共性,也决定了税收成为国家财政主要形式和调节经济的主要经济杠杆。

1. 强制性

税收的强制性是指税收参与社会物品的分配是依据国家的政治权力,而不是财产权力,即和生产资料的占有没有关系。税收的强制性具体表现在税收是以国家法律的形式规定的，而税收法律作为国家法律的组成部分，对不同的所有者都是普遍适用的，任何单位和个人都必须遵守，不依法纳税者要受到法律的制裁。

英国财政学家巴斯特希尔认为，“税收是人民或私人团体为供应公共机关的事务费用而被强制征收的财富”，他进一步认识到税收是一种强制性征收。税收的强制性说明，依法纳税是人们不应回避的法律义务。我国宪法明确规定，我国公民有依法纳税的义务。也正因为税收具有强制性的特点，所以它是国家取得财政收入的最普遍、最可靠的一种形式。

2. 无偿性

税收的无偿性是指国家征税对具体纳税人不需要直接偿还，也不需要付出任何形式的直接报酬或劳务。列宁曾指出：“所谓税收，就是国家向居民无偿地索取。”在税收的三个特性中，无偿性是税收的关键特征，它使税收区别于国债等财政收入形式。无偿性决定了税收是筹集财政收入的主要手段，并成为调节经济和纠正社会分配不公的强而有力的工具。

尽管对于具体纳税人而言，税收是无偿的，但是对于纳税人整体而言，却是有偿的，因为，税收的作用就是“取之于民，用之于民”，可见，要学会辩证地理解税收的无偿性。

3. 固定性

税收的固定性，也称税收的确定性。它是指税收是国家按照相关法律规定的标准向纳税人征收的，任何征收机关和纳税人都无权改变法律规定的征税标准。当纳税人取得了应纳税的收入或发生了应纳税的行为，也必须按预定标准如数缴纳，而不能改变这个标准。但是，对税收的固定性的理解也不能绝对化，并不是说纳税的标准确定后就永远不能改变。随着社会经济条件的变化，具体的征税标准是可以改变的。比如，国家可以修订税法，调高或调低税率等。2008 年 2 月，国务院关于修改《中华人民共和国个人所得税法实施条例》的决定，自 2008 年 3 月 1 日起施行。但这只是变动征收标准，而不是取消征收标准。所以，这与税收的固定性是并不矛盾的。

税收的固定性也是国家经济效益的要求，设想如果税收没有固定性，不规定具体的税额，只是单单凭借着征收机关去确定征收的数额，必定会损害纳税人的切身利益，进而破坏国家的经济效益，阻碍国家发展的进程。

总之，税收的三个特征是互相联系的，强制性是无偿性的基础，强制性和无偿性决定着固定性，想征多少税就征多少税是不可以的，因为经济生活承受不了，政府的职能也无法实现。税收的强制性和无偿性恰恰把税收限制在一定经济条件允许的范围之内。可见，税收的强制性、无偿性和固定性三者是统一的，同时具备这三个特征的才叫税收。

二、税收的原则

税收是国家的基石，是经济平衡发展的保障，也是国家运用最为广泛的经济手段。它涉及社会各个方面的经济活动。因此，在政府进行经济决策的时候，就必须要考虑税收的影响，可见,税收对经济有很强的影响力。那么,一个国家要想建立一个合理的税收制度,就必须依据科学的税收理论和原则。所谓税收原则是指政府在运用税收手段获得收入和调节经济时,为正确处理政府需要与经济发展、社会进步的关系所应遵循的基本准则。它规定政府对谁征税,征收多少,以什么方式和方法去征收等。可以说,税收原则是制定税收制度的指导思想,是判断税收制度是否完善的标准,也是国家设计税收制度、制定税收政策时必须遵循的基本准则和行为规范。只有明确税收原则,才能更好地发挥税收的作用。

尽管在任何时期,人们对税收原则的看法都存在着不同的看法,但税收原则作为治税思想条理化的高度概括,具有比较明显的历史继承性和延续性,不同时期的税收原则也会具有一些相同的内容。其中被社会普遍接受、影响深远的主要有如下一些理论。

(一)西方的税收原则

1. 威廉·配第的税收原则

17 世纪英国古典政治经济学创始人威廉·配第(William Petty)是税收原则的最早提出者。1662 年在他的著名代表作《赋税论》和《政治算术》中详细讨论了税收问题,并提出了税收原则的理论。他第一次提出税收应当贯彻“公平”“简便”“节省”三项原则。他认为“公平”是指税收要对任何人、任何东西无所偏袒,同时税负不能过重;“简便”是指征税手续不能过于烦琐,方法要简明,尽量给纳税人以便利;“节省”是指征税费用不能过多,应尽量注意节约。

2. 亚当·斯密的税收原则

英国古典政治经济学家亚当·斯密继承和发展了威廉·配第的赋税三原则,1776 年在他的著作《国民财富的性质及原因之研究》中提出了“平等”“确实”“便利”“经济”的四原则。

(1)平等原则

在这个原则中,所谓的“平等”包括以下三层含义:第一,主张所有公民应平等纳税,反对贵族免税特权,反对按身份定税以及富者轻税平民重税的不公平情况。第二,税收应均衡地分担到地租、利润和工资上,不应仅由其中一种收入负担,这样是不公平的。第三,按照自然形成的社会财富分配情况,按比例税率征税,税收不要干预社会财富的分配,此点具有税收中性的含义。他认为“一国国民,都须在可能范围内,按照各自能力的比例,即各自在国家保护下享有收入的比例,缴纳国赋,维持政府。”

(2)确实原则

确实原则指的是公民应缴纳的税收,必须是明确规定的,不得随意变更。如纳税日期、纳税方法、缴纳数额等,都应当让所有的纳税人及其他人了解清楚、明白,否则纳税人将不免要受税吏权力的任意左右。这一原则是为了杜绝征税人的任意专断征税,加重税收负担,以及恐吓、勒索等行为。斯密认为税收不确定比税收不公平对人民的危害更为严重。

(3)便利原则

便利原则指的是纳税日期和纳税方法,应该给纳税人以最大的方便。如纳税时期,应该规定在纳税人收入丰裕的时期;征收方法,应力求简便易行;征收地点,应该设立在交通便利的场所;征收形式,应该尽量采取货币征收,以避免因运输事物增加纳税人的负担等。

(4)经济原则

经济原则即最少征收费用的原则。在征税时要尽量节约征收费用,使纳税人付出的,应该尽可能等于国家所收入的。这一原则是针对当时税收制度致使征收费用过高的弊端提出的。一是税吏过多,不仅耗去相当部分税收作为税吏的薪俸,还在征税以外,苛索人民,增加负担;二是税收妨碍人民的勤劳和产业的经营,减少或破坏了可供纳税的基金;三是不适当的税收可能成为逃税的诱因,严惩逃税,又将引起倾家荡产,违反了一般的正义原则;四是税吏的频繁访问和检查,这些虽然不会给纳税人带来金钱上的损失,但会给纳税人带来不必要的烦忧。

亚当·斯密第一个将税收原则提升到理论高度加以明确而系统地阐述。这四个原则具有很强的可操作性,作为后人在税收制度方面改革的指南。至今,亚当·斯密的税收四大原则仍在资产阶级税收理论中占据相当重要的地位。

3. 瓦格纳的税收原则

19世纪下半叶,资本主义发展很快,由自由竞争进入垄断阶段。资本集中,分配不公,矛盾激化,社会主义思潮汹涌澎湃。瓦格纳既反对社会主义,又反对古典学派的自由主义,主张以改良来缓和阶级矛盾,解决社会问题,强调政府的作用。

德国社会政策学派的代表人物瓦格纳是前人税收原则理论的集大成者,在他的著作《财政学》中提出了著名的税收“四项九端”原则:

第一项为财政政策原则,又称公共收入原则,即税收要以供给公共支出,满足政府实现其职能的经费需要为主要目的,具体包括收入充分原则和收入弹性原则。

第二项为国民经济原则,即政府征税不应阻碍国民经济的发展,更不能危及税源。在可能的范围内,还应尽可能有助于资本的形成,从而促进国民经济的发展。具体包括税源的选择原则和税种的选择原则。

第三项为社会正义原则,税收可以影响社会财富的分配以至影响个人相互间的社会地位和阶级间的相互地位。因而税收的负担应当在不同个人和各个阶级之间进行公平的分配,即要通过政府征税矫正社会财富分配不均、贫富两极分化的问题,从而缓和阶级矛盾,达到用税收政策实行社会改革的目的。这一原则又分为普遍原则和公平原则。

第四项为税务行政原则,这一原则是对亚当·斯密的税收原则的继承和发展,具体包括确实原则、便利原则和最少征收费用的原则。

可以说,瓦格纳的税收原则吸收了前人成果,西方经济学界视瓦格纳为前人纳税原则理论的集大成者。瓦格纳的税收原则与亚当·斯密的税收原则理论相比有很大的进步,他提出了税收充分和有弹性,即财政支出的增加或财政收入的减少可以通过税收的增加来相应调节。并突出了国民经济原则,强调要减少征税对经济的不利影响。这被认为是现代效率原则的最早表述。其社会正义原则,反映和体现了改良主义的经济思潮,代表了过渡时期的治税思想。

综观历代西方经济学家、财税学家所提出的税收原则,从其内容的实质来看,可以归纳为以下三个方面：税收的财政原则，即税收的目的在于聚集财政收入，供给财政支出，以履行国家职能；税收的经济原则，即税收课征要有利于保护国民经济，避免干扰市场机制对优化资源配置有效作用的正常发挥，进而促进国民经济稳定、均衡、持续发展。税收的社会原则，即税收影响国民收入的分配状况，从而影响人们相互间的社会地位。政府应防止因税收问题引起社会矛盾的激化，必要时应通过税收矫正社会财富的分配不均，缓和阶级矛盾。

实际上还有多种税收原则的提法，但要数上述四种影响最大。这四种税收原则理论，不仅代表和反映了人们在不同时期对税收的认识，而且基本展示了税收原则理论发展和完善的脉络。根据上述各项税收原则的内容，结合税收理论和我国税收实践的发展，来研究我国税收应遵循哪些原则。

（二）我国的税收原则

在我国的历史长河中，税收原则的思想萌芽很早。在先秦时期，就提出了“平均税负”的思想，对土地划分等级分别征税；在春秋时期，政治家管仲又明确提出“相地而衰征”的税收原则，按照土地的肥沃程度来确定税负的轻重；在西汉时期，就提出了“量出制入”的原则等；魏晋时期的傅玄在《平赋役》中提出的税收总原则是“安上、济下、尽利用之宜”。可见，古代的许多政治家和思想家已提出了制定和建立税制的一些原则，这些原则也对我国现阶段的税收原则的建立奠定了坚实的基础。

随着社会经济的发展而不断地深化，在市场经济的条件下，我国税收主要遵循以下三个原则，即财政原则、公平原则、效率原则。

1. 财政原则

税收的财政原则指税收能够满足国家执行能力的需要的资金。从财政原则来看，税收的最基本和最直接的功能是提供财政收入。由税收的定义我们知道财政收入是税收作为满足公共需要的分配手段的最基本的职能，而且，财政原则也是一个国家建立税收制度的首要原则。从我国税收制度的建立和发展的历程看来，一直都遵循着税收的财政原则。财政原则要求我们通过征税来获得收入，能保证一定时期内财政支出充足的需要，因此要选择合理的结构。比如说应该选择税源比较充裕而收入有可靠的税种作为主体税种。

现在，在我国社会主义市场经济的条件下，政府提供维持社会的稳定和发展的公共服务，同时还担负着调节经济平衡、建设不发达地区等任务。为了实现这些目标，国家需要财政的支持。如今税收占国家财政收入的主要部分，肩负着国家财力的重任，对于税收征集多少，征收的对象，决定税收能否实现其社会职能。那么，这就需要在保证国家的财政需要的同时，要兼顾纳税人的负担能力，更好地处理国家、企业和个人三者之间的利益关系。

2. 公平原则

税收的公平原则是指纳税人按不同的经济能力来负担合理的税收的原则。要实现公平税负，就要做到普遍征税、量能负担，从而使税收起到有效调节的作用。其实，税收公平只是一种相对的公平，它包含两个层次：税负公平、机会均等。所谓税负公平，是指纳税人的税收负担要与其收入相适应,这必须考虑到公平原则中的两点:横向公平和纵向公平。横向公平是指具有相同纳税能力的纳税人应承担相同的税收,纵向公平是指不同条件的人可以区别对待,如对新产品,边远贫苦的地区,国家扶持的产业可以减税,甚至免税,已达到缩小贫富差距。所谓机会均等,是通过税收杠杆的作用,力求改善不平等的竞争环境,鼓励企业在同一起跑线上竞争,从而达到社会经济有秩序发展的目标。要做到税收公平,就要做到统一税政、保证税法执行上的严肃性和一致性;要实现机会均等,就必须实现真正意义上的公平竞争。使个人或企业以平等的法人身份参与竞争,在优胜劣汰中加强自身的素质,从而推动市场经济的进一步繁荣。否则,税收如果不遵循公平原则,会导致纳税人避税和抗税等行为。

3. 效率原则

税收的效率原则是指用尽可能少的消耗人力、物力、财力以取得尽可能多的税收收入,并通过税收分配促使资源合理有效配置。一般来说,税收效率原则分为两方面:税收的经济效率和行政效率,税收的经济效率要求政府征税要有利于资源有效配置,避免经济运行产生的不良影响。从而使社会从可利用的资源中获得最大利益,税收的行政效率要保证国家得到更多的财政收入。比如说政府征税需要聘请税务人员,要支付其工资等。可见,政府应合理安排使得最后的财政收入合理充足。

为了实现以增进资源有效配置、提高经济效率为目标,体现国家产业政策,必须要求充分发挥税收对经济增长的激励作用。政府征税是将私人经济部门占有和使用的资源转移给政府部门的过程。但是如果税收分配不当,就会造成对市场经济的不良影响,比如影响生产者和消费者的正确决策等,则会带来福利损失,形成所谓税收超额负担,因此,征税要遵循效率原则,使社会承受的超额负担最小,并形成较小的税收成本换取较大的所得税收效率,一般通过税收成本与税收收益的比率衡量,更严格地说,用成本的增量与收益的增量之比来衡量。比值越小,表明税收效率越高;反之,比值越大,表明税收效率越低。

三、税收的转嫁与归宿

税收的转嫁是商品经济发展的产物,也是税收理论中一个不容忽视的问题,其实,它是一种客观的经济现象,在我们日常的生活中随处可见。我们先看这样一个例子,假设税法规定对酒类的销售者进行征税,即每瓶酒售价 5 元,每出售一瓶酒必须纳税 1 元。那么,这 1 元的税到底是谁支付的呢?则可能出现的情况如下:

第一种情况,售价不变,5 元。1 元的税完全由销售者来负担。

第二种情况,售价提升至 6 元。税由购买者负担。销售者是纳税人,但实际上,负税人却是购买者。

第三种情况,售价提升至 5.5 元,此时,购买者付出 0.5 元,销售者承担 0.5 元。税收由购买者和销售者共同负担。

那么,谁真正负担了某种特定的税收?是纳税人负担了吗?我们不难发现虽然销售商是纳税人,但负税人的角色却可以由购买者和销售商共同承担。可以说,税收是在运动的,我们将探讨纳税人与负税人之间的关系问题,即税收的转嫁与归宿问题。

(一)税收的转嫁与归宿的含义

税收转嫁指的是税法规定的纳税人将自己应当承担的税款全部或部分转嫁给他人的过程。也就是说,在商品交换过程中,通过纳税人改变商品的购入及售出价格来减少税收支出的一种经济现象。它是纳税人将自己应缴纳的税收转移给他人负担的一种行为。

税收转嫁行为的发生,可能使纳税人与负税人出现不一致的情形。即最初缴纳税收的纳税人不一定是税收的最后负担者。税收转嫁是以商品价格为载体的税负转移的过程,但是需要指出的是,与商品价格并没有直接联系的税收负担的转移不能称得上是转嫁。

税收转嫁与归宿一直是从事经济理论研究者和治国安邦的政治家所关注的问题,经济学家们希望通过分析这个问题来弄清对收入的分配、资源的配置、经济的增长和社会福利变动的影响。同时,政府作为征税者,也希望以此来明确税收的政策,从而更有利于政策的制定和运行。

与税收转嫁密切联系的就是税收归宿,它是指税收负担的最终落脚点,标志税收转嫁过程的结束。即税收负担的最终归着点或税收转嫁的最后结果,税收负担归着于最后的负担者,即找到了税收最终的归宿。可见,税收转嫁并不是无限进行下去的,总会存在着一个不可能再转嫁而需要自己负担税款的经济主体,当某个或某些经济主体最终被确定为最终负税人时,也就形成了税收的归宿。

(二)税收转嫁的形式

1. 前转

前转也称“顺转”,它是税收转嫁的最典型和最普通的形式,指纳税人在进行商品或劳务的交易时通过提高价格的方法使其相应税款向前转移给商品或劳务的购买者或最终消费者负担的形式,一般多发生在商品和劳务课税上。在这种情况下,商品和劳务的出售者是名义上的纳税人,而商品或劳务的消费者才是实际上税收的负担者。即首先厂商提高出厂价转嫁给批发商,批发商再提高批发价转嫁给零售商,最后零售商提高零售价再转嫁给消费者。

2. 后转

后转也称“逆转”,指纳税人通过压低生产要素的进价、压低工资、延长工时等方法,将应缴纳的税款转嫁给生产要素的销售者或生产者负担的形式。后转的发生一般是因为市场供求条件不允许纳税人提高商品价格,使之不能采取前转的方式转移税收负担。即首先零售商压价购进商品转嫁给批发商,批发商压价从厂商进货转嫁给生产厂商,最后压价购进原料、降低工资、延长工时等办法再转嫁给原料供应商和工人。

3. 混转

混转也称“散转”,它是前转和后转二者兼而用之。即纳税人一方面可以通过提高售价的方式将一部分税负向前转嫁给买方,另一方面通过压低进价的方式将一部分税负向后转嫁给卖方。

4. 税收资本化

税收资本化也称"资本还原",即生产要素购买者将购买的生产要素未来应纳税款,通过从购入价格中扣除的方法,向后转移给生产要素的出售者的一种形式。税收资本化主要发生在某些资本品的交易中。

(三)税收转嫁与供求弹性的关系

我们发现,征税后的价格变动取决于税收转嫁的程度,而由征税引起的价格的变化程度,则由商品的需求弹性和供给弹性来决定。这是由于商品价格的变动受市场供求关系的影响,同时,商品价格的变动也影响商品供求状况。

1. 需求弹性

需求弹性是指需求价格弹性,即商品或生产要素的需求量对于市场价格的变动所作出的反映敏感程度。需求价格弹性的大小用需求量变动的比率与价格变动的比率之间的比值,即需求价格弹性系数值来衡量。一般来说,当其他条件不变的情况下,需求弹性同税负收转嫁成反方向运动。当需求弹性越大时,税收越趋向由生产者来承担,税收转嫁比较困难;需求弹性越小,税负越趋向由消费者负担,税收转嫁比较容易;当需求弹性等于零时,则税款由消费者全部承担。

2. 供给弹性

供给弹性是指供给的价格弹性,即商品或生产要素的供给量对于市场价格的变动所作出的反应敏感程度。供给价格弹性的大小用供给量变动的比率与价格变动的比率之间的比值,即该弹性系数数值来衡量,一般来说,当其他条件不变的情况下,供给弹性同税负转嫁也成反方向运动。当供给弹性越大时,税收越趋向由消费者来承担,这是由于对于弹性大的商品,厂商可以通过调整生产的数量,把生产的产品按照所希望的价格出售,所以这是税收转嫁比较容易;当供给弹性越小,税收越趋向由生产者负担。此时,厂商很难调整生产数量,在供求双方的积累竞争中难以把握并控制价格,所以,税收转嫁比较困难。

四、最优税收理论

效率、公平原则不仅是现代税收的两个重要原则,也是税制设计师应遵守的基本原则。但效率和公平目标往往是冲突的,提高效率往往以牺牲公平为代价,而实现公平也往往以牺牲效率为代价。因此,要同时实现税收的效率和公平目标必须在两者之间作出权衡,牺牲部分效率以换取公平目标的实现,或牺牲部分公平以换取效率目标的实现。

对税收公平和效率原则的权衡取舍之间进行选择的整合,以便于在公平和效率之间选择一个最优组合。这便是要讨论的最优税收理论。最优税收理论是在维持一定的政府税收收入的前提下,使课税行为所导致的效率损失最小化。最优税收就是同时实现效率和公平目标的权衡。理论上的最优税制既要体现效率原则,也要保证公平原则的实现。只有同时兼顾公平与效率两个方面才是最好的税制。20 世纪 70 年代以来,对最优税收的规范性研究取得了长足进展,从而形成了最优税收理论。从实质上说,最优税收是从公平和效率的意义上使社会福利最大化的税收,或者说是在社会对公平的期望程度一定的情况下,实现社会公平与经济效率最佳平衡的征税方式。最优税收理论分为两个方面:最优商品税和最优所得税。

(一)最优商品税

1927 年,拉姆齐在其经典性的论文《对税收理论的贡献》中提出了最优税收分析的一个初步框架,从而提出了最优商品课税理论的一个重要内容就是拉姆齐法则。他是第一个用一般均衡的分析方法来研究最优税收理论。他认为最优商品税具有一套差别的税率结构,对于每一种商品税税率的高低是与商品供求的价格弹性成反比的。因此,最优商品课税要求对弹性相对较小的商品课以相对高的税率,而对弹性相对较大的商品课以相对较低的税率。

后来,通过对用来推导拉姆齐法则的经济施加进一步的约束,即假定课税商品之间不存在交叉价格效应,威廉·杰克·鲍莫尔和布莱德福特推导出逆弹性法则:比例税率应当与课税商品的需求价格弹性成反比例。那么可以得出这样的结论,我们生活中的必需品征税要相对高些,而对于奢侈品,征税要相对低一些,但是这就意味着低收入者的税收负担高于高收入者的税收负担,它直接与公平相对冲,违背了公平原则,也忽略了收入分配具有内在的不公平性。为了解决拉姆齐法则置分配公平问题,彼得·戴蒙德和詹姆斯·米尔利斯率先在最优商品税率决定中引入公平方面的考虑并且将拉姆齐法则中的单个家庭经济扩展至多个家庭经济中。他们指出,在需求独立的情况下,一种商品的最优税率不仅取决于其需求价格的逆弹性,而且取决于它的收入弹性。这意味着,对许多价格弹性和收入弹性都较低的商品来说,应当将实行高税率的分配不公问题和实行低税率的效率损失问题进行比较,最有意义的改变应当是使那些主要由穷人消费的商品数量减少的比例比平均水平低。或者说,基于公平的考虑,对于高收入阶层尤其偏好的商品无论弹性是否很高也应确定一个较高的税率;而对低收入阶层尤其偏好的商品即便弹性很低也应确定一个较低的税率。即商品税应该实行差别税率。

但是,商品税并没有考虑到劳动,而征收单一商品税会扭曲人们在闲暇和一般商品消费之间的选择,鼓励人们多消费闲暇,而减少劳动供给。而科特利·黑格法则指出,为了纠正商品课税对工作 - 闲暇关系的干扰,有必要在设计商品课税的税率结构时采取一种补偿性措施,与此同时,也考虑了公平原则,因为对于闲暇是劳动的替代品,对于大部分与闲暇有互补关系的商品都属于高收入阶层的消费品,而大部分与闲暇有替代关系的商品都属于低收入阶层的消费品,即对与闲暇互补的商品征收较高的税率,而与闲暇替代的商品,征收较低的税率。从而达到有效地实现对闲暇的征税,符合公平原则。

(二)最优所得税

税收本身是对公平效率结合的一种体现,而对于最优商品课税的研究立足于效率,与此相反，最优所得课税的研究是从公平问题开始的。最优所得税理论的核心是如何确立所得税的最优税率，以使得社会在达到合意收入分配目标的同时还能够实现对所得征税所带来的效率损失最小化。该结论建立在信息不对称的假设之上，即政府要对个人能力进行课税，但政府不了解个人能力，而只能看到个人的收入。政府如果对高收入个人课以高税，则会出现负激励问题，降低个人的劳动供给。从公平角度来分析，以社会效用极大化的所得税的公平为考虑的目标，税收政策和制度的设计应使个人税后收入分配尽可能地均等。因为高收入者的边际效用要比低收入者小，在同样税收收入的情况下，对高收入者征税导致的社会效用损失小于对低收入者征税。依据收入均等化为公平目标的所得税应实行高低税率差异悬殊的累进税。1971年莫里斯提出的最优所得税的税率结构应该是“倒U型”的论点，如果考虑两个边际税率，并兼顾公平与效率，中等收入者的边际税率可以适当高些，对于低收入者和高收入者应该采用较低的税率，对于最高所得个人采用的边际税率可以为零。

传统的最优税收理论的关注点集中在最优商品税和最优所得税的研究上，旨在设计出某种税制，使得税收的抑制性效应最小。其实，所得税和商品税应该是相互补充的，都有其存在的必然性，可以说，最优税制理论的发展，对税制的发展具有导向性作用。那么，随着研究的深入，最优税收理论开始更多的关注税收制度的实用性和可操作性的研究，并引入了大量的新的数学和经济学的分析工具使最优税收理论的体系更加丰富和充实。我国税收分配中公平与效率原则的组合方式有一个层层递进的过程，从“效率优先，兼顾公平”到“效率与公平并重”再到“公平优先，兼顾效率”，可以说，这一过程是社会主义市场经济体制建立、发展和完善的过程，也是实现共同富裕的过程。这是社会主义市场经济条件下，国家宏观调控方式的发展演变过程，它也体现了社会主义市场经济体制下税收最优理论的规律性。

第二节　税收制度

税收制度，简称税制，是国家规范征税机关、纳税人及其他相关单位和个人所有涉税行为的法律、法规、规章等的总称。它是国家取得税收收入的载体，反映了国家和纳税人之间的一种经济关系。从税收理论研究的角度而言，税收制度是国家按一定相关政策和原则组成的税收体系，其核心是主体税种的选择和各税种的搭配问题。

一、税收制度的要素

税收要素是构成每一个税种的基本因素。在政府征税前，必须要以法律的形式明确规定对谁征税、征多少税、征税的缴纳时间等。那么，在税收制度中则表现为纳税人、课税对象、税率、纳税环节、纳税期限、违章处理、附加、加成和减免等，其中纳税人、课税对象和税率是税收制度的最基本的构成要素。

（一）纳税人

纳税人又称纳税主体，它是指税法规定的直接负有纳税义务的单位和个人，纳税人是缴纳税款的主体。税法中规定的直接负有纳税义务的人，可以是自然人，包括公民、外国人、无国籍人，我国的个体工商户在税法上视为自然人。也可以是法人。需要指出的是与纳税然有密切联系的一个概念就是负税人，它是税款的实际负担者，即实际负担税款的单位和个人。因为有些税种，虽然税款由纳税人交纳，但纳税人可通过各种方式将税款转嫁给别人负担，那么，在这种情况下纳税人是不同于负税人的，可见，负税人是最终负担税款的单体或个人。

（二）课税对象

课税对象又称征税对象或税收客体，它明确了对什么来进行征税，即征税的标的物，

也是征税的根据。它反映了征税的广度，解决了对什么来征税的问题。不同的税种有不同的征税对象，所以它是一个税种区别于另一个税种的根本性的标志，是税收制度的核心要素。课税对象可以是商品或劳务、财产、资源等。

（三）税率

税率是纳税额与征税对象之间的比例，即税额除以课税对象的数量。它是计算纳税额的尺度，反映了征税的深度。可以说，税率的高低关系到纳税人的负担能力和国家财政收入的多少，是税收制度制定的中心环节。我国现行税率大致可分为三种：比例税率、定额税率、累进税率。

1. 比例税率

比例税率是指对同一征税对象，不论其数额大小，都统一按照同一比例征税。在我国，增值税，营业税企业所得税等均采取的是比例税率。比例税率的具体形式有行业比例税率，即同一行业采用同一税率；产品比例税率，即同一产品采用同一税率；地区差别比例税率，即对不同地区实行不同税率；幅度比例税率即政府只规定了一个幅度税率，各地可在此幅度内，可以根据本地区实际情况，选择并确定一个比例作为本地适用税率。

2. 定额税率

定额税率是指按课税对象的实物计量单位直接规定的税额，采用从量计征的方法征收。即对单位征税对象规定一个固定不变的税额。它的种类有地区差别税额率，比如城镇土地使用税；幅度定额税率，比如资源税；分类分级定额税率，比如车船使用税等。

3. 累进税率

累进税率是指征收比例随着计征税对象数额增加而逐级提高的税率，即根据计税依据的数额或者相对比例设置若干级距，分别适用由低到高的不同税率。具体形式有全额累进税率、超额累进税率、超率累进税率。

（四）纳税环节

纳税环节是指在征税对象从生产到消费的劳务活动中和流转过程中应当缴纳税款的环

节。在商品的流转过程中,哪些环节应征税,在税收制度中,必须给予明确的规定。纳税环节的可分为一次课征制和多次课征制。

(五)纳税期限

纳税期限是指纳税人向国家缴纳税看的期限。纳税期限体现了税收的特征,即强制性和固定性,必须在一定的时间内缴纳税款。

(六)违章处理

违章处理是对有违反税法行为的纳税人采取的惩罚措施。违章处理是税收强制性在税收制度中的体现,纳税人必须按期足额的缴纳税款,凡有拖欠税款、逾期不缴税、偷税逃税等违反税法行为的,都应受到制裁(包括法律制裁和行政处罚制裁等)。

(七)附加、加成和减免

附加,也称为地方附加,是地方政府按照国家规定的比例随同正税一起征收的列入地方预算外收入的一种款项。例如教育费附加。加成,是指根据税制规定的税率征税以后,再以应纳税额为依据加征一定成数的税额。例如劳务报酬所得的加成。

此外,还有一些减轻税负的做法。起征点指税法规定的对课税对象开始征税的最低界限。免征额指税法规定的课税对象全部数额中免予征税的数额。

二、税收的分类

税收的分类,是按照一定的标准来对税种进行划分。也就是说,税收分类是把具有相同特征的税种划归为一类,把不同的税种特征的税种划归为不同的类别,现在有的国家税种甚至已达到七八十种。通过对税种进行分类,不仅可以更好地理解税种,也有利于税收制度在总体上的科学合理。那么,分类标准不同,税收划分的具体类别也不同,一般情况下,税收的分类标准有以下几种:

1.按征税对象的不同

按征税对象的不同可以把税收分为商品课税、所得课税、财产课税、行为课税等,这种分类方法是各个国家常用的分类方法。

商品课税指的是所有以商品为征收对象的税种,由于商品课税的主要对象是消费品或劳务,而且是在流通过程中征收的,所以通常又称为流转课税。比如增值税、消费税、营业税、关税等。所得课税指的是以从事生产和经营活动过程中获得的纯利润为对象,按所得的数额来征税,比如:企业所得税和个人所得税等。财产课税指的是以财产为征收对象,按其价值量来计征的,比如房产税、车船税、遗产税等。行为课税指的是以某些特定的行为作为征税对象,比如印花税、车辆购置税等。需要指出的是由于各国家的税制中税种的设计形式各异,所以同样采用这种分类方法,结果也不尽相同,那么在我国,税种可以分为商品课税、所得课税、财产课税、行为税课、资源课税五大类。

2. 按税种能否转嫁

按税种能否转嫁可以把税收分为直接税和间接税。

直接税是税收直接由纳税人来承担，纳税人和负税人一致，税收不容易易转嫁，比如所得课税和财产课税。间接税纳税人将自己缴纳的税收转嫁给别人来承担的税收。纳税人和负税人不一致，税收较易转嫁，比如商品课税，纳税人可以通过提高价格从购买者那里或压低价格从销售者拿得到的部分或全部的承担税收。

3. 按税收收入隶属和征收管辖权限的分配

按税收收入隶属和征收管辖权限的分配可以将税收分为中央税、地方税、中央与地方共享税。

中央税是由国家税务局征收管理，如消费税。地方税是由各级地方税务局征收管理，它属于地方财政得固定收入。地方税源一般较分散，是直接涉及地方经济利益的税种，如房产税、营业税等。中央和地方共享税是隶属于中央政府和地方政府的共同收入，现在由国家税务局征收管理，如增值税。

4. 按税收和价格的关系

按税收和价格的关系可以把税收分为价内税和价外税。

价内税是税款是价格的组成部分，也就是说价格中包含了税款，税款是按含税的价格具体计算征收的税种。可见，价内税的转嫁具有一定的隐蔽性。比如消费税。反之，与价内税相对的价外税指的是价格中不包含税款，税款是价格之外的附加的部分，税款是按不含税价格具体计算的税种。与价内税相比，价外税的转嫁性较为明显。比如增值税。

以上给出了按普通标准来划分税种，还有其他一些分类方法，比如按征税的目的不同，可分为一般税和专门税，按征收期限的不同可分为经常税和临时税等，还有其他的分类方法，在这里不再一一列举。

三、我国税收制度的演变

我国是世界历史上创立税收与税收制度最早的国家之一，有极为丰富的税收与税收制度的历史。中国历史上税收制度经历了多次大的变革，从春秋末期的“初税亩”，它是首次以法律形式认可土地所有权和地主经济的合法地位，到唐代的“租”“庸”“调”制，唐中叶的“两税法”，明代的“一条鞭法”及清雍正年间实行把人头税摊入土地、取消地主豪绅不出丁税特权的“摊丁入亩”制度。

（一）税制建立与发展时期（1950～1978年）

1. 1950年统一全国税制

新中国刚成立时，百废待兴，国家经济面临着巨大的困难，为了迅速恢复国民经济，建立全国统一的政治、社会和经济制度，为国家机器正常运转所必需的财力提供保证，就必须加强税收工作,废除原国民党政府的旧税制,统一税法,统一税收政策,建立起新的税收制度和税务组织机构。为此,依照中华人民共和国政治协商会议通过的《共同纲领》规定的"国家的税收政策,应以保障革命战争的供给,照顾生产的恢复和发展及国家建设的需要为原则,简化税制,实行合理负担"的原则,1950年1月中央人民政府政务院发布了《全国税政实施要则》《关于统一全国税收政策的决定》和《全国各级税务机关暂行组织规程》,明确规定了新中国的税收政策、税收制度等一系列税收原则,建立了统一的税收制度。

2. 1953 年修订税制

1953 年我国开始进行经济建设的第一个五年计划,为了适应经济形势更好地发展,对原来的工商税收制度进行以试行商品流通税为修订内容,把货物税、工商营业税、印花税等加以合并。通过此次修订,不仅促进了合作经济的发展,而且巩固了国营经济的主导地位。可以说,1953 年的税制,对发展社会主义经济、促进三大改造、为经济建设积累资金发挥了积极作用。

3. 1958 年至 1978 年期间的工商税制的改革

1958 年我国开始改革工商税制和统一全国农业税制。工商统一税是由原来的商品流通税、货物税、营业税和印花税合并而成。同时公布了《中华人民共和国农业税条例》,统一全国农业税制。1973 年进一步改革了工商税收制度,试行工商税,把原来对工商企业征收的工商统一税、城市房地产税、车船使用牌照税和屠宰税合并为工商税。经过这次改革,我国的工商税收还有以下 9 种:工商税、工商所得税、盐税、关税、屠宰税、城市房地产税、车船使用牌照税、集市交易税、牲畜交易税。1958 年的这次税制改革,从根本上改变了原来实行的多税种、多次征的税收制度,使税制结构开始出现了以流转税为主体的格局,税收制度由原来的 14 种税简并为 9 种税,在调节经济方面的作用已逐渐减弱。

(二)有计划的商品经济时期税制改革(1978 ~ 1993 年)

以 1978 年十一届三中全会为标志,我国进入了一个崭新的发展时期,是经济体制改革的重要组成阶段。1979 年以来,国家对税收制度采取了一系列改革措施,1980 ~ 1981 年建立了涉外所得税。并颁布了《中外合资经营企业所得税法》《外国企业所得税法》《个人所得税法》。1983 年,国务院决定在全国实行国营企业利改税,将新中国建立以后实行了 30 多年的国营企业向国家上缴利润的制度改为缴纳企业所得税的制度,并取得了初步的成功。这一改革从理论和实践上突破了长期以来国家不能向国营企业征税的禁区,把国家与国营企业之间的分配关系以法定形式固定下来,是国家与企业分配关系改革的一个历史性转变。1984 年第开始了利改税的第二步改革,从税利并存过渡到完全以税代利,内容包括:把工商税划分为产品税、增值税、营业税和盐税四个税种,开征资源税和城市维护建设税,对企业恢复征收车船使用牌照税、房产税、土地使用税。继续征收国营企业所得税和调节税,对大中型企业按 55% 的统一税率征收,小型企业按新的八级超额累进税率征收。扩大利改税实行范围,并将企业划分为不同的类型,实行不同的征税办法。陆续开征了一些新税种,包括具有税收性质的能源交通重点建设基金和预算调节基金,建立了"多税种、多层次、多环节"调节的复合税制体系。直到1993年12月我国的税种已达到5大类42种。

(三)社会主义市场经济时期的1994年税制改革

中共中央、国务院的直接领导下,从1992年起,财税部门就开始加快税制改革的准备工作,1993年更是抓住机遇,迅速制定了全面改革工商税制的总体方案和各项具体措施,并完成了有关法律、法规的必要程序,于1993年底之前陆续公布,从1994年起在全国实施。

1.1994年税制改革的主要原因

1992年10月,党的十四大确定了社会主义市场经济体制的改革目标,这对我国的税制无疑又提出了新的考验。与社会主义市场经济的要求相比,原税制体系明显暴露出一些不足之处:第一次税制改革时按照不同所有制形式建立的所得税制度,存在着税负不公问题;国家与国有企业的税收分配关系也不够规范;税收的调控范围和程度未能适应生产要素全面进入市场的要求,税制结构不尽合理,设计不够科学等缺陷。尤其是在1992年上半年和1993年下半年期间,我国通货膨胀率迅猛增长,国民经济明显过热,形势严峻,一方面,税负不均,不利于不同所有制、不同地区、不同企业和产品之间的公平竞争;国家和企业的分配关系和分配形式很不规范;而且税收调控的范围和力度不能适应生产要素全面进入市场的进度,对资金市场和房地产市场的调节十分薄弱,还远远没有到位;另一方面,地方税收体系不健全,规模过小,收入和管理权限的划分不尽合理,不利于完善中央财政与地方财政的分配体制。

2.1994年税制改革的主要内容

第一,改革了企业所得税制,将过去对国营企业、集体企业和私营企业分别征收的多种所得税合并为统一的企业所得税,对外资企业停止征收原工商统一税。

第二,建立新的流转税体系,统一实行新的流转税制,实行了以比较规范的增值税为主体,消费税、营业税并行,内外统一的流转税制。

第三,统一个人所得税,将过去对外国人征收的个人所得税、对中国人征收的个人收入调节税和个体工商业户所得税合并为统一的个人所得税。取消原个人收入调节税和城乡个体工商户所得税,对个人收入和个体工商户的生产经营所得统一实行修改后的个人所得税法。

第四,调整、撤并和开征其他一些税种。如调整资源税、特别目的税、财产税、行为税做了大幅度的调整,如扩大了资源税的征收范围;取消集市交易税、牲畜交易税、烧油特别税、奖金和工资调节税;开征土地增值税、证券交易税;取消了盐税,盐税并入资源,取消了奖金税、集市交易税等7个税种,特别消费税并入消费税等。

这次的税制改革,是新中国成立以来规模最大、范围最广、成效最显著的税制改革。经过1994年税制改革和多年来的逐步完善,我国已经初步建立了适应社会主义市场经济体制需要的税收制度,对于保证财政收入,加强宏观调控,深化改革,扩大开放,促进经济与社会的发展,起到了重要的作用。

(四)21世纪以后的税制改革(1994年至今)

2002年我国加入WTO后,从税制的角度讲,将对与WTO不相融的税收政策、法律法规进行修改与完善。在这新形势下税收制度改革有了新的挑战,在这种新的宏观格局下,税收体系本身还有许多需要进一步完善之处,尤其是随着我国经济体制改革的进一步深化,税收制度与当前的社会经济环境之间产生了很多新的摩擦,日益暴露出其在政策取向和制度安排上的诸多问题。

党的十六大报告提出全面建设小康社会的目标,十六届三中全会通过了《中共中央关于完善社会主义市场经济体制若干问题的决定》,明确了我们在经济建设和经济体制改革方面的基本任务,深化税制改革、调整税收政策,也是其中的重要内容之一。

2004年1月1日,我国对出口退税机制进行了重大改革,降低出口退税率,从此拉开了新一轮税制改革的序幕。为进一步优化出口结构,2005年,国家调低和取消了部分"高耗能、高污染、资源性"产品的出口退税率,同时适当降低了纺织品等容易引起贸易摩擦的出口退税率,提高重大技术装备、IT产品、生物医药产品的出口退税率。2007年7月1日又做了一次调整,出口退税率调整为5%、9%、11%、13%和17%五档。

2004年7月1日,我国推进增值税转型改革。国家开始在东北地区"三省一市"八个行业实行扩大增值税抵扣范围改革试点。这项政策有力地支持了老工业基地调整改造,促进了地区经济社会协调发展,推进了国有经济结构战略性调整,提高了相关产业和企业的国际竞争力。在总结完善东北地区试点方案的基础上,有关部门又研究制定了中部地区26个城市增值税转型试点的方案,经国务院批准后,于2007年7月1日起实施,为下一步增值税转型在全国推广积累了经验。

2005年8月23日,实施个人所得税制度的改革。在十届全国人大常委会第17次会议开始审议国务院提交的《个人所得税法修正案(草案)》,个税改革开启帷幕。国家提高了工资、薪金所得扣除额标准,在2006年个税起征点由之前的每月800元提高到每月1 600元,同时实施年所得12万元以上个人所得税自行纳税申报的办法,保障了纳税人的权益,发挥了税收调节收入分配的作用。从2011年9月1日起,新修订的个人所得税法正式实施,个税起征点从每月2 000元提高到每月3 500元,这意味着低收入者的负担将有所减轻。2006年7月1日,又进行了内外资企业所得税"两法合并"改革。内资企业所得税税前扣除的计税工资定额标准统一调整为每人每月1 600元,缩小了内资企业与外资企业的税负差距,推进了公平竞争。同时,国家税务总局与财政部共同抓紧研究内外资企业所得税"两法合并"改革方案,起草了新的《企业所得税法》,经国务院审核后提请十届全国人大五次会议审议并高票通过,2008年1月1日开始正式启动,税率统一调整为25%。

2006年1月1日起,全面取消了农业税,废止1958年6月3日通过的《中华人民共和国农业税条例》。迈出了实现城乡税制统一改革的重要一步。这一年标志着在我国延续了几千年的农业税从此退出历史的舞台，是具有划时代意义的一件大事，也是惠及亿万农民的一大德政，具有重大的现实意义和深远的历史意义。

2007 年，对地方税制度进行调整和改革，调整了城镇土地使用税，统一了内外资企业在土地使用上的税收负担，同时，为了促进节约使用土地，适当提高了城镇土地使用税税率。

本章小结

税收，又称赋税、捐税、租税等，是政府凭借国家的政治权利，为了满足执行职能的物质需要，按照法律规定的范围和标准对一部分社会产品进行强制性分配，并以货币或实物的形式无偿地取得财政收入的一种形式。

税收原则是指政府在运用税收手段获得收入和调节经济时，为正确处理政府需要与经济发展、社会进步的关系所应遵循的基本准则。我国税收主要遵循以下原则，即财政原则、公平原则、效率原则。

税收转嫁指的是税法规定的纳税人将自己应当承担的税款全部或部分转嫁给他人的过程。也就是说，在商品交换过程中，通过纳税人改变商品的购入及售出价格来减少税收支出的一种经济现象。它是纳税人将自己应缴纳的税收转移给他人负担的一种行为。税负转嫁的基本形式有前转、后转、消转以及税收资本化等。

最优税收理论是在维持一定的政府税收收入的前提下，使课税行为所导致的效率损失最小化。最优税收理论分为两个方面：最优商品税和最优所得税。

税收制度，简称税制，是国家规范征税机关、纳税人及其他相关单位和个人所有涉税行为的法律、法规、规章等的总称。它是国家取得税收收入的载体，反映了国家和纳税人之间的一种经济关系。

思考题

1. 我国税收应遵循哪些原则？
2. 我国税收的分类有哪些？
3. 税收的转嫁形式有哪几种类型？
4. 简述我国税收制度的演变。

【案例分析】

2010 年税收收入增长的结构性分析

（一）税收增长的总体情况

2010 年全国税收总收入完成 73 202 亿元，比上年同期增长 23%，同比增收 13 681 亿元，比上年同期增速加快了 13.2 个百分点。

(二)税收增长的主要特点

1. 税收总收入增长较快

2010 年全国税收总收入增长较快。部分原因是 2009 年基数较低,若将其与 2008 年同期的税收总收入进行比较,两年间年均增长率为 16%,低于金融危机前的税收增速,仍属于恢复性增长。

2. 单月税收收入呈现明显的"前高后低"的走势

受 2009 年基数前低后高等因素影响,2010 年的税收增长呈现明显的"前高后低"的走势,上半年增长 30.8%,下半年增长 15.3%,8 月份税收收入增速跌入全年谷底,从 9 月份开始逐渐反弹。

2010年各月税收收入同比增速变动图

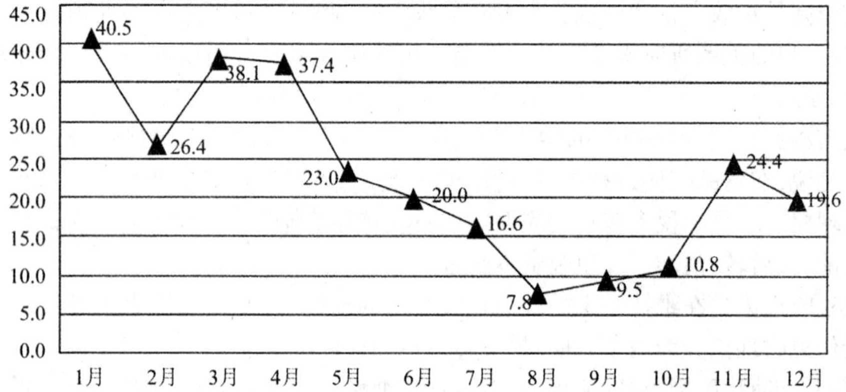

3. 进口环节税收和汽车相关税收快速增长

进口货物增值税、消费税和关税快速增长,增幅分别为 35.7% 和 36.6%。汽车消费税和车辆购置税大幅增长,增幅分别为 55.8% 和 54%。上述税种的税收增收额占全年税收增收额比重超过 30%。

请分析 2010 年税收收入实现较快增长的主要原因。

第五章

Chapter 5

商品课税制度

【本章学习要求】

本章要求了解商品税的特点；掌握商品税的类型；熟练掌握增值税、消费税、营业税和关税的纳税人、征税范围、计税依据的确定和应纳税额的计算；了解商品税各税种的纳税期限、纳税地点。

【本章主要概念】

增值税；消费税；营业税；关税

【引导案例】

商品课税占税收收入的七成

当前我国税收收入的70%以上是间接税，这一比例是否过高？会不会加重居民负担？有没有改革的必要？关于中国商品中含税过高的议论成为社会热点话题。中国商品中含了多少税？中国商品含税是否高于发达国家？未来我国税制结构应如何调整？

据统计数据显示，2011年，我国全部税收收入中来自流转税的收入占比为70%以上，而来自所得税和其他税种的收入合计占比不足30%。来自各类企业缴纳的税收收入占比更是高达92.06%，而来自居民缴纳的税收收入占比只有7.94%。

这些数字告诉我们，当前我国税收收入的70%以上是间接税，而间接税作为价格的构成因素之一，通常可以直接嵌入商品售价之中，属于可通过价格渠道转嫁的税。

第一节　商品课税概述

商品课税也称流转课税，是指以流转中的商品和劳务的流转额为征税对象的税种总称。

流转额是指由于商品和劳务的交换活动而发生的货币金额,包括商品流转额和非商品流转额。商品流转额是指销售商品的销售收入;非商品流转额是指各种服务性行业的营业收入。

一、商品课税的特点

商品课税,是以商品或劳务为征收对象的一类税。古今中外,商品税在各国的税收中占有十分重要的地位,并且曾经或正在成为许多国家的主要税收来源。而这里所说的“商品”是指市场流通中的各种产品以及劳务市场中各种非商品的服务性活动,即通常我们所说的商品流转额和非商品流转额,因此,在我国习惯上称商品课税为流转税。与其他类型的课税相比,商品课税有以下特点:

(一)课税对象的普遍性

与所得税和财产税相比,商品课税是以商品交换并形成销售收入为前提的,它不仅包括所有的商品,还包括各种非商品性的服务;有的国家,将不属于所得税和财产税的一切税种都归入商品课税之中,如各种交易税、执照税等。正因为商品课税对象的普遍性,使得商品课税税源充足,保证了国家财政收入的充裕。

(二)计税依据的灵活性

商品课税的计税依据是商品和非商品的流转额,因此,在具体税制设计时,可以选择所有商品和服务进行征税,也可以选择部分商品和服务进行征税;可以选择商品流通的所有环节进行征税,也可以选择其中某一个或几个环节进行征税;可以选择商品或劳务流转总额进行征税,也可以选择课税对象的增值额进行征税等。这种灵活性,有利于国家或政府通过商品课税对经济进行有效调节。

(三)税率主要采用比例税率

除了少数税种或税目实行定额税率外,商品课税主要采用比例税率。由于比率税率又可分为各类差别比例税率,因此,政府可以通过不同的比例税率对经济进行必要的干预。

(四)征收管理简便

由于商品课税以流转额为计税依据,而与商品成本和盈利水平无关,其税率又采用比例税率和定额税率的形式,所以,与所得税和财产税相比,计算较为简单。同时,商品课税的纳税人和征税对象相对比较集中,有利于征收管理和节约征纳成本。

(五)税收负担转嫁比较容易

商品课税属于间接税,其纳税人与负税人往往并不一致,纳税人可以通过商品或者劳务加价的办法将商品税转移给消费者,或者通过压价的办法将税负转移给前一道供应方。而所得税和财产税则不易转嫁。

(六)税收负担具有累退性和隐蔽性

由于商品课税主要采用比例税率,而不论负税人的收入状况如何,均负担同比率的税收,因此,往往是收入越多,税收实际负担越低,从而具有累退性。正是因为商品课税的税负比所得税、财产税容易转嫁,因此,其税负也较隐蔽。具体表现为:纳税人将商品课税加入价格,对于消费者来说直接感觉是商品或劳务价格的提高,比较容易接受,而不像所得税和财产税那样是对其收入的直接扣除。同时,由于商品课税税负并不算太高,对于消费者来说,也能够承受。所以,推行商品课税制度比推行所得税和财产税制度容易得多,尤其是在税制不健全的国家更是如此。

二、商品课税的类型

合理进行商品课税的分类是正确设计商品课税制度的基础,根据商品课税的特点,可以从以下几个方面进行分类:

(1)按征税范围分类

按征税范围分类可将商品课税分为综合性商品税和选择性商品税。如果将一切商品和劳务(包括生产性和消费性)都列为征税对象,可以说是综合性的商品课税;如果只将部分商品和劳务(既可以是全部消费性的商品和劳务,也可以是一部分消费商品和劳务)列为征税对象,可以说是选择性的商品税。

(2)按征税环节分类

按征税环节分类可将商品课税分为单环节征税和多环节征税。前者是在商品流转过程中选择其中一个环节征税,如有些国家开征的制造销售税、批发营业税、零售业税等;后者是在商品流转过程中选择多个环节征税,如我国现行的增值税。

(3)按计税方式分类

按计税方式分类可将商品课税分为从价税和从量税。前者是指以商品和劳务的价格为计税依据,如现行我国的增值税、营业税、关税等;后者是指以商品和劳务的数量为计税依据,如现行我国对部分消费品开征的消费税。

(4)按征税地点分类

按征税地点分类可将商品课税分为国内商品税和国境商品税。前者是指对本国生产、销售和消费的商品和劳务征收的商品税;后者是指在国境对进出口商品征收的商品税,如现行的关税。

三、商品课税的结构

尽管各国对商品课税类型的划分差别很大,但从其结构上来说可以分为以下三种模式:

（一）周转税税制

周转税税制的结构税种单一、征管简单、征收范围广，一般是多环节全额征收。虽然它能保证财政收入的充足和稳定，但由于是多环节和全额征收，容易导致重复征税，不利于经济发展。目前，除了在一些发展中国家继续采用外，其他国家一般均不采用（或被销售税或营业税取代）或进行较大改进。

（二）销售税和消费税结合制

鉴于周转税的缺陷，许多国家取消了周转税，而用销售税（如货物税、烟税、酒税、营业税等）代替。销售税的特点是：全额征收，征税范围比周转税小一些，选择在产制、批发或零售环节对商品普遍征税，并选择单一或差别比例税率征收，主要发挥商品税的收入功能。与此同时，为了加大对商品和消费的调节力度，不少国家在征收销售税的基础上再征收一道消费税，从而形成销售税与消费税相结合的商品课税制度。当然，具体细分，这种结合又可分为两种情况：一是并行征收，即大多数商品征收销售税，少数商品征收消费税；二是交叉征收，即所有商品征收销售税，在征收销售税的基础上，再选择少数商品征收消费税。目前大多数国家采用交叉征收这种做法。

（三）增值税和消费税结合制

由于周转税和销售税全额征收容易导致重复征税，不利于社会化大生产和专业化分工。因此，目前世界各国正在推广增值税这一优良税种，增值税作为一般商品税，在生产、批发、零售各个环节，按增值额对商品普遍征税，选择单一或差别比例税率征收，发挥商品的收入功能。然而，由于增值税征管比较复杂，加之征收增值税后会导致政府财政收入总额较征收之前有所减少。所以，为了调节消费和增加财政收入，消费税同样有存在的必要，在生产、零售环节，选择少数商品，按差别税率从价或从量课征，发挥消费税的调节功能，不少国家将增值税与消费税进行结合，如我国现行增值税和消费税的结合税制。

四、我国的商品课税体系

我国的商品课税体系包括增值税、营业税、消费税、土地增值税、关税等。

我国现行的商品课税即流转课税体系的基本框架是：建立以规范化的增值税为核心，与消费税、营业税、关税互相协调配套的流转税制。

在生产、流通和零售环节普遍实行增值税；在征收增值税的基础上，有选择地对某些消费品交叉征收消费税；对不实行增值税的劳务交易、转让无形资产和销售不动产等第三产业的各领域征收营业税；在进口环节增收关税。

第二节 增值税

一、增值税概述

所谓增值税是指以商品在生产和流通过程中实现的增值额课税对象的一种税。该税最早发源于丹麦，于 1954 年创建于法国，以后在西欧和北欧各国迅速推广，现在已成为许多国家广泛采用的一个国际性税种。上面所说的增值额是指纳税人在商品生产和流通过程中创造的或转移过来的那一部分价值，相当于商品价值（C + V + M）中扣除生产过程中已经消耗掉的那部分生产资料的价值（C）之后的余额，即（V + M）部分。如果将它与工商业联系起来，增值额相当于工业企业的净产值、商业企业的毛利。增值额也可以这样理解：从一个单位来说，增值额是这个单位的商品销售额或经营收入额扣除规定的外购项目后的余额，相当于该单位职工所创造的价值，即（V + M）；从商品生产全过程来说，一种商品在生产和流通各个环节的增值之和，相当于该商品消费时的最后销售总额，即一种商品价值是由该商品各个环节的增值额所构成的。

由于增值税是就生产和流通各环节的增值额进行课税的一种税，可以避免重复征税，有利于解决税负不均问题，有利于促进工业向专业化生产方向发展，可以保证财政收入。因此它产生后被许多国家广泛使用。为了适应经济体制改革的需要，我国于 1994 年 1 月 1 日起全面实施增值税，使增值税取代产品税和部分营业税，成为我国历史上第一个对商品生产和流通的增值额进行普遍课征的税种。

二、增值税的特点

增值税作为一种流转税，既保留了按流转额征税的长处，又避免了按流转额全值征税的弊端，其特点是：

第一，税不重征。这是增值税最本质的特点，即增值税是只对增值额征收的一种税，也就是按照货物和劳动销售收入额中新创造而未征过税的那部分销售额征税。因此，增值税能有效地排除传统流转税重复征税和税负不平等的弊端，解决了由于生产流通环节多少不同而造成的税负不同的矛盾。

第二，普遍课征。从征税领域来讲，增值税征税范围非常广泛，可以广泛涉及商品生产、批发、零售和各种服务业以及农业等诸多领域；从货物不讲，增值税从制造环节开始，一直延伸到货物批发、零售环节，具有多阶段、多环节征收的特点；从劳务来讲，不论属于哪一类劳务，都可以纳入其征税范围，实行普遍调节。

第三，道道征税。从横向上看，增值税就各个生产流通环节道道征税，是一种多环节连续性课征和税种。它的征收范围可以延伸到生产、流通的各个领域，体现普遍征收的原则；同时一种商品从生产到最后进入消费，每经过一道环节就征收一道税，因此从生产经营全过程来看，具有道道征税的特点。

第四，税负公平。增值税的税负不受商品生产经营环节和结构变化的影响，只要一种商品的最后销售价格相同，不论它经过生产经营环节的多与少，其所纳的增值税额总是相同，即售价相同、税负相同。从而使同一种商品的税负始终保持一致，体现了税负公平、利于平等竞争的特点。

第五，价外计征。增值税实行价外计税，即税金不包含在销售价格内，把税款同价格分开，使企业的成本核算不受增值税的影响。对货物或应税劳务的增值税税款，由纳税人向购买方收取，可以鲜明地体现增值税的转嫁性质；同时实行价外计征的方法，为使用增值税专用发票注明税款抵扣制度奠定了基础。

三、增值税的类型

增值税按照各国规定的计算法定增值额和扣除范围的不同，分为生产型增值税、收入型增值税和消费型增值税三种类型。

生产型增值税是指以经营者的经营收入或劳务收入减去所购进的各类材料及其他费用支出后的余额，即以“国民生产总值”为征税对象的增值税。它不允许扣除购入固定资产价值额中的已纳税额部分，不考虑生产过程中固定资产磨损的那部分转移价值。

收入型增值税是指以经营者的经营收入或劳务收入减去所购进的各类材料和其他费用支出以及固定资产折旧后余额，即以“国民收入”作为征税对象的增值税。实行这种类型的增值税，对购置用于生产的固定资产，只允许将已提取的折旧价值额给予扣除。也就是对购入的固定资产，按照其使用的磨损程度相应份额扣除，即将固定资产因磨损而转移的价值，分次地作为物化劳动消耗的价值进行扣除。

消费型增值税是指以经营者的经营收入或劳务收入减去所购进的各种材料和其他费用支出以及当期购置的全部生产设备支出后的余额作为征税对象的增值税。实行消费型增值税，允许将购置用于生产的固定资产价值额，在购置的当期全部一次扣除。这些固定资产虽然原生产经营单位作为商品出售时都已征税，但是，当购置者作为固定资产使用时，允许其在购置的当期扣除这部分价值的已纳税金，就整个社会来说，实际上这部分商品没有征税。由于生产资料（包括劳动对象和劳动手段）都没有征收增值税，因此增值税的征税对象仅限于消费资料，所以称为消费型增值税。

至于一个国家采用何种类型的增值税，取决于该国家的经济政策和财政状况。在发达国家，多数采用消费型增值税。而在我国，由于我国是一个发展中的国家，因此根据当前经济发展的现状和国家财政的承受能力，目前我国采用的基本上是生产型增值税。但是，随着我国税收制度的深化改革，相信我国在不久的将来也会向消费型增值税制度过渡。

四、我国现行增值税制度

(一)增值税的征税范围

1. 应征增值税的基本项目

根据《增值税暂行条例》的规定,增值税的征税范围为:在中华人民共和国境内销售的货物,提供的加工、修理修配劳务以及进口的货物。所谓"中华人民共和国境内"是指:销售货物的起运地或所在地在境内以及提供的应税劳务发生在境内。

(1)销售货物

销售货物,是指有偿转让货物的所有权。所谓有偿,指从购买方取得货币、货物或者其他经济利益。所谓货物,是指除土地、房屋和其他建筑物等不动产以外的各种有形动产,包括电力、热力、气体在内。销售不动产和转让无形资产征收营业税。

(2)提供加工、修理修配劳务

所谓提供加工、修理修配劳务又称销售应税劳务,是指在中国境内有偿提供加工、修理修配劳务,单位或个体工商户聘用的员工为本单位或雇主提供的加工、修理修配劳务,不包括在内。加工是指受托加工货物,即委托方提供原料及主要材料,受托方按照委托方的要求制造货物并收取加工费的业务;修理修配是指受托对损伤和丧失功能的货物进行修复,使其恢复原状和功能的业务。

(3)进口货物

进口货物是指进入中国关境的货物。包括贸易性进口的商品和个人携带、邮寄进口的物品等。除依法征收关税外,还在进口环节征收增值税。

2. 应征增值税的特殊项目

这里包括:货物期货;银行销售金银业务;典当业的死当物品销售业务和寄售业代委托人销售寄售物品(包括居民个人寄售的物品在内)的业务;集邮商品(如邮票、首日封、邮折等)的生产、调拨,以及邮政部门以外的其他单位和个人销售的;邮政部门以外其他单位和个人发行报刊;单独销售无线寻呼机、移动电话,不提供有关电信劳务服务的;缝纫业务;税法规定的其他项目。

3. 应征增值税的特殊行为

(1)视同销售货物行为

单位或者个体工商户的下列行为,视同销售货物,征收增值税。将货物交付其他单位或者个人代销;销售代销货物;设有两个以上机构实行统一核算的纳税人,将货物从一个机构移送至其他机构用于销售,但相关机构设在同一县(市)的除外;将自产或者委托加工的货物用于非增值税应税项目;将自产、委托加工的货物用于集体福利或者个人消费;将自产、委托加工或者购买的货物作为投资,提供给其他单位或个体工商户;将自产、委托加工或者购买的货物分配给股东或者投资者;将自产、委托加工或者购买的货物无偿赠送其他单位或者个人。

(2)混合销售行为

混合销售行为,是指一项销售行为同时既涉及货物又涉及非增值税应税劳务的行为。其涉及的销售货物和非增值税应税劳务是发生在同一销售业务中,非增值税应税劳务是为了直接销售一批货物而提供的,二者之间是紧密相连的从属关系,销售货款及劳务价款是同时从一个购买方取得的,两者难以分开。比如,海尔股份有限公司向某商场批发200台冰箱,为保证及时供货,双方协议海尔销货并送货,海尔向该商场除收取冰箱货款外还收取运输费。

(3)兼营非增值税应税劳务行为

与混合销售行为相区别,兼营非应税劳务是指增值税纳税人在从事应税货物销售或提供应税劳务的同时,还从事非增值税应税劳务,且从事的非增值税应税劳务与某一项销售货物或提供应税劳务无直接联系和从属关系。如酒店兼营住宿和餐饮。

(二)增值税纳税义务人

增值税的纳税人根据其生产经营规模和会计核算制度是否健全两项标准,分为一般纳税人和小规模纳税人。

1. 小规模纳税人的认定

小规模纳税人是指年应税销售额在规定标准以下,并且会计核算不健全,不能按规定报送有关税务资料的增值税纳税人。会计核算不健全是指不能正确核算增值税的销项税额、进项税额和应纳税额。对小规模纳税人实行简易计税办法,而不采取税款抵扣办法,并一般不使用增值税专用发票。

根据《增值税暂行条例》和《增值税暂行条例实施细则》的规定,小规模纳税人的认定标准是:

①从事货物生产或者提供应税劳务的纳税人,以及以从事货物生产或者提供应税劳务为主,并兼营货物批发或者零售的纳税人,年应征增值税销售额(以下简称应税销售额)在50万元以下(含本数)的。

②对上述规定以外的纳税人,年应税销售额在80万元以下的。

③年应税销售额超过小规模纳税人标准的其他个人按小规模纳税人纳税。

④非企业性单位、不经常发生应税行为的企业可选择按小规模纳税人纳税。

2. 一般纳税人的认定

一般纳税人是指年应税销售额,超过小规模纳税人标准的企业和企业性单位。

(三)增值税税率和征收率

1. 基本税率

增值税基本税率为17%,适用于除适用低税率和销售个别旧货适用低税率外,一般纳税人所有销售或进口货物,提供加工、修理修配劳务。

2. 低税率

增值税一般纳税人销售或进口下列货物,按低税率计征增值税,低税率为13%。

①粮食、食用植物油。

②自来水、暖气、冷气、热水、煤气、石油液化气、天然气、沼气、居民用煤炭制品。

③图书、报纸、杂志。

④饲料、化肥、农药、农机、农膜。

⑤国务院规定的其他货物。含农产品、音像制品、电子出版物、二甲醚。

3. 零税率

纳税人出口货物,税率为零,但是,国务院另有规定的除外。零税率是指对销售货物的全部税额予以免征,使货物在出口环节整体税负为零。国务院另有规定的,主要有:原油、援外出口货物、糖;经国务院批准的其他商品,如天然牛黄、麝香、铜及铜基合金、铂金等。

4. 征收率

小规模纳税人销售货物或应税劳务,实行简易办法,按征收率计算应纳税额。小规模纳税人征收率由过去的6%和4%一律调整为3%。

(四)增值税应纳税额的计算

1. 一般纳税人应纳税额的计算

增值税一般纳税人销售货物或者提供应税劳务的应纳税额,应该等于当期销项税额抵扣当期进项税额后的余额。其计算公式为

当期应纳税额 = 当期销项税额 - 当期进项税额 = 当期销售额 × 适用税率 - 当期进项税额

增值税一般纳税人当期应纳税额,取决于当期销项税额和当期进项税额两个因素。而当期销项税额的确定关键在于确定当期销售额。

(1)销售额的计算

当销售额含增值税时,其销售额应进行换算换算。当纳税人销售货物或者提供应税劳务采用销售额和销项税额合并定价收取时,应将含增值税的销售额换算为不含税销售额。换算公式为

$$不含税销售额 = \frac{含税销售额}{1+税率}$$

(2)销项税额的计算

销项税额是纳税人销售货物或者应税劳务,按照销售额和税法规定的税率计算并向购买方收取的增值税税额。其计算公式为

销项税额 = 销售额 × 税率

或　　销项税额 = 组成计税价格 × 税率

(3)进项税额的计算

纳税人购进货物或者接受应税劳务所支付或者负担的增值税额为进项税额。进项税额与销项税额是一个相对应的概念。它们之间的关系是,销售方收取的销项税额,就是购买方支付的进项税额。对于任何一个一般纳税人而言,由于其在经营活动中,既会发生销售货物或提供

应税劳务，又会发生购进货物或接受应税劳务，因此，每一个一般纳税人都会有收取的销项税额和支付的进项税额。增值税的核心就是用纳税人收取的销项税额抵扣其支付的进项税额，其余额为实际缴纳的增值税额。但是，并不是纳税人支付的所有进项税额都可以从销项税额中抵扣。税法对进项税额允许抵扣的范围作了明确规定。

(4)应纳税额的计算

我国现行增值税实行税款抵扣的方法，增值税一般纳税人销售货物或者提供应税劳务的应纳税额为当期销项税额抵扣当期进项税额后的余额。其计算公式为

$$\text{应纳增值税额} = \text{当期销项税额} - \text{当期进项税额}$$

2. 小规模纳税人应纳税额的计算

小规模纳税人销售货物或者应税劳务，按照销售额和征收率计算应纳税额，不得抵扣进项税额。应纳税额计算公式为

$$\text{应纳税额} = \text{销售额} \times \text{征收率}$$

上述公式中的“销售额”与一般纳税人计算销项税额的销售额的规定是一致的，如果小规模纳税人采用销售额与应纳税额合并定价方法的，应将含税销售额换算成不含税销售额。换算公式为

$$\text{不含税销售额} = \frac{\text{含税销售额}}{1 + \text{征收率}}$$

3. 进口货物应纳税额的计算

纳税人进口货物，按照组成计税价格和规定税率(13%或17%，同国内货物)计算应纳税额，不得抵扣任何税额(仅指进口环节增值税本身)。其计算公式为

$$\text{应纳进口增值税} = \text{组成计税价格} \times \text{税率}$$

$$\text{组成计税价格} = \text{关税完税价格} + \text{关税} + \text{消费税}$$

(五)纳税管理

1. 纳税义务发生时间

销售货物或者应税劳务的纳税义务发生时间，按销售结算方式的不同，具体确定为：采取直接收款方式销售货物，不论货物是否发出，均为收到销售额或取得索取销售额的凭据，并将提货单交给买方的当天；采取托收承付和委托银行收款方式销售货物，为发出货物并办妥托收手续的当天；采取赊销和分期收款方式销售货物，为按合同约定的收款日期的当天；采取预收货款方式销售货物，为货物发出的当天；委托其他纳税人代销货物，为收到代销单位销售的代销清单的当天；在收到代销清单前已收到全部或部分货款的，其纳税义务发生时间为收到全部或部分货款的当天；对于发出代销商品超过180天仍未收到代销清单及货款的，视同销售实现，一律征收增值税，其纳税义务发生时间为发出代销商品满180天的当天。

2. 纳税期限

纳税期限多数情况按月缴纳，本月的税应该是在下月的10日之间缴纳，如果超过一天，将

有一天的滞纳金。

3. 纳税地点

固定业户在机构所在地纳税；非固定业户在销售地纳税，未在销售地纳税的，要在机构所在地或居住地补税；进口货物在报关地海关纳税。

第三节　消费税

一、消费税概述

消费税是以消费物品或消费行为为课税对象的一种税。根据消费税的课税对象和范围，消费税有广义和狭义之分。广义的消费税是指一般消费税，其征税范围包括一切消费商品和消费行为，税种主要有：消费税、关税、对消费品征收的增值税、对消费行为征收的营业税等；狭义的消费税是指特定商品的消费税，主要是对选择消费品征收的消费税、烟税、酒税、汽油税、盐税、特定行为消费税等。通常人们所说的消费税是指狭义的消费税。

我国是在1994年税制改革中新设立了消费税这一税种，凡是从事生产和进口应税消费品的单位和个人均为消费税纳税人。现行的消费税也是狭义上的消费税，是在对商品普遍征收增值税的基础上，选择少数消费品再征收一道消费税，其目的主要是调节消费结构、引导消费方向和保证国家财政收入。这一做法也是向流转税模式的国际惯例靠拢的一个步骤。

二、消费税的特点

消费税也是流转税的一种，它只对特殊消费品的销售额和应税数量进行征税，这与其他流转税尤其增值税相比，有不同的特点：

（一）征税范围的选择性

我国消费税的征收范围虽然是消费品，但不是对所有的消费品都征收消费税，只是把一部分特殊的消费品、奢侈品、高能耗消费品和不可再生的稀缺资源消费品等列入征税范围，而非人们生活的必需品。与国外消费税相比，我国的征税范围偏窄，未包括对特殊消费行为征税。

（二）纳税环节的单一性

消费税主要采取在产品出厂销售或从国外进口应税消费品时进行征税，一般在其他环节（如流通、消费等环节）不再生征税，这就是通常所说的一次课征制。用外购已税消费品和委托加工收回的被代收消费税的消费品作为原料继续生产应税消费品销售的，采取扣除已纳（代收）税额办法避免重复课征消费税。

（三）征税方法的灵活性

为适应不同应税消费品的情况和便于核算、计征的要求，消费税采取从价计征、从量计征、复合计征三种方式进行征税。对一部分价格变化较大,且便于按价格核算的应税消费品实行从价计征;对一部分价格变动较小,品种、规格比较单一的大宗应税消费品实行从量计征;对烟、酒实行从价、从量相结合的复合计征方法。

(四)适用税率的差别性

从理论与实践上说,消费税实行差别税率,可以更好地发挥其独特的调节功能。因此,根据不同消费品的种类、档次、结构、功能或消费品某一成分的含量,以及市场供求状况和消费品价格水平等情况,我国对消费税制定了高低不同的比例税率和定额税率,以体现国家的特定调节政策。

(五)税收负担的间接性

增值税实行价外计税,而消费税是一种价内税,即消费税款含在应税消费品价格之中。因此,消费税无论在哪个环节征收,消费品中所含的消费税款最终都是由购买应税消费品者负担,生产销售应税消费品的企业和个人虽是纳税人,但其所缴纳的税款最终转嫁到了消费者身上。

三、消费税的类型

根据消费税征税范围的大小,一般可以将消费税分为以下三种类型:

(一)有限型消费税

该类消费税的征税范围较小,课税对象主要包括资源性高利润消费品,税目不多,一般在20种以下。消费商品主要有烟酒类、石油类、车船类等消费品,消费行为主要是一些典型的奢侈品高消费娱乐活动。

(二)中间型消费税

该类消费税的征税范围较小,税目一般在20~30种之间。除了上述所列的一些消费品之外,还包括粮食制品、乳制品、纺织品、日用消费品、奢侈消费品以及一般服务如保险、金融、运输等。

(三)延伸型消费税

该类消费税的征税范围较广,税目也较多,一些国家甚至达到100种以上。该类消费税的征税范围除了上述两类所包括的范围外,还有一些生产性消费品如水泥、钢材、铝制品等都列为消费税的课税对象。

由于消费税属于补充性税种,因此,其征税范围大小,主要取决于国家实行何种商品课税体系。根据我国的实际情况,增值税和营业税作为商品课税的主要税种,而消费税只能作为补充性税种存在,所以目前我国选择的消费税属于中间型消费税。现行消费税税目的选择是出于以下几方面的考虑:一是税制改革后税负下降较多而利润过高的产品;二是非生活必需品中的一些高档、奢侈消费品，如珠宝玉石、高档车船游艇、高尔夫球及球具等；三是寓禁于征得消费品，如烟、酒类消费品；四是一些资源性环保型消费品，如汽油等成品油。

四、我国现行消费税制度

（一）纳税义务人

消费税的纳税义务人为境内生产、委托加工和进口应税消费品的单位和个人。

（二）税目和税率

消费税的税目包括：烟、酒及酒精、化妆品、贵重首饰及珠宝玉石、高尔夫球及球具、高档手表、游艇、鞭炮焰火、成品油、汽车轮胎、小汽车、摩托车、木制一次性筷子、实木地板等14个税目。

消费税的税率有两种形式：一种是比例税率；一种是定额税率，即单位税额。根据不同的应税消费品分别实行从价定率、从量定额和从量定额与从价定率相结合的复合计税方法。

（三）计算方法

实行从价定率办法计算的应纳税额 = 销售额 × 税率

实行从量定额办法计算的应纳税额 = 销售数量 × 单位税额

实行从价定率和从量定额复合办法计算的应纳税额 =
销售额 × 税率 + 销售数量 × 单位税额

（四）计税依据

1. 一般规定

纳税人销售应税消费品向购买方收取的全部价款和价外费用。全部价款中包含消费税额，但不包括增值税额；价外费用的内容与增值税规定相同。

消费税的计税依据是含消费税、不含增值税的销售额，如果纳税人应税消费品的销售额中包含增值税，或者因不得开具增值税专用发票而发生价款和增值税税款合并收取，在计算消费税时。需换算为不含增值税的销售额，即

应税消费品的销售额 = 含增值税的销售额/（1 + 增值税税率或征收率）

公式中增值税税率为17%，（不存在13%），征收率为6%或4%。计算出的销售额既是应税消费品计征消费税的依据，也是其计征增值税的依据。

2. 特殊规定

①纳税人通过自设非独立核算门市部销售的自产应税消费品，应当按照门市部对外销售额或销售数量征税。

②纳税人用于以物易物、投资入股、抵偿债务等方面的应税消费品。应当以纳税人同类应税消费品的最高销售价格为依据计算消费税。

(五)纳税管理

消费税的纳税义务发生时间、纳税期限与增值税原理一致,内容也基本相同,注意委托加工的应税消费品,纳税义务发生时间为委托方提货当天。

第四节　营业税

一、营业税概述

营业税是以纳税人从事经营活动的营业额(或销售额)为征税对象的税种,属于商品税范畴。按我国现行税制规定,营业税是指在我国境内有偿提供应税劳务、转让无形资产或销售不动单位和个人,就其取得的营业额征收的一种税,属于流转税范畴。

营业税是一种传统的间接税,由于存在着重复征税和累计税负的问题,所以在实行增值税的国家,营业税课征对象中的大部分已经被增值税所取代,保留下来的营业税征税范围也大大缩小,一般只对第三产业的一些部门征收。

二、营业税的特点

营业税主要是对非流转额进行征税,有别于增值税和消费税对货物、消费品的课征,其特点也与增值税和消费税有着较大的不同。

(一)征收面广,税源普遍

营业税的征收范围是交通运输业、建筑业、金融保险业、邮电通信业、文化体育业、娱乐业、服务业、转让无形资产和销售不动产、涉及国民经济中第三产业的广泛领域,直接关系着人们的生活,因而体现了广泛性和普遍性的特点。

(二)按行业设置税目税率

营业税采取不同行业、不同经营业务设置税目税率,同一经营业务同一税负,不同经营业务不同税负。此外,还区别情况按全额或差额征税,税负较为均衡合理。这与增值税、消费税按货物设置税目税率相比是不同的。

(三)税率低并设起征点

在营业税 9 个税目中,适用 3% 税率的有 4 个,适用 5% 税率的有 4 个,适用 20% 税率的娱乐业 1 个税目,于增值税和消费税相比税率较低。另外,对于纳税人按期或按次纳税的,还分别规定了起征点,对计税金额没有达到起征点的不征收营业税。

(四)价内税,收入稳定

营业税是价格的重要组成部分,是一种价内税,这与增值税价外税相比有较大的区别。营业税按营业额计算征收,其收入会随着销售的实现而实现,具有收入稳定的特点。

(五)征收管理简便易行

营业税对其征税范围设置的税目界限清楚,且税率档次少,征税对象和计税依据易于确定,计算方式简单明确。因此,实施起来简便易行,征纳双方易于接受。

三、我国现行营业税制度

(一)纳税义务人与扣缴义务人

纳税义务人为在我国境内提供境内、转让无形资产、销售不动产的单位和个人。

扣缴义务人包括以下几类:

①委托金融机构发放贷款的,其应纳税款以受托发放贷款的金融机构为扣款义务人。

②建筑安装业务实行分包或者转包的,其应纳税款以总承包人为扣缴义务人。

③境外单位或者个人在境内发生应税行为而在境内未设有机构的,其应纳税款以代理人为扣缴义务人;没有代理人的,以受让者或者购买者为扣缴义务人。

④单位或者个人进行演出,由他人售票的,其应纳税款以售票者为扣缴义务人,演出经纪人为个人的,其办理演出业务的应纳税款也以售票者为扣缴义务人。

⑤个人转让专科权、非专利技术、商标权、商誉的,其应纳税款以受让者为扣缴义务人。

(二)税率

营业税的税目按照行业、类别的不同分别设置,现行营业税共设置了 9 个税目。按照行业、类别的不同分别采用了不同的比例税率。见表 5.1。

表 5.1　营业税税目税率表

序号	税　目	税率
1	交通运输业	3%
2	建筑业	3%
3	金融保险业	5%
4	邮电通信业	3%
5	文化体育业	3%
6	娱乐业	5% ~20%
7	服务业	5%
8	转让无形资产	5%
9	销售不动产	5%

①交通运输业、建筑业、邮电通信业、文化体育业：统一执行3%的税率。

②金融保险业、服务业、转让无形资产和销售不动产：统一执行5%的税率。

③娱乐业：执行5%～20%的税率；台球、保龄球场执行5%的税率。

（三）计税依据

1. 营业额全额

向对方收取的全部价款和价外费用。

2. 营业额差额

对列举项目营业额扣除付给其他纳税人的部分后的余额。

（四）计算公式

纳税人提供应税劳务、转让无形资产或销售不动产，按照营业额和规定的税率计算应纳税额。应纳税额的计算公式为

$$应纳税额 = 营业额 \times 税率$$

（五）纳税管理

1. 纳税义务发生时间

纳税人收讫营业收入款项或者取得索取营业收入款项的凭据的当天。预收性质价款的纳税义务发生时间为转让土地使用权或销售不动产，采用预收款方式的，纳税义务发生时间为收到预收款的当天。金融业（不包括典当业）的纳税期限为1个季度，自纳税期满之日起10日内申报纳税；保险业的纳税期限为一个月。

2. 纳税地点

营业税纳税地点原则上采取属地征收方法，即在应税项目发生地纳税。

第五节　关税

一、关税概述

关税是对进出国境的货物或物品征收的一种税，包括进口关税、出口关税和过境税三种，通常指前两种。关税性质属于消费税，是指对特定的进出口货物或物品征收的选择性税种，与费税相同，其课征范围限于有选择的特定货物或物品。

关税历史十分悠久，随着商品经济的发展，特别是当国与国之间出现商品交易后，作为对进出国境商品征税的关税才在各国普遍开征起来。据考证，最早的关税是为了保护过往客商交通安全而产生的，现代国家出现以后，关税作为国家取得财政收入的一种重要手段曾在历史上占有重要地位。但是在现代尤其是对于经济发达国家而言，关税已不再是取得财政收入的

重要手段,而是以关税为工具以实现其贸易保护主义政策。

新中国成立后的1951年5月,国务院颁布了《中华人民共和国暂行海关法》《中华人民共和国海关进出口税则》,统一了国家的关税政策,建立了完全独立自主的保护关税制度。以后国家的关税政策进行了多次修改和补充,进一步完善了我国的关税制度。

二、关税的特点

关税作为单独的税种,除了具有一般税收的强制性、无偿性和相对固定性,还具有以下特点:

1. 关境性

关税的征收对象是进出境的货物和物品。这里所说的"境"是指关境或国境,在同一个关境内实行同一关税法和海关进出口税则,货物只有在进出关境时才征收关税。也就是说,关税在进出国境(或关境)时统一征收,货物在进出境时被征收关税后在境内自由流通,无论经过多少次流转环节都不再重复征税。

2. 涉外性

关税对进出境货物征税。关税税则、税率及其高低直接影响到国际经济贸易。当今世界各国的经济联系越来越密切,贸易关系不只是反映简单的经济关系,而且也成为一种政治关系,因此关税的政策措施往往也与经济、外交政策紧密相关,具有涉外性。

3. 灵活性

关税可根据国家需要改变政策措施,修订、改变税率。若要抑制某种商品的进口,可提高该种商品的进口关税税率,反之,可以降低税率;为鼓励本国商品出口,可降低进口关税税率或采取零税率等。而调整税率,关税税则委员会就可确定,无须经过立法修改程序,而其他税种的变动必须经过相应的立法程序。

三、关税的类型

(一)按货物和物品的流向为标准进行分类

按货物和物品的流向为标准进行分类可分为进口税、出口税、过境税及进口附加税。

进口税是指对从国外进入本国的货物或物品征收的一种税;出口税是指对从本国出口的货物或物品征收的一种关税;过境税是指对运经本国国境或关境时征收的一种关税;进口附加税是指国家根据某种特定目的,在征收一般进口税外,加征的一种附加税,其目的在于防止外国商品倾销、应付国际收支逆差和对抗别国的歧视。

为了提高本国商品在国际市场上的竞争力,各国一般都不征收出口税,我国现在也只是针对少数货物或物品征收,以达到限制目的;由于过境货物或物品对本国市场和国内生产经营没有影响,所以,现在各国一般均取消了此税,只有伊朗、委内瑞拉等征收过境税。

(二)按课征目的为标准进行分类

按课征目的为标准进行分类可分为财政关税和保护关税。

财政关税又称收入关税,是以增加国家财政收入为主要目的而课征的一种关税,通常选择本国不能生产或国内无代用品的消费品征收;保护关税是以保护本国的经济发展为主要目的而课征的一种关税,税率比财政关税高,通过征收较高的进口税,使进口商品价格提高,削弱其在本国市场上的竞争力,达到限制进口,保护本国经济发展的目的。

(三)按计税标准进行分类

按计税标准进行分类可分为从价关税、从量关税、复合关税、选择关税和滑动关税。

从价关税是以货物或物品的价格为计税标准来计算征收的一种关税,如我国的进口税、出口税分别以货物的到岸价格、离岸价格为计税价格;从量关税是以货物或物品的计量单位(重量、数量、长度、体积等)为计税标准来计算征收的一种关税;复合关税是对同一种进口货物或物品同时采用从价与从量两种标准课征的一种关税;选择关税是对同一种货物或物品,同时规定从价税和从量税两种税率,征税时选择其中一种进行课征的关税;滑动关税是对某种进口货物或物品其价格的上、下限,按国内物价涨落情况,分别采用几种高低不同税率的一种关税,当进口货物价格高于上限时,减低税率,低于下限时,提高税率,在幅度以内,按原定税率征收,其目的是保护国内生产不受国外物价波动的影响。

(四)按关税政策标准进行分类

按关税政策标准进行分类可分为普通关税、优惠关税和加重关税。

普通关税是指对与本国政府没有签订互惠协定的国家或地区运入本国国境的货物或物品征收的一种关税,一般税率较高;优惠关税是对与本国政府签订互惠协定的国家或地区运入本国国境的货物或物品征收的一种关税,一般税率较低,这是对特定的受惠国给予的关税优惠待遇,主要有互惠关税、优惠关税、最惠国待遇、普遍优惠制和关税减让等;加重关税是对个别国家或地区运入货物或物品或者个别的货物或物品征收的一种关税,其税率比普通税率高,其目的是为了加强关税的保护作用或用作争取与外国签订贸易协定的手段。主要有反倾销关税、反补贴关税、报复关税等。

四、我国现行关税制度

(一)纳税人

进出口货物的,以货物的收发货人或其代理人为纳税人,具体包括:外贸进出口公司。工贸或农贸结合的进出口公司,其他经批准经营进出口商品的企业,进出口行李物品和邮递物品的,以物品的持有人、所有人、收件人或其代理人为纳税人。

（二）征税对象

关税的征税对象是进出国境的货物和物品。货物是指贸易性商品；物品包括入境旅客随身携带的行李和物品、个人邮递物品、各种运输工具上的服务人员携带进口的自用物品、馈赠物品以及其他方式进入国境的个人物品。

（三）税率

现行关税税率分为进口关税税率和出口关税税率。自 2002 年 1 月 1 日起，我国进口税则设有最惠国税率、协定税率、特惠税率、普通税率四栏税率，适用国家或者地区名单，由国务院关税税则委员会决定。出口关税税率对同一货物只设置一个税率，不像进口税率那样对于同一货物分别设置不同的税率。

（四）计税依据

根据《中华人民共和国海关审定进出口货物完税价格办法》（1992 年），关税的计税依据是海关以进出口货物的实际成交价格为基础审定的完税价格，其中实际成交价格是一般贸易项下进出口货物的买方为购买该项货物向卖方实际支付或应当支付的价格。关税应纳税额的计算公式为

应纳税额 = 进（出）口应税货物数量 × 单位完税价格 × 适用税率

在具体确定计税依据时，可从以下几个方面着手：

1. 一般进口货物的计税依据

可分为两种情况：一是以到岸价格为进口货物的完税价格；二是进口货物的完税价格由海关进行估价。

2. 特殊进口货物的计税依据

特殊进口的货物主要有：运往境外加工的货物，运往境外修理的机器、工具等，租赁、租借方式进境的货物、准予暂时进口的施工机械等，留购的进口货样等，转让出售的减免税货物。上述货物的计税依据一般按海关确认允许的方式进行核算。

3. 出口货物的计税依据

出口货物的计税价格包括以离岸价格和海关审定价格为依据。

（五）关税的减免

关税减免主要有法定减免、特定减免和临时减免三种类型。

1. 法定减免

法定减免是依照关税基本法的规定，对列举的课税对象给予的减免。例如，关税税额在人民币 10 元以下的、无商业价值的广告和货样等可以免税；起卸后海关放行前，因不可抗力遭受损坏或者损失的，可以酌情减免等。

2. 特定减免

特定减免是指在关税基本法确定的法定减免以外，由国务院或国务院授权的机关颁布法规、规章特别规定的减免，包括对特定地区、特定企业和特定用途的货物的减免等。

3. 临时减免

临时减免是指在以上两项减免之外，对某个纳税人由于特殊原因临时给予的减免。临时减免一般必须在货物进出口前，向所在地海关提出书面申请，并随附必要的证明资料，经所在地海关审核后，转报海关总署或海关总署会同国家税务总局、财政部审核批准。

本章小结

商品课税是对商品或劳务征收的一类税，本章介绍了商品课税的一般原理和税制机构，重点介绍了我国现行的商品税制及主要税种。

增值税是指以商品在生产和流通过程中实现的增值额为课税对象的一种税。增值税只就商品价值或劳务中增值部分征税，课征方式采取普遍课征方式，税负比较稳定、合理，计征方法采取价外计算办法。

消费税是以消费物品或消费行为为课税对象的一种税。消费税是选择性的商品税，实行价内税，此外，消费税课征环节比较单一，属于典型的间接税，税负具有转嫁性，具有较强的灵活性。

营业税是指在我国境内有偿提供应税劳务、转让无形资产或销售不动产的单位和个人，就其取得的营业额征收的一种税，属于流转税范畴。课税对象广泛，以营业额为征税对象，平均税率较低，实行行业差别比例税率。

关税是对进出国境的货物或物品征收的一种税，包括进口关税、出口关税和过境税三种，关税通常指前两种。关税性质属于消费税，课征范围限于有选择的特定货物或物品。

思考题

1. 简述增值税的主要特点。
2. 生产型增值税与消费型增值税的主要区别在哪里？
3. 增值税计税方法有几种？
4. 我国增值税的税率是如何设计的？
5. 简述消费税的主要类型。
6. 对自产自用的产品的计税价格如何确定？
7. 简述营业税的主要特点。
8. 普通关税与优惠关税有什么区别？

【案例分析】

某化工厂在纳税期限内发生如下业务：货物销售额为100万元，外购原材料等流动资产价款为30万元，外购机器设备等固定资产价款为90万元，当期计入成本的折旧费为9万元。则在当期，不同类型增值税的计税依据各不相同（参见下表）。

不同类型增值税的计税依据　　　　**单位：万元**

增值税类型	允许扣除的外购流动资产价款	允许扣除的外购固定资产价款	允许扣除的外购资产价款的总和	计税依据
生产型	30	0	30	70
收入型	30	9	39	61
消费型	30	90	120	-20

问题1：三种类型的增值税各有什么利弊？

问题2：我国现阶段实行的是哪种类型的增值税？

第六章

Chapter 6

所得课税制度

【本章学习要求】

本章要求了解所得税的特点、类型、地位等；熟练掌握企业所得税、个人所得税的纳税人、征税范围、计税依据的确定和应纳税额的计算；掌握企业所得税和个人所得税的税收优惠。

【本章主要概念】

分类所得税；综合所得税；分类综合所得税；企业所得税；个人所得税

【引导案例】

新个税法实施　北京229万人不需再缴个税

修改后的个人所得税法自2011年9月1日起执行，北京市地方税务局在改革前夕召开新闻发布会透露，实施修改后的个人所得税法之后，北京市470万纳税人将得到税收减免优惠，其中有229万人将不再需要缴纳个人所得税。

根据新的个人所得税法及其实施条例修改的内容，从9月1日起，工薪所得、个体工商户生产经营所得和对企事业单位承包承租经营所得减除费用标准由每月2 000元提高到3 500元，工薪所得税率表由9级减至7级，取消了15%和40%两档税率，最低一档税率从5%降至3%。

北京地税局有关负责人表示，在受到新的个人所得税法惠及的约470万人中，有430万工薪阶层，有30万个体户，其他各类纳税人10万人。工薪阶层中，有229万人因达不到3 500元纳税标准而不再缴纳个人所得税，有201万工薪阶层个税负担减轻。

第一节　所得课税概述

一、所得课税的特点

所得税是指以所得为课税对象的一类税的总称，如企业所得税、个人所得税等。而同商品课税相比，所得税具有以下特点：

(1)所得税是对纯所得的征税，税负比较公平，符合税收的公平原则

商品税是对商品流转额和非商品流转额的征税，属于对经营收入的全额征税，不考虑纳税人的经营情况，因此，税负有失公平。而所得税的课税对象是纳税人的纯收入或净所得，而不是经营收入，一般实行多得多征、少得少征的累进征税办法，符合税收的量能负担原则；同时，所得税一般规定了起征点或免征额，照顾到低收入阶层，因此，所得税税负比较公平。

(2)所得税在社会资源配置中保持中立性，不伤及税本，符合税收的效率原则

所得税一般不存在税负转嫁问题，所得税的高低变化对生产不产生直接影响，只对不同企业、不同个人的收入水平产生调节作用；所得税一般不存在重复征税问题，对商品的相对价格没有影响，不会影响市场资源的优化配置；所得税是对纯所得进行征税，还要在征税前进行一些必要的扣除，不会触及营运资本，不伤及税本，虽然对纳税人的积累和扩大再生产有些影响，但对整个社会经济的发展影响不大。因此，所得税符合税收的效率原则。

(3)所得税富有弹性，具有较强的聚财功能，符合税收的财政原则

所得税来源于一国生产力资源的利用产生的剩余产品，随着资源利用效率的提高，剩余产品也会不断增长，因此，所得税会随着稳定增长。同时，国家可以根据需要，对所得税的税率、减免等进行灵活调整，以适应政府支出的增减变化。

(4)所得税是国家对经济进行调节的有效工具，符合税收稳定经济的原则

由于所得税弹性比较大，因此，政府可以根据社会总供求关系相机调整税负水平，抑制经济波动；同时，由于所得税一般实行累进税率，当社会总需求大于总供给时，随着企业和个人收入的增长，其适用所得税税率会自动提高，进而抑制投资与消费双膨胀；反之亦然。

(5)所得税在国际经济交往中有利于维护国家的经济权益

现代社会跨国经营和国际交往频繁，必然存在跨国所得。因此，对跨国所得征税是任何主权国家应有的权益，利用所得税参与纳税人跨国所得的分配，有利于维护本国的利益。

(6)所得税计算比较复杂，征税成本较高

主要表现为：计税依据——纯收入要经过一系列复杂的计算过程，比商品课税复杂得多；所得税累进税率的计算也要比商品税的比例或固定税率计算复杂。因此，征税成本较商品税高。

二、所得课税的类型

由于所得税课税对象的多样性,因此是选择不同类别的所得进行征税,还是选择综合所得进行征税,就是所得税类型的选择问题。通常我们将所得税的类型分为三类:分类所得税、综合所得税和分类综合所得税。

(一)分类所得税

分类所得税又称个别所得税。它是将纳税人的各种应纳税所得,分为若干类别,不同类别或来源的所得适用不同的税率,分别课征所得税。例如,我国现行的个人所得税实行的就是分类征收。分类所得税一般采用比例税率,以税源为依据征收。此种类型的所得税具有征收简便、税源易控等优点,但不能充分体现量能负担原则。

(二)综合所得税

综合所得税又称一般所得税。它是对纳税人的各种应税所得,如工薪收入、利息、股息、红利、财产所得等综合征收。企业所得税通常是综合所得税,许多发达国家的个人所得税也采用这种方法征收。这种税制多采用累进税率,并以申报法征收。综合所得税的优点主要有:一是对各类纳税人和各类所得同等对待,有利于公平税负,促进竞争,按照市场需求合理配置资源。二是按照综合所得计税,既有利于国家广泛地取得财政收入,也有利于实现纳税人的合理负担。三是可以简化税制,从而可以避免由于税制复杂而出现的一些税收漏洞。其缺点是征税时核算综合所得比较困难,进行综合扣除时也较繁琐,同时要求征管技术水平较高,因此,目前主要在发达国家采用。

(三)分类综合所得税

分类综合所得税是取上述两种所得税之长的税制,即把分类所得税与综合所得税综合起来,采用并行征收制。可以对某些类别的所得实行分类征收,对另一些类别的所得实行综合征收;也可以先对各类所得分类征税,再按照综合所得征税。例如个人所得税先按分类所得税课征,然后再对其全年总所得超过规定数额的部分进行综合加总,另按累进税率计税。这种税制兼有分类所得税和综合所得税的特点,既可实行量能课税,又使征收便利,不失为一种较好的税制。当前也有一些国家采用这种税制。

三、我国的所得课税体系

自确立所得税课征体系以来,所得税在筹集财政收入、调节收入分配、促进国民经济发展等方面均发挥了其应有的作用,尤其是在20世纪80年代税制改革以后,所得税收入占全部税收的比重一直稳定在30%左右。

由于所得税是在国民收入形成后,对生产经营者的利润和个人的纯收入进行征收的一种税，因此我国的税收制度明确将企业所得税和个人所得税划为所得税类。在2008年1月1日以前，我国的所得税结构体系可以称之为"三税鼎立"，即内资企业所得税、外商投资企业和外国企业所得税和个人所得税并存。我国现行所得税结构体系则是由企业所得税和个人所得税构成。

第二节　企业所得税

一、企业所得税概述

企业所得税是指国家对企业的生产经营所得和其他所得征收的一种税。它是国家参与企业利润分配，处理国家与企业分配关系的一个重要税种。我国的企业所得税是从1984年以后逐步建立起来的，打破了对国有企业不能征收所得税的理论禁区，进而从法律角度明确了国家与国有企业和其他类型企业之间的分配关系。但随着市场经济的发展，以所有制性质作为确定所得税的方式明显不适应公平税负国民待遇的需要，1994年的所得税制度改革适应这一需要，将几种内资企业所得税进行合并或取消，取消"两金"（国家预算调节基金和能源交通重点建设基金）、税前还贷、承包所得税等做法，建立统一的内资企业所得税，对增强企业活力，为国有企业转换经营机制、真正走向市场创造了条件。

为进一步完善我国社会主义市场经济体制，为各类企业的发展提供统一、公平、规范的税收政策环境，第十届全国人民代表大会第五次会议于2007年3月16日审议通过了《中华人民共和国企业所得税法》，国务院于2007年12月28日通过了《中华人民共和国企业所得税法实施条例》，该税法和实施条例自2008年1月1日起施行。

二、企业所得税的特点

与其他税种相比，所得税除了在税制要素的内容上有所不同外，还具有以下特点：

①课征范围比较广。现行税制规定，凡在我国境内依法成立的企业都是企业所得税的纳税人，其一切所得都要依法纳税。因此，企业所得税在课征范围上具有广泛性。

②税收负担相对公平。现行税制对内外资企业实行统一税率，在普遍征收的基础上，能使企业税收负担大致公平，因此符合税收的横向公平原则。

③企业所得税纳税人与负税人一致，因此纳税人缴纳的所得税一般不易转嫁，而是由纳税人自己负担，真正能体现税收对社会收入分配的调节效应。

④所得税会计核算相对独立于企业财务会计核算体系，因此税法的强制性体现得比较充分，因而对所得税税基的约束较强。由于其核算角度与方法不同于财务会计核算体系，保持了相对独立性，能够充分体现税法的强制性。

⑤具有收入弹性和自动稳定器的特点。现行所得税制度规定了扣除项目和税收减免优惠，这不仅有利于及时筹集财政收入，也有利于政府根据不同时期的经济发展情况，灵活进行调整，保持了收入的弹性功能。除此之外，所得税还具有随经济发展变化而发挥自动稳定器的作用，主要表现为：税率的适用范围、扣除标准的适用范围、优惠范围等方面，会随着经济水平的变化相应扩大或缩小，进而达到稳定经济的目的。

三、我国现行企业所得税制度

（一）纳税义务人

企业所得税的纳税人为在我国境内的企业和其他取得收入的组织。但是，不包括个人独资企业、合伙企业。企业分为居民企业和非居民企业。

1. 居民企业

居民企业是指依法在中国境内成立，或者依照外国（地区）法律成立但实际管理机构在中国境内的企业。依法在中国境内成立的企业，包括依照中国法律、行政法规在中国境内成立的企业、事业单位、社会团体以及其他取得收入的组织。居民企业应当就其来源于中国境内、境外的所得缴纳企业所得税。

2. 非居民企业

非居民企业是指依照外国（地区）法律成立且实际管理机构不在中国境内，但在中国境内设立机构、场所的，或者在中国境内未设立机构、场所，但有来源于中国境内所得的企业。非居民企业在中国境内设立机构、场所的，应当就其所设机构、场所取得的来源于中国境内的所得，以及发生在中国境外但与其所设机构、场所有实际联系的所得，缴纳企业所得税。非居民企业在中国境内未设立机构、场所的，或者虽设立机构、场所但所得与其所设机构、场所没有实际联系的，应当就其来源于中国境内的所得缴纳企业所得税。

非居民企业委托营业代理人在中国境内从事生产经营活动的，包括委托单位或者个人经常代其签订合同，或者储存、交付货物等，该营业代理人视为非居民企业在中国境内设立的机构、场所。

（二）税率

企业所得税法定税率为25%。非居民企业在中国境内未设立机构、场所的，或者虽设立机构、场所但所得与其所设机构、场所没有实际联系的，应当就其来源于中国境内的所得，适用税率为20%。

（三）征税对象

企业所得税的征税对象为企业获取的所得额，包括销售货物所得、提供劳务所得、转让财产所得、股息红利等权益性投资所得、利息所得、租金所得、特许权使用费所得、接受捐赠所得和其他所得。

（四）计税依据

企业每一纳税年度的收入总额，减除不征税收入、免税收入、各项扣除以及允许弥补的以前年度亏损后的余额，为应纳税所得额。

1. 收入总额

企业取得收入的货币形式，包括现金、存款、应收账款、应收票据、准备持有至到期的债券投资以及债务的豁免等。企业取得收入的非货币形式，包括固定资产、生物资产、无形资产、股权投资、存货、不准备持有至到期的债券投资、劳务以及有关权益等。企业以非货币形式取得的收入，应当按照公允价值确定收入额。

企业以货币形式和非货币形式从各种来源取得的收入为收入总额。包括：

①销售货物收入。

②提供劳务收入。

③转让财产收入。

④股息、红利等权益性投资收益。

⑤利息收入。

⑥租金收入。

⑦特许权使用费收入。

⑧接受捐赠收入。

⑨其他收入。

2. 准予扣除的项目

企业实际发生的与取得收入有关的、合理的支出，包括成本、费用、税金、损失和其他支出，准予在计算应纳税所得额时扣除。具体规定如下：

(1)一般性规定

成本，是指企业在生产经营活动中发生的销售成本、销货成本、业务支出以及其他耗费。费用，是指企业在生产经营活动中发生的销售费用、管理费用和财务费用，已经计入成本的有关费用除外。税金，是指企业发生的除企业所得税和允许抵扣的增值税以外的各项税金及其附加。损失，是指企业在生产经营活动中发生的固定资产和存货的盘亏、毁损、报废损失，转让财产损失，呆账损失，坏账损失，自然灾害等不可抗力因素造其他支出，是指除成本、费用、税金、损失外，企业在生产经营活动中发生的与生产经营活动有关的、合理的支出。

(2)具体规定

1)借款费用。企业在生产经营活动中发生的合理的不需要资本化的借款费用，准予扣除。

2)工资薪金支出。企业发生的合理的工资薪金支出，准予扣除。

3)职工福利费、工会经费和职工教育经费。

①企业发生的职工福利费支出,不超过工资薪金总额14%的部分,准予扣除。

②企业拨缴的工会经费,不超过工资薪金总额2%的部分,准予扣除。

③企业发生的职工教育经费支出,不超过工资薪金总额2.5%的部分,准予扣除;超过部分,准予在以后纳税年度结转扣除。

4)业务招待费。企业发生的与生产经营活动有关的业务招待费支出,按照发生额的60%扣除,但最高不得超过当年销售(营业)收入的5‰。

5)广告费和业务宣传费。企业发生的符合条件的广告费和业务宣传费支出,除国务院财政、税务主管部门另有规定外,不超过当年销售(营业)收入15%的部分,准予扣除;超过部分,准予在以后纳税年度结转扣除。

6)财产保险费。企业参加财产保险,按照规定缴纳的保险费,准予扣除。

7)固定资产租赁费。企业根据生产经营活动的需要租入固定资产支付的租赁费。

8)劳动保护支出。企业发生的合理的劳动保护支出,准予扣除。

9)公益性捐赠。是指企业通过公益性社会团体或者县级以上人民政府及其部门,用于《中华人民共和国公益事业捐赠法》规定的公益事业的捐赠。企业发生的公益性捐赠支出,不超过年度利润总额12%的部分,准予扣除。

3. 不予扣除的项目

在计算应纳税所得额时,下列支出不得扣除:

①向投资者支付的股息、红利等权益性投资收益款项。

②企业所得税税款。

③税收滞纳金。

④罚金、罚款和被没收财物的损失。

⑤规定以外的捐赠支出。

⑥赞助支出。

⑦未经核定的准备金支出。

⑧与取得收入无关的其他支出。

企业持有各项资产期间资产增值或者减值,除国务院财政、税务主管部门规定可以确认损益外,不得调整该资产的计税基础。

(五)应纳税额的计算

应纳税额 = 应纳税所得额 × 适用税率 − 减免税额 − 抵免税额

减免税额和抵免税额,是指依照企业所得税法和国务院的税收优惠规定减征、免征和抵免的应纳税额。

（六）抵免税额

已在境外缴纳的所得税税额，是指企业来源于中国境外的所得依照中国境外税收法律以及相关规定应当缴纳并已经实际缴纳的企业所得税性质的税款。

抵免限额，是指企业来源于中国境外的所得，依照企业所得税法和本条例的规定计算的应纳税额。除国务院财政、税务主管部门另有规定外，该抵免限额应当分国（地区）不分项计算，计算公式为

抵免限额 = 境内外所得应纳税额 × 来源于某国应纳税所得额/境内应纳税所得总额

（七）税收优惠

①国家对重点扶持和鼓励发展的产业和项目，给予企业所得税优惠。

②企业的下列收入为免税收入：国债利息收入；符合条件的居民企业之间的股息、红利等权益性投资收益；在中国境内设立机构、场所的非居民企业从居民企业取得与该机构、场所有实际联系的股息、红利等权益性投资收益；符合条件的非营利组织的收入。

③符合条件的小型微利企业，减按 20% 的税率征收企业所得税。

④国家需要重点扶持的高新技术企业，减按 15% 的税率征收企业所得税。

⑤民族自治地方的自治机关对本民族自治地方的企业应缴纳的企业所得税中属于地方分享的部分，可以决定减征或者免征。自治州、自治县决定减征或者免征的，须报省、自治区、直辖市人民政府批准。

第三节　个人所得税

一、个人所得税概述

个人所得税是对个人（法律上称之为自然人）取得的各项应税所得征收的一种税，1799 年产生于英国，目前世界上已有 140 多个国家开征了个人所得税。据统计，发达国家个人所得税占税收总收入的比重，一般在 25% ~40% 之间，个别发达国家达到 40% 以上。相对来说，低收入国家的个人所得税所占比例较低，大多数国家在 10% 以下。

我国对个人所得征税，最早可追溯到国民党统治时期，当时曾经正式开征过薪给报酬所得税等税种。1950 年政务院公布的《税政实施要则》中，曾列举有对个人所得课税的税种，名为“薪给报酬所得税”。但由于我国生产力和人均收入水平低，实行低工资制，虽然立了税种，却一直没有开征。直至 1980 年以后，为了适应我国对内搞活、对外开放的政策的需要，才相继制定了《中华人民共和国个人所得税法》《中华人民共和国城乡个体工商业户所得税暂行条例》以及《中华人民共和国个人收入调节税暂行条例》。为了统一税政、公平税负、规范税制，第八

届全国人民代表大会常务委员会第四次会议于1993年10月31日通过了《全国人大常委会关于修改〈中华人民共和国个人所得税法〉的决定》，同日发布了修改后的《中华人民共和国个人所得税法》，规定自1994年1月1日起施行。

1999年8月30日第九届全国人民代表大会常务委员会第十一次会议对个人所得税法进行第二次修正，规定“对储蓄存款利息所得征收个人所得税的开征时间和征收办法由国务院规定”，恢复对储蓄存款利息所得征收个人所得税。2005年10月27日第十届全国人民代表大会常务委员会第十八次会议对个人所得税法进行第三次修正，主要修改内容：一是将工资、薪金所得减除费用标准由800元/月提高至1 600元/月，二是进一步扩大了纳税人自行申报范围。修改后的新税法自2006年1月1日起施行。2007年6月29日第十届全国人民代表大会常务委员会第二十八次会议对个人所得税法进行第四次修正，将原税法第十二条“对储蓄存款利息所得征收个人所得税的开征时间和征收办法由国务院规定”修改为“对储蓄存款利息所得开征、减征、停征个人所得税及其具体办法，由国务院规定”，国务院据此作出了减征利息税的决定。2007年12月29日第十届全国人民代表大会常务委员会第三十一次会议对个人纳税法进行第五次修正，将工资、薪金所得减除费用标准由1 600元/月提高到2 000元/月，自2008年3月1日起施行。2011年6月30日中华人民共和国第十一届全国人大常委会第二十一次会议表决通过了全国人大常委会重复个人所得税法法进行第六次修正，将工资、薪金所得减除费用标准由2 000元提高到3 500元，自2011年9月1日起施行。

二、个人所得税的特点

我国现行个人所得税具有以下特点：

1. 征收范围广

现行税法是将以前的三个相关的个人所得税法法规进行合并调整，因此，其征税对将中国公民、外籍人员和个体工商户纳入统一的个人所得税征收范围。

2. 遵循国际惯例，确定课税对象

现行税法引入“居民”的概念，以居民为标志区分纳税人的纳税义务，进而明确个人所得税的课税对象。

3. 实行分项课征方式

现行税法从我国国情出发，采取分项列举的方法，对列入课征项目的所得征税，反之，对于不列入课征项目的所得不征税。

4. 税收负担比较合理

现行税法将工资、薪金所得的适用税率分为九级超额累进，其他适用20%的税率，同时在征税时分别不同项目进行不同额度和不同比较的扣除；对于一次性劳务报酬极高的还要加成征收。因此，体现了量能负担和合理负担的原则。

三、现行个人所得税制度

(一)纳税义务人

个人所得税的纳税义务人,包括中国公民、个体工商业户以及在中国有所得的外籍人员(包括无国籍人员,下同)和香港、澳门、台湾同胞。纳税义务人依据住所和居住时间两个标准,区分为居民纳税人义务人和非居民纳税义务人,分别承担不同的纳税义务。

居民纳税义务人负有无限纳税义务。居民纳税义务人,是指在中国境内有住所,或者无住所而在中国境内居住满 1 年的个人;承担无限纳税义务,应就其来源于中国境内和境外的应纳税所得,缴纳个人所得税。人所得税的居民纳税人包括以下两类:

①在中国境内定居的中国公民和外国侨民,但不包括虽具有中国国籍,却并没有在中国内地定居,而是侨居在海外的华侨和居住在香港、澳门、台湾的同胞。

②从公历 1 月 1 日起至 12 月 31 日止,居住在中国境内的外国人、海外侨胞和港、澳、台同胞。这些人如果在一个纳税年度内,一次离境不超过 30 日,或者多次离境累计不超过 90 日,仍应被视为全年在中国境内居住,从而判定为居民纳税义务人。

非居民纳税义务人,是指在中国境内无住所又不居住,或无住所且居住时间不满 1 年的个人;承担有限纳税义务,应就其来源于中国境内的所得,向中国缴纳个人所得税。也就是说,非居民纳税义务人是指习惯性居住地不在中国境内,而且不在中国居住,或者在一个纳税年度内,在中国境内居住不满 1 年的个人。因此,非居民纳税义务人,实际只能是在一个纳税年度内没有在中国境内居住,或者居住不满 1 年的外籍人员、华侨或港澳台同胞。

(二)征税对象

个人所得税的征税对象是个人取得的应税所得。个人所得税法列举征税的个人所得共 11 项,具体包括:

①工资、薪金所得。指个人因任职或者受雇而取得的工资、薪金、奖金、年终加薪、劳动分红、津贴以及与任职或者受雇有关的其他所得。

②个体工商户的生产、经营所得。

③对企事业单位的承包经营、承租经营所得。指个人承包经营、承租经营以及转包、转租取得的所得,包括个人按月或者按次取得的工资、薪金性质的所得。

④劳务报酬所得。指个人从事设计、装潢、安装、制图、化验、测试、医疗、法律、会计、咨询、讲学、新闻、广播、翻译、审稿、书面、雕刻、影视、演出、表演、广告、展览、技术服务、介绍服务、经纪服务、代办服务以及其他劳务取得的所得。

⑤稿酬所得。指个人因其作品以图书、报刊形式出版、发表而取得的所得。

⑥特许权使用费所得。指个人提供专利权、商标权、著作权、非专利技术以及其他特许权的使用权取得的所得;提供著作权的使用权取得的所得不包括稿酬所得。

⑦利息、股息、红利所得。指个人拥有债权、股权而取得的利息、股息、红利所得。

⑧财产租赁所得。指个人出租建筑物、土地使用权、机器设备、车船以及其他财产取得的所得。

⑨财产转让所得。指个人转让有价证券、股权、建筑物、土地使用权、机器设备、车船以及其他财产取得的所得。

⑩偶然所得。指个人得奖、中奖、中彩以及其他偶然性质的所得。

⑪. 其他所得。指经国务院财政部门确定征税的其他所得。

(三)税率

1. 工资、薪金所得

适用3% ~45%的7级超额累进税率,参见表6.1。

表6.1　个人所得税税率表(工资、薪金所得适用)

全月应纳税所得额	税率/%	速算扣除数/元
不超过1 500元	3	0
1 500元至4 500元	10	105
4 500元至9 000元	20	555
9 000元至35 000元	25	1 005
35 000元至55 000元	30	2 755
55 000元至80 000元	35	5 505
超过80 000元	45	13 505

注:本表所称的“全月应纳税所得额”是指依照税法的规定,以每月收入额减除费用3 500元后的余额或者减除附加减除费用后的余额。

2. 个体工商户生产、经营所得和企事业单位的承包经营、承租经营所得

适用5% ~35%的5级超额累进税率,参见表6.2。

表6.2　个人所得税税率表(个体工商户生产经营所得和承包承租所得适用)

全年应纳税所得额	税率/%	速算扣除数/元
不超过15 000元的部分	5	0
15 000元至30 000元的部分	10	750
30 000元至60 000元的部分	20	3 750
60 000元至100 000元的部分	30	9 750
100 000元的部分	35	14 750

注:本表所称“全年应纳税所得额”,对个体工商户的生产、经营所得,是指以每一纳税年度的收入总额,

减除成本、费用以及损失后的余额；对企事业单位的承包、承租经营所得，是指每一纳税年度的收入总额，减除必要费用后的余额。

3. 劳务报酬所得

适用比例税率，税率为20%。纳税人一次取得的劳务报酬收入畸高的，实行加成征收。其具体规定为：劳务报酬一次所得的应纳税所得额2万元至5万元的部分，加征五成；超过5万元的部分加征十成。因此，劳务报酬所得实际上适用20%、30%、40%的三级超额累进税率，见表6.3。

表6.3　个人所得税税率表（劳务报酬所得适用）

级 数	每次应纳税所得额	税率/%	速算扣除数
1	不超过20 000元部分	20	0
2	20 000～50 000元部分	30	2 000
3	超过50 000元部分	40	7 000

注：本表所称“每次应纳税所得额”，是指每次收入额减除费用800元（每次收入额不超过4 000元时）或者减除20%的费用（每次收入额超过4 000元时）后的余额。

4. 稿酬所得

适用比例税率，税率为20%。并按应纳税额减征30%。故其实际税率为14%。

5. 其他

特许权使用费所得，利息、股息、红利所得，财产租赁所得，财产转让所得，偶然所得和其他所得，适用比例税率，税率为20%。

（四）计税依据

1. 工资、薪金所得

以每月收入额减除费用标准后的余额为应纳税所得额。

2. 个体工商户的生产、经营所得

以每一个纳税年度的收入总额减除成本、费用和损失后的余额为应纳税所得额。

3. 对企事业单位承包、承租经营所得

以每一个纳税年度的收入总额，减去必要费用后的余额为应纳税所得额。

4. 劳务报酬所得

以纳税人每次取得的收入，定额或定率减除规定费用后的余额为应纳税所得额。每次收入不超过4 000元的，定额减除费用800元；每次收入额超过4 000元的，定率减除20%的费用。

5. 稿酬所得

以纳税人每次取得的收入，定额或定率减除规定费用后的余额为应纳税所得额。每次收入不超过4 000元的，定额减除费用800元；每次收入额超过4 000元的，定率减除20%的费用。

6. 特许权使用费所得

以纳税人某项使用权的一次转让取得的收入定额或定率减除规定费用后的余额为应纳税所得额。每次收入不超过4 000元的，定额减除费用800元；每次收入额超过4 000元的，定率减除20%的费用。所谓每次收入，是指一项特许权一次许可使用所取得的收入。

7. 财产租赁所得

以纳税人每次取得的收入，定额或定率减除规定费用后的余额为应纳税所得额。每次收入不超过4 000元的，定额减除费用800元；每次收入额超过4 000元的，定率减除20%的费用。

8. 财产转让所得

以纳税人每次转让财产取得的收入额减除财产原值和合理费用后的余额为应纳税所得额。

9. 利息、股息、红利所得

以纳税人每次取得的收入额为应纳税所得额，不得从收入中扣除任何费用。

10. 偶然所得

以纳税人每次取得的收入额为应纳税所得额，不得扣除任何费用。

11. 其他所得

以纳税人每次取得的收入额为应纳税所得额，不得扣除任何费用。

（五）应纳税额的计算

1. 工资、薪金所得应纳税额的计算

工资、薪金所得应纳的个人所得税额，按其应纳税所得额适用7级超额累进税率（表6.1）计算。其基本计算公式为

应纳税额＝应纳税所得额×适用税率－速算扣除数＝

（每月收入额－3 500元或4 800元）×适用税率－速算扣除数

2. 个体工商户的生产经营所得、对企事业单位的承包、承租经营所得的应纳税额的计算

个体工商户的生产经营所得应纳的个人所得税，按其应纳税所得额，适用5级超额累进税率（表6.2）。实行按年计算、分月预缴、年终汇算清缴、多退少补的办法。其计算公式为

应纳税额＝应纳税所得额×适用税率－速算扣除数＝

（全年收入总额－成本、费用以及损失）×适用税率－速算扣除数

3. 劳务报酬所得应纳税额的计算

劳务报酬所得按其应纳税所得额，适用20%的比例税率计算应纳的个人所得税。其计算公式为

每次收入不足 4 000 元的：

$$应纳税额 = 应纳税所得额 \times 适用税率 = (每次收入额 - 800) \times 20\%$$

每次收入在 4 000 元以上的：

$$应纳税额 = 应纳税所得额 \times 适用税率 = 每次收入额 \times (1 - 20\%) \times 20\%$$

每次收入的应纳税所得额超过 20 000 元的：

$$应纳税额 = 应纳税所得额 \times 适用税率—速算扣除数 = 每次收入额 \times (1 - 20\%) \times 适用税率 - 速算扣除数$$

4. 稿酬所得应纳税额的计算

稿酬所得按其应纳税所得额，适用 20% 的比例税率计算应纳的个人所得税，同时减征 30%。其计算公式为

每次收入不足 4 000 元的：

$$应纳税额 = 应纳税所得额 \times 适用税率 \times (1 - 30\%) = (每次收入额 - 800) \times 20\% \times (1 - 30\%)$$

每次收入在 4 000 元以上的：

$$应纳税额 = 应纳税所得额 \times 适用税率 \times (1 - 30\%) = 每次收入额 \times (1 - 20\%) \times 20\% \times (1 - 30\%)$$

5. 特许权使用费所得应纳税额的计算

特许权使用费所得应纳税额的计算公式为

每次收入不足 4 000 元的：

$$应纳税额 = 应纳税所得额 \times 适用税 = (每次收入额 - 800) \times 20\%$$

每次收入在 4 000 元以上的：

$$应纳税额 = 应纳税所得额 \times 适用税率 = 每次收入额 \times (1 - 20\%) \times 20\%$$

6. 利息、股息、红利所得应纳税额的计算

利息、股息、红利所得应纳税额的计算公式为

$$应纳税额 = 应纳税所得额 \times 适用税率 = 每次收入额 \times 20\%$$

7. 财产租赁所得应纳税额的计算

财产租赁所得应纳税额的计算公式为

每次(月)收入不足 4 000 元的：

$$应纳税额 = [每次(月)收入额 - 准予扣除项目 - 修缮费用(800 元为限) - 800] \times 20\%$$

每次(月)收入在 4 000 元以上的：

$$应纳税额 = [每次(月)收入额 - 准予扣除项目 - 修缮费用(800 元为限)] \times (1 - 20\%) \times 20\%$$

但是，对个人按市场价格出租的居民住房取得的租赁所得，自 2001 年 1 月 1 日起暂减按 10% 的税率征收个人所得税。

8. 财产转让所得应纳税额的计算

财产转让所得应纳税额的计算公式为

应纳税额 = 应纳税所得额 × 适用税率 = (每次收入额 − 财产原值 − 合理费用) × 20%

9. 偶然所得应纳税额的计算

偶然所得应纳税额的计算公式为

应纳税额 = 应纳税所得额 × 适用税率 = 每次收入额 × 20%

10. 其他所得应纳税额的计算

其他所得应纳税额的计算公式为

应纳税额 = 应纳税所得额 × 适用税率 = 每次收入额 × 20%

(六)纳税申报及缴纳

1. 自行申报纳税的纳税义务人

①年所得 12 万元以上的纳税人。

②从两处或两处以上取得工资、薪金所得的。

③从中国境外取得所得的。

④没有扣缴义务人的。

⑤国务院规定的其他情形。

2. 自行申报的申报地点

1)在中国境内有任职、受雇单位的,向任职、受雇单位所在地主管税务机关申报。

2)在中国境内有两处或者两处以上任职、受雇单位的,选择并固定向其中一处单位所在地主管税务机关申报。

3)在中国境内无任职、受雇单位,年所得项目中有个体工商户的生产、经营所得或者对企事业单位的承包经营、承租经营所得的,向其中一处实际经营所在地主管税务机关申报。

4)在中国境内无任职、受雇单位,年所得项目中无生产、经营所得的,向户籍所在地主管税务机关申报。在中国境内有户籍,但户籍所在地与中国境内经常居住地不一致的,选择并固定向其中一地主管税务机关申报。在中国境内没有户籍的,向中国境内经常居住地主管税务机关申报。

5)其他所得的纳税人,纳税申报地点分别为:

①从两处或者两处以上取得工资、薪金所得的,选择并固定向其中一处单位所在地主管税务机关申报。

②从中国境外取得所得的,向中国境内户籍所在地主管税务机关申报。在中国境内有户籍,但户籍所在地与中国境内经常居住地不一致的,选择并固定向其中一地主管税务机关申报。在中国境内没有户籍的,向中国境内经常居住地主管税务机关申报。

③个体工商户向实际经营所在地主管税务机关申报。

第四节 社会保险税

一、社会保险税概述

社会保险税又称社会保障税，主要是指以企业的工资支付额为课征对象，由雇员和雇主分别缴纳，税款主要用于各种社会福利开支的一种目的税。在税率方面，一般实行比例税率，雇主和雇员各负担50%。个别国家雇主和雇员使用不同的税率。

社会保障税起源于美国。1935 年，在罗斯福总统的领导和主持下，美国通过了历史上第一部社会保障法典——《社会保障法》。该法规定，美国自 1935 年开始征收工薪税。该法特别强调，铁路公司员工退职税、联邦失业税、个体业主税也归于社会保障税之内。二战后，伴随着经济的高度发达和政治民主化趋势的加强，西方发达国家如英国、法国、加拿大都实行了"普通福利"政策，纷纷征收社会保障税。1990 年世界上大约有 80 多个国家开征了社会保障税，到 1998 年，开征社会保障税国家增加至 100 多个。据国际货币基金组织统计，到 2010 年，全世界 170 多个国家里至少有 132 个国家实行社会保障税制度。

二、社会保险税的特点

社会保险税作为一种特殊形式的所得税，其税收收入专门用于社会福利、保障等支出，与一般税相比，具有三个主要特点：

(1)累退性

社会保障税采用比例税率，一般没有扣除额和免征额，同时规定有课税上限，也不考虑纳税家庭人口的多寡和其他特殊情况，而具有强烈的累退性。

(2)有偿性

社会保障税一般由政府成立的专门基金会管理，指定用途，专款专用，因而带有有偿性质。

(3)内在灵活性

社会保障税的支出同一定时期的经济形势紧密相关，当经济繁荣时，失业率下降，社会保障支出，特别是失业救济支出减少，有利于抑制社会总需求；反之，当经济衰退时，失业率上升，社会保障支出，特别是失业救济支出增加，有利于刺激社会总需求，所以说社会保障税及其社会保障制度具有内在灵活性特点，它与所得税相配合，可以起到对经济的自动稳定作用。

三、我国实行社会保险税的可行性分析

在发达国家和大部分发展中国家，普遍设有社会保障税这一税种，以征收社会保障税的方式筹集社保资金，并在全国范围内统筹。而中国的养老、医疗和失业等社会保障，主要是以收

取社会保险费的形式构成社保基金，大多是在省一级统筹。因为各省自己分别在进行规划，筹集和发放的标准也不一样。如果按社会保障税筹集资金，就要全国统筹。

中国关于“开征社会保险税”的提法早在1996年已经出现。在当年国民经济和社会发展“九五”计划和2010年远景目标纲要中提出，要逐步开征社会保障税。在这之后，财政部门相关负责人在不同场合也曾表示过，将研究开征社会保障税。

2010年4月1日，中华人民共和国财政部长谢旭人在《求是》发文提出：“完善社会保障筹资形式与提高统筹级次相配合，研究开征社会保障税。”近十几年来，开征社会保障税是政府官员、学者和公众讨论的热门话题。

而我国市场经济的发展为完善社会保障制度提出了新的要求，而现有的社会保险统筹制度已不能适应市场经济与社会发展的要求，所以应当加快建立社会保障税制的步伐，从我国实际出发，借鉴国外经验，不失时机地开征社会保障税。开征社会保障税的可行性表现在以下几个方面：

(1)成熟的社会基础

随着现代企业制度的推行，企业破产、倒闭现象不断出现，企业用人自主权不断加强，加之人口老龄化的到来，使职工的生活风险增加。对未来社会老龄化高峰严峻形势的预期，使职工的风险意识普遍有所增强，迫切需要国家通过社会保障制度为其生存提供起码的物质保障。社会保障税的专项返还性特征是纳税人受益的保证，使其易于为广大群众所接受。因此，开征社会保障税具有成熟的社会基础。

(2)完备的税收征管体系

目前，国家税务机关遍布全国30个省市自治区，机构广泛分布于各地，从街道到乡镇均有税务分支机构，更有数十万业务熟练、素质高的税务干部，在长期的税收工作中积累了丰富的工作经验。在个人所得税的征收中，由于采用源泉扣缴办法，各单位的财务人员作为扣缴义务人也有着相当丰富的经验，对社会保障税的开征也是极有帮助的。这就为社会保障税的开征提供了征管体系的保证。

(3)可靠的税源保证

社会保障税属于所得税类，其征税额的多少与居民的收入水平有直接关系。十一届三中全会以来，我国人民收入水平有大幅度增长。经济的发展和人民收入水平的提高为开征社会保障税提供了稳定可靠的税源基础。

本章小结

所得税是指以所得为课税对象的一类税的总称，其最早产生于英国。这里所称的所得通常是指单位和个人在一定时期内取得的可支配收入总和，即收入总和减去各项法定扣除后的余额。所得税有三种类型：分类所得税、综合所得税和分类综合所得税。所得税是对纯所得的征税，税负比较公平，符合税收的公平原则。同时所得课税在社会资源配置中保持中立性，不伤及税本，符合税收的效率原则。所得税因其富有弹性，具有较强的聚财功能，符合税收的财政原则。所得税又是国家对经济进行调节的有效工具，符合税收稳定经济的原则。

所得税是指以所得为课税对象的一类税的总称，本章介绍了所得课税的特点、类型等，重点介绍了我国现行的所得课税的主要税种。

企业所得税是指国家对企业的生产经营所得和其他所得征收的一种税。企业所得税的课征范围比较广，凡在我国境内依法成立的企业都是企业所得税的纳税人，税负相对公平。

个人所得税是对个人（法律上称之为自然人）取得的各项应税所得征收的一种税。个人所得税将中国公民、外籍人员和个体工商户纳入统一的个人所得税征收范围，征收范围广，实行分项课征方式，税负相对公平。

社会保险税又称社会保障税，主要是指以企业的工资支付额为课征对象，由雇员和雇主分别缴纳，税款主要用于各种社会福利开支的一种目的税。在税率方面，一般实行比例税率，雇主和雇员各负担50%。个别国家雇主和雇员使用不同的税率。

思　考　题

1. 与商品税相比，所得税有哪些特点？
2. 简述企业所得税的主要特点。
3. 简述个人所得税的主要特点。
4. 你认为我国个人所得税征收中主要有哪些问题？
5. 个人所得税具有调节收入的功能，是否在任何情况下都是如此，是否会出现相反的情况（征收个人所得税后反而扩大了收入差距）？

【案例分析】

统一内外资企业所得税法

一、统一内外资企业所得税法的主张

1994 年税制改革后，我国对内外资企业分别实行两套不同的企业所得税制，随着经济全球化进程的推进，尤其是我国加入 WTO 后，再继续对外商实行超国民待遇的税收优惠已没有必要和实际意义。而且，实行内外资企业两套不同所得税制的做法，限制了市场的公平竞争，抑制了效率的提高。因此，当前所得税制改革最迫切的就是统一内外资企业所得税法。外资企业较内资企业享有税基优惠、税率和税额优惠（虽然内外资企业所得税的法定税率均为33%，但实际税负都大大低于名义税率。据调查，在 2007 年企业所得税改革之前，外资企业平均税负在 11% 左右，内资企业实际平均税负在 23% 左右）及再投资退税等方面的优惠，造成了极大的税负不公。沿袭了 20 多年的税收双轨制的确已经严重扭曲了企业行为。形形色色的

“假合资、假外资”(FDI-round-tripping)就是扭曲的实例,相当数量的内资通过种种渠道“走出国门”,而后以外资身份回到中国投资设厂,享受优惠条件。有研究估计“假外资”占了实际FDI利用额的三分之一左右。而地方和部门给予外资优惠中一定程度的自由裁量权又可能带来种种腐败、寻租和“监管俘获”行为,全无透明度可言。

请分析内外资企业所得税合并的必要性。

第七章

Chapter 7

其他课税制度

【本章学习要求】

本章要求了解财产课税制度和其他课税制度的特点;熟练掌握各税种的纳税事项;房产税、土地增值税的计算与缴纳。

【本章主要概念】

房产税;车船税;契税;资源税;行为税;印花税;国际税收

【引导案例】

重庆2011年1月启动房产税改革试点

重庆市作为国家首批个人住房房产税改革试点城市,定于2012年1月28日正式启动改革试点工作。重庆房产税的征税对象包括:对于独栋别墅,不管存量房还是增量房,均要征税;对于房价达到当地均价两倍以上的高档公寓也将征税;此外,对于在重庆无户口、无工作、无投资的人员在重庆所购房产,购买两套以上住房的从第二套开始要征收房产税。

对于房价达到当地均价2~3倍的房产,将按房产价值的0.5%征税;对于房价达到当地均价3~4倍的房产,将按房产价值的1%征税;4倍以上,按1.2%的税率征税。

第一节　财产课税制度

一、财产税的概念和特点

(一)财产税的概念

财产税是指以纳税人拥有或可支配的财产为课税对象征收的一类税。与所得税相比,有以下几点区别：从课税对象看，虽然都表现为收入，但财产税的对象是收入的存量，而所得税的对象却是收入的流量；从纳税人看，财产税的纳税人可以是财产的所有者、使用者、继承者等，而所得税的纳税人一般是所得的所有者；从计税依据看，虽然两者都可以对财产征税，但财产税是对财产本身或价值征税，而所得税则是对财产产生的效益征税。

财产税作为一个古老的税种，它与商品经济没有必然的联系，最初表现为对纳税人支配的土地进行课税。后来，其课征范围慢慢扩大，税种也渐渐增多。从我国来看，汉武帝元光六年首次开征车船税，一直沿袭至今；元狩四年开征缗钱税，对高利贷者和手工业者的交易额和财产课征；唐德宗建中四年，开征间架税，其课税对象是房屋，后因农民起义不得不废除；清朝初期，对房屋征税，时称铺面行税或间架房税；鸦片战争以后，帝国主义列强纷纷在租界内强行开征房捐，标志着近代房产税真正的产生。此外，我国历史上开征过的财产税还有契税、遗产赠与等。

（二）财产税的特点

从性质上看，财产税属于直接税。与商品税和所得税相比，财产税具有以下特点：

（1）财产税的课税对象具有特殊性

财产税是对收入的存量征税，是一种特殊收入。同时，财产税的课税对象又表现为物品，是具有特定范围的财产，而不像商品课税和所得课税那样包括全部商品和全部所得。

（2）财产税课税比较公平

财产税是根据纳税人拥有或可支配的实际财产作为课税对象的，因此，财产税比较符合量能负担原则，可以发挥其调节纳税人的收入水平的作用，也符合受益纳税原则。

（3）财产税属于直接税，税负不易转嫁

财产税主要由对财产进行占有、使用或收益的主体直接承担，并且，由于财产税主要是对使用、消费过程中的财产征收，而不是对生产、流通领域的财产征收，因而其税负很难转嫁。

（4）财产税收入弹性小

由于财产税课税对象的特殊性，限制了财产税课征范围的普遍性。同时，财产的价格不像一般商品那样波动较大，为便于征收，各国一般对财产的价值采用一定几年不变的办法，使得财产税在收入弹性上比较小。

（5）财产税征管比较复杂

对于从量计征的财产税来说，征管比较简便；而对于大部分实行从价计征的财产税来说，由于财产价值确定的困难性，加之一些流动性财产如黄金、宝石等贵重财产很容易隐匿等，使得财产税从总体上看比较复杂。

（6）财产税属于地方税收

历史上，财产税曾是最主要的税种，但到了现代社会，由于经济发展，所得增加，所得税系成为主体税收，财产税现在多是作为地方税收，是地方政府收入的主要来源。

二、财产税的分类

(一)依据征税范围的不同

依据征税范围的不同可分为一般财产税与个别财产税。

所谓一般财产税,也称综合财产税,它是对纳税人的全部财产进行综合计征的财产税。但在现实中,一般财产税并非以全部财产额为计税依据,而是要考虑日常生活必需品的免税、一定货币数量以下的财产免税以及负债的扣除等,即要规定一定的宽免额或扣除额,在技术上较为困难。例如,美国的财产税名为一般财产税,而实为有选择的财产税,并非对全部财产征税;德国等国的一般财产税则规定了免税扣除项目以减少税基;印度等国的一般财产税则以应税财产总价值减去负债后的净值额为计税依据。

所谓个别财产税,也称特别财产税,是对纳税人的一种或几种财产单独或合并课征的财产税。个别财产税的形式主要有:对土地课征的土地税;对房屋课征的房屋税或房产税;对土地与房屋合并课征的房地产税;对土地、房屋同其他不动产合并课征的不动产税;对车、船、金融资产等动产课征的动产税等。个别财产税是财产税最早存在的形式,它在课征时一般不需要考虑免税和扣除。

(二)依据课征对象的不同

依据课征对象的不同可分为静态财产税与动态财产税。

所谓静态财产税,是指对纳税人在一定时点所拥有的静态财产,依其数量或价值征收的一种财产税。纳税人因在一定时期内保有财产的占有、收益等权利而必须依法纳税。如房产税、地产税等个别财产税和一般财产税,均属于静态财产税,即对权利处于静止状态的财产征收的财产税。

所谓动态财产税,是对纳税人一定时期因无偿转移或变动而发生所有权变动的财产征收的一种财产税。动态财产税最为典型的形式是继承税或称遗产税和赠与税等。

(三)依据课征时序的不同

依据课征时序的不同可分为经常财产税与临时财产税。

经常财产税是指每年都要课征,具有经常性的税收收入的财产税,因而亦称常年财产税。这种税收通常占财产税的大部分。

临时财产税是指在非常时期为筹措经费而临时开征的财产税。如政府在国家遭遇战争、严重自然灾害、或偿还债务等非常时期,为筹措经费,大多要征收各种临时税。临时财产税所占的比重一般不会太大,但税率可能比经常财产税的税率要高。现代财产税一般为经常财产税,极少有临时财产税。

(四)依据计税依据的不同

依据计税依据的不同可分为财产价值税与财产增值税。

财产价值税是对纳税人所拥有的财产的价值征收的一种税，其计税标准有财产的总价值、财产的净价值、财产的实际价值等；财产增值税是指对财产的增值部分征收的一种财产税. 如我国的土地增值税。

第二节 房产税

一、纳税义务人

房产税的纳税义务人是征税范围内的房屋的产权所有人。具体规定如下：

①产权属于国家所有的由经营管理的单位缴纳；产权属于集体和个人的由集体和个人缴纳。

②产权出典的，由承典人缴纳。

③产权所有人、承典人不在房产所在地的，或产权未确定及租典纠纷未解决的，由房产代管人或使用人缴纳。

④产权未确定及租典纠纷未解决的，由房产代管人或者使用人纳税。

⑤纳税单位和个人无租使用房产管理部门、免税单位及纳税单位的房产，应由使用人代为缴纳房产税。

对外商投资企业、外国企业和外国人不征收房产税，应缴纳的是城市房地产税。

二、征税对象

房产税的征税对象是房产。与房屋不可分割的各种附属设施或不单独计价的配套设施，也属于房屋，应一并征收房产税；但独立于房屋之外的建筑物不属于房屋，不征房产税。

房地产开发企业建造的商品房，在出售前不征收房产税；但对出售前房地产开发企业已使用或出租、出借的商品房应按规定征收房产税。

三、计税方法、税率、计税依据和应纳税额计算

（一）从价计征

税率为1.2%，计税依据是房产余值（房产余原值一次减除10% ~30%扣除比例）。

$$全年应纳税额 = 应税房产原值 \times (1 - 扣除比例) \times 1.2\%$$

（二）从租计征

税率为12%（个人按市价出租民用住房税率4%），计税依据是房产租金收入。

$$全年应纳税额 = 租金收入 \times 12\%$$

(三)需要注意的问题

1. 以房产联营投资的

以房产联营投资的房产税计税依据应区别对待。

①以房产联营投资,共担经营风险的,按房产余值为计税依据计征房产税。

②以房产联营投资,不承担经营风险,只收取固定收入的,实际是以联营名义取得房产租金。因此应由出租方按租金收入计征房产税。

2. 融资租赁房屋的

融资租赁房屋的以房产余值为计税依据计征房产税。

四、税收优惠

(一)免税项目

①国家机关、人民团体、军队、由国家财政拨付事业经费的单位、宗教寺庙、公园、名胜古迹、和中国人民银行(含国家外汇管理局)所属分支机构自用房产免税。营业用房产则纳税。

②个人所有非营业用的房产免征房产税。个人拥有的营业用房或出租房产,照章纳税。

(二)财政部批准免税的其他房产

①损坏不堪使用的房屋和危房;因企业停产、撤销而闲置不用的房产等。

②纳税人因房屋大修连续停用半年以上,大修期间免征房产税。

③非营利性医疗机构、疾病控制机构、妇幼保健机构、高校后勤实体自用房产免征房产税。

④向居民供热并向居民收取采暖费的供热企业暂免征收房产税。

“供热企业”包括专业供热企业、兼营供热企业、单位自供热及为小区居民供热的物业公司等,不包括从事热力生产但不直接向居民供热的企业。

五、纳税义务发生时间

①原有房产用于生产经营:从生产经营之月起纳税。

②纳税人自行新建房屋用于生产经营:从建成之次月起纳税。

第三节　车船税

一、纳税人

车船税的纳税人是指在我国境内,车辆、船舶的所有人或者管理人。管理人,是指对车船具有管理使用权,不具有所有权的单位。车船的所有人或者管理人未缴纳车船税的,使用人应当代为缴纳车船税。

二、征税对象

车船税的征税对象由车辆和船舶两大类构成。所称车船，是指依法应当在车船管理部门登记的车船。车辆包括载客汽车、载货汽车、三轮汽车、低速货车、摩托车。船舶包括机动船、拖船和非机动驳船。

三、税率

车船税法规定，对应税车辆实行定额税率。国务院财政部门、税务主管部门可以根据实际情况，在《车船税税目税额表》规定的税目范围和税额幅度内，划分子税目，并明确车辆的子税目税额幅度和船舶的具体适用税额。车辆的具体适用税额由省、自治区、直辖市人民政府在规定的子税目税额幅度内确定。

①车辆自重尾数在0.5吨以下(含0.5吨)的，按照0.5吨计算；超过0.5吨的，按照1吨计算。

②船舶净吨位尾数在0.5吨以下(含0.5吨)的不予计算，超过0.5吨的，按照1吨计算。

③1吨以下的小型车船，一律按照1吨计算。

四、计税依据和税额计算

(一)计税依据

车船税的计税依据，按车船的种类和性能，分别确定为辆、自重吨位和净吨位三种。

①载客汽车、摩托车，以“辆”为计税依据。

②载货汽车、三轮汽车、低速货车，以“自重吨位”为计税依据。

③机动船、拖船和非机动驳船，以“净吨位”为计税依据。

(二)应纳税额的计算公式

$$\text{载客汽车、摩托车的应纳税额} = \text{车辆数} \times \text{适用单位税额}$$

$$\text{载货汽车、三轮汽车、低速货车的应纳税额} = \text{自重吨数} \times \text{适用单位税额}$$

$$\text{机动船的应纳税额} = \text{净吨位数} \times \text{适用单位税额}$$

$$\text{拖船和非机动驳船的应纳税额} = \text{净吨位数} \times \text{适用单位税额} \times 50\%$$

五、征收管理与纳税申报

(1)纳税义务发生时间

车船管理部门核发的车船登记证书或者行驶证书所记载日期的当月。已向交通航运管理机关上报报废的车船，当年不发生车船税的纳税义务。

(2)纳税期限

车船税按年征收,分期缴纳。具体申报纳税期限由省、自治区、直辖市人民政府确定。

(3)纳税地点

由省、自治区、直辖市人民政府根据当地实际情况确定。跨省、自治区、直辖市使用的车船,纳税地点为车船的登记地。

车船的所有人或者管理人未缴纳车船税的,使用人应当代为缴纳车船税。

第四节　契税

一、纳税人

契税的纳税人是境内转移土地、房屋权属承受的单位和个人。

二、征税对象

契税的征税对象是在境内转移土地、房屋权属行为。

(一)一般规定

①国有土地使用权出让(对出让方不交土地增值税)。

②国有土地使用权转让(对转让方还应交土地增值税)。

③房屋买卖(对转让方还需交土地增值税)。

④房屋赠予(符合条件的还需交土地增值税);包括以获奖方式承受土地房屋权属。

⑤房屋交换(单位之间进行房地产交换还应交土地增值税)。

⑥承受国有土地使用权支付的土地出让金,要计征契税。不得因减免土地出让金而减免契税。

(二)其他规定

①以土地、房屋权属作价投资、入股。

③以土地、房屋权属抵债。

④以获奖方式承受土地、房屋权属。

⑥以预购方式或者预付集资建房方式承受土地、房屋权属。

三、税率

契税实行地区差别幅度税率,比例为3% ~5%,具体执行多少由省级人民政府视情况决定。

四、计税依据

依不动产的转移方式、定价方法不同,契税计税依据有以下几种情况:

①国有土地使用权出让、土地使用权出售、房屋买卖，以成交价格为计税依据。

②土地使用权赠与、房屋赠与，由征收机关参照土地使用权出售、房屋买卖的市场价格核定。

③土地使用权交换、房屋交换，以所交换的土地使用权、房屋的价格差额为计税依据。

④以划拨方式取得土地使用权，经批准转让房地产时，由房地产转让者补交契税，计税依据为补交的土地使用权出让费用或者土地收益。

五、计算公式

$$应纳税额 = 计税依据 \times 税率$$

应纳税额以人民币计算。转移土地、房屋权属以外汇结算的，按照纳税义务发生之日中国人民银行公布的人民币市场汇率中间价，折合成人民币计算。

六、税收优惠

（一）一般规定

①国家机关、事业单位、社会团体、军事单位承受土地自用的免征契税。

②城镇职工按规定第一次购买公有住房，免征契税。

③因不可抗力灭失住房而重新购买住房的，酌情减免。

④房屋被县级以上人民政府征用占用后，重新承受土地、房屋权属的，由省级人民政府确定是否减免。

⑤荒山、荒沟、荒丘、荒滩土地使用权，并用于农、林、牧、渔业生产的，免征契税。

（二）特殊规定

（1）企业合并

合并后的企业承受原合并各方的土地、房屋权属，免征契税。

（2）企业分立

对派生方、新设方承受原企业土地、房屋权属，不征收契税。

（3）企业出售

国有、集体企业出售，被出售企业法人予以注销，并且买受人妥善安置原企业30%以上职工的，对其承受所购企业的土地、房屋权属，减半征收契税；全部安置原企业职工的，免征契税。

（4）企业关闭、破产

企业依照有关法律、法规的规定实施关闭、破产后，债权人（包括关闭、破产企业职工）承受关闭、破产企业土地、房屋权属以抵偿债务的，免征契税；对非债权人承受关闭、破产企业土地、房屋权属，凡妥善安置原企业30%以上职工的，减半征收契税；全部安置原企业职工的，免征契税。

(5)继承土地、房屋权属

法定继承人(包括配偶、子女、父母、兄弟姐妹、祖父母、外祖父母)继承土地、房屋权属,不征税。非法定继承人根据遗嘱承受死者生前的土地、房屋权属,属于赠与行为,应征收契税。

七、纳税申报及缴纳

①纳税义务发生时间:纳税人在签订土地、房屋权属转移合同的当天,或者取得其他具有土地、房屋权属转移合同性质凭证的当天。

②纳税期限:应当自纳税义务发生之日起的10日内,办理纳税申报。

③纳税人出具契税完税凭证,土地管理部门、房管部门才能办理变更登记手续。

④停止代征委托,直接征收契税。

第五节　行为税与资源税

一、行为税

(一)行为税的含义及特点

行为税是指以纳税人的某种特定行为作为课税对象所征收的一类税。与其他类税相比,行为税具有如下特点:

1. 特定目的性

行为税是根据政府宏观调控或其他目的的需要,规定在相对长的一定时期内,对某些特定的行为进行课征的一类税。其开征与停征在很大程度上与政府的政策紧密相关,如固定资产投资方向调节税。因此,行为税具有鲜明的目的性。

2. 调节力度较强

各级政府在不同时期对不同行为进行调节,通过行为税起到其他手段不可替代的作用,同时行为税对特定行为的调节符合人们的习惯,比较容易为人们所接受,因此其调节力度较强,往往具有"寓禁于征"的明显特点,如筵席税、即将开征的燃油税等。

3. 分散性和灵活性

行为税的税源一般比较分散、零星,因此,适合地方政府根据本地情况灵活掌握,决定其开征或停征。

4. 收入的不稳定性

由于行为税是针对特定目的开征的税,同时,地方政府又可以根据本地情况因地制宜地决定开征或停征,它可能会因政府调节经济的需要进行课征,也可能会因政府的调控目的达到或不必要而停征,因此,其收入占税收收入总额的比重较小,且具有不稳定的特点。1994年税制改革后,新的行为税包括:固定资产投资方向调节税、印花税、屠宰税、筵席税、城镇土地使用税和耕地占用税等。

考虑到筵席税和固定资产投资方向调节税已停征，而城镇土地使用税和耕地占用税又与前面有关税种有某种程度的相似性，故下面重点介绍印花税。

（二）印花税

1. 印花税的含义及特点

印花税是对经济活动和经济交往中书立、领受的凭证征收的一种税。印花税的征税对象是印花税暂行条例所列举的各种凭证，由凭证的书立、领受人缴纳，是一种兼有行为税性质的凭证税。印花税因在应税凭证上粘贴印花税票作为完税标志而得名。印花税是一个古老的税种，于1624年始创于荷兰，后为许多国家采用。据统计，目前，世界上有90多个国家和地区开征了印花税。我国是在清朝末年的1907年，由清政府颁布《印花税则》，但由于遭到商界的反对，而没有在全国实施。北洋军阀时期，于1912年发布了《印花税法》，1913年正式开征印花税。国民党统治时期，于1927年颁布了《印花税暂行条例》，后来几经修改，于1934年正式颁布了《印花税法》，并将印花税列为中央税收。新中国成立后，政务院于1950年发布了《印花税暂行条例》，在全国范围内开征了统一的印花税。1958年税制改革将印花税并入工商统一税，原《印花税暂行条例》停止执行；1988年8月6日国务院颁布了《中华人民共和国印花税暂行条例》，于10月1日施行，恢复征收印花税。1988年9月29日财政部发布了《中华人民共和国印花税暂行条例实行细则》，与条例同时施行。征收印花税，对配合其他经济部门加强凭证管理，支持有关经济法规的执行，促进经济行为规范化，增加财政收入发挥了积极作用。

印花税不论是在性质上，还是在征税方法方面，都有着不同于其他税种的特点。这些特点主要是：

（1）印花税兼具凭证税和行为税性质

印花税是对单位和个人书立、领受的应税凭证征收的一种税，具有凭证税性质。另一方面，任何一种应税经济凭证反映的都是某种特定的经济行为，因此，对凭证征税，实质上是对经济行为的课税。

（2）印花税征税范围广泛

印花税的征税对象包括了经济活动和经济交往中的各种应税凭证，凡书立和领受这些凭证的单位和个人都要缴纳印花税，其征税范围是极其广泛的。而且，随着市场经济的发展和经济法制的逐步健全，依法书立经济凭证的现象将越来越普遍。因此，印花税的征收面将更加广阔。

（3）印花税税收负担比较轻

印花税与其他税种比较，税率要低得多，其税负较轻，具有广集资金、积少成多的财政效应。

（4）印花税纳税人自行完成纳税义务

纳税人通过自行计算、购买、粘贴、注销印花税票的“四自”方法完成纳税义务。我国现行印花税制度规定，凡在中华人民共和国境内书立、领受本条例所列举凭证的单位和个人，都是印花税的纳税义务人，应当按照规定缴纳印花税。

2. 纳税人

印花税纳税人是在境内书立、使用、领受印花税法所列举的凭证,并应依法履行纳税义务的单位和个人。可分为以下六类:

(1)立合同人

立合同人是各类合同的当事人,即对应税合同有直接权利义务关系的单位和个人,但不包括合同的担保人、证人、鉴定人。但包括当事人的代理人。凡由两方或两方以上当事人共同书立应税凭证的,其当事人各方都是印花税的纳税人。应各就其所持凭证的计税金额履行纳税义务。

(2)立据人

立据人即订立产权转移书据的单位和个人。

(3)立账簿人

立账簿人即设立并使用营业账簿的单位和个人。

(4)领受人

领受人即领受并持有权利、许可证照的单位和个人。

(5)使用人

使用人即在国外书立、领受,但在国内使用应税凭证的单位和个人。

(6)各类电子凭证签订人

各类电子凭证签订人以电子形式签订的各类应税凭证的当事人为纳税人。

3. 税率、计税依据、应纳税额计算

现行印花税采用比例和定额两种税率,如表7.1所示。

表7.1　印花税税率表

<table>
<tr><td rowspan="5">经济合同</td><td>购销合同</td><td>0.3‰</td><td>货物运输合同</td><td>0.5‰</td></tr>
<tr><td>加工承揽合同</td><td>0.5‰</td><td>仓储保管合同</td><td>1‰</td></tr>
<tr><td>建设工程勘察设计合同</td><td>0.5‰</td><td>借款合同</td><td>0.05‰</td></tr>
<tr><td>建筑安装工程承包合同</td><td>0.3‰</td><td>财产保险合同</td><td>1‰</td></tr>
<tr><td>财产租赁合同</td><td>1‰</td><td>技术合同</td><td>0.3‰</td></tr>
<tr><td>产权转移书据</td><td colspan="4">0.5‰</td></tr>
<tr><td rowspan="2">营业账簿</td><td colspan="2">记载资金账簿</td><td colspan="2">0.5‰</td></tr>
<tr><td colspan="2">其他账簿</td><td colspan="2">5元/件</td></tr>
<tr><td>权利许可证照</td><td colspan="4">5元/件</td></tr>
<tr><td>财政部确定的其他应税凭证</td><td colspan="4">视具体情况而定</td></tr>
</table>

印花税的计税依据是应税凭证所记载的金额或收入、费用额及件数。纳税人应根据应税凭证的性质，分别按比例税率或者定额税率计算其应纳税额。其计算公式为

应纳税额 = 应税凭证计税金额(应税凭证件数) × 选用税率

4. 税收优惠

①对已缴纳印花税的凭证的副本或者抄本免税。

②对财产所有人将财产赠给政府、社会福利单位、学校所立的书据免税。

③对国家指定的收购部门与村民委员会、农民个人书立的农副产品收购合同免税。

④对无息、贴息贷款合同免税。

⑤对外国政府或者国际金融组织向我国政府及国家金融机构提供优惠贷款所书立的合同免税。

⑥对农牧业保险合同免税。

二、资源税

(一)资源税的含义及特点

资源税是为了体现国家的权益，促进合理开发利用资源，调节资源的级差收入，对开采资源产品征收的一种税。在我国，资源税是指对在我国境内从事开采矿产品及生产盐的单位和个人征收的一种税。

我国从春秋时期就开始对资源进行征税，当时称为"官山海"，以专卖为名，实为征税。可以说，这是史料可查的最早关于资源税的萌芽。以后历代王朝沿袭来用，对盐铁等资源征税。我国自然资源归国家所有，由于各地自然资源禀赋差异很大，开采资源的企业因资源禀赋差异而利润相差悬殊，造成了分配上的不合理，并出现了滥采滥挖、掠夺性开采等严重破坏和浪费国有资源的问题。为了保护国有资源，促进国有资源合理开发和有效利用，调节级差收入，1984 年 9 月 18 日国务院颁布了《中华人民共和国资源税条例(草案)》，从当年 10 月 1 日起对原油、天然气和煤炭三种矿产品征收资源税，同时国务院发布了《中华人民共和国盐税条例(草案)》，将盐税从原工商税中分离出来，重新成为一个独立的税种。

随着我国市场经济的不断发展，资源税在征收范围等诸多方面已不能满足新形势的需要，为此，本着"普遍征收、级差调节"等原则，国务院于 1993 年 12 月 25 日重新修订颁布了《中华人民共和国资源税暂行条例》，财政部于 1993 年 12 月 30 日发布了《中华人民共和国资源税暂行条例实施细则》，同时取消了盐税，将盐纳入资源税的征收范围。修订后的资源税暂行条例于 1994 年 1 月 1 日起施行。

世界上其他国家也存在不同形式的资源税，但大都将其归入财产税。

与其他课税相比，资源税具有以下几个特点：

(1)从性质上看，资源税具有地租性质

对于资源税纳税义务人，无论是单位还是个人，无论是从事开采矿产品还是生产盐，无论

是贫矿还是富矿，均应缴纳资源税，这说明资源税具有绝对地租的性质。而对于有级差收入的单位和个人还要按照不同的级别征收不同的税收，这说明资源税同时又具有相对地租的性质。

(2)课税比较公平

如上述，资源税具有地租性质，说明了资源税课税的公平性。一方面，资源税具有绝对地租性质体现了课税的横向公平；另一方面，资源税具有相对地租性质体现了课税的纵向公平。

(3)税负较合理，能促进资源合理开发利用

考虑到不同地区、不同矿产的差别，在确定税率时充分考虑到这一特点，因此，税负的确定一般具有针对性，税负也较合理。同时，通过资源税能真正促进自然资源的合理开发和利用，防止资源的无效损失。

(4)收入比较稳定，弹性较小

一旦资源税的课税对象和税率确定之后，一般几年内不会有大的变化，因此，能确保财政收入的稳定。但同时，也存在弹性小的缺点。

(二)纳税人

资源税纳税人是指在我国境内开采和生产应税资源的单位和个人征税，但进口不征出口不退。资源税的法律规范适用涉外，但对中外合作开采石油天然气的不征收资源税。

(三)税率

资源税采用定额税率，即同类产品资源条件不同，税额也不相同。具体执行税率由省级人民政府根据当地情况予以确定。主矿伴采的属于资源税征收范围但没规定当地适用税率的应税矿产品，按主矿或视同主矿的税目征税。独立矿山、联合企业收购未税矿产品的单位，按照本单位应税产品税额标准；其他收购单位收购的未税矿产品，按税务机关核定的应税产品税额标准，依据收购的数量代扣代缴资源税。见表7.2。

表7.2　资源税税目税额幅度表

税目	税额幅度
一、原油	销售额的5%～10%
二、天然气	销售额的5%～10%
三、煤炭	0.3～5元/吨
四、其他非金属矿原矿	0.5～20元/吨或立方米
五、黑色金属矿原矿	2～30元/吨
六、有色金属矿原矿	0.4～30元/吨
七、盐	
固体盐	10～60元/吨
液体盐	2～10元/吨

(四)税收优惠

①开采原油过程中用于加热、修井的原油免税。

②纳税人开采或者生产应税产品过程中,因意外事故或者自然灾害等原因遭受重大损失的,由省一级人民政府酌情决定减免税。

③冶金联合企业矿山(含独立铁矿山)铁矿石资源税,减按规定税额标准的40%征收;对有色金属矿的资源税在规定税额基础上减征30%,按规定税额标准的70%征收。

④北方海盐资源税减按每吨15元征收;南方海盐、湖盐、井矿盐资源税减按每吨10元征收;液体盐资源税减按每吨2元征收。

第六节 国际税收

国际税收是国际经济领域的一个重要方面,也是税收学的一个特殊领域。随着商品、资本、技术、劳动力等经济要素的国际流动,各国政府的征税行为也跨越了国界,并促使国际协调活动的开展和国际税收分配关系的产生。因此,产生了税收管辖权的划分、国际重复征税及其减除、避税与反避税、国际税收协定、国际税收征管协作等具体国际税收问题。

一、国际税收的概念

伴随着世界经济的发展和国际交往的增多,税收这一经济范畴逐渐具有了某些国际意义,出现了国与国之间的税收活动。国际税收研究也从单纯地对税收管辖权以及国际双重征税问题逐步发展到对一系列有关国家间税收分配矛盾的探讨,从对一国涉外税收制度的研究,发展到对跨国纳税人征税行为的统一协调。

国际税收是在开放的经济条件下因纳税人的经济活动扩大到境外以及国与国之间税收法规存在差异或相互冲突而带来的一些税收问题和税收现象。

在封闭的经济条件下,各国征税只能课及本国境内生产和流通的商品以及本国纳税人在本国境内取得的收入和拥有的财产。而在开放的经济条件下,一国生产的商品会通过国际贸易流入他国;一国的纳税人从事跨国投资等国际经济活动会从境外取得收入或拥有境外财产。这时,各国在本国税收管辖权范围之内课税就很可能课及外国进口商品和本国出口商品,课及本国纳税人的境外所得财产以及外国纳税人在本国境内取得的所得或拥有的财产。在这种情况下,国际贸易商品和跨国经营的纳税人将会面临两个或两个以上国家的税收课征。商品、所得和财产的国际重复征税显然不利于国际经济活动的发展,因此,国际社会有必要对各国的征税权加以协调,以防止或缓解国际重复征税问题。另外,在开放的经济条件下,如果有关国家课征高额的进口关税,就会对国际贸易活动构成最明显、最直接的障碍。为了促进国际贸易的发展,协调各国的关税政策,降低国与国之间的关税壁垒也是十分必要的。除了上述税收对国际经济活动的阻碍作用以外,纳税人从事跨国经营活动还可能带来国际避税问题。国际避税与国际重复征税的效果正好相反,它不会加重纳税人的税收负担,但却会损害有关国家的税收利益。所以,在当今跨国经营活动十分普遍的情况下,各国都把防范国际避税作为税收管理的一项重要任务。避免国际重复征税以及防范国际避税虽然可以由一国通过国内立法单方面采取措施来施行,但国与国之间签定税收协定,以双边或多边的方式采取措施可以更有效地解决问题。以上提到的诸多税收问题都是伴随着国际经济活动而出现的,他们都属于国际税收的范畴。

国际税收是指两个或两个以上国家政府在对跨国纳税人行使各自的征税权力中形成纳税关系从而发生的国家之间的税收分配关系。这种关系是基于各国政府所拥有的税收管辖权。其实质是各国政府在对各自政权管辖范围内的跨国纳税人征税的基础上形成的税收权益分配。

二、国际税收的本质

国际税收与税收是既有联系,又有区别的两个范畴。国际税收首先是作为税收来存在的,具有税收的一般特征。但国际税收涉及的领域要广于税收,它所反映的是在经济交往过程中,国家与国家之间因行使各自的征税权力而发生的税收分配关系。

国际税收问题作为开放经济条件下的一种税收现象,其背后隐含着的是国与国之间的税收关系。这种国家之间的税收关系是国际税收的本质所在。我国通常将国际税收定义为国家之间的税收关系,就是从国际税收的本质意义来界定国际税收的。国家之间的税收关系主要表现在以下两个方面:

(一)国与国之间的税收分配关系

国与国之间的税收分配关系涉及对同一课税对象由哪国征税,或征多少税的税收权益划分问题。当一国征税而导致另一国不能征税,或者当一国多证书而造成另一国少征税时,两国之间便会发生税收分配关系。例如,为了避免所得的国际重复征税,纳税人得居住国可以放弃对本国居民国外所得的征税权,而由所得的来源国单独行使征税权;或者居住国让来源国优先行使征税权,然后再在来源国征税的基础上对这笔国外所得按来源国税率的差额部分进行补征。在这两种情况下,居住国和来源国之间都会发生一定的税收分配关系。又如,为了防止对同一批国际贸易商品出口国和进口国都课征国内商品税,目前国际社会规定对国际贸易商品统一由进口国课征国内商品税,出口国不征税,这样,出口国由于放弃自己对出口商品的征税权,其税收利益就会受到一定的影响,进口国与出口国之间因而也要发生一定的税收分配关系。再如,在跨国公司从事国际避税的情况下,由于跨国公司通常要把公司集团的一部分利润,由高税国子公司转移到低税国子公司去实现,所以高税国的所得税税基必然要受到影响,高税国与低税国之间也必然会发生一定的税收分配关系。现实生活中大量的国际税收问题最终都将引发国家之间的税收分配关系,因此,后者构成了现代国际税收关系的实质内容。

（二）国与国之间的税收协调关系

征税是一国的主权，一个主权国家有权决定对什么征税，对什么不征税，也有权决定多征税或少征税。也就是说，在征税问题上，一国完全可以自行其是，而不必顾及他国的好恶。然而，税收又是国际经济交往和发展的一种障碍。商品课税可以影响国际贸易，所得课税和财产课税可以影响国际投资、国际技术转让等。而在一国开放的世界中，国与国实际上并不能随意制定税收制度和行使自己的征税权，在许多问题上还必须考虑本国与其他国家的经济关系。这就要求国与国之间在税收制度和税收政策等方面进行一定的协调。国与国之间的税收协调有两方面的内容。一是合作性协调关系，即有关国家通过谈判就各自的税基、税率、征税规则等达成协议，并根据协议的内容确定对对方国家的商品或纳税人进行征税的制度和办法。例如，国与国之间签订的避免双重征税协定体现的就是这种合作性税收协调关系。二是非合作性协调关系，即一个国家在其他国家竞争压力的驱使下，在其他国家的税收制度尽量能与他国保持一致，形成一种税收的国际协调。由于这种非合作性的国际税收协调是在市场竞争的基础上形成的，所以实质上是税收的国家竞争。

三、国际税收的产生和发展

税收分配关系根源于社会物质生活条件。国际税收的形成，是国际税收这种分配关系发生的必然结果。

（一）国际税收的产生

1. 国际经济交往的发展与纳税人收入的国际化是国际税收形成的经济前提

国际税收既是一个经济范畴，又是一个历史范畴，它不是从来就有的，而是历史发展到一定阶段的产物。在古代奴隶社会和中世纪封建社会时期，各国的经济结构是以农业生产的自然经济占主导地位，社会生产交换基本上是在一国境内进行的。尽管国家之间有时也有商品贸易现象发生，但这一时期的国家之间的商品贸易对各国的经济并不具有重要的影响。在这种封闭的社会经济 下，国家征税的主要对象，也只限于纳税人在本国境内的农产品、手工业品、某些特定的财产或发生在本国境内的商品流转额。因此，基于这样的客观经济条件下的征纳关系，实质上是作为征税主体的国家和其管辖下的纳税人之间的经济利益分配关系，被严格地局限在一个国家的地域范围之内，并没有涉及其他国家的经济利益。这个时期的税收不会引起国际税收的分配关系，不具有国际税收的含义。

随着社会生产力的发展，人类社会又封建社会发展到资本主义社会。资本主义社会的经济是商品经济，是为交换而生产，对市场的依赖性极大。随着资本主义生产的发展，商品流通范围从国内市场扩展到国外市场，对商品的课税取代了在自然经济条件下对农业收获物等的征税。商品课税按照一般的惯例，只能由商品交易行为发生的所在国进行课征，其他国家无权征税，因此，也就不会发生跨国重叠交叉征税问题。对进出国境的商品货物的关税征税制度，出于维护各自的国际市场上的地位目的，彼此间订立了许多双边或多边的贸易关税条约和协定。国家对进出国境的货物和物品征收的关税，虽然已经包含着某些涉外因素，如征税对象和纳税人可能是外国货物或外国人，但性质上仍属于一种纯粹在一国境内发生的税收分配关系。各国只能在各自的国境内征收关税，国家的税收管辖权并没有越出国境，从而也不会引起跨国重叠交叉的问题。所以，商品课税和关税一般不会引起国家之间的财权利益矛盾，当时各国所关注的关税等流转税的国际关系问题，还不是我们所说的国际税收分配关系。

19 世纪 70 年代以后，自由资本主义向垄断资本主义逐步过渡，至 19 世纪末 20 世纪初，世界历史进入垄断资本主义时代。资本输出是垄断资本主义的特征，垄断资本家为了争夺市场，在继续输出商品的同时，越来越多地把生产资本输出国外，开办或收买企业，进行生产或从事其他经济活动，以便避开各国的关税壁垒和其他贸易壁垒，占领国际市场，继续保持着获取超额利润的有利地位。资本输出使得生产经营跨出了国界，出现了企业跨国投资经营，国际融资和科技、资金以及人员国际移动等跨国经济活动。

跨国经济活动必然地带来纳税人收入的国际化。投资者通过跨国投资经营去投资地获得丰厚的投资经营利润；金融家通过国际贷款在投入国获得巨额利息；大批受雇外籍职员、技术人员和劳工将在东道国获得工资津贴和劳务报酬等汇回本国。跨国纳税人不仅在国内同时在国外也纳税，面临着对多个国家纳税的问题，而有关国家由于某些概念不同，形成对跨国纳税人的重叠征税问题，进而导致有关国家之间税收权益的分配关系问题。

从以上分析可以看出，国际税收是国际经济交流发展的产物，纳税人收入的国际化是国际税收形成的经济前提。

2. 所得税的普遍实施，对跨国所得重叠征税是国际税收形成的直接动因

税收一般分为三大体制，即对所得的课税、对商品的课税和对财产的课税。一个主权国家采取何种税收体系，不是凭主观想象所能决定的，而是受一定社会经济条件所制约的。从历史上考虑，人类税收制度的发展经历了一个曲折的过程，国际税收的形成与之密切相关。

在古代奴隶制社会和中世纪封建社会时期，社会生产力的发展比较迟缓，各国的经济基本上是自给自足性质的封闭式经济，税收只能采取土地税、人头税等简单的直接税形式，以满足国家对财政收入的需要。这种古老直接税的征税形式特点，使它不可能形成跨国的纳税人和跨国的征税对象，从而也就不可能发生由此而引起的国际税收分配关系。

随着人类社会从封建社会进入到资本主义社会，商品生产迅速发展，商品交换日益扩大，并出现国际间的商品流通，以商品流转额为征税对象的间接税，便代替了以农业生产者的收获物为征税对象的古老直接税。许多国家开征了货物税、销售税、关税等，形成了主要以商品流转额为征税对象的税收体制。对商品流转额的课税一般在商品交易发生之时，在交易的发生地点课征。纳税义务的发生地点明确，不易引起交易双方所在国之间的财权利益矛盾。因此，对商品流转额征收的间接税体系，虽然已经介入了国际领域，但还不是国际税收的内容。

18 世纪末，英国首创所得税。到 20 世纪初，纳税人收入国际化的现象日益普遍，所得税已在世界大多数国家中得到普遍推行,并在一些主要资本主义国家中代替间接税而成为主要的税类。当一个主权国家依据其所制定的所得税法对纳税人的跨国所得进行征税时,这种所得税法就具有国际性。因为所得税在国际税收关系中有着许多独特的内容:第一,所得的来源国际化,使其征税权较难确定;第二,所得税的计税依据是应纳税所得额,计算跨国应税所得额所需的收入和费用数额往往要由国际分担;第三,所得税由于税收管理权的交错,对同一跨国纳税人的同一跨国所得往往会发生重复课税;第四,所得税的征收管理复杂,各种手段的偷税、逃税和避税,单靠一国的国内税法无法实现有效控管;第五,各国的所得税制度差异甚大,国际协调有一定的难度。

由于所得税具有上述国际化的特点,必然带来国与国之间的财权利益关系矛盾,这才促使国际税收的最终形成。

(二)国际税收的发展

国际税收形成于19世纪末20世纪初,距今还不到200年的历史。纵观国际税收的发展,大致可划分为三个阶段:

1. 国际税收的萌芽阶段

在1843年由比利时和法国签订全世界第一个双边税收协定之前,国际税收还处于萌芽阶段。在这一时期,所得税已经创立,一些纳税人的经营活动越出国境,国际税收问题也随之出现。但当时纳税人所得的国际化还尚未形成一种普遍现象,有关国家之间的财权利益矛盾还是个别的、偶然的,尚未达到十分尖锐的程度。国际税收问题还没有引起世界各国政府的广泛关注。因此,在这个阶段,对国际税收的分配以及国际税收问题的处理,只是从一国国内法的角度单方面规范来实现的。

2. 非规范化的税收协定阶段

随着国际经济交流的不断发展,纳税人所得国际化的广泛出现,从一国国内法的角度,单方面对国际间双重征税作出暂时的权宜处理,已经不能适应形势发展的需要。1843年由比利时和法国签订了互换税收情报的双边税收协定,标志着国际税收进入了非规范化的税收协定阶段。在这一时期,有关国家针对出现的国际间双重税问题,经过双边或多边谈判,共同签订书面的协议,以协调相互之间在处理跨国纳税人征税事务和国家之间的财权利益关系。这种通过签订国际税收协定的办法固然能解决国际税收中的一些问题,并能较好地处理各国之间的财权利益关系,但由于该时期内所签订的国际税收协定都是根据各自的情况所签订的,在某些概念、定义的理解上,以及协定的内容、格式上都不尽相同,还很不规范。

3. 税收协定的规范化阶段

在国际税收的实践中,有关国家不断总结经验,税收协定由单项向综合、由双边向多边发展,逐步实现规范化。真正具有普遍意义并为大多数国家所接受的、规范化的国际税收协定出现于20世纪60年代。从此将国际税收活动推上了规范化阶段。20世纪60年代初到70年代末,经过很多专家、学者、工作人员的努力,世界上产生了两种国际税收协定的范本,即经济合作与发展组织制定的《关于所得和财产避免双重征税协定范本》和联合国专家小组制定的《关于发达国家与发展中国家间避免双重征税协定范本》。这两个范本提供了国际税收活动共同的规范和准则，基本起到了国际税收公约的作用。各有关国家在处理相互间税收问题时有了可参照的标准和依据。它标志着国际税收活动在深度和广度及规范化；标准化方面的飞跃，使国际税收的发展向前大大地推进了一步。以上两个范本的公布，也标志着国际税收的发展进入了较成熟的阶段，它作为国际间处理国际税收关系经验的总结，虽然对世界各国并没有任何法律约束力，但对于协调国际税收关系却起着重要的指导作用。

综上所述，从国际税收形成的条件及其发展过程来看，国际税收是随着纳税人所得国际化和世界各国普遍采用所得课税以后才逐步形成的。

三、国际重复征税

（一）国际重复征税概念

国际重复征税也称国际双重征税，一般指两个国家各自依据自己的税收管辖权按同一税种对同一纳税人的、同一征税对象、在同一征税期限内的同时征税。国际重复征税问题是国际经济领域中跨国投资者和各国政府所共同关心的问题，也是国际税法的核心问题。国际税法的许多规范，都是解决国际双重征税现象的规范。

国际重复征税现象的产生，迄今已有很长的一段历史。它产生的前提条件是纳税人（包括自然人和法人）拥有跨国所得，即在其居住国以外的国家取得收入或占有财产；两国对同一纳税人都行使税收管辖权。基于以上内容，国际重复征税的基本特点归纳为：征税主体的双重性，即对同一所得两个国家同时行使征税权；纳税主体与课税客体的同一性，即两个国家对同一纳税人同一时期的同一纳税对象征税；课征税种的同类性，即两个国家对同一跨国纳税人的同一课税对象征税，往往课征相同的税种或类似的税种；纳税人承担税负的国际性，即跨国纳税人同一时期内的同一收入，同时在两个国家负有纳税义务。

（二）国际重复征税主要表现

国际重复征税的产生原因在于：在国际经济领域中，两国政府对同一跨国纳税人、同一时期的、同一课税客体行使税收管辖权产生冲突。其表现形式有以下三点：

（1）居民税收管辖权之间的冲突

即鉴于各国对居民身份的认定标准不同，导致跨国纳税人在两国均有居民身 份，而两国均按居民税收管辖权对同一纳税人的征税对象征税而引起的冲突。

（2）居民税收管辖权和收入来源地管辖权之间的冲突

即一国按居民税收管辖权而另一国按收入来源管辖权，对同一纳税人所得重复征税而引起的冲突。

(3)收入来源地国税收管辖权之间的冲突

这种冲突则是由于各国对所得来源地的认定不一所致。

国际重复征税现象的出现,在实践中往往有一定的危害。这种危害可以从两个方面来分析:从法律角度讲,国际重复征税使从事跨国投资和其他各种经济活动的纳税人相对于从事国内投资和其他各种经济活动的纳税人,背负了沉重的双重税收义务负担,违背了税收中立和税负公平这些基本的税法原则;从经济角度上讲,由于国际重复征税造成了税负不公平结果,使跨国纳税人处于不利的竞争地位,势必挫伤从事跨国经济活动的人的积极性,从而阻碍国际间资金、技术和人员的正当流动、交往。正是鉴于国际重复征税的上述危害性,各国政府都意识到应采取措施予以避免和消除。

(三)国际重复征税的分类

1. 按其内容

按其内容可分为狭义的国际重复征税和广义的国际重复征税。前者强调纳税主体和课税对象的同一性。仅包括对同一跨国纳税人的同一课税对象所进行的国际重复征税。而后者不仅包括因纳税主体和课税客体的同一性所产生的国际重复征税,而且包括纳税主体的非同一和课税对象的非同一但属同一税源的国际重复征税和对同一笔所得或收入的确定标准和计算方法的不同所引起的国际重复征税。

2. 按征税权的实施程度

按征税权的实施程度可分为实际的国际重复征税和潜在的国际重复征税。前者指实际发生的国际重复征税,即同一或不同跨国纳税人的同一课税对象或税源事实上已被两个或两个以上国家实施了征税权力,纳税人实际上已承担了双重或多重的税负。而后者指两个或两个以上国家对同一或不同跨国纳税人的同一课税对象或税源客观上拥有征税权力,但由于种种原因,其中一国或两个国家并没有实施征税权,从而形成潜在的而非实际的国际重复征税。

3. 按引起国际重复征税涉及的税收管辖权

按引起国际重复征税涉及的税收管辖权可分为外延扩大的国际重复征税和内涵扩大的国际重复征税。前者指由有关国家行使不同的税收管辖权所引起的国际重复征税。后者指有关国家行使同种税收管辖权,即各自扩大了税收管辖权的行使范围所引起的国际重复征税。

四、国际税收抵免

所谓国际税收抵免,就是本国的企业、公民或居民,在外国缴纳了所得税回到本国缴纳所得税时,将在外国缴纳的所得税款加以扣除。它是现代税收制度中避免国家间双重征税的一种主要方式。

(一)双重征税的产生及税收抵免的出现

双重征税就是指一个纳税人的同一笔所得,由两个以上的国家同时征税。双重征税主要是由税收管辖权的重叠引起的。

按照国家主权原则,一个国家的税收管辖权,可以按照属地和属人两种不同的原则来确立。按照属地原则确立的税收管辖权称作地域管辖权,也叫收入来源管辖权,是指一个国家有权对在本国发生的收入实行征税。按照属人原则确立的税收管辖权称作居民管辖权,也叫居住管辖权,是指一个国家有权对本国的居民或公民在世界各地取得的收入实行征税。一个国家究竟是按属地或是按属人或是既按属地又按属人原则行使税收管辖权,以及行使到何种程度,这纯属一个国家的主权问题,国际法并无明文规定。目前,由于世界各国一般都按收入来源行使税收管辖权,但有许多国家又是按居住行使税收管辖权,所以,就可能产生纳税人及其收入要与两个或两个以上国家发生税收关系的问题。这种税收管辖权的重叠情况,便使得纳税人由于来自国外的那部分所得而需承受双重纳税的负担。

为了避免双重征税,各国都先后采取了一些不同的解决办法。其中,有些国家对来源于国外的收入实行免税,即绝对免税法。这些国家只对来源于国内的收入课税,而对其居民或公民来自国外的收入不行使税收管辖权,这就单方面地避免了双重征税问题的产生。拉丁美洲的一些国家一直实行这种制度,但目前实行绝对免税法的国家已经很少了。还有些国家在免除双重征税的实践中常采用减免法,即对在国外已纳税的所得按照优惠税率征税。如比利时对已在国外纳税的所得只征正常所得税的五分之一。另外有些国家采取扣除法来解决重复征税的问题,即居住国政府在向其本国居民或公民来自世界各地的收入进行征税时,允许把已缴纳的外国的所得税额,作为汇总申报本国政府应税所得的一个扣除项目来计算应纳所得税额。以上这些办法人们认为并不能彻底解决双重征税问题。实践证明,在那些实行综合或单一税制的国家里,采用税收抵免法才是解决双重征税的主要方式。

采用税收抵免方式的国家是以纳税人的居住地而不是以收入来源地为根据行使税收管辖权的,所以这些国家的所得税法都规定,对本国居民来自国内外的全部收入所得进行征税。但同时又规定,对来自国外的收入所得,如果在收入来源国已经缴纳所得税款的,允许在支付给本国政府的应税所得额中加以抵免。世界上最早实行税收抵免的国家是美国,在1918年制定的美国税法典中规定了税收抵免的方法。

(二)国际税收抵免的原则、做法和形式

根据国际实践的经验,抵免一般要符合以下的原则或条件:第一,只有税才能抵免,费不抵免。关于税和费的区别,很多国家都有明文规定,美国规定得此较严格和详尽。第二,只有所得税才能抵免,非所得税不能抵免。并且须是双重征收的所得税才能抵免,非双重征收的所得税也无所谓抵免。第三,只有已支付的所得税才能抵免,未支付或将要支付的所得税不能抵免。第四,必须是相互给予抵免,单方面给予抵免的情形极少。这就是说要贯彻对等的原则。第五,实行限额抵免。即对国外所纳税款的抵免额,不能超过按本国税法规定的税率所应交纳的税款额。如果超过本国国内所得税率时,本国实行限额抵免。

在实际抵免中往往产生三种情况:一是收入来源国与居住国的税率相同出现“十足的抵

免”。二是收入来源国的税率低于居住国的税率,出现其差额补征。三是收入来源国的税率高于居住国的税率,那么居住国政府只能允许按照本国税率计算的应缴外国所得税作为可能抵免的限额,而不能允许将本国自己国库的一部分收入去贴补纳税人承担外国政府较高的税收负担。

实行税收抵免的做法和形式。由于税收抵免涉及国家之间的税收关系,因此在实施方面,除各国政府在自己的税法(国内法)中明确规定税收抵免的原则和政策及其具体规定之外,一般都要通过收入来源国与居住国之间进行谈判,缔结关于避免双重征税的双边协定或多边协定(国际法)。征税时,按照税法规定或协定办理。税收抵免,大量的是企业、公司所得税的抵免。由于企业、公司的隶属关系不同,它们在外国所缴纳的税款进行抵免的形式也就不同,一般可以分为直接抵免、间接抵免、多层抵免等。

(三)国际税收抵免的结果和作用

双重征税是涉及纳税人与两个以上国家政府之间的一种征纳关系,涉及政府与纳税人之间的经济利益关系。而实行税收抵免避免双重征税之后,原来的税收关系就主要成为国家之间的财政关系了,涉及国家之间对国际收益的分配。因此采取税收抵免的结果是:①承认了按收入来源国行使税收管辖权优先于居住国行使税收管辖权,但也不是承认收入来源国享有税收独占权。这是符合国家主权原则的。②对收入来源国和居住国之间的财政收入产生直接影响,如果一个国家税收抵免数量过大,特别是如果只实行单方面的税收抵免,势必会影响国家的财政收入,导致财政外流。因此,现代有些国家(如美国)实行税收抵免比过去严格了,很多国家的税法对税收抵免作了一些比较复杂的规定。尽管如此,实行税收抵免的积极作用是很明显的。首先,避免了双重征税,有利于扫除国际投资和经济贸易上的一大障碍,解除外商、国际投资者向外投资、资本输出怕承担双重纳税的顾虑,从而有利于各国对外经济关系的发展。共次,既避免了同一笔所得的双重征税,又防止了国际逃税,保证了一笔所得必征一次税。第三,有利于维护各国的税收管辖权和财政经济利益,使税收这个经济杠杆在国际经济方面更好地成为参与权益分配的工具。正因为上述积极作用,现在世界上实行税收抵免的国家越来越多。除美国是实行抵免此较典型的国家之外,还有英国、联邦德国、瑞典、日本等。我国也是采取抵免法的国家之一。1980 年 9 月 10 日第五届全国人民代表大会第三次会议通过《中外合资经营企业所得税法》规定:“合营企业及共分支机构,在国外缴纳的所得税,可以在总机构应纳所得税额内抵免。”如何进行抵免? 该法施行细则中又规定:“已在国外交纳的所得税,可以持纳税凭证在总机构应纳所得税额内抵免;当抵免额不得超过国外所得额按照中国税法规定税率计算的应纳税额。”

本章小结

财产税是指以纳税人拥有或可支配的财产为课税对象征收的一类税。财产税属于直接税,课税对象具有特殊性、课税比较公平、税负不易转嫁、税收入弹性小、征管比较复杂、属于地方税收等特点。

房产税是以房屋为课税对象,以房产的价值或租金收入为计税依据而征收的一种税。房产税属于财产税,其征税范围为城市、县城、建制镇和工矿区,不包括农村。因此,在我国房产税被纳入地税系。

车船税是对行驶于中国境内公共道路的车辆和航行于境内河流、湖泊或者领海的船舶征收的一种税。它是一种兼有财产税和行为税性质的税种。车船税是我国自2004年启动新一轮税制改革以来,一个实现内外统一的税种,也是1994年税制改革以来第一个实现全面改革的地方税税种。

资源税是指对在我国境内从事开采矿产品及生产盐的单位和个人征收的一种税。开征此税的目的是为了体现国家的权益,促进合理开发利用资源,调节资源的级差收入。

印花税是对经济活动和经济交往中书立、领受的凭证征收的一种税。印花税的征税对象是印花税暂行条例所列举的各种凭证,由凭证的书立、领受人缴纳,是一种兼有行为性质的凭证税。因在应税凭证上粘贴印花税票作为完税标志而得名。

国际税收是指两个或两个以上国家政府在对跨国纳税人行使各自的征税权力中形成纳税关系从而发生的国家之间的税收分配关系。这种关系是基于各国政府所拥有的税收管辖权。其实质是各国政府在对各自政权管辖范围内的跨国纳税人征税的基础上形成的税收权益分配。

思　考　题

1. 与商品税和所得税相比,财产税有什么主要特点?
2. 为什么说财产税比较能够体现量能负担原则?
3. 房产税的从价计征与从租计征有什么区别?
4. 我国房产税的税率是怎样规定的?
5. 简述我国现行土地增值税的主要内容。
6. 简述资源税的主要特点。
7. 简述行为税的主要特点。
8. 简述现行印花税的主要内容。
9. 国际税收的实质是什么?
10. 简述国际重复征税的表现和分类。

【案例分析】某企业2005年度有关资料如下:

(1)实收资本比2004年增加100万元。

(2)与银行签订一年期借款合同,借款金额300万元,年利率5%。

(3)与甲公司签订以货换货合同,本企业的货物价值350万元,甲公司的货物价值450万元。

(4)与乙公司签订受托加工合同,乙公司提供价值80万元的原材料,本企业提供价值15万元的辅助材料并收回加工费20万元。

(5)与丙公司签订转让技术合同,转让收入由丙公司按2005~2009年实现利润的30%支付。

(6)与货运公司签订运输合同,载明运输费用8万元(其中含装卸费0.5万元)。

(7)与铁路部门签订运输合同,载明运输费及保管费共计20万元。

请逐项计算该企业2005年应缴纳的印花税。

第八章

Chapter 8

公债

【本章学习要求】

本章要求掌握公债的种类和功能；了解公债的性质；掌握公债发行和偿还的相关规定；了解公债的负担和效应；掌握外债的内容。

【本章主要概念】

公债；挤出效应；外债

【引导案例】

2012 年第一期凭证式国债正式销售

2012 年 4 月 10 日，第一期凭证式国债正式销售。根据财政部公告，2012 年凭证式(一期)国债发行期为 2012 年 4 月 10 日至 2012 年 4 月 23 日。本期国债计划最大发行总额为 300 亿元，其中三年期 210 亿元、五年期 90 亿元。本次三年期和五年期国债的票面年利率分别为 5.58% 和 6.15%，比同期限存款利率分别高出 0.58 和 0.65 个百分点。以 1 万元为例，市民购买三年期和五年期国债，可分别获得利息 1 674 元和 3 075 元，分别比三年期和五年期的定期存款利息高出 174 元和 325 元。很多居民表示"上次发行国债，来了两个人就给买光了。"所以，一些客户经理建议，市民携带身份证，可以在当天上午提早到各大银行理财中心这样的大型网点购买。

公债收入是财政学的重要组成部分。公债从古到今都是一个有争议的问题，对待它应像对待任何一种经济手段或经济政策那样，不能在肯定其正面作用的时候不顾其负面影响，既不能把它看成绝对的坏，也不能把它说得尽善尽美。本章将对公债的种类、公债的性质、公债的功能、公债的发行和偿还、公债的负担及公债的社会经济效果进行全面分析。

第一节　公债的概述

一、公债的种类

首先,我们需要对公债下一个定义。那么,什么是公债呢? 公债是指国家为了实现其职能,平衡财政收支,增强政府的经济建设能力,按照有借有还的信用原则,从国内或国外筹集资金的一种方式,是以国家为信用,与国内个人和法人以及外国发生的债务债权关系。我国的公债最早出现在清朝,国外的公债在中世纪开始出现。

公债的种类可从几个角度来划分。

从公债时间长短来看,公债有短期、中期和长期之分。各国对短、中、长期公债的期限划分不完全相同。所谓短期,一般指期限在 1 年或 1 年以下;所谓长期,一般指期限在 10 年以上;介于两者之间可称为中期公债。短期公债主要用于弥补当年预算资金调剂的短缺(如上半年用款数大于入库数,那就要用短期公债弥补,下半年入库数大于用款数,再用多余款项归还公债)。有一种长期公债叫永久性公债,它并不规定到期期限,持有人也不能要求清偿本金,但可以按期取得利息,政府可利用此种公债来调剂财政资金的余缺。永久性公债是在不得已的情况下才采用。当财政发生赤字时,政府发行永久性公债以弥补赤字,而在财政资金充裕时,政府在证券市场上购回。它的好处是政府没有到期必须还本付息的压力。

从公债发行的方法来看,公债有自由公债和强制性公债之分。一般说来,公债不同于税收的重要方面就是,税收是强制性的、无偿的,而公债是自由的、有偿的。但当国家财政发生困难,而且又估计到发行公债有困难时,就会有强制摊派公债的做法,或者名义上不是强制摊派而实际上却是强制摊派,这就叫强制性公债。与此相对立的叫做自由公债,人们对公债可买可不买,如同市场上的商品一样,自由选择。既然公债与税收有区别,因此发行公债尽可能不要采取强制性方式。

从公债用途来看,公债有行政公债和财政公债之分。行政公债也称非生产性公债,筹集的资金用于行政和国防经费等购买性支出,它不形成偿债的能力,是消耗性的支出;财政公债也称生产性公债,它用于有货币收益的资本项目或虽无货币收益但有明显的社会效益的项目,它是一种转移性支出,形成偿债能力。

从公债的来源看,公债有内债和外债之分。内债是国家向国内的单位、个人等发行的公债。本国政府向外国政府、银行、企业和个人发行的公债称为外债。外债既包括向国外发行的债券,也包括不用债券形式而向国外借得的各项资金。

从公债转让的性质来看,公债有可出售公债和不可出售公债之分。所谓可出售公债就是公债可以在证券市场上公开出售,价格可高可低,由市场供求情况来决定。不可出售公债就是只能按期计息,到期还本,不到期不准在证券市场上流通。不可出售的公债一般是以记名方式发行的,例如我国发行的凭证式公债就属此类,从认购者的角度来看,它好比是一种定期存款。

从公债发行的主体来看,公债可分为中央政府公债和地方政府公债。中央政府公债列入中央政府的预算,主要用于弥补财政预算的赤字,既可以用于购买性支出,又可以用于转移性支出。地方政府公债原则上不可以用来弥补财政预算的赤字,一般用于特殊目的的地方性受益的转移性支出。

国有企业是受政府管辖的,它也发行债券,因从事收益性的商品生产,从主体来看是公债,但从用途来看,更似公司债券。所以,我们把公共企业(国有企业)的债券不列作公债来分析。

从公债的利率形式来分,公债可分为固定利率公债和浮动利率公债。固定利率公债是公债采用的一般形式,指的是票面利率固定,到期按票面利率计息,不受经济形势的影响。浮动利率公债指的是公债发行时对票面利率不予固定,随着经济形势的变化,政府决定票面利率的多少,这在通货膨胀时期有利于政府推销公债。我国在通货膨胀时期,曾对公债实行保值补贴,实际上就是一种浮动利率公债,目的是不使购买公债者因通货膨胀而遭受损失。

公债的形式可谓多种多样。有些国家不仅发行有息公债,而且发行有奖公债。有奖公债更能迎合人们的侥幸心理,以吸引人们更多地购买公债。有奖公债可分有息、无息两种,但即使有息也是低息。

二、公债的性质

我们说的公债一般是指内债。内债就是国家向国内的单位和个人借钱,也就是以国家为信用,用有偿形式向单位和个人筹集资金所形成的一种债权债务关系。国家是债务人,企业、银行、团体和个人是债权人。公债不同于私债,对于私债来说,债务人必须以自己的财富来归还自己所负的债务;对于公债而言,国家本身是没有钱的,要清偿债务(还本付息)必须先向单位和个人征税筹集资金以后才能还给有债权的单位和个人。一个单位和个人可能是纳税人,但不是债权人;也可能是债权人,但不是纳税人;也可能既是纳税人,又是债权人。所以,有人称公债是“自己向自己借钱”“左手向右手借钱”,因而公债具有独特的性质。

(一)公债是一种虚拟的借贷资本

表面上,公债与其他商业借贷活动没有区别。公债体现了认购者与政府之间的债权债务关系。公债在发行期间是由认购者提供闲置资金,在偿付阶段由政府主要以税收收入进行还本付息,因而具有有偿、自愿的特征,表现为一种借贷资本。但事实上,公债与其他借贷资本有着本质上的区别,即公债资本并不是现实资本,而只是一种虚拟资本。公债影响整个社会资本融通,但不会引起社会资本量的变化。对持有者来说,资金的使用权已经转移到政府手中,自己换得的仅仅是一张债权证明。公债如果作为政府弥补财政赤字的主要手段或者用于非生产性支出,那么这些资本本身已经由政府所消耗,不代表任何现实资本。

（二）公债体现了一定分配关系，是一种延期性税收

公债的发行，是政府用信用方式将一部分已作分配、并已有归宿的国民收入集中起来；公债的运用，是政府将集中起来的资金，通过财政支出的形式进行再分配。由于政府本身不创造价值，所以公债的还本付息主要依靠政府税收收入来承担。从一定意义上说，公债是对国民收入的再分配，是一种延期性税收。

三、公债的功能

（一）弥补财政赤字

通过发行公债弥补财政赤字，是公债产生的主要动因，也是世界各国的普遍做法。尤其是在西方国家，公债更被看成是在赤字财政的情况下，稳定经济、提高就业水平和缓解经济危机的有效措施。

用公债弥补财政赤字，实质是将不属于国家支配的资金在一定时期内让渡给国家使用。弥补财政赤字的方式并非只有发行公债。增加税收，使政府财政收入增加到与财政支出相当的水平也是弥补财政赤字的一种方式。但税收的增加在客观上受经济发展速度和效益的制约，如果强行提高税率实现税收快速增长，就会影响经济发展，使财源枯竭，结果是得不偿失，同时，改变税制又要受立法程序的制约，也不易为广大纳税人所接受。政府通过中央银行增发货币，搞财政性发行，或由财政部门向中央银行透支或借款，也是弥补财政赤字的一种方式。但这种弥补方式可能扩大流通中的货币量，使社会购买力的需求超过社会供给，导致通货膨胀的后果。比较而言，以公债弥补财政赤字，一般不会影响经济发展，可能产生的副作用也较小。因为：①发行公债只是部分社会资金的使用权的暂时转移，使分散的购买力在一定期限内集中到国家手中，流通中的货币总量一般不会改变，一般不会导致通货膨胀；②公债的认购通常遵循自愿的准则，通过发行公债获取的资金基本上是从社会资金运动中游离出来的部分，也就是企业和个人闲置不用的资金，将这部分资金暂时集中使用，当然不会对经济发展产生不利的影响。

当然，对公债弥补财政赤字的功能不能绝对化，不能把公债视为医治财政赤字的灵丹妙药。因为：①财政赤字过大，债台高筑，还本付息的压力会引致赤字的进一步扩大，互为因果，最终会导致财政收支的恶性循环；②社会的闲置资金是有限的，国家集中过多往往会侵蚀经济主体的必要资金，从而降低社会的投资和消费水平。

（二）调节经济的功能

公债调节经济的功能主要表现在以下几个方面：

1. 调节积累和消费比例关系

公债是对 GDP 再分配的重要手段，通过公债筹资的合理运用，将有效地调整积累和消费比例关系。在消费膨胀，商品供不应求时，发行公债将一部分消费基金转化为积累基金，有利

于缓解供求关系，减轻物价上涨压力；在需求不足，商品供过于求时，发行公债并把这部分财力用于消费，将有力扩大社会消费规模，使积累和消费的比例向消费一方偏移。

2. 调节投资结构，促进国民经济结构调整

国家发行公债，不仅可以将一部分分散性资金集中起来，从而使这部分资金的使用得到合理引导，减少社会投资的盲目性，而且可以通过优化财政支出结构，使国家的重点建设、基础产业等资金短缺行业得到资金保证，有力地推动经济结构调整。如自 1998 年我国推行积极财政政策以来，五年中累计发行建设公债 6 600 亿元，资金主要投向交通、能源、通信、农业等社会公共领域，并且有效带动了社会各方面的投资，项目投资总规模达到 3. 28 万亿元，有力地推动了社会需求和产业升级。

3. 配合中央银行调节货币流通量

市场货币流通量是否合适，对经济的稳定和发展有着重要的影响，国家可以通过中央银行的公开市场业务，调节货币流通量。公开市场业务是指中央银行在证券市场上通过买进或卖出有价证券，控制和影响市场货币量和利率的一种业务，主要是买卖公债。当社会总需求大于社会总供给，出现通货膨胀的时候，中央银行可以抛售公债，回笼货币，减少市场货币量，抑制总需求的增加。当社会总需求小于社会总供给，出现生产过剩的经济危机时，中央银行则可以买进公债，投放货币，增加市场货币量，刺激总需求的增长。通过调节可以减少经济波动对于国民经济的消极影响。

4. 调节社会总供求，促进社会总供给和社会总需求的平衡

当社会总需求大于社会总供给时，国家可以抛售公债并配合增加税收、削减开支等措施，抑制总需求膨胀；当社会总需求小于社会总供给时，国家可以通过偿还或购买公债以及减少税收、增加支出等措施，来增加流通中的货币量或拉动总需求，从而调节社会总供给与社会总需求的平衡。

第二节　公债的发行和偿还

一、公债的发行

公债发行是指公债售出或被投资者认购的过程，是公债运行的起点和基础环节。公债发行主要涉及两个问题：发行方式和发行条件。发行条件包括发行价格、发行利率、发行期限等。其中主要的是发行方式、发行价格和发行利率。

（一）公债发行方式

1. 固定收益出售方式

这是一种在金融市场上按预先确定的发行条件发行公债的方式。其特点有：

①认购期限较短,从公债开盘发售到出售,一般必须在几天(最长为两周)的时间内完成。

②发行条件固定,即公债的利率与票面价格相联系固定不变,按既定的发行条件出售。这一既定的发行条件,往往是由财政部门通过事先与有关包销财团谈判或按照金融市场行情确定的。

③发行机构不限,金融机构、邮政储蓄机构、中央银行、财政部门等都可以按此方式发行或代理发行公债,但通常以前两种机构为主。

④主要适用于可转让的中长期债券的发行。在金融市场利率稳定的条件下,这种方式的采用是比较有利的,政府既可据此预测市场容量,确定公债的收益条件和发行数量,也可灵活选择有利的推销时间。

2. 公募拍卖方式

公募拍卖方式也称竞价投标方式,是一种在金融市场上通过公开招标发行公债的方式。其主要特点是:

①发行条件通过投标决定,即认购者对准备发行的公债的收益和价格进行投标,推销机构根据预定发行量决定中标者名单,被动接受投标决定的收益和价格条件。

②拍卖过程由财政部门或中央银行负责组织,即以它们为发行机构。

③主要适用于中短期政府债券,特别是国库券的发行。

公募拍卖方式的优点在于可避免因市场利率不稳,公债发行条件可能与市场行情脱钩,从而预定发行任务不能顺利完成的情况。但政府却在发行条件上处于被动地位,尤其是投标利率或投标价格可能过高或过低,因此,在采用这种发行方式的同时,常常要附加某些限制性条件。其中主要是规定最低标价(出售价格)和最高标价(公债利率),低于最低标价或高于最高标价的投标,发行机构不予接受。

3. 连续经销方式

连续经销方式也称出卖发行法,是由发行机构(包括经纪人)受托在金融市场上设专门柜台经销,是一种较为灵活的发行方式。其特点如下:

①经销期限不定。发行机构可无限期的连续经销,直到预定发行任务完成。

②发行条件不定,即不预先规定债券的出售价格,而由财政部或其代销机构根据推销中的市场行情相机确定,且可随时进行调整。

③主要通过金融机构和中央银行以及证券经纪人经销。认购者直接或通过证券交易所向经销机构递交申请,后者直接或通过证券交易所予以出售。

④主要适用于不可转让债券,特别是对居民家庭发行的储蓄债券。

与前两种方式相比,它的主要优点是可灵活确定公债的发行条件及发行时间,从而确保公债发行任务的完成。这是因为,金融市场行情往往瞬息万变,公债发行条件与其不适应的情况是经常发生的。只有随时进行相应调整,并灵活选择有利的发行时机,才能提高政府债券的吸引力，吸引社会资金投资，连续经销方式较能适应这样的条件。然而，连续经销方式的优点也正是其缺点产生的根源，这就是它会与民间部门争投资，排挤民间部门的筹资活动，产生所谓"挤出效应"。实际上其他方式也同样存在这个问题，只不过在连续经销方式上表现得更为突出。

4. 直接推销方式

直接推销方式也称承受发行法，是一种由财政部门直接与认购者举行一对一谈判出售公债的发行方式。主要特点在于：

①发行机构只限于政府财政部门，即由他们直接与认购者进行交易，而不通过任何中介或代理机构。

②认购者主要限于机构投资者，其中主要是商业银行、储蓄银行、保险公司、各种养老基金和政府信托基金等。个人投资者不能以此种方式认购公债。

③发行条件通过直接谈判确定，由财政部所属公债司局召集各个机构投资者分别就预备发行公债的利息率、出售价格、偿还办法、期限等条件进行一对一谈判，协商确定。

④主要适用于某些特殊类型的政府债券的推销。

此方式优点突出，就是可充分挖掘各方面的社会资金。因为公债的发行条件通过与各个投资者直接谈判确定，这就为财政部门提供了了解、掌握认购者投资意向的机会，财政部门可据此为各类认购者设计发行条件不同的债券，显然有利于调动、挖掘尽可能多的公债资金来源，而且灵活性较大，可随时根据财政状况确定公债发行量和发行时间。不过，这种方式只能在有限的范围内采用，只适用于发行少数特定类型的债券，只适用于机构投资者。

（二）公债发行价格

公债的发行价格，就是政府债券的出售价格或购买价格。在证券市场上，由于受债券供求关系的影响，公债的发行价格往往与公债的票面金额不等。一般情况下，公债的发行价格与公债票面利率成正比，与市场利率成反比。依发行价格与票面金额的对比关系，可分为三种情况：

1. 平价发行

平价发行即公债的发行价格与公债的票面金额相等。平价发行的前提是公债利率与市场利率相等。公债按照面值发行，须具备两个条件：一是公债利率要与市场利率相当；二是政府的信用良好。我国公债基本采用平价发行方式。

2. 折价发行

折价发行即公债的发行价格低于公债的票面金额，但到期仍按票面金额还本付息。这种方式一般在公债利率低于市场利率或者通货膨胀严重时采用，折价发行的本质在于提高市场利率，提高投资者发行欲望。

3. 溢价发行

溢价发行即公债的发行价格高于公债的票面金额。这种发行价格只有在政府债务信誉极高或者公债利率高于市场利率的情况下才能使用。公债按高于票面值的价格发行,只有在下述两种情况下才能办到:一是公债利率高,高于市场利率以至于认购者认为有利可图;二是公债利率原来大致相当于市场利率,但当债券出售时,市场利率出现下降,以至于政府有可能提高债券出售价格。

比较以上三种发行价格,平价发行对政府来说最为有利。首先,采用平价发行,政府可按事先设计的票面值取得预期收入,又按此偿还本金,除按正常的利息率支付一定的利息外,不会给政府带来额外负担,有利于财政收入的管理和预算的顺利进行。其次,按照票面值出售债券,不会对市场利率带来上涨或下降的压力,抛开政府经济政策的因素不论,这是有利于经济稳定的,而且债券面额与发行价格一致,还有助于避免债券的投机之弊。溢价发行虽可为政府带来价差收入,但政府将为此承受高利支出,而且其收入不规则,不利于财政收支的计划管理。折价发行实质上是为解决财政困难而尽快筹集经费的一种方法。它使政府所负担的偿还本金的数额大于实收数,政府负担过重,对国家财政是不利的,而且还可能影响市场利率的稳定。

(三)公债发行利率

所谓公债利息率,即政府因举债所应支付的利息额与借入本金之间的比例。影响公债发行利率的高低,一般有以下几种因素:

1. 金融市场的利率水平

公债利率原则上必须依据金融市场的利率来决定,要与金融市场上的利率水平相一致。如果公债利率过低,则难以发行。但反过来,如果过高,则增加国家负担,而且还可能引起市场利率的上升,妨碍工商业的发展。

2. 政府的信用状况

公债利率也应按照政府信用的状况而决定。具体地说,政府信用良好,公债利率可相应较低,政府信用不佳,公债利率只能较高。否则,不是会加重政府债息负担,就是会阻滞公债的顺利发行。

3. 社会资金的供给量

公债利率的高低与市场资金供给量之间有密切的关系。一般来说,社会资金供给量充足,公债可相应下调;社会资金供给量匮乏,公债利率便需相应上调。否则,有可能使国库承受不必要的利息支出,或是使公债的发行不畅。

4. 国家的宏观调节政策

为了充分发挥公债调节经济的作用,必须根据经济的需要,相应地调整公债利率。当社会总需求大于总供给,货币量过多,物价上涨时,国家执行紧缩的货币政策和财政政策。与此适应,应该提高公债利率,扩大债券发行,以实现减少流通中的货币量,控制需求的目的;反之,则应降低公债利率。

5. 物价指数

当存在着比较严重的通货膨胀时,现有公债的利率如低于通货膨胀率,就会使公债不断贬值,使债权人蒙受经济损失,从而影响公债的信誉。为了维护公债信誉和债权人的利益,有利于债券,特别是中长期债券的发行,应该采取公债保值措施,实行公债利率与物价指数挂钩的浮动利率办法。

二、影响公债发行规模的因素

公债的发行规模,也就是每年发行的数额,是由多种因素决定的,其中较为重要的有:预算收支差额、公债还本付息、宏观经济环境、政府承受能力及社会应债能力。

(一)宏观经济环境

现代经济的财政预算不再是仅仅满足政府开支的要求,更重要的是作为一种宏观经济的调控手段而存在。当国民经济不景气的时候,政府就会实行扩张性的财政政策和货币政策,以刺激有效需求。此时,公债可以充当财政政策和货币政策的工具,发挥其应有的作用。作为财政政策的工具,发行公债后,使社会闲置不用的资金转化为投资和消费,从而达到扩大内需的作用。作为货币政策的工具,政府利用公债的吞吐,调节货币的供应量,当社会需求不足的时候,政府可以购入公债,放出货币,扩大货币供应,从而刺激经济的复苏。

(二)预算收支差额

恩格斯曾经说过:"随着文明时代的向前发展,甚至捐税也不够了,国家就发行期票,借债,即发行公债。"税收是根据税收立法征收的,具有相对稳定性,不能因为满足财政支出的需要而对税法朝令夕改,所以,当收不抵支时,公债就可以用来抵补支大于收的差额。

当然,解决收不抵支的方法不只是发行公债一种,还有其他方法。比如,动用历年财政结余;增产节约,增收节支;国外借款。动用历年财政结余的前提是要有财政结余,我国从1950年到1998年的49年中,财政形成结余的年份有20年,累计的赤字数大大超过结余额,因此,动用财政结余无从谈起。增收节支,当然是一种办法,但它有两个缺陷:一是增收节支的潜力可能有限;二是可能与宏观调控的意图相反,因为在经济疲软时,为刺激经济可能要强调减收增支。国外借款,也不是轻而易举的事。看来,发行公债是比较切实可行的。

(三)公债还本付息

随着公债规模的日益扩大,其还本付息数额也在逐渐增加,如表8.1所示。从表中可以看出:1990年公债发行额是375.45亿元;2003年公债发行额是6 153.53亿元,是1990年的16倍;1990年的还本付息额是190.07亿元;2003年还本付息额是2 952.24亿元,是1990年还本付息额的15.5倍。目前每年公债发行额是由预算赤字加上公债还本付息额来确定的。

表 8.1　我国财政债务发行情况　　单位:亿元

年份	合计	国内债务	国外借款	国内其他债务
1990	375.45	93.46	178.21	103.78
1991	461.40	199.30	180.13	81.97
1992	669.68	395.64	208.91	65.13
1993	739.22	314.78	357.90	66.54
1994	1 175.25	1 028.57	146.68	
1995	1 549.76	1 510.86	38.90	
1996	1 967.28	1 847.77	119.51	
1997	2 476.82	2 412.03	64.79	
1998	3 310.93	3 228.77	82.16	
1999	3 715.03	3 702.13		12.90
2000	4 180.10	4 153.59	120.47	
2001	4 604.00	4 483.53	120.47	
2002	5 679.00	5 660.00		19.00
2003	6 153.53	6 029.24	120.68	3.61
2004	6 879.34	6 726.28	145.07	7.99

资料来源:国家统计局网站 2005 年统计年鉴。

(四)政府承受能力及社会应债能力

公债既然是一种债务,债务的数量涉及债权与债务两方面的能力。从政府的角度看,主要是对债务的承受能力,负担过重,势必加重纳税人的负担;从债权人的角度看,主要看是否有购买政府发行的公债的能力。因此,公债发行的数量界限,应该是发行一方与承购一方各种因素综合制约的结果。

有两个指标可以从某个侧面反映公债发行规模的适当程度。一是公债的负担率。即公债余额占 GDP 的比率。它表示国民负担公债的情况,也表示公债的增长和国民生产总值增长的关系。目前,OECD 国家主要使用这个指标。这种指标的设计主要是从宏观经济的整体来考察其对赤字和债务的承受能力。发达国家的公债负担率一般以不超过 45% 为宜。二是公债依存度,即债务发行额占当年财政支出或中央财政支出的比重,它主要说明政府的承受能力。高收入国家的公债依存度较低,一般在 12% 左右,而发展中国家的公债依存度相对较高,一般超过 20% 。与之相比,我国近年来的公债依存度明显偏高。由于公债是由中央政府支配的,更为确切反映政府负债状况的是中央财政依存度。自1992年以来，我国中央财政依存度超过了50%，也就是说，在中央财政支出总额中，大约一半以上需要靠债务收入筹资，不能不认为政府负债程度已经很高了。

三、公债的偿还

既然是债务，当然是要偿还的。而且，公债是以国家的信用作为担保的，所以，只要国家（不是政府）存在，公债的偿还是不成问题的。公债偿还方式虽然偿还的本金和利息都是固定的，但作为政府来讲，何时偿还、采用何种方式为好是有选择余地的。公债的偿还方式主要有以下几种：

（一）一次偿还法

一次偿还法，是指政府对发行的公债实行到期后按票面额一次全部兑付本息的方法。

这是一种传统的偿还方式，其优点是公债偿还管理工作简单易行。缺点是在缺乏保值措施的情况下，债券持有人容易受到通货膨胀的影响，而且集中一次还本付息，有可能引起财政支出的急剧上升，给预算平衡造成压力。

我国自1985年以后向个人发行的国库券及政府的其他债券（如国家重点建设债券、保值公债、特种公债等）大部分都是采用这种方式办理还本付息的。

（二）买入注销法

买入注销法，是指政府根据公债市场行情，适时购进某种公债债券，在该债券到期之前逐步清偿的一种偿付方式。这种方式的优点是给投资者提供了中途变现的可能性，并有利于维护公债市场的价格。其缺点是政府需要为市场购销进行大量繁杂的工作，业务成本较大。这是西方国家公债偿还的重要方式，在我国尚未尝试。这种方法只适用于各项期限的上市公债，并以短期公债为主。

（三）分次偿还法

分次偿还法，是指政府对所发行的公债，采取分期分批的方式偿还本息。

依据对偿还时间的决定方式不同，分次偿还法可分为以下两种：

（1）分期偿还法

即对一种公债分几期偿还，每期偿还一定比例，直到债券到期时本息全部偿清。这种偿还方式可分散公债偿还对财政的压力，但手续繁杂、工作量大，债务管理费用过高。

（2）抽签偿还法

即在公债偿还期内，采取定期专门抽签的方法确定特别奖偿还债券的号码，如约偿还的一种方法。抽签又可分为一次性抽签和分次抽签两种。我国1981～1984年发行的四期国库券，就采用了一次抽签法，而1954～1958年发行的国家经济建设公债，则采用了分次抽签法。

(四)调换偿还法

调换偿还法,是指政府通过发行新债券来兑付到期的旧债券,以达到偿还公债目的的一种方法。

这种方法既延长了投资人持有公债的时间,又使到期的政府债务后延。其优点从财政的角度看,增加了筹措还债资金的灵活性,因为未来到期公债既可用一般预算资金来偿还,又可通过发行新债来偿还。从债券持有者的角度看,只要其认为有利,便可拥有继续持有政府债券的优先权。缺点是如果经常使用这种偿还方式,很可能会损坏政府信誉。

以上各种公债的偿还方式各有利弊,应当运用哪种,要看理财者的理财水平和运用是否得当。如果能因时制宜地灵活运用,便可获得较好的结果;如果仅拘泥于某一种方式,结果可能就较差。

第三节　公债的负担

一、公债负担的内涵

公债负担有广义和狭义之分。广义的公债负担是指公债造成的经济负担,即公债造成的社会生产总量的损失。狭义的公债负担是指公债对政府形成的债务负担,即公债必须承担的本息偿还。公债负担可以从以下五个方面来具体分析。

(一)公债认购者的负担

公债作为认购者使用权的让渡,虽是暂时的,但由于在公债偿还之前,认购者不再拥有资金的使用权,因而对其经济行为会产生一定的影响,所以,公债的发行必须考虑认购者的负担能力。

(二)政府的债务负担

公债最终是要还本付息的。尽管政府利用借债获得了财政收入,但偿还公债则属于一种财政支出,政府借债的过程也就是政府公债负担的形成过程。所以,政府借债必须考虑自身偿还能力,量力而行。如果债务过大,就有可能产生债务危机。

(三)纳税人的负担

不论公债资金的流向和效益如何,公债的偿还最终还得依靠税收,这必然会形成纳税人的负担。马克思就是从这个角度得出公债是一种延期税收的结论。纳税人的公债负担包括两个层次:一是因政府的偿债需要而造成的课税数额增加;二是由于政府增加课税,给经济活动带来的超额负担。这都会影响纳税人的实际福利水平,并产生再分配效应。

（四）社会负担

由于政府支出的公共性，决定了社会生产流通中的一部分资金会通过公债机制转作非生产用途。长期的政府债务必将对该国的资本积累带来实质性损害。第二次世界大战后，西方国家盛行凯恩斯主义，奉行财政赤字和巨额举债的财政政策，其结果是大大削弱了西方国家的经济实力。这表明公债负担也是一个政府是否为了确保目前社会福利，而牺牲长期经济发展利益的政策性问题。

（五）公债的代际负担

由于有些公债的偿还期较长，使用效益又低，政府会通过借新债还旧债和举借长期债务的方式，把偿债时间向后推移，让下一代人来承担还债的责任，这样也就会产生公债负担的代际转移问题。如果转移债务负担的同时利用公债为后人创造了更多的财富或奠定了创造财富的基础，这种债务负担的转移就是正常的；如果留给后人的只是净债，而公债收入已经消费掉了，这种债务负担的转移就是不正常的，形成真正意义上的代际负担。

二、公债负担的数量界限

公债是由于国家入不敷出引起的，是用以弥补预算赤字而采取的一项措施。尤其是当一个国家发生战争时，开支剧增，国家就会被迫发行公债。这时，公债常常被人们认为是一种应急措施和权宜之计。由此来看，似乎没有公债比有公债好，少比多好，发行公债是不得已的。这种看法是一种传统的观点。后来，有许多经济学家认为公债的作用是多方面的，有时候有公债比没有公债好，公债多比公债少好。两种观点针锋相对。

人们往往是以公债的绝对发行数额来看问题的。一谈到公债就会说今年发行了多少亿元的公债，累计已有多少亿元的公债等。以一个绝对的数额来衡量公债的负担情况是不正确的，如果以一个相等的绝对数额作为每年发行公债的依据，那更是错误的。

公债的负担可以从购买公债、使用公债和偿还公债的具体环节来考察。从购买公债的环节来看，只要认购公债者不是被迫认购的，对购买公债者就不会造成负担。虽然公债与储蓄、公司债券是有明显区别的，但从投资的角度，都是可供选择的投资工具。公债也是一种生息的投资工具（在我国，现行发行的公债的利率通常要比相同期限的定期储蓄要高），所以，投资者购买公债是其在衡量了收益与风险后的理性选择，不会成为其负担。

从使用公债的环节来看，政府利用公债筹措到了一笔资金，这就要看筹措这笔资金的必要性，以及使用这笔资金的具体效果。如果政府利用公债的效果很差，基本上是用于既无经济效益又无社会效益的消耗性的政府开支上，这就既有“挤出效应”，又会给社会造成负担，即本来这笔钱可以用于产生较好社会效益和经济效益的项目上。可见，所谓公债负担，要看公债产生的社会经济效益是否小于其机会成本，倘若是肯定的，那就存在公债负担，反之就不存在。

从偿还公债的环节看，政府虽然是偿还公债的主体，但政府本身不产生收入，政府的收入来源于税收，也就是从单位和个人那里征集得来的税收。从政府的角度看，政府无所谓负担问题，因为它一方面向单位和个人借钱，另一方面，又向单位和个人征税，用征收到的钱还债。这就是“左手向右手借钱”的说法的由来。显然，如果没有公债的话，纳税人本来不会缴纳这么多的税收。从这个角度看，对纳税人产生了负担。

对纳税人是否真的造成了负担，就要对使用公债所产生的效益与其成本（公债的还本付息额）进行比较。诚然，政府使用公债，主要是用于提供公共产品，不用于私人商品的生产，这给公债使用效果的评价带来很大的困难，因为它缺乏货币计量的手段。但是，从理论上进行这种比较，仍然是必要的。从总体上看，如果公债产生的社会经济效益

大于其成本（从纳税人那里征收到的还本付息的税收额），公债的净效益是正数，不存在公债的总体负担问题。反之，就存在公债的负担问题。但不存在总体负担问题不等于每个纳税人都不存在负担问题。只有在每个纳税人为还本付息所缴纳的税款与其从公债所产生的效益相对称的情况下，纳税人才不存在公债负担问题。要做到这一点，政府就必须根据公债使用受益原则征税。但这在实际中是不太可能实现的事。因为公债在实际中往往是作为弥补预算收入不足的一种手段，不是一种定向使用的资金。税收往往是根据能力原则征收的。所以，公债的受益者与公债的负担者（缴纳还本付息的纳税人）是不对称的。承认公债的受益者与公债的负担者的不对称，既是实际的，又是有益的。

第一，政府应当慎用公债。按受益原则征税的好处，使纳税人比较关心税收的使用效果，征税的多少比较容易受到纳税人的制约，避免过度征税。按能力原则征税，就会使政府征税脱离实际的需要，实行多收入多征税，容易造成资金使用的浪费。公债因脱离受益原则，也会发生同样的问题。政府可能因一味满足预算需要而增发公债，当还债时，根据能力原则增加税收，不易对公债规模进行控制。从此角度对公债的认识对执政者慎用权力是有好处的。

第二，利用公债实行收入再分配。公债尽可能地要做到专款专用，用于具有明显社会效益和经济效益的公共工程上去。如果公共工程主要使贫困地区的人口受益，则使低收入的人们得到较高水准的公共产品提供，超过了其对国家所尽的义务（纳税），有利于贫富地区的收入差距的缩小，实现公平的目标。与按能力原则征税相配合，收入再分配效应更为明显。

第三，尽可能使公债项目的使用者与公债的偿还者挂钩。如果公债用于具有排斥性和竞争性的私人商品的生产（因私人不愿冒风险，或投资数目过大，无力承担），或者用于准公共产品，实行收费原则而又不影响效率，则可以用价格和收费手段，用使用者支付的价格和费用来偿还公债，其效果类似于公司债券，这是不产生公债负担的最佳办法。

第四，要考虑公债代际负担问题。短期公债一般不会发生公债代际负担问题，比如，3 年期或 5 年期公债，你可能既是公债的认购者，同时又是公债的偿还者。你 3 年前购买了 3 年期的公债，现在到了还本付息的时候，你向政府缴纳了税收，政府把一部分钱用于偿还公债，所

以,你具有公债认购者和偿还者的双重身份,不存在公债代际负担的问题。

长期公债就可能会发生公债代际负担问题。比如,你在 50 岁时,购买了 10 年期的公债,你是公债的认购者,10 年到期后,你已退休,作为一个退休金领取者,可能不再向政府缴纳税收,到时,你可以向政府领取 10 年期公债的还本付息额。还本付息额从何而来呢?是政府向年富力强的纳税人那里征得的税收中偿还的。可见,公债的认购者与偿还者是不同的,是年轻人向年老人还债,存在公债代际负担问题。当然,就整个社会而言,年轻人纳税,政府把这笔钱用来还本付息,使年老人得到回报,失之,得之,两者相等,不存在额外的支出,不存在额外的负担。

从具体偿还公债的归宿来看,可能存在公债代际负担问题。真正是否存在公债代际负担问题要看公债的实际使用效果。如果公债用于公共工程,并取得了很大的社会经济效益,使前人发行的公债给后人提供了更多的物质基础,"前人栽树,后人乘凉",这种公债代际负担只是形式上的,而不是实质性的。反过来,政府把用公债筹集的资金用到消耗性的项目,使后代本来应当得到更多的物质基础因公债的消耗性行为而没有得到,前人不栽树(甚至还砍树),后人怎能乘凉?这是真正的公债代际负担。

存在这样的一种可能性,就是公债的资金来源是人们本来要用于消费的钱,由于购买了公债就减少了人们的消费,而政府的消费行为是对人们消费行为的替代。从这个逻辑看,似乎不存在公债代际负担的问题。但是,人们购买公债一般是一种投资行为,来源于储蓄基金,而不是来源于消费基金。除非是政府强迫人们"购买"公债。即使存在这种情况,一般来说,人们消费所得到的效用要比政府消费的效用大得多。

下面,我们从公债的资金来源是储蓄基金的角度进一步讨论公债代际负担问题。其假定整个社会的总供给与总需求是平衡的,储蓄基金都转化为投资基金。公债是否造成公债代际负担,就要将公债的资金成本与公债的使用效果进行比较。公债的资金成本就是它本来可以用在私人商品生产上的收益率,也就是它的机会成本,公债的使用效果就是看它的收益率。诚然,公债如果用于纯公共产品的提供的话,可能没有货币收益率,如果用于准公共产品的话,可能货币收益率很低。公债的成本与效益的比较,从理论上需要把私人商品生产的货币收益率和公共产品生产的实际效果折算成统一的可比较的社会收益率。也就是把两种生产的外部性(有利的和不利的)都考虑在内。私人商品生产需要更多考虑它对社会造成的不利外部性,因此,它的社会收益率往往是它的货币收益率减去它对社会造成的不利影响(成本);公共产品生产需要更多考虑它对社会的有利外部性(不然就不成为公共产品了),它的社会收益率是它的货币收益率(如果有的话)加上它对社会的有利外部性。有了统一的可比较的社会收益率,两者就可以比较了,如果公债的社会收益率大于私人商品的社会收益率,那就不存在公债代际负担的问题,如果公债的社会收益率小于私人商品的社会收益率,那就存在公债代际负担的问题。两者之间的比较,也可以从理论上量化公债代际负担的大与小。

讨论公债的公债代际负担问题的现实意义就是要谨慎发行和谨慎使用公债。政府的投资行为不会像私人投资行为那样受到两方面的制约:一是可用资金(预算)的制约;二是收益率(效用)的制约。政府的公债是可以利用其权力筹集的其所需的资金,如果人们缺乏购买公债的热情,政府可以提高公债利率作为手段,以吸引公债的购买者。当还本付息时,政府无须研究公债使用的实际效果,只要向人们征税即可,容易造成公债使用的浪费。

三、对公债宜作相对数的控制

债务递增,势必造成债台高筑。私债可能因债台高筑而倾家荡产,公债递增虽有客观的原因,但如果没有一个恰当的额度控制,也会"出格"。发行公债的绝对额究竟多少合适,要看人们的负担能力。人们的负担能力强,发行公债的绝对额可以大一些;人们的负担能力弱,发行公债的绝对额则可以小一些。打一个比方,一个人每月工资 100 元,每月向他借 5 元,他尚可支配 95 元用于即期消费,对他的生活影响不大;如果每月向他借 15 元,他就只有 85 元可用于即期的消费,也许会使他的生活受到影响。从债务人的角度来看,分析的结论应当是一样的,债务占其总收入的比重小,负担就显得轻一些;债务占其总收入的比重大,负担就显得重一些。公债的负担能力也必须看公债占国民收入的比重。见表 8.2。

表 8.2　1990 ~ 2001 年我国公债负担率情况

年份	公债余额/亿元	国内生产总值/亿元	公债负担率/%
1990	890.34	1 8547.9	4.80
1991	1 337.71	21 617.8	6.19
1992	1 545.44	26 638.1	5.80
1993	1 844.70	34 634.4	5.33
1994	2 832.85	46 759.4	6.06
1995	3 829.46	58 478.1	6.55
1996	4 945.72	67 884.6	7.29
1997	6 074.51	74 462.6	8.16
1998	7 862.33	78 345.2	10.04
1999	10 410.60	82 067.5	12.69
2000	13 010.00	89 442.2	14.55
2001	17 268.00	95 933.3	18.00

资料来源:根据《中国统计年鉴》《中国财政年鉴》有关数据计算。

从表8.2可以看出,我国公债余额占国民收入的比重,或称公债负担率逐年有所提高,从1990年的4.80%,上升到2001年的18.000 10。这个数字与其他国家相比较,负担是不算重的。世界上许多国家都在20%~40%左右。国际公认的警戒线是20%。不过究竟发行多少,首先要考虑公债发行的目的和预期效果,负担率大小可作为一种经验数据,以此作为制约条件。只要公债有利于国民经济增长,或者至少不影响国民经济增长,那么,随着国民收入增长比例大于公债绝对额增长比例,公债的负担率会趋于下降,不必对公债发行额的绝对额增长忧心忡忡。

在研究公债负担方面,值得注意的一个问题是,不仅需要从总量上进行负担分析,即公债占国民收入的比重和平均每人占有的公债量,而且还需要研究不同收入水平的人们所占有的不同公债量。很明显,一年收入1 000元的人和一年收入500元的人都有10元公债,两个人的负担率是不同的,一个人是1%,另一个人是2%,这说明公债宜采用自由认购的方式。在正常的情况下,收入水平较高的人会多认购一些,收入水平低的人会少认购一些。假如水平低的人多认购一些公债,只要是自愿的,他也不会自感负担很重;反之,用强制性摊派的办法,即使收入水平高的人,也会感到公债负担较重。负担不仅是指实际的货币比例,还有心理因素。

第四节　公债的经济效应

公债既是一个财政范畴,又是一个信用范畴,之所以要分析公债的经济效应是因为它不仅是弥补财政赤字的一个手段,而且也是经济调节的重要工具。分析公债的经济效应,可以从公债的信用市场效应人手,探讨公债与利率、储蓄、投资的关系,然后探讨公债的宏观效应,即公债对实际产出,对收入分配和对物价水平的效应。

一、公债的信用市场效应

信用市场效应,就是在一定的供求弹性之下,信用或借贷资金数量对利息率的反应。公债的信用市场效应,就是政府公债的借入对市场借贷资金和利率的影响。信用市场效应有三种:利率效应、储蓄效应、挤出效应。公债的挤出效应是指发行公债,弥补赤字、增加财政支出,在货币供应量不变的情况下,会导致利率水平提高,从而取代了民间部门的支出或产生对民间部门投资的挤出。挤出效应是前两种效应派生出来的,其效应随资金供求弹性的大小而不同。

(一)供给弹性小,产生"挤出"效应

图8.1中横轴为信用市场上的信用或借贷资金数量(单位:10亿元),纵轴为利息率,借贷资金因利率的高低而增减。供给曲线表示信用市场中贷款者的资金供应(包括个人储蓄者、银行、养老基金、保险公司等等的资金供应),其向上倾斜表示资金供应随利率上升而增加。需求曲线表示借款者的资金需求(包括消费者、投资者、企业和政府的资金需求),其向下倾斜

表示资金需求随税率下降而增加。供求曲线的交点决定均衡利率。如果原均衡点 A 决定了利率 6%,其相应的资金数量为 1 000 亿元。假设政府借入(发行公债)100 亿元,这就增加了信用需求 100 亿元,需求曲线 D 向上平移至 D',两条曲线的水平距离为 100 亿元,新均衡点为 B;这时均衡利率为 8%,而供应量为 1 020 亿元。公债这项经济活动产生了三种效应。

1. 利率效应

增加的信用需求和有限的信用供给,驱使利率上升。不仅政府借款利率,而且一切借款利率都上升。高利率使收入从借款者转移给贷款者,这就是说,高利率的负担,从经济总体中的某些人群点点滴滴地流向另一些人群,企业生产者(通常通过借贷筹措资金)发生增加成本,降低收入的负担,金融资本家发生增高收入的相应收益。

2. 储蓄效应

高利率不仅增加贷款者的收入,也增加储蓄者的报酬,从而改变人们的"支出——储蓄"决策。图 8.1 显示由于利率升高而信用提供从 1 000 亿元增至 1 020 亿元,就说明了利率上升诱导储蓄增加 20 亿元。

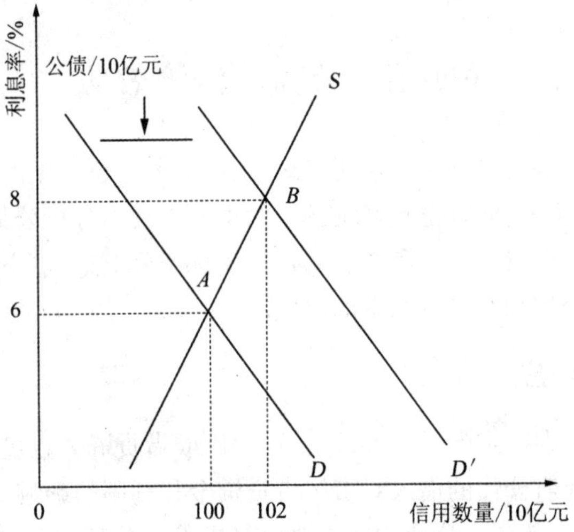

图 8.1　供给弹性小,产生"挤出效应"

3. "挤出"效应

"挤出",指政府借款减少了私人借款可能获得的数量。图 8.1 显示,私人借款原可获得 1 000亿元,现在政府借款 100 亿元,信用提供只增加 20 亿元,于是不得不从私人借款可能获得量中取出 80 亿元(私人借款只能得到 920 亿元)。这就是说,公债 100 亿元"挤出"了私人借款 80 亿元。"挤出"效应能否成为一个严重问题,要看资金在公用与私用之间的权衡:如果政府使用资金的效益比私人高，则社会在资源重新配置中产生效益；如果相反，则“挤出”效应牺牲了效率，公债产生了巨大的机会代价。有些美国学者认为“挤出”效应是当前经济问题（例如滞胀）的根源。近年来借贷市场的资金，相当大的一部分归于政府，不归于企业，因而企业部门的投资低水平使企业丧失竞争能力，减慢生产力的增长。其实，政府借贷不一定“挤出”私人贷款，而“挤出”效应有时也并无严重性。

（二）供给弹性大，“挤出”效应不显著

当经济严重衰退时期，私有部门（个人与企业）不愿借款，市场可供应的借贷资金剩余，这时政府借款，正好弥补私有部门的不足需求，不发生“挤出”现象。如图 8.2 所示，供给曲线平坦，政府借款虽向上平移需求曲线，但不升高（或极微升高）利息率，不排斥私有部门借款人。这就说明，萧条时期实行赤字财政，以公债补充扩大的支出，与其说是私有部门的资源转放给公共部门，不如说是未利用的资源得到利用。

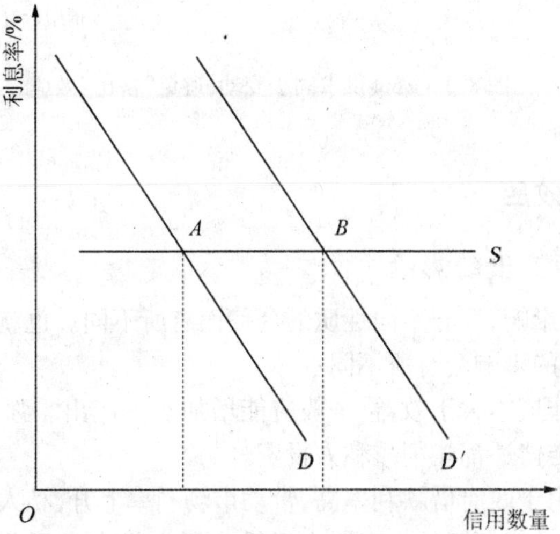

图 8.2 供给弹性大，“挤出”效应不显著

（三）资金供求同步变动，也可避免“挤出”效应

如果政府用举债方式替代对储蓄课税（课税会减少储蓄），那么，人们少纳税就多储蓄，多储蓄就增加信用供给量，于是政府举债不会“挤出”私人借债，所挤出的是私人消费（不是储蓄），而减少私人消费（不减少投资）就可使利息率不升高。如图 8.3 所示。税收减少促进储蓄增加，举债增加了资金需求（需求曲线 D 向右上平移），增加储蓄加强了资金供应（供给曲线 S 向右下平移），供求同步膨胀则利率不升高，“挤出”效应可避免。

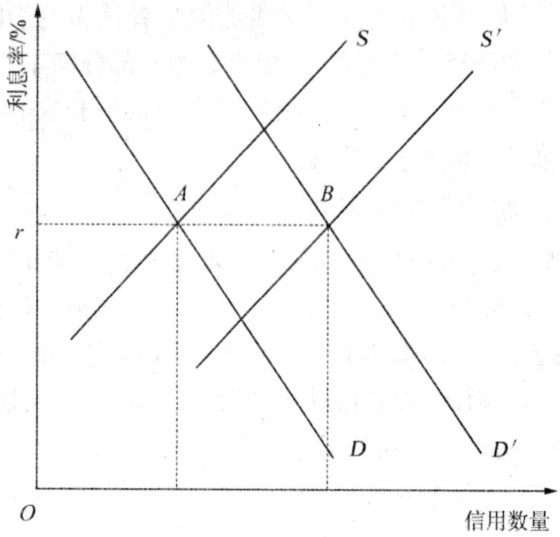

图 8.3　资金供求同步变动,避免“挤出”效应

二、公债的宏观经济效应

(一)公债对实际产出的影响

公债对实际产出的影响,区分不同性质的公债而有所不同。也就是说,生产建设公债和弥补赤字公债对实际产出的影响会有所不同。

生产建设公债,除非成本大于效益,一般应能增加实际产出。弥补赤字的公债就不同了,一般来说,公债的发行与偿还都能削减私人投资。

①当公债发行时,由于政府借款利率高,带动市场利率上升,私人投资减少,从而导致经济总体在未来时期中的商品与劳务的生产能力降低,社会生产与国民收入缩减。同时,在大量公债及其伴生的高利息成本存在的情况下,企业界会产生紧缩或保守的意图,这种心理作用也对私人投资产生不利的后果。

②当公债偿还时,增加税收偿还公债,税收的增加也促使投资趋向下降,结果也造成生产与收入的缩减。当然,上述论点是从纯理论着眼的,在实际公债管理中,尤其在借新还旧的结构变动中,货币市场和资本市场中的效应不会如此单纯。

(二)公债对收入再分配的影响

公债过程的各阶段都存在收入再分配问题。课税还本对收入再分配的影响,随税收性质与债券所有权(持有者)的分配而定。一般说,低收入阶层的消费比重大,高收入阶层的储蓄比重大;高储蓄阶层持有的公债比高消费阶层持有的多,同时高收入阶层的所得税率也较低收入阶层的高。在这些前提下，可作如下的推理：假设税收制度与公债所有权分配都是累进的，这就是说，纳税额与公债持有额（代表公债受益额）各随收入的增高而增高。如果这两种累进的程度相同，那么以税收偿还公债就不会改变收入分配。实际上，税收制度的累进不如公债所有权分配的累进高，公债所有权集中在较大的金融资本家手里，何况所得税的法定减免还会对高收入者有利。由此可得出结论，公债偿还在收入分配上，是收入从高消费人群转向高储蓄人群的再分配。

（三）公债对物价水平的影响

从公债的发行和存在两方面来说，公债的经济影响一般是通货膨胀型的。

（1）从公债的发行来讲，可从两方面阐述公债的通货膨胀型

一方面，公债创造信用。公债由银行承购，一般能创造信用，也就是增加货币供给量，因而有导致通货膨胀型的倾向。一般来说，凡有高度流通性的政府证券，都有造成通货膨胀的潜在力。政府通过银行发行公债，典型地增加了货币供给量，发挥了公债的通货膨胀潜力。另一方面，公债创造的货币供给超过市场流通需要，在理论上，当货币增加超过能得到的商品与劳务增加时，结果是货币价值（相对于商品与劳务的价值来说）低落，或说商品与劳务价值（相对于货币价值来说）升高。任何供给过多的商品，相对于其他商品（不论是商品或货币）来说，价值必然跌落。因此，当货币供给上升与公债上升平行发展时，通货膨胀的压力上升。

（2）从公债的存在来讲，公债也会形成通货膨胀压力

公债（尤其短期公债）是一种高度流通的资产，并且公债持有者只会增加其消费倾向，而不会减少其消费倾向。在个人方面，公债可被看成出自当期收入的储蓄的替代品，人们消费时可以提取现金，也可以兑售公债。在商业银行方面，因为政府证券是银行的第二线储备的重要部分，所以公债持有也造成较大的贷款发放趋势。

最后，在通货膨胀中，公债管理政策虽可以配合财政政策与货币政策对通货膨胀进行抑制，但公债所有权在社会上的存在，往往降低货币政策控制通货膨胀的能力。因为，公债的存在成为商业银行存贷业务发展资金的一个重要源泉，尤其在短期公债占优势的情况下。即使公众持有的非上市公债也有较大的流动性，可以随时由政府兑现，取得货币用于消费，这样就影响了货币政策的控制能力。

第五节　外债管理

一、外债的主要形式

（一）外国政府贷款

它是一国政府利用本国财政资金向另一国政府提供的贷款。这种贷款的利率较低，有的

甚至是无息贷款,贷款期限也较长,一般可达20～30年。因此它是一种带有经济援助性质的优惠贷款。但这种贷款往往规定有专门的用途,如某些对经济建设具有重要意义的项目等,且这种贷款一般是以两国政治关系较好为前提。80年代以来,日本、丹麦、科威特、比利时、意大利等多个国家都曾向我国政府提供这种贷款。

(二)国际金融机构贷款

这主要是联合国系统下几个世界性金融机构所提供的贷款。主要有:

(1)国际货币基金组织贷款

这是该组织对基金成员国政府提供的贷款。贷款只能用来解决成员国国际收支出现的暂时不平衡,成员国借款额度取决于该国基金组织交纳的股份。一般交纳的份额越大,能获得的借款额度就越大。此外,贷款无论使用何种货币,均按特别提款权单位计值。

(2)世界银行集团贷款

世界银行集团包括国际复兴开发银行、国际开发协会和国际金融公司。世界银行贷款提供的对象主要是发展中国家的政府、政府部门和由政府担保的公私企业。

(三)外国银行贷款

这是由国际上商业银行用自由外汇(即硬通货)提供的商业性贷款。这种贷款一般都要签订信贷协议,有的还要求借款国的官方机构予以担保。其利率大多以伦敦银行间同业拆借利率为基础加上一定额度的差价。这种贷款金额与用途不受限制,资金期限以中、短为主,利率较高,且大部分是浮动利率,借贷方式灵活多样。小额由单家银行,大额则往往由一二家牵头联合多家组成贷款财团共同承担(即银团贷款)。

(四)出口信贷

这是国家专门机构或银行以利息补贴或信贷国家担保方式对出口贸易提供的含有官方补贴性质的贷款。其中,提供给本国出口商的称为卖方信贷;贷放给外国进口商或进口方银行的称为买方信贷。它是国家支持商品出口(特别是支持那些金额大、交货期长的成套设备)、加强贸易竞争的一种手段。

(五)发行国际债券

这种形式近年来得到迅猛发展,并正成为国际信贷的主要形式。它是一国政府、政府机构、公司企业、银行或其他金融机构在国际或主要国家国内债券市场上,以各种可兑换货币为面值发行的国际债券。国际债券种类有欧洲美元债券、武士债券等外国债券。国际债券的特点是:对发行国和发行机构的资信要求较高;筹资金额较大;期限较长;资金可以自由使用;发行手续比较烦琐;发行费用和利率均较高。

二、外债规模的管理

为了使债务负担与偿债能力相适应,避免出现债务危机,保证经济的顺利发展,必须确保适度的外债规模。严格控制适度的外债规模是加强外债宏观管理的重要内容。为了有效控制外债增长，国际上通常采用三个指标来表示一个国家的外债规模，并对这三个指标规定了安全范围。这三个指标是：偿债率、债务率和债务率。

(一)偿债率

这是目前国际上反映一国外债水平的一个中心指标，它反映着一个年度内在对外债务上还本付息的支出与当年商品劳务出口收汇的收入之间的关系。其经济含义为当年还本付息额占当年出口收入的比重，即当年出口收入中有多少用于外债的还本付息。这个比率是作为判断债款国清偿能力的高低和对它贷款风险大小的标志，同时也是用来显示未来债务偿还是否可能出现问题的一个寒暑表。按照国际惯例，这一指标的安全线为20%，危险线为25%。不过，各国的政治经济条件互不相同，而政治经济条件又是难以量化的，过于精确的数量指标很难适应各国的具体情况，所以这一指标是相对的，并不是绝对的。

(二)经济债务率

这是指外债规模与国内生产总值之间的关系。它是反映着当年债务余额占国内生产总值的比重。国内生产总值是综合反映一国经济发展水平的指标之一。外债还本付息与国内生产总值的比率说明一国新创造的价值中外国资本所占的比重。如果外债与国内生产总值比率过高，外债本息的偿还势必要挤掉国内的积累和消费，靠压制国内积累与消费来还债，就会影响经济增长。因此，外债余额占国内生产总值的比率，必须稳定在一定的水平上。目前国际上公认这一比值的安全线应该小于30%。

(三)出口债务率

它反映的是外债规模与出口收入之间的关系。其经济含义为当年外债余额占当年出口总收入的比重。按国际上公认的标准，这一比值应该小于100%。

上面只是单纯从国际上通行的几个指标来谈外债适度规模的控制。实际上，为了更好地控制外债规模，充分发挥外债资金的使用效益，还必须考虑的一个重要因素即一国的国内配套能力。配套能力强，则外债规模可以扩大；配套能力弱，则借债规模就要受到限制。这就是说，利用外资，引进先进技术设备，必须与一国的财力、物力、人力相适应，并受其制约。借用外债规模大小除了考虑本国对外资的消化能力、偿债能力外，更重要的是本国的配套能力。其主要有：

1. 资金配套

借用外债，引进国外设备，同时要具备相应的国内配套资金，兴建土建工程，还要有水、电、交通等配套设施以及生产原料等，才能形成生产能力。因此，引进项目的规模能搞多大，必须考虑与国内资金的配套关系。根据世界银行的经验，在借入外资来建设项目时，外资一般只占投资总额的30%，而本国的配套资金则应占到投资额的70%。如果项目本身要牵涉到消化技术、改进其他软、硬环境的话，国内配套资金的比重还要高些。只有引进项目与国内配套投资相结合，借用外债引进项目才能发挥应有的作用。如果脱离国内配套，脱离了财政支持，就会成为无本之木，无源之水，不但不能形成生产力，反而会造成巨大浪费，影响到期还债。

2. 措施配套

措施配套包括税收、海关、外汇管理、经济立法和技术人才及管理人才等。只有各个方面相互协调，才有可能对外债进行有效管理。如技术人才、管理人才雄厚，就有利于外债资金项目中技术工艺的消化吸收能力，也有利于迅速把外债资金转化为生产能力，从而提高资金的使用效益。

3. 物资配套

借用外债，重点是引进关键设备和技术，而土建材料、生产原料、燃料及设备配套等主要依靠国内资源。因此，要周密计划国内有多少配套物资，有多大承受能力。

如果外债资金项目中大部分物资需要从国外进口，则投资规模必然会受到影响，经济效益也难以提高。此外一国外汇储备的数额，外债投资收益率，创汇能力等都是控制外债规模所必须考虑的因素。

三、外债结构

外债结构指的是债务自身的内部联系，表现为期限结构、借入者结构、来源结构、地域结构、币种结构和利息率结构。外债结构科学合理，可以扩大本国借款的能力，维护国际信誉，减轻债务负担，避免出现偿债高峰期和在国际环境发生变化时产生债务危机。

（一）外债的来源结构

其有两层含义：一是债务资金的地区、国别来源；二是债务资金的机构（官方、商业银行或其他机构）来源。合理、优化的外债结构要求债务资金的双重来源（地区与机构）分布广泛且比较均衡，以使债务国有可靠、稳定、均衡的外部资金来源，这样既可以满足国内多层次的对外资的需要，又可以避免因国际金融市场动荡而出现借入困难和偿还成本的提高。在债务资金来源上切忌把自己绑在一架战车上，而应采取多来源、多渠道、多方式的借债策略。

从债务资金机构来源看，在所有外债中必须设法保持相当比例的政府官方贷款和国际金融组织的借款。政府贷款和国际金融组织的贷款虽然大都附带有一定的条件限制，但同时却大多利息优惠、期限长，所以在外债总额中应努力提高这两种贷款的比重，这对于降低借债成本，优化外债期限是很有帮助的。而商业性贷款在借款时较简便，使用时也没有什么限制，但是它利率高、期限短，客观上加重了债务成本，且商业性贷款受金融市场波动的影响大，易造成风险。因此应尽量把这种借款控制在一定的比例，不能太高。

从资金来源地区看，应尽量多样化，这样可以保证资金供应的连续性，避免世界经济、政治形势局部剧变的不利影响，以及对某些资金大国的依附。

（二）外债的期限结构

它是指一国所欠的、不同偿还期限的债务之间的关系。债务一般分为短期、中期和长期债务。合理的外债期限结构就是要求各种期限的债务之间保持适当的比例,长、中、短期搭配合理,以便相互协调,满足经济发展的多方位、多层次的需要。同时,在债务的期限分布上要求不同时间到期的外债数量要与本国在各个期限内的偿债能力相适应,即尽量避免出现还本付息过分集中在一个时期的现象,否则会形成偿债高峰。如果一旦出现了偿债高峰,本国外汇收入不能及时大幅度提高,外汇储备又比较少的话,就容易造成一国的偿债困难,严重时将陷入债务危机。

在外债的期限结构问题上,短期、中期、长期债务之间的比例是最为重要的比例关系。短期债务比较容易筹集、借到,而中、长期债务的借入则相对较困难。但由于前者还本付息期限短,借到手后马上又要筹划还款,因此,短期债务借用过多会造成借入者回旋余地小,甚至导致外债结构恶化。目前国际通行的看法是:合理的外债期限结构应该以中长期为主,适当借用部分短期债务。从一些管理外债比较成功国家的经验看,短期债务不应超过全部债务的25%。

(三)外债的币种结构

它是指借入外债时所作的外币币种选择,不同外币在债务中各自所占的比重,以及这种比重的调整和变化情况。币种结构的安排与调整是外债管理与经营的重要内容。

国际金融市场变幻莫测,各种货币之间的汇率也会因之产生很大的变化。由于货币汇率的变动,对于升值的货币,偿还负担会加重,而对于贬值的货币,则偿还负担减轻。因此,外债币种结构的核心问题就是如何在汇率不定的情况下,保持适当的币种结构,从而避免因不同币种汇率变化所导致的损失。

为了避免损失,发展中国家常常根据实际情况实行币种多样化的策略,在自己对外债务的"篮子"中存有各种货币,结合汇率、利率需要进口商品的轻重缓急,从总体上安排币种的选择,调整"篮子"中各种币种的比重,以降低借债的实际成本。1982 年发展中国家出现债务危机后,一个重要的经验教训是:对外借债的币种结构、对外支用外债资金的货币种类、本国出口货币种类三者之间一定要协调起来,保持三者相对的一致性,这样就可以在很大程度上减轻汇率风险。当国际金融市场出现波动,借入的币值升值,它的对外汇率上升,这时出口创汇的货币由于与借入货币是一致的,也会升值,这样就抵消了这种货币升值所增加的债务成本。当今世界上外债币种结构安排比较得当的国家和地区,大体上是遵循上述借入、使用、出口收汇三者币种一致的那些国家和地区。

我国外债币种问题一直没有得到很好的解决。80 年代中期,我国中长期债务的币种结构为美元占60%,日元占 30%,其他占 10%。到 80 年代末,日元债务比重进一步上升,达到42%。90 年代初期由于种种原因,日元债务比重又有所提高,结果是原有的不合理结构没有得到调整,反而却日趋失衡。1986 年日元对美元大幅度升值,我们承受着出口美元收入的贬值与偿还外债日元升值的双重损失,损失金额达 30 多亿美元。由于我国的出口贸易一向以美元为主要计价,结汇货币和日元出口收入中大约占 10%,但我国外债中 40% 以上是日元;在海外发行的债券中,60%是日元债券。这种债务币种过分集中又以出口收入外汇币种如此的不一致,使我国的外债所承担的汇率风险相当大:出口收汇的"软"美元,换取日益升值的日元去还债。债务成本也因之升高,一贬一升的损失都由我们承担。

为了克服我国在外债币种方面的失衡与不足:

①我们应调整外债币种,尽快改变目前过分依赖日本的状况,逐渐扩大其他币种的使用,积极开拓欧美市场,以外债来源多元化带动外债币种的调整和多样化。

②使借入外债的币种、外债资金使用的币种、出口收汇的币种三者之间尽快协调起来,多借入我国出口创汇主要货币币种的外债,以减轻债务币种升值所造成的损失。

③在促进币种多样化时,注意货币的软、硬搭配,软币是指货币币值总是趋于贬值的货币;而硬币则相反,是指币值趋于升值的货币。一般来说,硬币对外汇率是要上升的,但利率却往往要下降;反之软货币的对外汇率会下降,但利息率却往往上升。因此,在债务货币的选择上应多方考虑,软硬搭配取得最佳的币种组合。

④在债务管理上应尽快掌握如货币掉期等技术手段,将一种货币的债务转换为另一种货币的债务,以避开因汇率变动而造成的损失。总之,多来源、多渠道、多方式是分散债务风险的很好办法。

(四)外债的利率结构

它是指外债中以固定利率和浮动利率计算的债务之间的比例关系。利率结构要均衡,浮动利率与固定利率的比重要适当控制。利率是构成债务总成本的主要内容。整体债务的利率是否均衡,直接影响债务总体利息的支付数额。如果控制不当,市场利率突然上升,债务偿还能力就会出现问题,其中对浮动利率债务的控制更是问题的关键。因为国际金融市场变化多端,如果借入过多浮动利率的债务,这部分债务很有可能在将来因为利率上升,而加大债务负担,当然也有可能因市场利率下降而得到一部分好处,但风险相对大些。且浮动利率易使得债务总额变化不定,不便于国家对外债进行宏观控制,也无法计算某年确切的偿还额。如果恰逢国内经济不景气,国际债务利率上升,债务负担加重,这样偿还债务就会陷入困境。

固定利率与浮动利率相比的优点是预先可以确定利息支付总额。在市场利率相对较低时,借入固定利率的资金,可能在当时情况下,比浮动利率资金高些,但从长远一些时间来看,资金成本可能较为便宜,而且以固定利率借款,在利率回降的时候,可以用新借款还旧借款的办法,在技术上弥补固定利率的弱点;还可以利用"利率掉换融通"的工具,用浮动利率的利息支付方式换取固定利息的支付方式。目前,不少发展中国家通过这种方法,来改善总体债务结构,增加固定利率的债务比重。

(五)外债借入者结构

它是指债务国内部借款人的构成及相互间的关系。按照当前国际上通行的划分,一般将外债的借入者区分为公共部门、私人部门和金融机构三大类。公共部门借款主要是指政府、政府部门、国有企业的借款；私人部门借款主要是指私营的企业、事业单位的对外借债；金融机构借款主要是指各种银行和其他金融组织的对外借债。从实践看，外债借款人与外债的使用投向是紧密联系的，因此，在一般情况下，债务国内借款人结构合理，外债资金的投向就合理，外债资金的使用效益就会比较高，也就不太容易出现债务支付困难；反之则容易造成还债困难。

我国是一个以公有制经济为主体的发展中的社会主义国家。从所有者角度来看，所借外债基本上属于公共外债，是要由国家来负担的。国家必须在统一计划、统一管理的前提下适当地借入外债，以防债务负担过重。但从使用者的角度来看，我国的外债借款人可以分为国家政府机构、银行与金融部门、企业三大类。在我国借款人结构上，所有权与经营权分开的特点表现得非常明显。

根据我国的具体情况，世界银行曾经建议中国对外借款的窗口不宜超过 10 个，以便加强控制。但在 20 世纪 80 年代末，我国却出现了对外筹资借款的窗口有 170 余家，既多又散，给外债的管理工作造成了极大的困难。外债借款人结构混乱，是我国外债规模难以控制、外债资金投向不甚合理、外债资金使用效益不高的重要原因之一。其中投向不合理主要源于借款人结构的混乱，不同借款人的不同利益，使得国家对此也很难有效地引导和管理。随着社会主义市场经济的不断发展，国有企业经营机制的转换，谁使用、谁受益、谁偿还的机制应逐步建立起来。国家则应从宏观上予以控制、引导，理顺外债借用与国民经济发展需要之间的关系，使之服务于经济建设的总目标。

总之，应根据预期的经济增长率、国内投资规模和进口对外债的需求、外部资金的可供量和由出口、外债使用效益等决定的国家对外债的承受能力，确定适度的外债规模，在决定对外借款限额后，根据成本最小化的原则确定外债的构成，使外债的利率风险、汇率风险都保持在合理的限度之内；此外还要加强对借债用债的监督管理，提高外债资金的使用效益。

本章小结

公债是指国家为了实现其职能，平衡财政收支，增强政府的经济建设能力，按照有借有还的信用原则，从国内或国外筹集资金的一种方式，是以国家为信用，与国内个人和法人以及外国发生的债务债权关系。从公债时间长短来看，公债有短期、中期和长期之分。

通过发行公债弥补财政赤字，是公债产生的主要动因，也是世界各国的普遍做法。调节经济的功能是其衍生功能。

公债发行是指公债售出或被投资者认购的过程，是公债运行的起点和基础环节。公债发行主要涉及两个问题：发行方式和发行条件。

公债的发行规模，也就是每年发行的数额，是由多种因素决定的，其中较为重要的有：预算收支差额、公债还本付息、宏观经济环境、政府承受能力及社会应债能力。

公债的偿还方式主要有以下几种：一次偿还法、买入注销法、分次偿还法、调换偿还法。

外债的主要形式包括：外国政府贷款、国际金融机构贷款、外国银行贷款、出口信贷、发行国际债券。

思 考 题

1. 列举公债的优缺点。
2. 公债的发行方式有哪些?
3. 公债的偿还方式有几种?

【案例分析】

改革开放以来,我国国债发行期限结构没有出现大的变化。1981 年至今我国每年发行的国债中绝大多数是 3 ~ 5 年期,1 年以上 10 年以下的中期国债平均占总额的 70% 以上,其中 1981 ~ 1987 年之间发行的全部是 5 年期国债。然而 1 年期以下的短期国债在发行频率和发行规模上都显得极为不足,从 1994 年才开始出现 1 年以下的短期国债,而且 1981 ~ 2003 年这 20 多年间发行过类似国债的仅仅只有 1994 年和 1996 两年,虽然 2003 年以来我国每年都发行了少量短期国债,但所占比例都不高。与此相对应的是,美国、日本和意大利等发达市场经济国家发行的短期国债平均都在 70% 以上,中长期国债仅占相对较小份额。

请分析如何改进我国国债的期限结构。

第九章

Chapter 9

财政支出概述

【学习目的与要求】

通过本章的学习，要求学生了解财政支出的含义及类别；了解财政支出的原则；掌握财政支出规模的主要理论；掌握财政支出规模的衡量指标和影响因素；了解财政支出结构含义及影响因素。

【本章主要概念】

财政支出；财政支出规模；财政支出结构

【引导案例】

财政支持“三农”情况

“三农”支出并不是单独的预算科目，考虑到社会各界对此十分关注，为了便于大家了解总体投入情况，我们专门把涉农的各方面支出项目综合反映在“三农”支出中，因此与教育、医疗卫生等相关支出会有所交叉。

近年来，党中央、国务院把“三农”工作作为全党各项工作的重中之重，出台了一系列重大强农惠农政策。中央财政按照党中央、国务院的要求，不断增加“三农”投入，积极调整财政支出结构，确保财政支农资金稳定增长。2003～2007年，中央财政“三农”投入1.6万亿元，比上一个五年增加8 000多亿元，年均增长17.8%。

第一节　财政支出的分类与原则

一、财政支出的定义

财政支出与财政收入相对应，是财政分配的第二阶段，它是国家政府根据实现其职能和活动范围的需要，对以税收等收入形式所集中起来的财政资金进行有计划的再分配，使政府掌握的资源得到合理配置的活动。财政支出作为政府的重要宏观经济调控手段之一，具体体现在政府对其所掌握的财政资金的安排、供应、使用和管理的全过程，反映了财政资金的规模、结构、流向和用途。财政支出通常也被称做政府支出或公共支出，既是动态的，也是静态的。

财政支出是财政分配活动的重要组成部分，是国家调控经济运行的重要手段，对经济发展和社会进步具有非常重要的作用。通过财政支出，能够为政府机构提供财力保证，维持国家机器的正常运转，实现国家的职能；通过财政支出，能够直接或间接地对资源进行配置，并能调节和引导市场对资源的配置，弥补市场机制的缺陷，实现资源的合理配置和有效利用；通过财政支出，能够调控经济运行的规模与结构，体现国家政府的宏观经济政策，促进国民经济持续、协调、稳定增长。

二、财政支出的分类

财政支出的分类，是按照不同的标准，对财政支出的内容进行科学的归类划分和比较分析。同一支出内容，由于采用的标准不同，可划分为不同的类别，反映不同的支出侧面。对财政支出进行科学分类，是为了正确区分各项支出的性质和特点，分析不同支出项目之间的联系及区别，探索财政支出的规律性，控制各项支出的发展趋势。通过对财政支出的科学分类，可以正确处理财政支出的各种比例关系，有利于合理分配财政资金，优化资源配置，加强对财政支出的管理与监督，有利于提高财政效益。

（一）按财政支出与生产及经济建设的关系分类

按支出与生产及经济建设的关系分类，可将财政支出分为生产性支出和非生产性支出。

（1）生产性支出

生产性支出是指直接用于生产活动与经济建设的各项支出。如生产性基本建设支出、企业挖潜改造支出、流动资金支出、支援农村生产支出等。

（2）非生产性支出

非生产性支出是指不直接用于生产活动与经济建设的各项支出。如国防支出、行政管理支出、价格补贴支出、债务支出等。

这种分类方法有利于正确处理经济建设与社会发展的关系。我国是一个发展中国家，经济建设是全党、全国的工作中心，财政支出应有足够资金用于国民经济建设，以加快经济发展速度。在计划经济体制下,财政承担了国家经济建设的主要资金供应任务,因此财政支出中生产性支出的比重一直很高,一般在50%以上。随着社会主义市场经济体制的逐步建立和完善,资源配置方式和国家职能的转变,企业逐渐成为投资主体,财政用于生产性支出的比重逐步降低,且主要用于基础产业、支柱产业以及国家重点扶持的高新技术产业等,非生产性支出的比重会逐步提高,这有利于综合国力的提高和社会的全面进步。

(二)按财政支出的用途分类

按财政支出的用途分类,可将财政支出分为补偿性支出、积累性支出、消费性支出。

(1)补偿性支出

补偿性支出是指用于补偿生产中已消耗掉的物质资料方面的支出,如企业更新改造支出和挖潜改造支出等。

(2)积累性支出

积累性支出是指用于扩大再生产的各项支出,包括基本建设支出、增拨企业流动资金支出、支援农村生产支出及国家物资储备支出等。

(3)消费性支出

消费性支出是指用于社会和个人消费方面的支出,包括国防、行政、文教科卫、抚恤和社会福利救济等方面的支出。

在我国财政支出中,补偿性支出所占的比重很小,积累性支出所占的比重较大,但近年来有所下降,而消费性支出的比重正逐渐上升。

这种分类方法有利于正确处理财政分配中的积累和消费的比例关系,促进国民收入分配合理比例关系的形成。

(三)按财政支出的经济性质分类

按财政支出的经济性质即财政支出是否与商品和服务相交换,可将全部财政支出分为购买性支出和转移性支出两大类。

(1)购买性支出

购买性支出又称消耗性支出,是指政府用于购买商品和服务的支出,包括购买进行日常政务活动所需的或用于国家投资所需的商品和服务的支出。前者如政府各部门的事业费;后者如政府各部门的投资拨款。这类支出的目的和用途不同,但有一个共同点:通过此类支出,政府掌握的资金与微观经济主体所提供的商品和服务相交换,即政府一手支付了资金,另一手相应地购买了商品和服务,并通过这些商品和服务,满足了实现国家职能的需要。在支出过程中,政府同其他经济主体一样,在从事等价交换活动,体现的是政府的市场性再分配活动。这类支出主要包括行政管理支出、国防支出、文教科卫支出、投资性支出等。

(2)转移性支出

转移性支出则直接表现为财政资金无偿的、单方面的转移支付,即支出本身不直接形成政府对商品和服务的需求，而仅仅是对微观经济主体的单方面的货币或实物的授予。它包括社会保障支出、财政补贴支出、公债利息支出、国际组织捐赠支出和对外援助支出等。这类支出的目的和用途不同，但有一个共同点：政府付出了资金，却无任何所得，不存在商品和服务的交换问题。政府并未获得微观经济主体的生产成果，只是在微观经济主体之间进行收入的转移分配，体现的是政府的非市场性再分配活动。

这种分类方法有利于研究和分析财政支出与商品流通及生产要素分配之间的关系，既有利于促进各项事业的发展和人民生活水平的提高，也有利于强化对财政分配活动的控制，实现社会总需求与社会总供给的平衡，以促进国民经济的协调发展。

（四）按财政支出的费用类别分类

按费用类别进行分类，实际上就是按照国家的职能进行分类，将财政支出区分为经济建设费、社会文教费、国防费、行政管理费及其他支出。

（1）经济建设费

包括基本建设投资支出，国有企业挖潜改造资金，科技三项费（即新产品试制费、中间试验费、重要科学研究补助费），简易建筑费，地质勘探费，支援农村生产支出，工业、交通、商业等部门的事业费，城市维护费，国家物资储备支出等。

（2）社会文教费

包括用于文化、教育、科学、卫生、体育、通讯、广播电影电视、出版、文物、地震、海洋、计划生育等方面的经费、研究费和补助费等。

（3）国防费

包括各种武器和军事装备支出，军事人员给养支出，有关军事科研支出，对外军事援助支出，民兵建设事业费支出，用于实行兵役制的公安、边防、武装警察部队和消防队伍的各种经费、防空经费等。

（4）行政管理费

包括用于国家各级行政管理机关、权力机关、司法检察机关、驻外机构等的各种经费、业务费、干部培训费等。

（5）其他支出

包括社会保障支出、债务支出和财政补贴等。

按费用类别对财政支出进行分类，可以清楚地揭示出一个国家执行了哪些职能以及侧重于哪些职能。按费用类别对一国财政支出结构作时序分解，可以揭示出该国职能演变的历史轨迹；对若干国家在同一时点上的财政支出作横向比较，可以揭示出各国职能的差异。

（五）按财政支出的管理权限分类

按财政支出的管理权限分类，可将财政支出分为中央财政支出和地方财政支出。

(1)中央财政支出

中央财政支出是按照分税制财政管理体制的规定,由中央预算安排使用和管理,实现中央政府职能的各项支出。中央财政支出主要承担国家安全、外交和中央国家机关运转所需要的费用,调整产业结构、协调地区经济发展的支出,以及由中央直接管理的事业发展支出。

(2)地方财政支出

地方财政支出是按照分税制财政管理体制的规定,由地方各级预算安排使用和管理,实现地方政府职能的各项支出。地方财政支出主要承担本地区政权机关运转所需的支出,以及本地区经济、事业发展所需支出。1978 年,中央财政支出占全国财政支出的比重为 47.4%,地方财政支出的比重为 52.6%;2001 年,中央财政支出占全国财政支出的比重为 30.5%,地方财政支出的比重为 69.5%;2007 年中央财政支出占全国财政支出的比重为 23%,地方财政支出的比重为 77%。从历史数据看,中央财政所占比例呈现逐渐下降的趋势。

这种分类方法有利于正确处理中央政府与地方各级政府的财政关系,为制定和完善财政管理体制提供依据。

(六)按照财政支出的目的分类

按照财政支出的目的不同,可将财政支出分为预防性支出和创造性支出。

(1)预防性支出

预防性支出是指政府用于维持社会秩序和保卫国家安全,不使其受到国内外敌对势力的破坏和侵犯,保障人民生命财产安全与生活稳定的支出,如行政管理支出、国防支出等。

(2)创造性支出

创造性支出是指政府用于促进经济稳定、协调发展和改善人民生活等方面的支出,如投资性支出、文教科卫支出、社会保障支出等。

这种分类方法可以揭示财政支出的具体用途、目标及其在经济、社会发展和人民生活改善方面所起的作用。

三、财政支出原则

财政支出原则是指政府在安排和组织财政支出的过程中应遵循的基本准则。财政资金的安排和使用是政府财政活动的一个重要环节,因为政府能否合理地分配并正确的使用各项财政支出资金,不仅关系到政府各项职能能否实现,而且关系到国民经济的稳定与增长。但是由于财政支出的内容是相当广泛的,要正确分配、使用和管理财政资金,保证国民经济持续稳定地发展,在安排财政支出的时候,有必要制定并遵循一定的原则。结合我国的实际情况,财政支出应遵循以下几个原则:

(一)总量控制原则

我国目前正处在社会主义市场经济发展的初级阶段,经济发展水平相对落后,财政收入规模也不大，而社会和经济的发展却要求财政给予更多的支持。在这种情况下，坚持适度控制财政支出总量的原则，对于避免财政支出总量出现失控，造成巨额财政赤字，以至于影响到经济和社会的稳定与发展来说是很有必要的。

坚持适度控制财政支出总量的原则，具体来说，首先要遵循量入为出的原则。所谓量入为出是指在财政收入既定的前提下，财政支出规模只能在既定的财政收入范围内安排，不能超过收入总量。坚持量入为出的原则主要是考虑到以下原因：

其一，财政收入与财政支出之间存在矛盾。财政收入是国家聚集财力的规模，它的大小受一定阶段国家经济发展水平的制约，因此，财政收入规模是有客观限量的。财政支出反映的是国家职能、经济建设和改善人民生活的需要，这种需要是随着社会的发展和人民生活水平的提高而日益增长的，其增长速度往往高于财政收入的增长速度，甚至超过财政收入的可能限量。财政收入与财政支出之间从实质上讲，存在着一种可能与需要的矛盾。要正确处理好两者之间的矛盾，坚持量入为出的原则，把财政支出的总量控制在财政收入的可能限量内是很有必要的。

其二，量入为出的原则是物资供求总量平衡的客观要求。正常的财政收入代表着流通中可供财政支配的商品物资量，财政支出则形成对商品物资的购买力，它是社会购买力的一个组成部分。在收入既定的情况下，支出若是超过了收入，这部分超出的财政支出形成的购买力就超过了可供财政支配的商品物资数量，在其他购买力不变的情况下，就会造成物资供求总量失衡，流通中的货币量投放过多，引发通货膨胀，对经济稳定发展带来不利的影响。所以，应该坚持量入为出的原则，促使财政支出形成的购买力与可供财政支配的商品物资保持平衡。

其三，量入为出的原则符合我国财政工作的实际。在现阶段我国一些地方政府的工作中，仍存在乱花钱的现象。一方面浪费了财政资金，另一方面给党风和廉政建设带来了不良影响，不利于我国经济建设的持续稳定发展。坚持量入为出的原则，从制度上对各级政府的支出进行约束是很必要的。其次要以满足社会公共需要为目标，力争促进经济的稳定运行。政府从事财政活动的最终目的就是要满足社会公共需要，它体现了国家基本职能的实现。因此，财政支出必须以满足社会公共需要为目标，保证国家基本职能的实现。

此外，经济建设的支出要量力而行，要以促进社会经济的稳定增长，更好地满足社会公共需要作为财政支出的调控目标。

（二）结构优化原则

优化财政支出结构的原则是指要根据国民经济和社会发展的具体情况，在编制财政支出计划时，遵循“统筹兼顾、全面安排、保证重点”的原则，使财政支出结构达到最佳配置，以促进经济和社会的协调发展。为此，要正确处理好以下几方面的关系：

1. 正确处理好购买性支出与转移性支出的关系

按照经济性质可将财政支出分为购买性支出和转移性支出，购买性支出反映了财政的资源配置职能，而转移性支出则反映了财政的收入分配职能。作为发展中国家的中国，一切经济活动都应遵循“效率优先,兼顾公平"的原则,财政支出也不能例外,既要正确解决好政府财政实现资源优化配置的效率问题,又要解决好政府实现收入分配的公平问题,促进经济发展与社会进步。

2. 正确处理好投资性支出与公共消费性支出的关系

处理好投资性支出与公共消费性支出的关系对社会经济的稳定发展具有十分重要的意义。众所周知,社会经济的发展需要扩大再生产,而扩大再生产需要通过投资来实现;生产的目的是为了满足消费,消费又促进了生产,所以,社会的发展和经济的增长必须有稳定的消费需求。如果投资性支出与公共消费性支出之间的比例出现了问题,经济稳定增长就会出现困难。近年来,我国经济出现的“过剩经济”问题主要是由于消费需求的相对不足造成的。为此,从 1998 年下半年起,针对这一问题,我国政府采取了一系列的积极财政政策来扩大内需,从目前情况来看,政策已初见成效。

3. 正确处理好生产性支出和非生产性支出的关系

生产性支出是国家发展经济所必需的支出,它的优先增长可以加速国民经济特别是工农业生产的发展。只有工农业生产发展了,才能促进其他非生产性事业的发展及人民生活水平的提高。但是非生产性支出也是一个国家文化建设、改善人民生活所不能缺少的支出。各国的社会和经济发展过程都证实了一点,就是科学、教育等事业的发展是生产发展的前提条件,没有这些事业的发展,就没有生产的发展。因此,正确处理好生产性支出和非生产性支出的关系,保证二者的协调是非常必要的。从我国的实际情况看,应首先保证生产性支出的需要,同时合理安排好各种非生产性支出。

此外,遵循这一原则时,还必须正确处理好国民经济各部门之间的比例关系,如农轻重之间的关系,其他方面的关系,如内地与沿海的关系、基本建设与更新改造的关系等。

(三)讲求效益原则

众所周知,人类可利用和支配的资源无论是自然资源还是人力和资本资源,都是有限的。遵循讲求财政支出效益的原则就是要求将财政收入安排在最合适的财政支出项目中,使有限的财政资金产生最大的效益。通常要确定合理的财政支出规模和结构,其目的就是要提高财政支出的效益,可以说这是财政支出的一个核心问题。

(四)注重公平原则

财政支出要有助于社会公平的实现,提高社会大多数人的福利水平。在市场经济条件下,财富的分配取决于财产所有权和和财富积累的分布情况;而收入的分配则取决于能力、职业训练及所掌握技能的市场价格。财政支出既不能脱离市场,又不能单纯依靠市场,以避免出现贫者愈贫、富者愈富的“马太效应”,而社会的严重不公平从道德伦理方面看是不可以被接受和容忍的,从政治方面看会危及社会的组织和秩序,这就要求进行社会财富的再分配,在注重效率的前提下适度的实现社会公平。

第二节　财政支出规模分析

一、财政支出规模的确定及影响因素

（一）财政支出规模的含义

财政支出规模，是指在一定时期（预算年度）内，政府通过财政渠道安排和使用的财政资金的实际数额，是根据一定时期国民经济发展状况和政府职能实现的要求等因素测算和完成的政府集中性支出在总量上的反映。

从概念上讲，财政支出规模有预算支出规模和决算支出规模两种形式。前者是指在编制年度预算时根据支出的预算要素测算出的年度支出数；后者则是指预算年度内政府财政实际完成的支出总量。预算支出与决算支出往往是不完全相等的。

财政支出规模反映了政府对国民（内）生产总值的实际占有规模和程度，体现了国家的职能和政府的活动范围，是研究和确定财政分配规模的重要指标。

（二）财政支出规模的确定

财政支出规模的确定就是安排预算年度内政府财政支出的数量或份额。合理地确定财政支出的规模，不仅直接影响政府职能的实现，而且直接影响资源在政府和市场之间配置的结构；不仅直接影响财政参与国民收入分配的数量和地位，而且直接影响财政对宏观经济运行调控的广度和力度。因此，合理确定财政支出规模，是财政分配中的一个十分重要的理论和实践问题。

然而，财政支出合理规模的确定，又是一个十分复杂的问题。尽管理论上可以从财力、物力制约的角度，通过维持性支出和发展性支出的先后次序控制财政支出规模；技术上可以通过基数法、因素法、零基预算法等手段确定财政支出规模。实践中各国也都有一些经验资料可供借鉴（如我国就有财政支出占国民收入30%左右为宜的经验数据），但这都是在一定的时间、空间范围内，在一定的国情和经济条件下的特定选择，而不带有普遍规律性，一旦特定条件发生变化，就不再具有指导意义。因此，我们要想寻找一个模式或经验资料，一劳永逸地作为确定财政支出合理规模的标准，是不科学的，也是不现实的。我们要解决的只是财政支出合理规模的判断标准问题。从这个角度分析，合理的财政支出规模应当是：

1. 充分保证国家职能的实现

财政是实现国家职能的分配工具，财政分配的目的就是为了实现国家的职能。因此，财政支出规模就由国家和政府职能的大小以及政府的活动范围决定，凡是由政府承办的事情，都必须有相应的财政支出做保证，以确保国家职能的实现和政府工作的完成。这个合理规模应当是既能保证国家职能的实现，又能节约、合理、有效地使用财政资金，既不能为了实现政府工作目标而积压和浪费财政资金,也不能为了完成财政目标而影响了国家职能的实现。

2. 实现资源的合理配置

财政支出,实际上是政府对社会资源的集中和使用,财政支出规模就是政府配置资源的份额。在市场经济条件下,社会资源由市场与政府共同配置,以市场配置为基础,以政府配置为调节。根据资源配置的效率原则,确定市场与政府各自配置资源的范围。一般来讲,私人产品由市场配置,公共产品由政府配置,这样有利于资源的合理配置和有效利用。因此,财政支出的合理规模,就是政府配置公共产品的规模,即政府有足够的资金在市场上购买商品和服务,将它变成公共产品,再由政府进行配置。财政支出规模过大,就会降低市场配置资源的效率;而财政支出规模过小,则不能有效弥补市场机制的缺陷,会影响资源配置的宏观效益。

3. 推动经济增长和社会进步

财政支出合理规模的最终体现是推动经济增长和社会进步,因此,财政支出应有足够的财力保证政府这两个目标的实现。党的十六大指出:"全面建设小康社会,最根本的是坚持以经济建设为中心,不断解放和发展社会生产力。"一方面,财政安排充足的生产性支出,保证国有资产规模不断扩大,与经济建设相关的基础设施和配套建设同步发展,经济能够稳定增长;另一方面,财政安排充足的非生产性支出,用于文教科卫事业及公共设施的建设,推动科技进步,提高全民文化素质,提供医疗保健和社会保障,缩小地区差别,实现公平分配,不断提高全体人民的物质文化生活水平,实现社会的全面发展与进步。如果财政支出规模过小,经济的增长与社会进步都会因为财力投入不足而受到影响,降低其发展速度。

(三)财政支出规模的影响因素

一定时期财政支出规模的变动,涉及多种复杂因素,同当时的政治经济条件和国家的方针政策甚至国情都有密切的联系。概括起来,主要有以下几方面的因素:

1. 经济因素

(1)经济发展的要求

虽然经济的发展不完全取决于投入的增加,还同原有的生产能力的发挥、效益的高低有关,但要维持一定的增长速度,必须有一定的投入来保证。不可否认,二者之间有一定的依存关系。在以公有制经济为主体的国家中,国有资产的建设规模,直接影响经济增长速度,因此,经济增长的要求越高,财政的生产性投资支出越要增加。同时,由于经济增长引起的非公有制经济活动对诸如交通运输、通讯、邮电设施等"公共生产的外部条件"的需求不断扩大,财政支出也需相应增加。另外,随着技术进步,产业结构中资本密集型产业比重的不断提高,需要有更多的公共设施与公共事业与之相配合,由于公共设施的建设和公共事业的发展离不开财政支持,故财政支出规模也随之扩张。

(2)经济发展水平

财政支出的增加在某种程度上是由经济发展要求引起的,但财政支出能否增加的制约因素却是一定时期的经济发展水平。因为财政主要是对社会剩余产品进行分配,剩余产品越多,能供财政分配的数量也就越多。经济发展水平高低直接决定着剩余产品率的高低,因而也就制约着财政支出的规模。所以,从这个因素分析,经济发达国家的财政支出规模普遍要比经济发展落后的国家高。

(3)经济体制及分配体制的选择

经济体制及与之相适应的分配体制的选择对财政支出规模的影响非常重要。一般说来,实行计划经济体制的国家的国家职能和财政分配范围都比较宽,因而财政支出规模都比较大。相反,实行市场经济体制的国家,财政支出的规模则相对较小。与经济体制相适应,实行计划经济体制的国家,分配体制的集中度都比较高,因此,财政支出的规模就比较大。反之,实行市场经济体制的国家,分配体制相对分散,其财政支出规模就较小。

(4)政府的经济干预政策

政府的经济干预政策对财政支出规模发生影响,就一般而言,这无疑是正确的。但应当指出的是,如果政府的经济干预主要是通过管制而非通过财政的资源配置或收入分配活动实现时,它对支出规模的影响并不明显。这是因为,政府通过管制或各种规则干预经济活动时,并未发生政府的资源再配置或收入再分配活动,即财政支出规模基本不变。很明显,政府干预经济活动时,采取法律或行政手段与采取财政、金融等经济手段,具有不同的资源再配置效应和收入再分配效应。

(5)价格水平

财政分配是在一定的物价水平基础上进行的。价格化虽然不影响社会产品的实物量,却会影响同等数额货币的支付能力.而影响财政支出的支付能力和相应的支出需要规模。即如果货币贬值,物价上涨,政府的购买性支出和转移性支出的规模都要扩大,所以,物价上涨是财政支出规模不断膨胀的重要因素。当然,在通货紧缩时期,情况相反。不过,由于财政支出具有刚性,支出规模可能并不会因此而缩小;相反,由于政府此时往往会实行赤字财政政策,有意扩大财政支出规模以刺激有效需求。

(6)财政收入规模

一定时期政府的支出规模在很大程度上要受其收入规模的制约。因为收入是支出的基础,有收入才可能有支出。我国传统财政学提出的量入为出的理论就是要求按照收入情况来安排支出,保持收支之间的平衡并略有结余。尽管近年来人们对量入为出的原则有了新的解释,但一定时期的财政支出规模肯定要受到财政收入的制约。事实上,财政支出与收入之间存在着相互制约的关系。财政支出对财政收入的制约主要表现在确定收入预算环节,即一定时期财政收入预算应该考虑财政支出需要,遵循量出为入的原则;而当收入已经确定,支出的安排就要考虑收入所提供的可能,如果不顾收入在量上的制约,无限扩大财政支出,就使支出在实现过程中缺乏基础,甚至可能出现捉襟见肘、入不敷出的局面,影响预算过程的正常进行,使支出缺乏质量保障。

2. 政治因素

(1)政府的职能范围

财政分配主要是围绕政府职能的实现来进行的,财政支出的直接目的是为实现政府职能服务的。即政府职能范围决定了政府活动的范围和方向,也因此决定了财政支出的范围和规模。从社会经济发展的历史来看,政府职能的大小始终是制约财政支出规模的最为重要的因素。由于实行计划经济体制的国家,政府的职能范围较大,因而财政支出占相关经济总量的比重会相对高些;反之,在市场经济体制下,这一比重就会低一些。随着生产社会化程度的提高、经济规模的不断扩大,政府的管理职能和对经济运行的宏观调控功能不断加强,"市场调节成本"越来越高,财政支出的绝对规模也被相应拉大。

(2)国际环境

国防费用是用来抵御外来侵略、保卫国家主权和领土完整的。因此,国防费用的规模受国际环境尤其是周边国家环境的制约。同时,国际环境又影响到国内政局的稳定和社会的安定,这对国防支出、国家安全支出、武装经费、治安经费和社会管理费用等影响很大。

(3)政体结构的行政效率

若一国的行政机构臃肿,人浮于事,效率低下,经费开支必然增多,这是确定无疑的。我国的行政管理支出长期居高不下,行政效率问题一直得不到有效解决是关键所在。从这个意义上讲,我国的政治体制改革任重而道远。

3. 社会因素

如人口状态、文化背景等因素也在一定程度上影响财政支出规模。财政支出规模同人口因素有着更为直接的关系。如果维持原有的消费水平不变,那么支出规模会因人口增加而扩大;如果要提高消费水平,那么支出规模将会更加膨胀。随着人口的增加,要求政府提供更多的就业机会,政府对教育、文化、卫生、体育等项支出随之增加,行政管理和社会管理方面的费用也相应提高。发展中国家人口基数大,增长快,相应的文教科卫支出等压力较大,特别是对于我国这样的发展中的人口大国,随着人口老龄化问题的不断凸现,人口因素对财政支出规模的影响更是不容忽视。而发达国家的人口老龄化、公众要求改善社会生活质量等问题突出,也会对支出提出新的需求。

二、财政支出规模的衡量指标

衡量财政支出规模的指标通常有绝对指标和相对指标两类。

财政支出规模的绝对指标是指以一国货币单位表示的、预算年度内政府实际安排和使用的财政资金的数量总额。它可以直观地反映某一财政年度内政府支配的社会资源总量,但难以反映政府支配的社会资源在社会资源总量中所占的比重,因而不能充分反映政府在整个社会经济发展中的地位。由于绝对指标是以本国货币为单位,加之不同国家的经济发展水平存在明显差异,故不便于进行国际间横向比较。另外,这一指标是以现价反映的名义财政支出规模，与以前年度特别是物价水平变化较大年度的支出绝对额缺少可比性，故不便于支出规模的纵向分析。

因而，通常是以支出的相对指标作为衡量和考察财政支出规模的指标，既可以用作不同国家支出规模的横向比较，也可用作一国不同经济发展时期支出规模的纵向分析。

财政支出规模的相对指标是指预算年度内政府实际安排和使用的财政资金的数量占相关经济总量指标（如国民生产总值、国内生产总值、国民收入等）的比率。它反映了一定时期内全社会创造的财富中由政府直接支配和使用的数额，反映了社会资源在市场和政府之间的配置比例，体现了社会财力的集散程度，也反映了财政支出与宏观经济运行以及国民收入分配的相互关联、相互制约的关系。通过该指标，可以全面衡量政府经济活动在整个国民经济活动中的地位及重要性。

一般来讲，在经济发展水平、产业结构等大致相同的条件下，财政支出相对指标越大，说明财政参与国民（内）生产总值分配的比例越高，社会财力越集中，财政支出的规模越大，政府对经济运行的介入或干预程度也就越高；反之亦然。研究财政支出规模，不仅要研究其绝对量，更要研究其相对量。如果脱离国民经济和社会发展的相关指标去研究和确定财政支出规模，就割裂了经济运行与财政支出的内在联系，也就不能真实、客观、准确地确定财政支出规模。

实践中，各国主要采用财政支出占 GDP（或 GNP）的比重以及财政支出边际系数和财政支出弹性系数等指标来衡量财政支出规模及其变化情况。

财政支出的边际系数，即国民（内）生产总值的增加额中用于财政支出部分所占份额的大小。用公式表示为

$$\text{财政支出边际系数}(Mg)=\frac{\text{年度财政支出增加额}}{\text{年度国民(内)生产总值增加额}}\times 100\%$$

财政支出的弹性系数，是指由国民（内）生产总值的增长所引起的财政支出增长幅度的大小，亦即财政支出增长对国民（内）生产总值的敏感程度。用公式表示为

$$\text{财政支出弹性系数}(Eg)=\frac{\text{年度财政支出增长率}}{\text{年度国民(内)生产总值增长率}}\times 100\%$$

三、财政支出规模的主要理论

从世界各国财政支出历史进程的演变来看，无论是政府公共支出的绝对量还是相对量，在各国都呈上升趋势。这种趋势并不因各国的经济发展水平和国家结构而不同，所不同的只是增长速度的快慢。对公共支出不断增长的现象，西方财政经济理论界有多种理论分析和解释。

（一）瓦格纳法则

1882 年，德国经济学家阿道夫·瓦格纳通过对 19 世纪的许多欧洲国家和日本、美国的公共支出增长情况的考察，提出了“公共支出不断增长法则”，又称瓦格纳法则。他认为一国政府的支出与其经济成长间，也就是政府职能的扩大与国家所得的增加之间存在一种函数关系。

即随着国家职能的扩大,随着经济的发展,就要求保证行使这些国家职能的公共支出不断增加,日益充裕。事实正是这样,“公共支出不断增长”的情况,“可由中央及地方政府经费增加的统计上,雄辩地说明这一点”。瓦格纳还认为,只要符合国家职能的要求,即使出现暂时的财政不均衡也无妨。利用公债举办公共事业是可行的,条件是它将来带来的财政收入增加额能抵消这些公共事业的费用。

瓦格纳把导致政府支出增长的因素分为政治因素和经济因素。所谓政治因素,是指随着经济的工业化,正在扩张的市场与这些市场中的当事人之间的关系会更加复杂,市场关系的复杂化引起了对商业法律和契约的需要,并要求建立司法组织执行这些法律。这就需要把更多的资源用于提供治安和法律设施。所谓经济因素,则是指工业的发展推动了都市化的进程,人口的居住将密集化,由此将产生拥挤等外部性问题。这就需要政府进行管理与调节工作,需要政府不断介入物质生产领域,因而形成了很多公共企业。此外,瓦格纳把对于教育、娱乐、文化、保健与福利服务的公共支出的增长归因于需求的收入弹性,即随着实际收入的上升,这些项目的公共支出的增长将会快于 GDP 的增长。

但瓦格纳关于公共支出增长的含义究竟是指绝对增长还是相对增长,在当时并不清楚。后来,其追随者进一步发展了该理论,其内容可以归纳如下:政府支出的增长幅度大于经济增长是一种必然趋势;政府消费性支出占国民所得的比例不断增加。随着经济发展和人均所得的上升,公共部门的活动将日趋重要,公共支出也就逐渐增加。导致财政支出增大的原因主要是随着资本主义经济的发展,原来由私人部门进行的若干活动,逐渐地由政府办理;人口的增加,城市的迅速发展,各种矛盾的激化,使得政府的一般行政、权力机关、司法检察机关、经济管理、社会协调等方面支出扩大;由于某些投资所需财力较多,或出于调节经济活动的需要,政府就应参与投资、调控。随着国民所得的增加,政府对文化、福利方面的投资将会成倍增加。

瓦格纳法则适应了当时俾斯麦政府强化国家机器,扩大干预经济,以加紧对内镇压,对外扩张的帝国主义政策的需要,成为包括德国在内的各个帝国主义国家推行帝国主义财政政策的理论基础。

(二)梯度渐进增长理论

英国的皮考克(Alan Peacock)和魏斯曼(Jack Wiseman)在瓦格纳分析的基础上,根据他们对 1890 ~ 1955 年间英国的公共部门成长情况的研究,提出了“置换理论”,又称“梯度渐进增长理论”“公共收入增长引致论”。他们认为,政府支出份额的上移,是因政府在应付某种重大危机或混乱(如战争、饥荒等自然灾害及其他社会灾难)时,不得不进行转移而引致的。导致公共支出增长的原因可归结为内在因素和外在因素,并且外在因素是说明公共支出增速超过 GDP 增速的主要原因。

1. 内在因素

追求政治权力最大化的政府喜欢多支出,而公民不愿意多纳税,因此公民所容忍的税收水平决定了公共收入水平,从而构成了政府扩大公共支出的约束条件。在正常情况下,随着经济的发展和收入的上升,政府以不变的税率征得的税收也会上升,于是政府支出增加与 GDP 增长呈一种线形关系。

2. 外在因素

在经济社会发展的非正常时期(动荡时期),私人投资和消费能力下降,为了稳定和恢复经济社会秩序,政府支出不得不急剧增加以填补私人支出不足的缺口,政府被迫提高税率或开征新税,而公众在危急时期也会接受这种税负的增加。但动荡时期过后,因公共产品福利刚性的作用,财政开支和宏观税负水平又不会退回到原来的水平上。一般情况是,一国在战争结束后,总要发行大量的国债,公共支出会持续走高。因此,每一次较大的经济和社会动荡,都会导致政府财政支出水平上一个新的台阶。从长期看,财政支出就呈现螺旋式上升趋势。

尽管该理论在经验和概念两个方面一直受到挑战,但在统计方面已被一些工业化国家做过成功测试。由此推论,许多容易受"外部"事件(如物价波动、自然灾害、区域乃至全球金融动荡和经济萧条等)冲击的发展中国家,其支出增长趋势也可用这一理论加以解释。

(三)经济发展阶段论

马斯格雷夫(R. A. MusgaVe)和罗斯托(W. W. Rostow)用经济发展阶段论来解释公共支出增长的原因。这一理论在罗斯托的《经济成长的过程》、《经济成长的阶段》等著作中得到了集中体现。他们认为:

①在经济发展的早期阶段,由于公共产品尤其是经济发展所必需的社会基础设施(如公路、铁路、桥梁、法律和秩序、电力、环境卫生、供水系统、通信、教育等)供给不足,政府公共投资往往要在社会总投资中占有较高比重。因为这些公共投资对于帮助早期阶段的经济"起飞",以至进入发展的中期阶段来说,都是必不可少的前提条件。

②当经济发展进入中期阶段后,社会基础设施供求趋于均衡,政府公共投资在社会总投资中的比重有可能降低。但公共支出总规模并不一定下降甚至有可能继续上升,其原因在于:当经济、社会发展进入中期阶段后,市场失灵问题日益突出,并成为阻碍经济发展进入成熟阶段的关键因素。这就要求政府加强对经济的干预,以矫正、补充、完善市场机制的不足。但是政府对经济干预范围的扩大和干预力度的加强必然引致财政支出增长。

③随着经济发展由中期阶段进入成熟阶段,公共财政支出结构会发生很大变化,即从社会基础设施投资支出为主的结构,转向以教育、保健和社会福利为主的支出结构,购买性支出相对下降,转移性支出相对上升。从长期看,公共支出结构的这种变化趋势,引起了公共支出规模的不断扩大。

(四)非均衡增长理论

美国经济学家鲍莫尔(William Baum01)认为政府公共支出增长也可以从私人部门与公共部门平均劳动生产率的增长差别(非均衡增长)的角度得到解释。他把国民经济区分为劳动生产率迅速提高的私人部门和劳动生产率提高缓慢的公共部门两个部分,并且假定这两部门的工资水平相同，并且随着劳动生产率的提高而相应提高。在对两部门的有关数据进行测算的基础上，得出下面的结论：

①生产率提高缓慢的部门，其产品的单位成本不断上涨；而生产率不断提高的部门，其产品的单位成本或是维持不变，或是不断下降。

②如果消费者对生产率提高缓慢部门的产品需求富有弹性，该部门的产品产量将越来越少，甚至可能停产。

③如果要维持生产率较低部门的产品在整个国民经济中的比重，必须使生产力不断涌入该部门。

④如果要维持这两个部门的均衡增长，政府部门的支出只能增加。同时，也会导致整个经济增长率的不断降低。

根据以上推论，鲍莫尔得出结论，即生产率偏低的政府公共部门必然越来越大，其支出水平也越来越高。

第三节　财政支出结构

一、财政支出结构的含义

财政支出结构是指在一定的经济体制和财政体制下，财政资金用于行政各部门、国民经济和社会生活各方面的数量、比例及其相互关系。它是按照不同的要求和分类标准对财政支出进行科学归纳、综合所形成的财政支出类别、构成及其比例关系。

从财政分配自身角度分析，财政支出结构反映了财政支出的基本内容及其各类支出的相对重要性；体现了一定时期内国家的财政经济政策取向和政府财政活动的范围、支出责任和重点。对财政支出结构进行全面、系统的分析，目的在于探索财政支出的内在联系及其规律性，分清主次和轻重缓急，合理安排财政资金，形成财政支出的最优结构，保证政府各部门、国民经济和社会发展各方面的资金需求，保证国家履行各项职能的资金需要，提高财政资金使用效率。

从宏观经济运行角度分析，财政支出涉及社会生活的方方面面，并对经济运行起着重要的作用，因此，财政支出结构必然体现社会经济生活中各种比例关系的客观要求。更重要的是，在社会主义市场经济条件下，生产要素的配置和调整主要通过市场进行，而财政分配要从宏观上调控市场，则主要通过调整财政支出结构来发挥其宏观调控的作用，即通过调整财政支出结构，来协调、引导、控制经济结构、产业结构、消费结构、社会结构，实现国家宏观调控目标。对财政支出结构的分析和调整，是国家宏观调控的重要手段，是实现宏观调控目标的重要途径。

财政支出结构建立在一定的财政支出分类之上，只有在一定的支出分类基础上，才能对因此而形成的各项支出数额及其所形成的关系作出分析研究。财政支出结构的实质是各类财政支出的分类组合与配置比例。研究目的不同,分类组合的标准就不同,财政支出的结构也就不同。由于有关财政支出分类内容在本章第一节已有论述,在此不再赘述。

二、财政支出结构的制约因素

一定时期的财政支出结构,并非任意形成和主观臆断的,而是受政治、经济等多种因素制约的。影响财政支出结构的因素主要有以下几方面。

(一)国家的职能及政府活动范围

财政是实现国家职能的分配工具,财政支出是实现国家职能的财力保证。因此,国家的职能及政府活动范围决定了一定时期内财政支出的项目、方向和比例,也就决定了财政支出的结构。

政府活动是国家职能的具体体现,国家职能的大小决定了政府的活动范围。国家职能表现为社会管理职能和经济管理职能两个方面。一般说来,在以生产资料私有制为经济基础的国家,国家不介入或很少介入微观经济活动,因而其组织管理经济活动的功能较弱,国家职能主要集中于对社会活动的管理,政府的活动范围也主要集中于社会活动领域。由此决定其财政支出中用于社会公益事业支出和社会保障支出等的比例较高,而用于经济建设支出的比例较低。而在以生产资料公有制为经济基础的国家国有经济是国民经济的主导力量,国家具有组织领导经济建设的职能,相应承担国有资产的投资建设和为经济建设提供基础设施的任务,因而,国家的经济职能较强,政府的活动范围在经济领域的延伸较深,覆盖面较宽。由此决定其财政支出中直接用于经济建设和与经济建设有关的支出所占比例较高,而相对用于社会公益事业支出和社会保障支出等的比重则较低。这样的财政支出结构,是与国家的职能及政府的活动范围相适应的,也就能够较好地保证国家职能的实现,并为政府的活动提供相应的财力保证。

(二)政府的工作重心及发展目标

生产资料所有制的性质不同,决定了国家职能及政府活动范围不同,因而,财政支出结构不同。但是,生产资料所有制性质相同的国家.或者同一个国家在不同的历史时期或不同的发展阶段中,由于政府的工作重心不同及政府的经济及社会发展目标不同,财政支出的结构也不同。因为财政支出的结构是由政府的工作重心及发展目标决定的,一定时期内的财政资金的流向及比例,必须同该时期政府的工作重心及经济与社会的发展目标相适应,这样才能保证政府所承担的政治经济任务的完成及发展目标的实现。

例如,我国在不同的历史时期,由于政府的工作重心不同,国家采取的方针、政策发生变化,财政支出结构也相应发生变化,或是支出项目的调整,或是支出数量的增减,使不同时期的财政支出结构发生较大变化。新中国初期的经济恢复发展时期,为了巩固新生的人民政权和进行抗美援朝战争,财政支出中,行政管理支出占 12.5%,国防支出占 37.8%,仅这两项支出就已超过总支出的50%，而经济建设支出仅占4.3%，社会文教支出仅占11.5%。从“一五”到“七五”期间，我国开始了大规模的社会主义经济建设，政府工作重心逐步转移到以经济建设为中心的轨道上来，为适应社会主义经济建设的需要，财政支出结构有了较大的调整。国防支出一般在11%～20%，行政管理支出一般在5%～10%，而经济建设支出比重大幅度上升，一般在50%以上，最高达65.2%。自1998年以来，国家财政连续实施积极财政政策，仅1998年、1999两年国债投资就达2 100亿元，用于基础设施、公用设施的建设。为了实施“科教兴国”战略，国家规定，每年财政对教育、科技投入的增幅要高于财政经常性收入的增幅。从1998年起，连续五年中央级财政教育经费占中央本级支出的比例每年要递增1个百分点。不难看出，这些支出政策的实施，基本上是围绕着政府的工作重心安排的，而且也基本保证了政府的经济和社会发展目标的实现。

（三）经济体制及资源配置的方式

经济体制及资源配置的方式与财政支出结构有着密切的内在联系。经济体制决定资源的配置方式，也就决定着财政支出的结构。实行计划经济体制的国家，都是由政府垄断社会资源，资源配置方式以政府集中配置为主，政府既承担了“社会公共需要”方面的事务，也承担了大量竞争性、经营性等方面的事务。因此，财政支出中经济建设支出所占的比重比较高，而用于社会公益事业开支和社会保障开支等的比重较低。而实行市场经济体制的国家，以市场配置为资源配置的主要方式，政府的职能主要集中于社会管理领域，因此，财政支出中经济建设支出所占比重较低，而用于社会公益事业和社会保障等方面的开支比例明显较高，几乎没有用于竞争性、营利性领域的支出。

自新中国初到“五五”期间，实行的是传统的计划经济体制，资源配置是政府高度集中垄断配置，财政支出中用于经济建设的比重都在50%以上，最高年份达到65.2%，而用于文教科卫方面的支出仅有10%左右，用于社会保障方面的支出仅为1%左右。从“六五”至“八五”中期，我国实行的是有计划的商品经济体制，资源配置以国家计划分配为主，市场调节为辅，政府的工作重心从单纯的发展经济为主，转向以经济增长和社会进步为目标，财政支出中用于经济建设支出的比重有所降低，平均为40%左右，而用于社会文教方面的支出有较大幅度的提高，平均在20%以上，用于社会保障的支出也有明显增加。从“八五”末期，我国实行社会主义市场经济体制，资源的配置方式转向以市场调节为基础，政府调节为辅的方式，财政支出的结构又有了新的变化，用于经济建设支出的比重继续有所下降；社会文教方面的支出继续提高，而且其增长速度高于财政收入的增长速度；用于社会保障方面的支出则有大幅度的提高，并且呈不断增长趋势。随着国有经济“有进有退，有所为有所不为”的战略布局的逐步调整，这一趋势将会更加明显。

三、我国财政支出结构的发展趋势

一是随着社会主义市场经济体制的建立，市场在资源配置方面的作用将日益增强；企业将取代政府成为投资主体,国家用于经济建设的投资主要用来调节产业结构和进行宏观经济调控。财政的经济建设支出,应重点用于农业、能源、交通、通讯等基础产业和非竞争性行业,改善经济发展的环境。一般性加工工业和竞争性产业,主要应由其他投资主体去投资,通过市场配置资源,提高资源配置效率。中共十六届三中全会《中共中央关于完善社会主义市场经济体制若干问题的决定》指出:"完善国有资本有进有退、合理流动的机制,进一步推动国有资本更多地投向关系国家安全和国民经济命脉的重要行业和关键领域,增强国有经济的控制力。其他行业和领域的国有企业,通过资产重组和结构调整,在市场公平竞争中优胜劣汰。"

二是保证各级政府正常履行管理职能所需的行政管理经费,在支出总量保持适当增长的同时,必须确定行政经费的合理规模,通过转变政府职能、机构改革、精兵简政、人员分流、提高办事效率等措施进一步压缩行政经费开支,降低其比例。

三是调整和优化文教科卫支出结构。要继续增加对文教科卫等事业的投入,并适当加快其投入的增长速度,保证文教科卫等重点事业的发展需要。同时,尽可能将有条件的事业单位推向市场,形成与市场经济体制相适应的事业发展支出格局。

四是进一步建立和完善社会保障体系,尽快开征社会保障税,建立社会保障预算,增加社会保障支出,加快社会保障事业的发展,减轻企事业单位的负担,切实改变"企业办社会"的局面,为改革深入提供强有力的保障。

五是缩小财政补贴范围,严格补贴程序,减少补贴金额。财政补贴必须尽可能减少对市场作用发挥的影响,主要用于支持国家产业政策、配合国家价格调整、促进社会公平。随着价格机制等一系列经济体制的全面、深化改革,以及历史遗留问题的解决,一些因传统体制和历史原因造成的补贴应逐步减少或取消。今后财政补贴主要集中在农业生产和流通领域,以及承担特殊责任的国有企业和社会公益事业。要逐步取消商业和粮食、外贸企业的亏损补贴,并把对个人的补贴纳入工资分配。

本章小结

财政支出是国家政府根据实现其职能和活动范围的需要,对以税收等收入形式所集中起来的财政资金进行有计划的再分配,使政府掌握的资源得到合理配置的活动。

按财政支出的经济性质即财政支出是否与商品和服务相交换,可将全部财政支出分为购买性支出和转移性支出两大类。

财政支出规模,是指在一定时期(预算年度)内,政府通过财政渠道安排和使用的财政资金的实际数额,是根据一定时期国民经济发展状况和政府职能实现的要求等因素测算和完成的政府集中性支出在总量上的反映。

财政支出规模的影响因素包括经济因素、政治因素、社会因素。

财政支出规模的主要理论有瓦格纳法则、梯度渐进增长理论、经济发展阶段论、非均衡增长理论。

思　考　题

1. 简述购买性支出与转移性支出的区别。
2. 简述经济发展阶段论的内容。
3. 简述财政支出对就业的影响。
4. 简述“瓦格纳法则”的基本含义。
5. 财政支出的原则有哪些?

【案例分析】

下表数据概括了我国建国后的财政支出变化情况。

年份	财政支出总额/亿元	各类财政支出占总额的比重/%				
		经济建设支出	社会文教支出	国防支出	行政管理支出	其他支出
1950	68.1	25.5	11.1	41.1	19.3	2.9
1960	654.1	70.4	13.2	8.9	4.8	1.0
1970	649.4	60.5	8.0	22.4	4.9	4.2
1980	1 212.7	55.3	16.4	16.0	6.2	3.7
1990	3 452.2	44.8	22.1	10.4	9.3	7.5
1995	6 823.72	41.85	25.73	9.3	14.6	8.47
1998	10 798.18	38.71	27.14	8.66	14.82	10.68
2000	15 886.5	36.18	27.6	7.6	17.42	11.19
2001	18 844.0	34.24	27.58	7.6	18.58	11.97

请根据各类财政支出所占比重的变化分析其变化趋势。

第十章

Chapter 10

购买性支出

【本章学习要求】

本章要求掌握行政管理支出和国防支出的形式和内容；了解教科文卫和社会基础设施支出的形式和内容；掌握政府采购的相关内容。

【本章主要概念】

购买性支出；行政管理支出；国防支出；科教文卫支出；社会基础设施支出；政府采购

【引导案例】

湖南省免费教科书政府采购

根据2011年4月11日湖南省免费教科书政府采购工作会议精神，湖南省中小学免费教科书继续实行政府采购单一来源方式，由中南传媒子公司湖南省新华书店有限责任公司承担供应义务。2011年公司加大对湘版教辅的开发投入，有效促进了教辅营业收入的增长，2011年教材教辅板块业务增长10.86%，但也因教辅销售毛利率偏低，其营业收入比重的增加使教材教辅销售毛利水平整体下降。此次签订6.62亿元的采购大单，将对公司2012年经营业绩产生积极影响。

购买性支出，也称消耗性支出，是指支出形成的货币流，直接对市场提出购买要求，形成相应的购买商品或劳务的活动。从性质上看，购买性支出反映着政府部门和其他经济主体之间互利、有偿的市场交易关系。购买性支出包括的项目很多，主要有行政管理支出、国防支出、教科文卫支出、社会基础设施支出等。本章将分别对这些支出项目加以介绍和分析。

第一节　行政管理支出和国防支出

一、行政管理支出

（一）行政管理支出的概念与特点

行政管理支出，是指财政用于国家各级权力机关、行政管理机关和外事行使其职能所需的费用支出，是财政支出中重要的经常性支出项目，是各级政府履行社会管理职责的物质保障，是政府向社会公众提供公共服务的经济基础。

行政管理支出是政府财政支出的一项重要内容。它作为政府正常运转的财力保证，其作用是不可缺少的。但行政管理支出同时作为一项消耗性支出，又决定了它不能无限地增长。在社会总资源一定的情况下，政府消耗的越多，社会可利用的资源就越少，并且在财政预算总量一定时，用于行政管理支出的越多，则用于公共服务等其他领域的就会减少。

按照行政管理支出的性质分析，政府的社会管理活动是一种典型的纯公共产品。这种公共产品除了由政府提供之外，一般不存在通过其他方式提供的可能。这样，作为政府机关开展活动之基础的行政支出，一般表现以下几个特点：

（1）消耗性

从社会财富的消费角度来看，行政管理支出属于社会财富的“虚耗”，行政支出不直接作用于生产经营活动，也不产生任何直接的经济效益。尽管行政支出通常只产生一定的间接经济效益，但我们仍将其归结为一种消耗性支出。

（2）公共性

从社会经济的循环周转来看，政府既是生产者，又是消费者。需要通过消耗一定量的社会财富来维持社会秩序的稳定。政府机关的社会管理活动是面向全社会的，行政经费来源一般通过税收形式取得，并直接用于社会成员身上，为其创造和谐的社会秩序和稳定的生产、生活环境。

（3）稳定性

从财富生产的社会条件来看，政府的行政活动维持了社会生产与生活的秩序。也就是说政府职责便是在一定时期的稳定性，决定了政府机关设置的稳定性。由于行政管理支出同政府履行职责、维护国家政权息息相关，因此，在保持合理增长趋势的条件下，行政支出应当具有相对的稳定性。

(二)行政管理支出的内容

1. 根据行政管理支出部门的不同

根据行政管理支出部门的不同可分为:

(1)行政性经费

主要包括:

①国家权力机关经费支出,即各级人民代表大会及其常务委员会的经费支出。

②国家行政机关经费支出,即各级人民政府及其所属各行政管理机关的经费支出。

③国家各级审判、检察机关的经费支出。

④中国人民政治协商会议全国委员会机关和各级地方委员会机关的经费支出。

⑤党派、团体经费支出,即中国共产党、各民主党派中央机关和各级地方组织机构机关的经费支出,中国共产主义青年团、中华全国妇女联合会中央机关和各级地方组织机构机关的经费支出。

(2)公检法司支出

主要包括公安支出、法院支出、检察院支出、司法部门支出、国家安全部门支出、监狱支出、劳教部门支出等。

(3)外交外事支出

主要包括驻外机构经费、出国访问经费、外国代表团的招待经费、国际组织会费、捐赠支出以及其他外事经费等。

(4)武装警察部队支出

主要包括中央预算对内卫部队、边防部队和消防部队的各项经费支出。

2. 根据行政管理支出最终用途的不同

根据行政管理支出最终用途的不同可分为:

(1)人员经费

主要包括行政管理机构工作人员的工资、补贴和职工福利费等。

(2)公用经费

主要包括行政管理机构的公务费、修缮费、购置费和业务费等。

从实际发生数额来看,人员经费占中国行政管理支出的绝大部分,而公用经费数量相对不足。

另外,由于国家的性质不同,行政管理支出的内容和范围也不同。西方国家不直接组织经济文化建设,行政管理支出主要用于维持国家政权机关的开支。而中国的行政管理支出除用于巩固国家政权建设外,也有一部分用于组织经济文化建设等方面。

(三)行政管理支出的发展趋势

1. 行政支出绝对规模不断上升

随着社会进步和发展,经济活动日趋复杂化,公共事务日渐增多,导致行政支出的规模呈现出不断增长的趋势。1978 年之前,中国行政支出年平均增长率为 4.7%。改革开放后,中国行政支出的增长速度明显加快。在 1977 ~1992 年的 15 年间,中国行政支出由 45.2 亿元上升为 463.4 亿元,净增长 9.3 倍,年均增长率达 16.8%。在 1992 ~2001 年的 9 年间,行政支出总额净增长 6.6 倍,年均增长率高达 25.3%。其中,2002 年和 2003 年分别比上年增长 16.8% 和 14.4%,增长速度有所减缓。2006 年的行政管理支出总额是 1978 年的 114.87 倍。如图 10.1 所示。

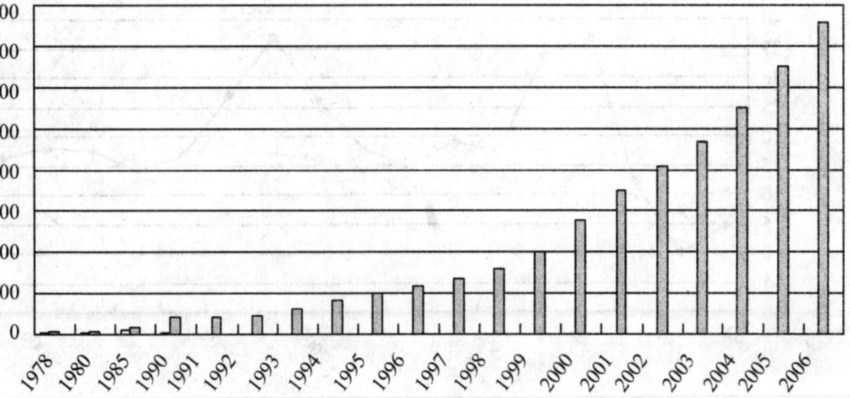

图 10.1　我国行政管理支出的绝对规模(1978 ~2006 年,亿元)

2. 行政管理支出的增长速度超过财政支出的增长速度

反映行政管理支出的一个重要的相对指标就是其占财政支出的比重。改革开放前,中国行政管理支出占财政支出的比重很低,平均只有 5.3%,但之后几乎是逐年递增,2006 年达到 18.73%,这一比例在国际上是较高的。统计资料显示,高收入国家平均为 9.5%,其中德国为 6.9%;上中等收入国家为 12.3%,其中波兰为 8.5%;中国属于其中的中下等收入国家,为 14.9%,罗马尼亚为 6.5%;低收入国家为 18.1%,其中印度为 11.9%。如图 10.2 所示。

3. 行政管理支出占 GDP 比重稳中有升

在分配格局既定的条件下,经济越发展,GDP 越高,可供财政分配 GDP 就越多,从而为包括行政支出在内的财政支出扩展提供了有利的条件。GDP 是行政支出增长的物质基础,行政支出占 GDP 比重这一指标反映了一个国家非经济费用支出的负荷能力和负担水平。中国行政支出占 GDP 的比重在 1991 ~1997 年相对稳定,1998 年之后所占比重则有所增加。其主要原因是中国正处于体制转轨时期,政府职能范围在发生变化,机构改革也在进行中,导致行政支出增长速度大大超过同期 GDP 增长速度。

(四)行政管理支出的影响因素

1. 外部影响因素

(1)财政收支水平

行政管理支出是通过对财政收入的再分配而形成的,因此,财政收入的状况,是制约行政支出总量的重要因素。财政收入越多,行政支出总量也就可能越大。另一方面,从财政支出的状况看,行政支出的增长是财政支出增长的动因,而反过来又受财政支出范围扩张的影响。

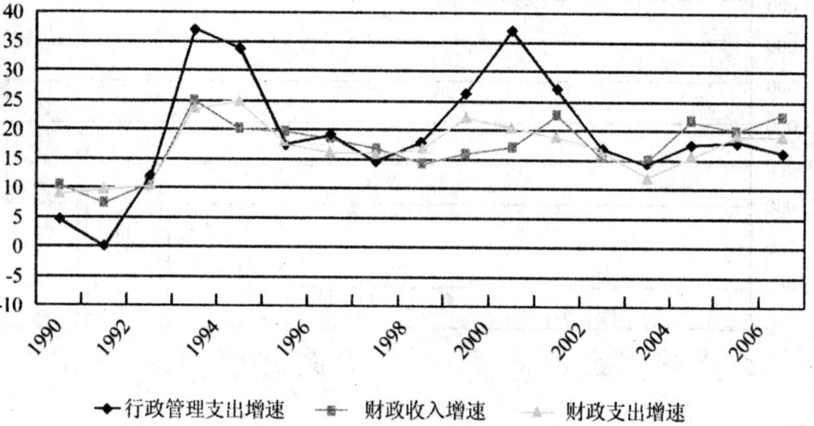

图 10.2　我国行政管理支出增速

(2)经济发展水平

社会经济的增长,促使行政支出不断扩张,这是一个客观经济规律。经济越发展,社会财富总量越大,国民收入越多,可供财政分配的对象也越多,财政支出的增加就有了可能。

(3)政府职能

政府职能的范围直接决定了行政管理支出的水平,即"水涨船高"效应。政府职能范围的大小,机构设置的多少,以及由此决定的机关工作人员的多少,都是决定行政管理支出规模的关键因素。

(4)物价水平

物价指数的上涨,不仅会带动人员经费中物价补贴开支的增大,而且更体现为公用经费的增加。此外,物价指数所造成的生活费的上涨,使得政府不得不提高工资水平,这也是人员经费不断增加的一个重要因素。

2. 内部影响因素

(1)政府机构膨胀

随着一国经济的增长,完善国内外法律法规以及维护社会秩序的要求随之递增,经济结构以及当事人之间的关系越来越趋于复杂化，这将带来经济职能的扩张。所有这些，都有赖于政府部门活动的加强，从而导致行政机构的膨胀，人员配置的增加。再加上国家出台的各项改革措施，工作人员正常升级、升职等，都会使工资、补贴和各项福利支出明显增加。因此，行政支出迅速增加是不可避免的。

(2)财政秩序紊乱

预算编制方法不够科学规范，追加预算的情况频繁发生。行政支出预算编制过程中，由于采取了基数法，具有一定的刚性，不利于支出范围的重新制定和支出结构的优化。财政部门对行政事业单位实行的预算包干，尽管调动了单位节支的积极性，却不利于根据政府职能的转变，进一步对支出范围和结构做出调整。此外，预算外收支、制度外收支、账外账、"小金库"等问题普遍存在，也导致行政支出的扩张。

(3)预算约束软化

支出使用过程存在软预算约束，缺乏竞争和降低成本的动力。中国行政支出是由财政直接拨付给使用单位，各单位又可以对行政支出进行灵活处理，甚至经常挤占、挪用。财政支出运作不透明极易导致腐败行为的产生。

(4)政府部门运作效率不高

从政府部门投入与产出看，中国政府在1996年以1元的行政经费，创造出57元GDP。到了2001年，这个数字下降为27元，政府部门的运作成本越来越"昂贵"，与世界发达国家的比较相比，中国政府部门的运作成本偏高。以征税为例，1997年，中国近100万税务人员，当年收了近8千亿元人民币的税收；而美国10万税务人员收了1.7万亿美元的税收；日本国税局5万人，只相当于中国的1/20，人均征税额是中国的8倍。

(五)控制行政管理支出的改革措施

控制行政管理支出的改革措施主要包括以下几个方面：第一，规范政府行政职能。强化政府的法律、经济和社会职能，弱化政府的行政职能。在市场经济中，真正做到不"越位"，也不"缺位"。第二，提高行政管理效率。按政府履行职能的需要合理确定各级行政机构，严格执行人员编制管理制度，对超编人员一律不核拨经费。同时，提高在编人员的工作效率，不浪费人力资源。第三，进一步完善公务员制度。深化人事制度改革，引入竞争激励机制，完善公务员制度，建设一个廉洁、勤政、务实、高效的政府。第四，认真落实政府采购制度。规范政府采购程序，确保政府采购的"公开、公正、公平"，一方面可以节省大量的行政管理费用；另一方面可以提高政府的声誉。第五，改善国家支出管理。改进预算编制方法，严格执行预算方案，提高资金使用的透明度，对预算资金进行绩效评估，提高预算资金的使用效率。

二、国防支出

(一)国防支出的概念与作用

国防支出是指财政提供的用于军队建设和其他国防建设的支出。防御外敌入侵，保卫国家安全是国家的重要职能之一。为此,有必要建立军队和军事设施等。这就决定了国防支出是一项基本的财政支出。

国防支出作为政府财政支出的有机组成部分,它主要是为实现政府职能服务的。随着政府职能的不断扩展,国防支出的作用也在发生变化。在现代社会中,国防支出的作用主要表现在以下政治和经济两个方面:

1. 政治方面的作用

国家的存在和发展必须具备两个基本条件:一是建立军队,以此来抵御外敌入侵,保卫国家领土的完整和主权的独立;二是设立警察、法庭、监狱、行政等设施和组织,以此来维护国内社会经济生活秩序的稳定。建立军队是政府最基本的职责之一,而建立军队就必然会有国防支出。古今中外,世界各国的国防支出虽然数额不一,但它在政府财政支出中均占有非常重要的地位。通过规模适度、结构合理的国防支出,可以保证政府能建立和保持一支具有一定军事优势的武装力量,借助这支武装力量为整个社会经济生活的有序进行提供良好的外部条件。此外,虽然国防支出的作用主要在于保卫国家安全,但在某些特定情况下,它还具有直接维护国内社会秩序的功能。

2. 经济方面的作用

一般说来,国防支出在战争时期会增长得很快。但是,国防支出在和平时期大幅度增长是第二次世界大战以后经济发达国家财政支出的一个突出特点。现代经济学认为,国防支出属于政府财政支出中的购买性支出。由于购买性支出具有特殊的经济调节功能,这使得巨额的国防支出成为影响社会经济稳定发展的一个十分重要的因素。

首先,国防支出是社会总需求的有机组成部分,数额巨大的国防支出对于促进总供求对比保持平衡状态发挥着重要作用。

其次,国防支出主要是用于购买提供国防服务的各种产品和服务的,由于这些产品和服务是整个社会产品和服务的重要组成部分,产品和服务之间的相互关联使国防支出对整个社会生产的正常进行与生产的扩大发挥着十分重要的作用。

再次,提供军火产品的军事工业是一个国家工业体系的重要组成部分,每个国家都有大量的劳动者供职于军事工业部门,国防支出数额的大小直接影响着军事工业的发展状况,从而影响社会的就业状况。

(二)国防支出的内容

根据预算收支科目划分,国防支出包括军费、国防科研事业费、民兵建设费、动员预编经费、招兵事业费、专项工程经费等。

根据军队兵种划分,国防支出包括国防部支出、战略部队支出、陆海空支出、武警支出和预备役支出等。

根据支出目的划分,国防支出包括维持费用和投资费用等。维持费用主要用于维持军队的稳定和日常活动,提高军队的战备程度,是国防建设的重要物质基础,包括军事人员经费、局势活动维持费、武器装备维修保养费和教育训练费。投资费用主要用于提高军队的武器装备水平，是增强军队战斗力的重要物质条件，主要包括武器装备的研制费和采购费、军事工程建设费和防空费等。

(三)国防支出的发展趋势

1. 国防支出绝对数额不断增长、而相对数额有所下降

中国国防支出的相对规模在“六五”“七五”时期曾一度趋减，“八五”时期略有回升，之后有所下降，目前占财政支出的比重大致稳定在7%左右(见表10.1和图10.3)。这一数字与改革开放前相比，是相对较低的。之所以出现这一情况，主要与国内外形势的变化有关。20世纪80年代以来，和平与发展成为时代的主题，大搞军备竞赛的格局不复存在，国际形势渐趋缓和。在大规模战争的威胁渐趋减弱的背景下，中国抓住难得的和平时期，将工作重心转移到经济建设上来。出于节省军费开支等方面的考虑，中国在20世纪80~90年代进行了数次大规模的裁军活动，裁军规模达150万人以上。这些举动促成了中国国防支出相对规模的减少。从1979年到1989年，国防费年平均增长为1.23%，与同期全国居民消费价格总指数年平均上涨7.49%相比，实际年平均负增长5.83%。从1990年到2005年，国防费年平均增长为15.36%，扣除同期全国消费价格总指数年平均上涨5.22%，实际平均增长9.64%。

2004年、2005年中国国内生产总值(GDP)分别为159 878亿元人民币和183 085亿元人民币，分别比上年增长10.1%和10.2%。国家财政支出分别为28 486.89亿元人民币和33 930.28亿元人民币，分别比上年增长15.57%和19.11%。2004年、2005年，中国年度国防费分别为2 200.01亿元人民币和2 474.96亿元人民币，分别比上年增长15.31%和12.50%。两年来，中国年度国防费占同期国内生产总值和国家财政支出的比例有所下降，2003年分别为1.40%和7.74%，2004年分别为1.38%和7.72%，2005年分别为1.35%和7.29%。2006年，中国国防费年度预算为2 838.29亿元人民币。

表10.1　2001~2007年中国国防支出规模

年份	国防支出/亿元	一般预算财政支出/亿元	国防支出占一般预算财政支出的比重/%	国内生产总值(GDP)/亿元	国防支出占GDP的比重/%
2001	1 442.04	19 202.62	7.5	109 655.2	1.3
2002	1 707.78	22 312.75	7.7	120 332.7	1.4
2003	1 907.87	24 876.33	7.7	135 822.8	1.4
2004	2 200.01	28 704.82	7.7	159 878.3	1.4
2005	2 474.96	34 123.54	7.3	183 084.8	1.4
2006	2 979.83	40 422.73	7.4	210 871.0	1.4
2007	3 554.91	49 781.35	7.1	251 483.2	1.4

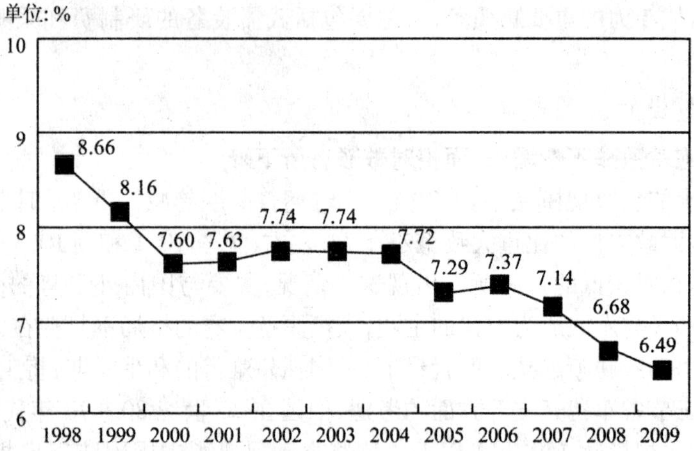

图 10.3　1998～2009 年中国年度国防费占国家财政支出的比例

2. 国防支出中投资费的比重不断提高

如前文所述，根据支出目的不同可将国防支出分为维持费和投资费。不断提高武器装备的研制和采购费，适当降低军事人员费用，已经成为各国国防支出发展的共同趋势。国防投资费是国防科研和武器装备发展的循环“血液”。

例如美国在科研方面的投资超过了世界上其他国家实际上，从国家科研经费总额上看，美国的技术优势是牢固的，美国的科研经费等于西方世界德、法、英、意等 9 个最大的执行科研计划的国家相应经费的总和。再如韩国自从 2006 年其计划把武器研发费用在国防开支中的比例提升到 5.3%，到 2010 年提升到 7.8%，到 2015 年提升到 10%。

3. 军民结合是国防支出的发展方向

科学技术的军民两用性，决定了经济建设和国防建设有必然的联系。发展军民两用技术是最有效的军转民的途径，它具有很多优点。首先，可以减少军事科研的费用，由于技术是两用的，不仅可以满足国防科研的需要，而且可以把国防科研成果推向市场，从市场获得利润，从而减轻国家承担的国防科研发展费用。其次，有些国防需要的技术在民用领导或发展得更为迅猛，而且技术也是最先进的，如信息技术，提倡发展两用技术有利于国防技术的提高。第三，有利于国防科研管理模式的改变，由于军民两用技术要求国防科研成果参与竞争，因此国防科研不计成本，决策缺乏民主化、科学化的做法必须改变，管理模式也须从以计划经济为主过渡到市场经济为主。

（四）国防支出的影响因素

从世界各国国防支出的实际情况看，影响国防支出的因素主要有：

(1)国家的地域范围

一般说来,国家的地域范围越是广大,其与其他国家接壤的边境线就越长,为了保护国家领土和主权不受侵犯,国家用于疆土保卫的防护性开支就会相应增加。

(2)国家在世界政治经济生活中所处的地位和所发挥的作用

在国际事务中发挥举足轻重作用的大国一般都较多地承担着维护地区或全球和平与稳定的责任(当然不排除一些大国是从自身私利出发而参与国际事务的),这样就客观上要求这些国家保持相对于其他国家而言较多的国防支出,以此来保证当某些地区出现不稳定因素时能受联合国安理会之召出兵维和。

(3)国际政治形势的变化

国际政治形势紧张意味着局部冲突或全局冲突的发生具有很大的可能性,为了使自己在一旦爆发冲突时能有较强的实力以免被打败,世界各国往往会增加国防支出以扩军备战。如果冲突真的发生了,为了打赢战争,冲突各方的国防支出还会迅猛增加。国际政治形势缓和意味着许多事情可以通过外交谈判的方式解决而不必动武,因此各国都会相互裁军,各国的国防支出也会相应减少。

(4)军事现代化的要求

随着科学技术的不断发展,国防活动已由过去的“人员密集型”转向“科技密集型”和“投入密集型”。冷兵器时代的“兵多将广”、“人多取胜”的信条已被打破,在现代战争中武器装备的先进与否是决定战争胜负的一个重要因素。为此,必须加大国防投入以进行现代化兵器的科研、开发与生产。

(5)国家的综合实力

国防支出的资金来源于国民经济创造的价值,为此,国防支出数额的大小以及国家军事力量的发达水平是由一个国家的经济发展水平以及由此而决定的国家综合实力决定的。世界上穷国和富国的国防支出差距悬殊,有的发达国家的国防支出比某些发展中国家的财政支出乃至国民生产总值都要大。可见,没有强大的经济作后盾,国防支出就不会有实质性的增加,国家的防卫能力也不会很高。

(6)兵役制度

中国实行的义务兵与志愿兵相结合的兵役制度,两种不同的动员制度各有利弊。义务兵役制的军事人员薪金较低,有助于减少直接的军事开支费用,但国家需要更多地承担他们复员后的基本生活保障性需求,从而增加社会保障方面的支出。志愿兵役制可相应减少退伍军人的生活保障开支,但志愿兵役制通过市场机制实现兵力动员,将增加军费开支的需要。

(五)国防支出的经济效应

传统的观点认为,国防支出是一国国防安全产品及劳务的非生产性投资,是政府的一项沉重的财政负担,削减国防支出对经济增长具有正面效应。应当说,从特定角度而言,国防支出与一国的经济增长是有矛盾的。正因如此,20 世纪 80 年代以来,中国在把工作重心转移到经济建设上来的同时,开始大规模地精简军队编制,调整武装力量的结构,使国防支出在相当长的一个时期内保持较低的支出水平。从一定意义上说,中国 20 多年经济发展所取得的成就,实际上含有牺牲国防建设的因素。不过,在高技术和“新军事革命”飞速发展、市场经济日趋成熟的今天,强调另一新的观念无疑是必要的。事实上,国防支出对一国经济增长既可能产生负效应,也可能产生正效应。如果处理得当,正效应是可以占据主导地位的。它不仅是构建强大国防体系、为经济发展“保驾护航”的财力基础,而且是政府促进高新技术研究开发,对宏观经济实施调控的有力杠杆和特定方式。

具体来说,在当代社会里,国防支出的正效应主要表现为:

第一,带动高新技术发展。当前,各国政府都非常重视用高新技术来装备自己的队伍。现代国防的科学技术水平不断提高,武器装备日益自动化、智能化、集约化,战争对科学技术发展的要求具有强烈的刺激作用,新的科学技术往往首先在军事领域被突破,又首先被采用,可以说一国的尖端技术水平都集中体现于军事装备上。20 世纪下半叶以来,以军事科技进步为先导的科学技术迅猛发展,成为经济发展的助推器和催化剂。

第二,促进民用领域技术水平提高。各国政府在军事科研上投入了大量的人力、物力和财力,加强了国防建设之外,还可将军事科研中研发的高新技术运用于民用事业,转化为生产力,这可直接促进一国在民用领域技术水平的提高。第二次世界大战后,美国的国防科学研究在应用技术的发展方面,具有不可替代的作用。许多重要的技术都是首先作为军事目的开发,而后转为民用的。如核技术、空间技术、激光技术、生物工程技术以及集成电路、高速宽带通讯、光学通讯和数学信号处理等。

第三,拉动一国需求,刺激经济增长。国防支出属于购买性支出范畴,在通货紧缩时期,政府实施扩张性的财政政策,增加国防支出的比重,增加购买军事劳务、军事工程和武器,这会促进某些生产材料价格的回升,进而使其他生产资料和生活资料价格上涨,从而拉动社会总需求,促进相关参与企业扩大生产规模,这就促进了经济的增长。但需要注意的是,增加国防支出的比例不宜太高,否则会挤占民间投资,从而产生负面效应。因此,国防支出增加的比重,应该以不使公私两大部门的生产结构比例失调为原则。

第二节　教科文卫支出

所谓财政的“教科文卫支出”包括文化、教育、科学、卫生、出版、通讯、广播、文物、体育、地震、海洋等事业的经费支出的统称。它由国家财政用于这些事业的日常经费支出和投资支出两项内容构成。

一、教育支出

财政的“教育支出”也称财政性教育性支出。按照来源和负担情况划分，教育支出主要包括财政的预算内教育支出，各级政府征收的用于教育的税费，校办产业、勤工俭学和社会服务收入用于教育的经费，以及其他财政性教育经费。按照性质划分，教育支出主要包括教育基建支出和教育事业费支出。按照教育层次来分，教育支出可以分为初等、中等和高等学校三级教育经费支出。

从经济性质看，教育服务首先是具有私人性，受教育者本人能够获得更多的知识和技能，这为自己将来找到一份较好的职业，获得较高的收入，赢得较多的晋升机会奠定基础。但在实践中，各国政府却往往在提供教育服务方面发挥着主导作用，原因是教育服务还具有较强的公共性。换言之，教育是一种混合产品或准公共产品，尤其是越基础性的教育，其公共性越强，对于整个社会的利益与好处就越多。

1. 教育正外溢性的体现

教育具有强烈的正外溢性，具体表现在以下几个方面：

①教育是高素质劳动力的来源。经济理论和实践表明，技术进步是一国经济增长的重要源泉，而教育则是技术进步的基础。没有良好的教育体系，一个国家是不可能实现现代化的。

②教育有助于提高公民的文明程度。教育使公民明辨是非，且获得一技之长，这有助于人们修养的提高，有助于精神文明建设，从而有助于减少犯罪。

③教育能提高公民的文化素质。这有助于减少行政管理的成本。

④教育有助于缩小贫富差距。假如教育服务完全由私人部门提供，人们受教育的机会就会因家庭出身的不同而存在很大差异。在学费昂贵的情况下，富人有较强的支付能力供其子女上学，穷人的子女即便天资聪颖也会被拒之门外。政府提供教育服务，能够为所有社会成员提供均等的受教育机会，有助于实现社会公平。同时，让人们怀有自己的后代可能接受良好教育的希望，对于社会的稳定起着重要的作用。

⑤教育资本市场的不完全。这在高等教育中表现得尤为明显。正外溢性能够很好地解释政府对于小学、中学等初等教育的支持，但高等教育的收益更多地由学生本人获得，原则上应由学生本人承担其成本。假如资本市场是完全的，那些认为自己接受高等教育的预期收益大于预期成本的人，就可以通过贷款来取得所需资金。问题是，人力资本投资究竟能否获得回报与回报率有多高，事先是难以确定的，这就使得私人金融部门因担心无法得到偿还，而不愿为教育融资，这样，那些资金不足的人就会被剥夺受教育的机会。为避免这种情况的发生，许多国家的政府都对高等教育提供一定的财政支持。

总之，尽管教育也有一定的负外溢性，如提高犯罪技能等；但总体上说，教育的正外溢性大大高于负外溢性，这就是为什么近现代许多国家都大力介入教育，直接为教育提供大量经费的原因之所在。

2. 教育支出的方式

政府部门安排教育支出，主要有三种方式可供选择，即对学生本人提供补助、对低收入家庭提供补助和对私立学校提供补助。

（1）对学生本人提供补助

这一方式旨在普及义务教育，其所产生的效应如图 10.4 所示。图中，横轴表示学生对教育的消费，纵轴表示对其他产品的消费，*AB* 为预算约束线。学生在得到补助前，预算线 *AB* 和无差异曲线 *I* 相切于 *E* 点，个人教育消费数量为 *OD*。得到补助后，学生的预算线由 *AB* 向外平移至 *ACF*，其中 *AC* 部分即为补助数额。新的预算线 *ACF* 与无差异曲线 *I'* 相切于 *E* 点。个人教育消费数量增加至 *OD'*。

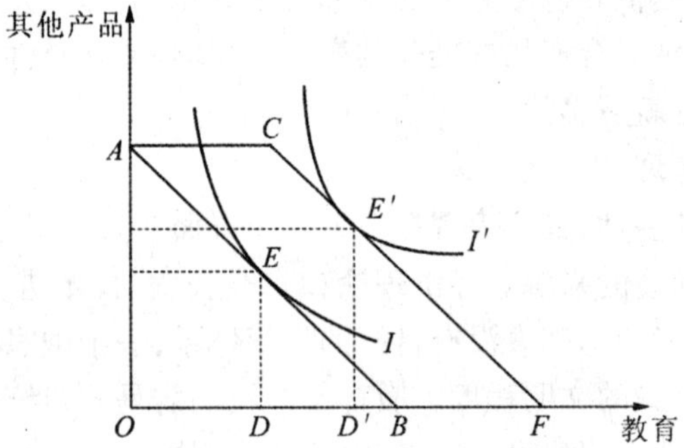

图 10.4　对学生本人补助后个人教育消费的变化

对学生本人提供补助一般有两种具体的做法：①拨款兴办学校，提供免费教育；②给学生发放免费入学卡。相比之下，给学生发放免费入学卡的做法更好些。原因是，拨款兴办学校的做法经常面临一种风险，即学校当局可能在追逐自身利益的过程中，将教育经费用于提高自己和教师的待遇上。

（2）对低收入家庭提供补助的经济效应

在这一方式中，政府部门试图通过补助，提高低收入家庭对教育消费的支付能力。如图 10.5 所示，家庭在获得补助前，预算线 *AB* 与无差异曲线 *I* 相切于 *E* 点，用于教育消费的数量为 *OD*。得到补助后，家庭的预算线由 *AB* 向外平移至 *CF*，并且与无差异曲线 *I'*，相切于 *E* 点。可以看出，家庭用于教育消费和其他产品的消费同时增加，其中教育消费由 *OD* 增加 *OD'*，增加了 *DD'*。

在一般情况下，由于获得补助的低收入家庭可以将补助款用于购买其他产品，因此这种方式无法保证家庭增加对教育的消费。当然，这一缺陷可以通过发放教育券等方式来弥补。

（3）对学校补助的经济效应

这一方式以学校而非学生本人为补助对象，政府部门试图通过补助，降低私立学校向学生收取的学费标准。该方式大多出于扶植私立学校的需要，如图 10.6 所示。在学费补助之前，预算线 AB 与无差异曲线 I 相切于 E 点，个人的教育消费为 OD。学费补助后，学费标准降低，个人的预算线外移成为 AC，与另一条无差异曲线 I' 相切于 E' 点，个人对教育的消费为 OD'，增加了 DD'。

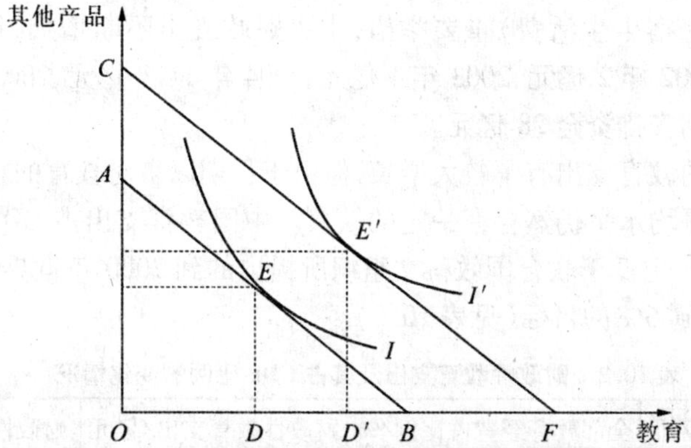

图 10.5　对低收入家庭补助后个人教育消费的变化

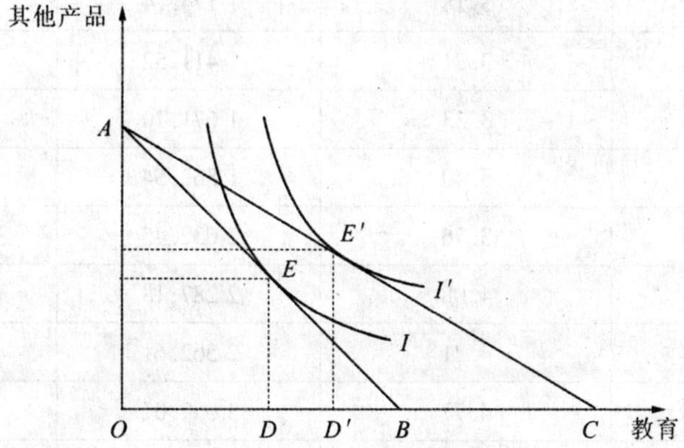

图 10.6　对私立学校补助后个人教育消费的变化

3. 教育支出的发展趋势

1993 年的《中国教育改革和发展纲要》（以下简称《纲要》）提出，要"逐步提高国家财政性教育经费支出（包括各级财政对教育的拨款、城乡教育费附加、企业用于举办中小学的经费、校办产业减免税部分）占国民生产总值的比例，达到发展中国家 20 世纪 80 年代的平均水

平”。10 多年来,中国一直朝着这个目标努力,教育支出规模变化趋势呈现以下几个特点:

(1)预算内教育经费绝对规模扩大,相对比例仍然较低

中央财政加大对教育的投入力度,预算内教育经费的绝对规模不断扩大。中国预算内教育支出从 1991 年的 459.73 亿元,到 2002 年的 3 114.24 亿元,增长了 6.77 倍,年均增长 17.3%。为了切实贯彻始于 2001 年的解决落后地区贫困家庭孩子上学难的“两免一补”(指免杂费、免书本费、补助寄宿生生活费)重要举措,中央财政支出不断增加,每年都以倍数级增长。2001 年 1 亿元,2002 年 2 亿元,2003 年 4 亿元,2004 年 11.7 亿元,2005 年更是超常规,中央用于免费教科书计划安排资金 28 亿元。

尽管中国近年来的教育支出有了较大增长,但由于长期以来对教育的投入偏低,目前的投入比重距离世界各国平均水平仍然存在一定的缺口。中国教育支出占 GDP 的比重低于 1995 年世界平均水平 5.2%,更低于联合国教科文组织所提出的到 2000 年世界各国的教育经费支出占 GDP 的比例应达到 6% 的目标(见表 10.2)。

表 10.2　财政性教育支出及其占 GDP 比例的变化情况

年份	全部教育经费/亿元	全部教育经费占比例/%	财政性教育支出/亿元	财政性教育支出占比例/%
1992	867.05	3.25	728.75	2.73
1993	1 059.94	3.06	867.76	2.51
1994	1 488.78	3.18	1 174.74	2.52
1995	1 877.95	3.21	1 411.52	2.46
1996	2 262.34	3.33	1 671.70	2.50
1997	2 531.73	3.40	1 862.54	2.55
1998	2 949.06	3.76	2 032.45	2.64
1999	3 349.04	4.08	2 287.18	2.84
2000	3 849.08	4.31	2 562.61	2.86
2001	4 637.66	4.77	3 057.01	3.14
2002	5 480.03	5.21	3 491.40	3.32
2003	6 208.27	5.29	3 850.62	3.28
2004	7 242.60	4.53	4 465.86	2.79
2005	8 418.84	4.60	5 161.08	2.82
2006	9 815.31	4.65	6 348.36	3.01

(2)以政府投入为主的多渠道教育经费投入格局逐步形成

在普及义务教育中,中国的教育投入基本是以财政投入为主,但对高等教育的投入如果仅靠国家财力,这是远远不够的。1993年后,中国高等教育已逐步形成了投资主体多元化、投资形式多样化的格局。从非财政经费来源看,中国教育近年来学杂费呈上升趋势,由1991年的32.35亿元增长到2002年的922.78亿元,其占教育经费的比例则由4.4%增长到16.84%,已经成为第二大经费来源。1993年以前,非财政性教育经费仅占全部教育投入的15%以下,到2002年则高达36.29%。这表明,一个多渠道供给教育经费的局面正在形成。这一新变化适应了社会对教育多方位增长的需求,尤其是推进了高等教育的大众化。

二、科技支出

科技支出是指财政在科学技术研究方面的专项支出。按照中国财政支出的划分标准,科技支出包括科技三项费用、科学事业费、科研基建费及其他科研事业费。所谓"科技三项费用",是指国家为支持科技事业发展而设立的新产品试制费、中间试验费和重大科研项目补助费。所谓"科学事业费",是指预算中由科技部归口管理的科学事业费,以及中国科学院系统的科学事业费。所谓"科研基建费",是指科研事业单位基本建设工程及设备更新费。

从研究性质上说,科学研究大致可以分为两种类型,即基础科学研究和应用科学研究。基础科学研究一般构成应用科学研究的基础,其成果对于社会的发展和进步具有特殊重要的意义。但是,由于基础科学研究一般具有研究成果交易性差、外溢性明显等特征。因此,从事这方面研究的人员难以从市场中获取支持自己研究工作的经济资源。而应用科学研究往往直接导致新产品、新工艺的发明,在专利制度下,从事这类研究的人员可以将其研究成果拿到市场上进行交易,并从中获取收入。基于以上不同的特点,基础科学研究一般由政府来承办,所需经费主要由财政承担;而应用科学研究则主要由私人承办,所需经费由私人承担。

在现代社会中,科技进步愈益成为经济增长的内在动力。据统计,现代科技进步对经济增长的贡献,已经从20世纪初的5%~20%提高到20世纪50年代后的60%~80%,全面超过了劳动力增加和资金增加所贡献的经济增长量,真正成为第一生产力。鉴于科技进步对经济社会发展所起的重要作用,各国用于科学研究方面的政府支出日益增长。从绝对规模来看,1989~2003年,中国科技支出的平均增速为15.6%。但从相对规模看,中国财政在科技方面的投入缺乏稳定的增长机制,科技支出占财政支出的比重,从1992年的5.06%降到2000年的3.62%而从科技支出占GDP的比重来看,发达国家一般维持在2%以上,且呈上升趋势。1975~1990年,日本从2.1%提高到3.1%,美国从2.2%提高到2.7%,法国从1.8%提高到2.4%,新兴工业化国家或地区一般在1.5%左右,发展中国家一般在0.8%~1%左右,而中国大部分年份一直在0.5%~0.7%之间,只是进入21世纪之后才有所增加。这一迹象表明,中国政府已经意识到,财政在科技方面的较低支出,势必影响到科教兴国战略的真正落实,在此背景下,有必要加大对科技的投入。见表10.3。

表10.3　财政用于科学研究的支出

年份	科学研究支出/亿元	占财政支出(含债务)的比重/%	占GDP的比重/%
1996	348.6	4.39	0.51
1997	408.9	4.43	0.55
1998	438.6	4.06	0.56
1999	543.9	4.12	0.66
2000	575.6	3.62	0.64
2001	703.3	3.72	0.73
2002	816.2	3.70	0.75
2003	975.5	3.96	0.83
2004	1 095.34	3.85	0.69
2005	1 334.91	3.93	0.73
2006	1 688.5	4.18	0.80

三、卫生支出

中国的卫生支出包括:

①卫生事业费,包括卫生部和卫生地方部门的事业费。

②公费医疗经费,包括中央级公费医疗经费和地方公费医疗经费。

③计划生育事业费。

④中医事业费,包括国家中医管理费和地方管理部门经费等。

卫生服务可分为医疗服务和公共卫生服务。医疗服务具有私人产品的性质,可以遵循谁看病谁付费的原则,通过市场提供。而其中的公共卫生服务,如社会性的卫生防疫、流行性疾病的预防、职业病的研究等,是着眼于全体社会成员的身心健康而提供的服务,这些服务具有较为明显的外溢性,属于准公共产品或混合产品的范畴,市场上的个人或企业一般不愿提供或无力提供,它们通常依靠政府专门提供或在政府的资助下提供。

中华人民共和国成立以后,中国推行的“预防第一”的卫生战略,使城乡居民健康大为改善,被世界银行赞誉为“成功的卫生革命”。然而,随着经济体制改革的深入,原有的医疗卫生供给基本体系被废弃,城市经济改革削弱了国有企业作为社会福利提供者的角色;而在广大农村,不少地方政府因财政困难而无力提供医疗服务。从绝对规模看,1995~2006年间,中国卫生支出增长了4.04倍。然而,从相对规模看,这期间卫生支出占财政支出和财政支出比重总体上呈下降趋势(见表10.4),而且比发达国家普遍低很多。从卫生支出占财政支出的比重看,美国2000年为20.5%,德国1998年为18.89%,英国1999年为15.41%,法国1997年为21.71%,而同期中国仅为3.08%。从卫生支出占GDP的比重看,中国2003年不足1%,这与发达国家的5%~7%有很大的差距。

表10.4 1995~2006年我国财政卫生事业费支出情况

年份	中央财政卫生事业费/亿元	地方财政卫生事业费/亿元	全国财政卫生事业费总额/亿元	卫生事业费占财政支出的比重/%
1995	5.99	291.32	297.31	4.35
1996	7.00	341.86	348.86	4.40
1997	7.83	382.88	390.71	4.23
1998	8.62	406.23	414.85	3.84
1999	7.19	438.49	445.68	3.38
2000	7.32	482.39	489.71	3.08
2001	11.76	557.54	569.30	3.01
2002	17.25	617.79	635.04	2.88
2003	22.07	755.98	778.05	3.16
2004	22.39	832.25	854.64	3.00
2005	21.26	1 015.55	1 036.81	3.06
2006	24.23	1 296.00	1 320.23	3.27

长期以来,中国公共卫生和医疗体系一直存在着较深层次的危机,公共卫生投入不足,预防保健工作松软乏力。自20世纪90年代以来,卫生总费用各组成部分的绝对值都有增长:政府预算内卫生支出由1990年的185.7亿元增长到2002年的864.5亿元,社会卫生支出由282.0亿元增长到1 503.6亿元,居民个人卫生支出由275.4亿元增长到3 316.5亿元。与此同时,三大项卫生费用在卫生总费用中的构成比却发生了严峻的变化:居民个人卫生支出所占比重由37.1%上升为58.4%,而政府预算内卫生支出所占比重由25.0%下降为15.2%,社会卫生支出所占比重由38.0%下降为26.4%。尽管这与中国正在进行中的医疗卫生保健制度的改革有关,但不可否认,政府在公共卫生服务方面的投入严重不足,导致在某些地方确实存在着较为严重的缺位。2000年,世界卫生组织对191个成员国医疗卫生公平性的评价中,中国排在倒数第4位。就人均卫生支出来看,连非洲最穷的一些国家都要比中国高出一倍以上。

2003 年"非典事件"的爆发,已经向国人敲响了警钟。

四、文化支出

中国财政的文化支出包括:

①文化事业支出,指文化部和地方文化部门的事业费。

②出版事业费,是指新闻出版署和地方出版事业系统的事业费,包括出版经费、出版部门举办的中等专业学校的事业费等。

③广播电视事业费。

④文物事业费,是指国家文物局和地方文物系统的经费等。

同教育、科技和卫生一样,文化支出也是准公共产品或混合产品。一方面,文化产品是为满足居民个人文化消费的需要而提供的;另一方面,由于文化产品影响着人们的思想和行为,对社会的稳定和发展具有强大的原动力和冲击力。国家必须把其中一部分纳入公共提供的范围,由国家财政资金支付。

自文化产业确定了向国民支柱性产业发展的目标以来,国家出台一系列投入保障政策。《国家"十二五"文化改革发展规划纲要》中就明确,"保证公共财政对文化建设投入的增长幅度高于财政经常性收入增长幅度,提高文化支出占财政支出比例"。

第三节　社会基础设施与基础产业支出

一、基础设施与基础产业支出的概念和形式

基础设施与基础产业支出是指财政用于基础设施与基础产业的投资。一般说来,基础设施主要包括公路、铁路、机场、港口、桥梁、通信、水利、城市设施等。基础工业主要包括能源、建材、钢材、石化材料等基础原材料工业。无论是基础设施还是基础工业,大都属于资本密集型行业,需要大规模的资本投入;加上建设周期长,投资回收慢等原因,私人部门通常不愿意或没有能力介入,因此,需要由财政提供资金参与投资。否则,一国经济就容易在加工业发展之后产生瓶颈效应,使发展进程受到延缓。

基础设施建设通常需要较多的资金投入,如果市场因为资金原因,不愿意或者无法参与,则公共部门因为财力雄厚,资金来源多样化而责无旁贷。公共部门从边际社会成本和边际社会收益的角度进行项目评估,能够从事从边际私人成本和边际私人收益角度来看不宜进行的项目。在经济发展初期,基础设施较为落后,公共部门的基础设施建设支出规模较大。随着经济的发展,基础设施也较为先进,则公共部门的此类支出所占比重大幅度下降。

在实践中,财政在基础设施和基础产业中的支出可以采取以下几种形式:

①直接投资，即政府将一部分财政资金直接投资于某些项目。其特点是政府以投资主体身份进行投资，并直接经营投资项目。

②对国有企业投资，这在发展中国家比较常见。发展中国家的国有企业至少占全社会资本总额的25%以上。

③股份投资，即政府作为投资方之一，通过股份制形式，与其他投资主体一起，共同参与投资主体管理，并参与收益的分配。这种方式实现了投资主体的多元化，有利于补充财政投资资金的不足，明确投资主体的责权利关系，加强资本的流动性，是一种比较灵活的投资方式。

对许多发展中国家来说，基础设施项目的建设显得尤为重要，但是，由于基础设施投资所需的数额往往很大，单纯依靠财政投资，很难完全满足社会经济发展对于基础设施项目的需求。在这种情况下，有必要以财政资金为主，鼓励和吸收各方参与共同投资。典型的做法是：按照统一规划，先由国家开发银行等政策性银行，通过财政投融资和金融债券等渠道筹集资金，然后采取政府控股、参股和政策性优惠贷款等形式进行投资。从项目管理级次上说，中央政府一般负责国家重大项目的建设，地方政府则负责地区性的项目建设。在基础设施项目的建设和经营上，由项目法人主体进行项目的筹划、筹资、建设，直至日常运营、归还贷款本息以及对资产保值增值的全过程负责。

二、中国基础设施和基础产业支出的现状

当前，中国的基础设施和基础产业投资主要呈现出两个特点。

1. 投资增长速度快

从中华人民共和国成立初期到改革开放前，由于受国内政治、经济等多方面的影响，这段时期全社会投资总规模比较小，虽然大部分的投资都用于基础设施和基础产业建设，但总体发展不快。1953～1977年基础设施和基础产业的基本建设投资额为3583亿元，年均投资只有143亿元，年均增长10.2%。

改革开放初期，针对中国基础设施和基础产业落后的现状，为了解决在经济建设中过分突出重工业，忽视轻工业和人民生活方面的建设，能源、原材料和交通运输比较薄弱等问题，国家开始下大力气调整投资结构。1978～1988年，基础设施和基础产业基本建设累计完成投资5 277亿元，为前25年的1.5倍，年均投资额480亿元，年均增长10.4%。

20世纪90年代以来，随着中国综合国力的增强，基础设施和基础产业投资迅速增长，是新中国成立以来发展最快、成就最大的一段时期，也是中国基础设施和基础产业发展史上的里程碑。1989～2001年，基础设施和基础产业基本建设累计完成投资62516亿元，比1978～1988年增长10.8倍，年均投资额4 809亿元，年均增长25.4%，比改革开放前提高15.2个百分点，比改革开放初期提高15.0个百分点。尤为重要的是，从1998年开始，为了刺激内需，国家连续四年共发行5 100亿元特别长期国债，主要用于基础设施和基础产业方面的建设。大

规模的国债资金的注入，产生了巨大的经济效益和社会效益，更使得基础设施和基础产业建设得到飞速发展。

2. 资金来源多样化

随着市场经济的不断发展和完善，中国财政对基础设施和基础产业的投资，改变了过去大包大揽的局面，财政预算内对基本建设投资的份额，由 1978 年的 77.7% 下降到 2003 年的 9.18%，取而代之的是一个多元化的投资渠道。主要筹资方式如下：

(1)财政支持

这是一种传统的筹资方式，优势在于资金来源有保障，其局限性是受国家财力的制约；以财政资金，主要是税收收入投资基础设施难以保证公平原则；以财政资金投资基础设施易导致资金使用的低效率，特别是当政府监管不力时。

(2)金融机构贷款

主要通过向政策性银行和普通长期信用银行进行贷款。我国的政策性银行有国家开发银行、中国农业发展银行和中国进出口银行。

(3)设立专用基金

基础设施可以设立各自的专用基金，如邮电基金、通讯基金、铁路基金等。其资金来源财政拨款；个人捐助；专项收取税费；发行债券。

(4)项目融资

BOT(Build-Operate-Transfer)，即"建设－经营－转让"，是指政府将一些拟建的基础设施项目通过招商转让给某一财团或公司，由其组建一个项目经营公司进行建设经营，并在双方协定的一定时期内，由该项目公司通过向设施使用者收费经营该项目，收回投资，取得收益，协议期满，该项目产权转让给政府。BOT 运作较为复杂，涉及环节多，实施难度大。由于在特许权授予期间，BOT 投资商(通常为外商)拥有项目的控制权，而控制权问题又比较敏感，因而政府，特别是发展中国家的政府，一般对涉及外资的 BOT 持审慎态度。

TOT(Transfer-Operate-Transfer)，即转让－经营－转让，是指委托方(政府)与被委托方(外商或私人企业)签定协议，规定委托方将已经建成投产运营的基础设施项目转让给被委托方在一定期限内进行经营，委托方凭借所转让的基础设施项目的未来若干年的收益，一次性地从被委托方那里融到一笔资金，再将这笔资金用于新的基础设施项目的建设。TOT 的优点在于：一是在目前市场经济体制还不完善之时，具有很强的操作性。因为它不需要人民币完全可自由兑换，不需要投融资体制的改革取得很大进展；二是只是项目经营权的转让，不涉及产权、股权的让渡，可以避免不必要的争执和纠纷，不会威胁国家安全。这种融资方式的缺陷表现在：没有改变基础设施建设阶段的政府垄断状况，不利于在建设阶段引进竞争机制。

ABS(Asset-backed securitization)，即以资产为支持的证券化，是指以项目所属的资产为基础，以该项目资产所能带来的预期收益为保证，通过在资本市场上发行高档证券来募集资金的一种项目融资方式。由于它以项目资产在未来一定时间内,可预见的现金流作为融资保证,且能够进入国际高档证券市场(目前该市场的容量大约为80 000亿美元)大规模融资,适用于基础设施的建设。ABS融资方式不是收购股权,不会改变原始权益人的股东结构,能在有效保护国家对基础设施所有权的基础上解决资金问题。

第四节　政府采购制度

一、政府采购制度的概念与特点

政府采购,是指政府及其所属机构在财政的监督下,以法定的方式和程序,从国内外市场上购买履行其职能所需要的商品和劳务的活动。为了规范政府采购行为,加强政府采购管理,提高财政支出使用效率,就要制定有关政府采购的政策、方法、程序、管理等一系列的法律法规,这些法律法规的总称就是政府采购制度。

政府采购是相对于私人(企业和个人)采购而言的,其特点主要表现在:

(1)资金来源公共性

政府采购的资金直接来自于政府财政支出中的购买性支出,最终来源于政府的财政收入。这使政府采购的资金具有公共性之特点;私人采购的资金或来自于私人自己的收入,或来自于私人向其他企业、组织、个人的借款,它具有私人性的特点。

(2)采购主体的特定性

政府采购的主体是政府机关、政府所属机构以及接受政府财政拨款的单位,具有特指性;私人采购的主体是成千上万的企业和无数的个人,具有泛指性。

(3)非营利性

政府采购的基本目的在于加强财政支出管理,提高财政资金使用效率。政府采购不是为卖而买的活动,不以盈利为目的,具有非商业性;私人采购特别是其中的企业采购,其目的在于通过先买后卖而盈利,具有商业性。

(4)采购对象的广泛性

政府采购的对象包括的内容很广,既有生活资料也有生产资料,既有军用品也有民用品,既有商品也有劳务,具有广泛性;私人采购的对象,就某一具体的采购主体而言,其采购对象包括的内容是有限的,具有有限性。

(5)规范性

政府采购是在一系列有关政府采购的法律法规的约束下进行的,其行为具有规范性;私人采购完全是私人之间,即企业与企业之间,个人与企业之间的事情,其行为具有非规范性。

(6)政策性

政府采购因其在购买商品和劳务的过程中同时执行国家的有关社会经济政策而使它还具有政策性的特征;私人采购因其是私人行为则不具备这一特征。

(7)对社会经济的巨大影响力

政府采购因其采购对象的品种多、范围广、数量大和采购资金的规模大而对经济总量和经济结构都会产生很大影响;私人采购因其采购对象的品种少、采购资金数额小而对经济的影响要小得多。

二、政府采购的作用

进行政府采购、建立政府采购制的初始目的在于加强财政支出管理,规范政府采购行为,提高财政资金的使用效率。但是,政府采购对象的广泛性和采购资金数额巨大,使它对经济也会产生一定的影响。随着20世纪30年代以后政府对经济干预的加强和70年代以后政府采购的逐步国际化,政府采购对社会经济的影响进一步深化。政府采购的作用是从财政和社会经济两个方面表现出来的。

(一)政府采购在财政方面的作用

政府采购履行其职能所需要的商品和劳务的活动,应是随着财政收支的货币化而出现的。之所以讲只有建立政府采购制度才可以达到加强财政支出管理、规范政府采购行为,提高财政支出效率的目的,是因为:

政府采购活动涉及利益相关的三个主体,即财政、政府及其所属机构和企业或个人。政府及其所属机构是履行政府职能的,是商品和劳务的需求者;企业和个人是政府及其所属机构需要产品和劳务的供给者;财政是购买政府及其所属机构需要商品和劳务的价款的支付者。我们知道,政府财政支出的成本和效益很难像私人经济活动中的成本与效益那样精确计算出来。在建立政府采购制度之前,政府采购的程序大致是:财政先编制各部门的预算并按期拨付经费,各部门根据需要购买商品与劳务。实际上,当各部门的预算确定后,购买什么、购买多少、以多少价款购买基本上就成为各部门自己的事情而和财政没有多大关系了。这样的政府采购实际上成了采购部门和商品与劳务提供者之间的事情。由于购买者在购买商品与劳务时花的是公款,即政府财政的钱,他本身就不可能产生节约资金的内在动力,挥霍浪费钱财成为司空见惯的事情;由于各部门分散采购,部门之间对某些可以共用的商品了解程度不够,往往会产生盲目购置、重复购置的情况;由于缺乏有效的监督机制,商品与劳务的购买者与提供者常常合谋,共同侵吞国家资财,如此等等。其结果是多花了钱、少办了事,或花了同样的钱,办了较少的事。财政资金的使用效率一定是欠佳的。

建立政府采购制度以后,财政、政府及其所属机构和商品与劳务的提供者三方是在有关法律法规的约束下,在公开、公平、公正的竞争环境中完成政府采购活动的,即政府及其所属机构履行职能所需的商品与劳务的购买是由采购机关与供应商以招投标的方式完成的。在采购合同签订后，财政部门按有关规定或合同支付价款。这样，既可降低交易费用，节约采购资金，防止浪费和腐败，又可购买到质高价廉的商品。财政资金的使用效率因此会大大提高。

(二)政府采购在社会经济方面的作用

(1)调节经济

政府采购的资金就是财政支出中的购买性支出。由于该支出数额巨大，一般占 GDP 的 10% 以上，这使得政府采购成为政府对国民经济进行宏观调控的一种重要手段。政府不仅可以根据总供求的对比状况，通过调节政府采购的规模、数量来保持总量平衡，而且还可以通过政府采购对商品与劳务的买与不买、买多买少来调节经济结构；政府通过政府购买不仅可以直接地调节社会的生产、就业状况和物价水平，而且还可以间接地影响收入的公平分配。

(2)促进就业

政府采购对就业的促进作用除了以上通过采购总量的增减来影响社会生产从而影响就业外，还表现在以下几方面：第一，鼓励向包括残疾人企业、妇女企业、少数民族企业等企业在内的一些特殊企业购买产品，以促进这些特殊人群体的就业。第二，对参与采购竞争的企业进行资格审查，如果企业存在歧视妇女和残疾人就业的情况，则取消其资格，以此来促使一般企业吸纳这些特殊人群就业。第三，对于拿到政府采购合同的企业，要求其接收一定数量的人员就业；或不接受就业，就要交纳一定人员的社会保障费。第四，在经济衰退时期，政府还可以扩大公共投资，以增加投资品采购的方式来增加就业。

(3)保护民族产业

随着贸易自由化和全球经济一体化的发展，各种地区性和世界性经贸组织纷纷签订协议，要求成员国相互开放政府采购市场，并强制与想进入这些组织的国家也签署协议。各国为了保护自己的特殊重要产业，如民族产业、关键领域等，纷纷制定要求购买或优先购买本国某些产品的法律，强制本国政府采购购买本国产品。

(4)保护环境

工业化的发展在给人类带来丰裕的物质财富的同时，也给我们赖以生存的环境造成了极大的损害，如生态被破坏、环境被污染等。这些问题已引起各国政府的高度重视。各国纷纷制定有关环境保护的法律法规，并采取有效措施开展环境保护工作，政府采购就是其手段之一。政府采购一方面尽量购买环保产品；另一方面对所要购买的产品或拟建的工程，提出有利于环境保护的标准和要求，不符合要求的产品不予购买，没有能力达到要求的企业不予使用。

三、政府采购的方式

政府采购的方式有两种，即招标性采购与非招标性采购。一般而言，招标性采购方式适用于达到一定金额以上的采购项目，非招标性采购方式则适用于不足一定金额的采购项目。

（一）招标性采购

招标性采购，亦称竞争性招标采购，是指采购方发布招标公告，邀请潜在的供应商参加投标，采购方通过对各个供应商的资格（如技术水平、财务状况、环保状况、产品质量、产品价格、交货期限等）进行综合比较，选定最佳供应商，并与之签订采购合同的一种购买方式。招标性采购有三种具体方式：竞争性招标采购、选择性招标采购和限制性招标采购。

（1）竞争性招标采购

它是指通过公开程序，邀请所有有兴趣的供应商参加投标。

（2）选择性招标采购

它是指通过公开程序，邀请供应商提供资格文件，只有通过资格审查的供应商才能参加后继招标，或者通过公开程序，确定特定采购项目在一定期限内的候选供应商，作为后续采购活动的邀请对象。

（3）限制性招标采购

它是指不通过预先发布公告程序，直接邀请一家或两家以上的供应商参加投标。限制性招标采购方式只适用于一些特殊情况。比如，公开性招标或选择性招标后没有供应商参加投标，或无合格标；供应商只有一家，无其他替代者可供选择；出现无法预见的紧急情况；向原供应商采购替换零配件；因扩充原有采购项目需要考虑到配套要求；属于研究用的试验品、试验性服务；追加工程，必须由原供应商办理，且金额未超过原合同金额的50%；与原工程类似的后续工程，并在第一次招标文件中已作规定的采购，等等。

（二）非招标性采购

非招标性采购，是指除招标性采购以外的其他采购方式。达不到招标性采购金额的大量采购活动要采用非招标性采购，有时，从经济的角度考虑不适用招标性采购的采购活动，如紧急性采购或采购来源单一的采购等，也采用非招标性采购。非招标性采购的具体方法较多，通常使用的主要有：国内或国外询价采购、单一来源采购、竞争性谈判采购、自营工程等。

1. 国内或国外询价采购

国内或国外询价采购也称货比三家，是指采购方向国内外有关供应商（通常不少于三家）发出询价单让其报价，然后在报价的基础上进行比较并确定供应商的一种采购方式。该方式只适用于采购现货或价值较小、规格标准的设备，以及小型、简单的土建工程。

2. 单一来源采购

单一来源采购也称直接采购，是指达到了竞争性招标采购的金额要求，但所购商品的来源渠道单一，如属于专利、首次制造、合同追加、原有项目的后续扩充等特殊情况，在此情况下，只能由一家供应商供货。

3. 竞争性谈判采购

竞争性谈判采购是指采购方通过与多家供应商进行谈判，最后从中确定供应商的一种采购方式。这种方式适用于紧急情况下的采购或涉及高科技应用产品和服务的采购。

4. 自营工程

自营工程是土建项目中所使用的一种采购方式,它是指采购方不通过招标或其他采购方式而直接使用当地的施工队伍来承建土建工程。采用自营工程方式,有其严格的前提条件:一是事先无法确定工程量有多大;二是工程小而分散,或工程地点较远,承包商要承担过高的动员费用;三是必须在不干扰正在进行的作业情况下完成的工程;四是没有承包商感兴趣的工程;五是如果工程不可避免地要出现中断,在此情况下,其风险应由采购方承担比承包商承担更为妥当。

(三)政府采购方式的选择

政府采购的各种方式各有特点,各有自己的适用环境。目前,各国采用较多的是竞争性招标采购方式和竞争性谈判采购方式。从发展趋势看,虽然竞争性招标采购仍是主要的采购方式,但其地位在逐步下降,而竞争性谈判采购的地位则呈上升之势。

就竞争性招标采购方式而言,其既有优点也有缺点。其优点主要体现在采购活动的公开、公平、公正和竞争方面。与其他采购方式相比,它既有利于所有具备相关资格的供应商在公开的前提下展开公平竞争,确保交易公正,维护自己的经济利益,也有利于采购方购得物美质高价廉的商品和劳务。其缺点主要表现为周期长、费时多、缺乏弹性。由于从开始准备招标文件到最后签订合同,需要较长时间,一旦确定了供应商并签订了合同,采购方即使发现了更好的供应商,也不能更改合同。而且因为周期长,有些采购合同签订时,或许合同中要购买的商品已是落后的了,价格也会发生很大变化。更有甚者,有时在做了大量的招投标工作后,因某一方或双方在某些方面考虑欠全面,很可能放弃采购工作,宣布废标。

虽然竞争性招标采购是一种较为理想的采购方式,各国在有关政府采购的法律中也规定达到标准金额以上的采购项目采用该方式,但在实际采购中,采用该方式的比重并不大,一般占30%~40%,并且这一比例还在进一步下降。之所以出现这种情况,除了竞争性招标采购自身存在的上述缺点外,其他更好的采购方式,特别是竞争性谈判采购方式的使用也是重要原因。竞争性谈判方式既有竞争性招标采购的优点,又可克服其不足,并且采用非招标性采购方式,可以规避各种地区性和世界性经贸组织有关协议所坚持的国民待遇原则和非歧视性原则,为国内供应商提供更多的参与政府采购的机会,保护本国经济。

就竞争性谈判采购方式而言,采购方直接与供应商谈判,省去了大量的竞争性招标采购要做的准备招标文件和开标、评标工作,既减少了工作量,又节省了时间,缩短了采购周期;采购方可灵活地就其所要采购商品的性能、规格、数量、价格、售后服务等内容与供应商多次进行谈判,各个供应商为了争得向采购方提供产品的机会,纷纷将自己所掌握的最新科技应用到采购商品之中,这可能使采购方购得超出自己预期的商品;采购方通过对供应商的范围和数量实行限制,比如选择国内供应商,可以达到购买本国产品,保护本国经济的目的。

四、政府采购的程序

政府采购的规范性与国际化使政府采购过程有一套相对完整、统一的程序。一般说来,一个项目的完整的采购程序包括以下几个阶段。

(一)确定采购需求

确定采购需求是指各采购方提出自己所需要的商品和劳务,并对这些商品和劳务一一作出说明。说明必须包括商品或劳务的功能或性能特点、采购总量、交货期、服务的有效期等与该商品或服务价格密切相关的信息。在美国,采购方一般通过两种方式提出它的采购需求:一是“功能说明”的方式。通过这种方式提出采购需求时,采购方向可能签约的供应商说明所需商品和服务的功能,供应商应在提议中向采购方表明其满足这些功能要求的方式;二是“设计说明”的方式。通过这种方式提出采购需求时,采购方应在“设计说明”中详细说明它将如何进行采购。确定采购需求的主要任务是拟定总的采购计划。

(二)选择采购方式

政府采购的方式很多,从大的方面讲有招标性采购与非招标性采购两种,而每种方式又有许多具体的方式。一般来讲,一个国家对政府采购可供使用的方式及其适用范围都有明确的规定,但由于政府采购项目的多样性,使得同一项目可能出现既可采用这种采购方式也可采用那种采购方式的情况。任何一种采购方式都不可能是完美无缺的,规定其适用范围只是相对而言的。为此,针对具体的采购项目选择适当的采购方式非常重要。如果选择得当,不仅可以加快采购速度,而且还可以节省采购资金。

(三)执行采购方式

不同的采购方式有不同的执行程序。下面以采购金额达到规定标准时各国普遍采用的竞争性招标采购为例,说明采购方式的执行情况。竞争性招标采购是一种比较规范的采购方式,其采购过程由招标、投标、开标、评标、签订合同等内容组成。

1. 招标

招标是竞争性招标采购的第一阶段,是进行采购工作的准备阶段。在这一阶段需要做大量的基础性工作,如准备招标文件、发布招标通告、发售招标文件等。具体的工作可由采购方自行办理,若采购方因人力或技术原因无法自行办理的,可以委托给社会中介机构办理。

2. 投标

招标阶段工作完成以后,采购进入投标阶段。在标书发售后至投标前,招标单位要根据实际情况合理确定投标准备时间,以为投标商提供充分的准备时间,提高投标文件的质量。在此期间,招标单位还要为投标商做一些必要的服务工作。比如,对大型工程和复杂设备组织开标前会和现场考察,按投标商的要求澄清投标文件等。招标单位在规定的投标截止日之前接受投标商提交的投标文件,截止期后送到的文件拒收,并取消投标商的资格。在收到投标文件后,要签收并通知投标商文件已收到。在开标之前,所有的投标文件都必须密封,并妥善保管。

3. 开标

开标应按招标通告中规定的时间、地点公开进行,并邀请投标商或其委派的代表参加。开标前,应以公开方式检查投标文件的密封情况,当众宣读供应商名称、投标项目的主要内容、投标价格等有价值的内容。开标时,对于投标文件中含义不明确的地方,允许投标商做简要解释。开标要做开标记录,其内容包括:项目名称、招标号、刊登招标通告的日期、发售招标文件的日期、投标商的名称及报价等。

4. 评标

评标的目的是根据招标文件中确定的标准和方法,对每个投标商的标书进行评价与比较以评出最低投标价的投标商。评标分为初评和详细评标两个阶段。初评的内容包括:供应商资格是否符合要求、投标文件是否完整、是否按规定方式提交了投标保证金、投标文件是否符合招标文件的要求,有无计算上的错误等。只有在初评中确定为基本合格的投标才有资格进入详细评标阶段。详细评标的具体方法由招标文件中规定。最后按评标价的高低,由低到高,评定出各投标商的排列次序。

5. 签订合同

评标过程结束后,合同将授予最低评标价的投标商。具体的合同签订方法有两种:一是在发中标通知书的同时,将合同文本寄给中标商,让其在规定时间内签字退回;二是中标商收到中标通知书后,在规定时间内,派人前来签订合同。在向中标投标商发中标通知书的同时,也要通知其他未中标的投标商,并及时退还投标保证金。合同签字并在中标投标商按规定交纳了一定数额的履约保证金后,合同即正式生效。

6. 履行采购合同

在此阶段,供应商按合同规定的要求,向采购方提供合格的商品与服务。双方都不得单方面修改合同条款,否则构成违约。

7. 验收与结算

在合同执行过程中,采购方对合同执行的阶段性结果或最终结果进行检验和评估。合同验收一般由专业人员组成的验收小组进行。验收结束后,验收小组要做验收记录,并分别在验收证明书和结算验收证明书上签字。财政部门按验收证明书、结算验收证明书及采购合同的有关规定,与供应商进行资金结算。若合同执行情况基本上符合要求,在财政部门办理结算后,采购方应将事先收取的履约保证金退还给供应商。

五、我国政府采购的现状与改革

规范的政府采购制度是西方市场经济国家已实行了两百多年的一种财政支出管理模式。

长期以来,我国财政部门对财政支出的管理主要就是进行"分钱",即根据既定的预算将财政资金划拨到各个部门、各个项目上去。商品和劳务的购买是由各预算单位分散进行的,财政对财政资金的使用缺乏有效的监管。各预算单位在购买各自所需的商品和劳务时常常产生重复购置、盲目购置,浪费情况非常严重,有时还会出现腐败问题。随着社会主义市场经济体制的逐步完善,随着我国因加入或将要加入有关区域性或世界性经贸组织而使我国政府采购市场逐步对外开放,随着我国公共财政框架的逐步建立,加强财政支出管理,建立政府采购制度也提上了议事日程。

我国从1995年开始政府采购的试点工作,目前已有一半以上的省市在不同程度上进行试点。试点表明,政府采购制度作为一种规范化的财政支出管理模式,在控制财政支出,节约财政资金,提高财政资金使用效率,培养企业公平竞争意识,加强廉政建设等方面都起到了重要的促进作用。由于我国政府采购制度的改革试点是在各省市分散进行的,各地有关政府采购的做法不尽相同。如何在总结各试点省市政府采购经验的基础上,逐步建立起具有中国特色的、统一的政府采购制度,是今后我国财政支出管理工作的方向。根据我国目前市场经济的发育程度、市场体系的完善程度、政府采购的商品与劳务的市场化程度、政府与企业的关系以及政府财政体制的现状,我国政府采购制度的建立应做好以下几方面的工作。

首先,建立政府采购管理体制。政府采购管理体制是处理政府采购过程中各相关主体之间经济利益关系的根本制度。政府采购要涉及哪些经济利益主体,它们之间的责、权、利如何划分,它们之间的相互运行机制怎样规定等,这些是政府采购管理体制的主要内容。

其次,建立、健全政府采购法律体系。首先应借鉴世界各国政府采购制度的成功经验,逐步建立我国统一的《政府采购法》。与此同时还要建立大量的与《政府采购法》相配套的有关法律法规,以此来保证政府采购行为的规范性。

再次,要进行其他方面的配套改革。政府采购制度的建立是一项复杂的系统工程,它涉及的范围很广,需要其他方面的改革与之相配套。比如,政府职能的定位、政企关系的调整、行政管理体制的改革等。从财政自身来看,改革现行行政事业单位会计制度和国家金库制度,改进财政监督方式是首先要做的工作。

本章小结

购买性支出,也称消耗性支出,是指支出形成的货币流,直接对市场提出购买要求,形成相应的购买商品或劳务的活动。

行政管理支出,是指财政用于国家各级权力机关、行政管理机关和外事行使其职能所需的费用支出。包括国家权力机关经费支出,国家行政机关经费支出,国家各级审判,检察机关的经费支出,中国人民政治协商会议机关的经费支出,党派、团体经费支出。

国防支出是指财政提供的用于军队建设和其他国防建设的支出。国防支出包括军费、国防科研事业费、民兵建设费、动员预编经费、招兵事业费、专项工程经费等。

财政的“教育支出”也称财政性教育性支出。按照来源和负担情况划分，教育支出主要包括财政的预算内教育支出，各级政府征收的用于教育的税费，校办产业、勤工俭学和社会服务收入用于教育的经费，以及其他财政性教育经费。

科技支出是指财政在科学技术研究方面的专项支出。按照中国财政支出的划分标准，科技支出包括科技三项费用、科学事业费、科研基建费及其他科研事业费。

基础设施与基础产业支出是指财政用于基础设施与基础产业的投资。

政府采购是指政府及其所属机构在财政的监督下，以法定的方式和程序，从国内外市场上购买履行其职能所需要的商品和劳务的活动。

思　考　题

1. 简述行政管理支出的内容。
2. 教育支出有哪些形式？
3. 什么是政府采购？它具有什么特点？
4. 列举政府采购的方式。

【案例分析】

以下数据是我国财政对教育支出的相关数据。近年来，按照教育法和实施科教兴国战略的要求，中央和各级地方政府把教育作为财政支出重点，积极采取有效措施，大幅度增加教育投入。2003～2007年，全国财政教育支出累计达2.43万亿元，比上一个五年增长1.26倍，年均增长18.8%，较好地保障了教育事业发展的需要。

项目＼年份	1995	2000	2001	2002	2003	2004
全部教育经费占GDP的比重/%	3.1	3.8	4.2	4.6	4.6	4.5
国家财政性教育经费占GDP的比重/%	2.3	2.6	2.8	2.9	2.8	2.8
预算内教育经费比上年增长/%	20.2	12.0	23.8	20.6	10.9	16.6
占财政支出的比重/%	15.1	16.3	13.7	14.1	14.0	14.1

试分析政府教育支出的必要性。

第十一章

Chapter 11

转移性支出

【本章学习要求】

本章要求掌握转移性支出的理论基础、社会保障支出的内容、财政补贴的构成；了解税收支出的原理和类型。

【本章主要概念】

转移性支出；洛伦茨曲线；基尼系数；社会保障；财政补贴

【引导案例】

人人有保障，不再是梦想

2009 年 12 月，中国首批新农保试点启动，年满 60 周岁的参保农民可按月领取养老金。2011 年 7 月，中国又启动了城镇居民社会养老保险试点，年满 60 周岁的参保居民可按月领取养老金。这两项所覆盖的对象是没有享受职工基本养老保险的所有城乡居民。对于新农保和城居保，中央确定的基础养老金标准均为每人每月 55 元，政府补贴标准起点均为每人每年 30 元，二者只是在缴费标准上有差异，新农保为每人每年 100 元至 500 元 5 个档次，城居保为 100 元至 1 000 元 10 个档次。

财政支出按经济性质分类可以分为购买支出与转移性支出两大类，本书第十章介绍了政府的各主要购买性支出项目，以下将对政府主要的转移性支出项目进行介绍与分析。在对转移性支出项目进行具体分析之前，首先对政府转移性支出项目所具有的共性问题加以概述。

第一节　转移性支出概述

一、转移性支出的基本内容

传统的经济学观点赋予政府的职能主要是提供公共品。可以认为收入分配的公平也是一种公共品,因为这一公共品一旦成功得到提供,所有人都将获益,其消费是具有非排斥性和非竞争性特征的。但市场竞争的规则是优胜劣汰,市场运行的结果仍然会因起点的不公平而出现结果的不公平。因而,提供这一公共品的责任自然就落到了政府的身上。从各国政府的财政实践来看,政府似乎也在自觉或不自觉地行使着这一职能。政府利用其强制力从个体或群体的手里聚集起一部分社会资源,然后再无偿地转移给另外的个体或群体。在这一行为过程中,政府为了校正市场在收入分配过程中存在的缺陷,发挥着其收入再分配的功能以实现收入分配的公平目标。

政府行使收入再分配职责所采取的主要手段是所谓的转移性支出政策,它是指政府为实现其特定的政策目标,通过一定的渠道或形式,将一部分社会资源无偿地从一个(几个)群体转移给另一个(几个)群体。转移性支出主要包括社会保障支出、财政补贴支出、债务利息支出。值得注意的是,政府与政府间的收入转移也是一种社会资源再分配的方式,但我们称其为政府间的转移支付制度,将在第十三章作详细讨论。而本章所讨论的转移性支出涉及的对象是居民(公司)。

在所有政府对居民(公司)的转移性支出项目中,有一类是出于对个人基本生存权的保障的考虑而实施的。在某些条件下这些项目主要致力于使低收入者受益,或是基于其他一些方面的考虑。例如,医疗保险的目的是保护个人不会因疾病而带来经济上的损失;养老保险则使受保险者在退休后有一种稳定的收入以保证其退休后的生活;失业保险制度能使工人在因经济波动而暂时或永久性失业时得到一定的补偿。对于所有这些政府的项目计划而言,我们需要研究为什么私营保险或其他安排无法达到公共保险所能实现的目标,或者说为什么一定需要政府出面组织实施这一计划。我们也必须考虑这类项目可能带来的某些不利后果。以目前在许多国家覆盖面极广的社会保障计划为例,已经有不少研究表明这类计划导致私人储蓄的下降及提前退休。这些可能的后果已经在经济学家中引起了广泛争议,并值得进一步加以讨论。与此相类似,失业保险被认为会诱使厂商辞退工人并降低失业工人寻找新就业机会的积极性。而就医疗保险而言,重要的问题是政府在医疗保险上的支出在多大程度上提高了公众对医疗设施的需求,并降低医生与病人节约使用医疗设施的愿望。此外,就中国的现实情况而言,我们还需要进一步研究政府在这一类转移性支出项目上的现状、存在的问题,并对其未来趋势作一展望。

还有一类转移性支出项目在政府的所有支出项目占有比较重要的地位,这类项目的目的主要是保护低收入者、弱势阶层或因政府价格管制而近乎不能盈利的公益事业部门。对低收入者的转移性支出可以采取多种形式,如现金移转或某些特别商品的提供,近年来发达国家发展相当快的食品提供计划就是实物移转的一个典型事例。其他例子则包括对低收入者提供的医疗服务、房租补贴、物价补贴等。对弱势阶层的转移性支出,典型的如对农业部门的农产品价格维持补贴。在这类政府对居民(公司)的转移性支出中,一个需要研究的重要政策问题是,现金与实物的转移性支出在对被转移者的效应上有什么不同;另一个基本问题是需要研究这类收入维持项目在多大程度上降低了被转移支出者通过工作赚取收入或者改善经营管理以努力降低成本的积极性。另外,针对中国的现实情况研究的是,这类转移性支出手段现阶段被政府使用的情况如何,其使用效果究竟怎样,存在什么问题以及需要完善的地方。

二、转移性支出的理论前提

支持政府进行转移性支出的理论基础是由市场经济决定的收入分配结果的不公平,这也是政府介入收入分配领域的一个重要前提条件。但实际上的收入分配是否一定是不公平的呢?多种理论证实,纯粹由市场决定的国民收入分配格局,必然是一种不公正的分配格局。

(一)卡尔多分配理论

由新剑桥学派经济学家N.卡尔多(N. Kaldor)提出的分配理论说明,随着经济的发展和投资的不断增加,投资率的不断提高必将导致国民收入的分配越来越不利于劳动要素而有利于资本要素,从而使得收入分配的差距不断扩大。

假设P为一般价格水平,y为实际产出,ω为工资率,L为劳动投入,r为利率,K为资本投入,则名义国民收入为Py,劳动收入为ωL,资本收入为rK,劳动收入与资本收入的平均储蓄倾向(即储蓄与收入之比)分别为$S\omega$与Sp,国民经济的储蓄和投资量分别为S与I。根据国民收入均衡的条件(储蓄与投资相等),我们有:

$$I = S$$

储蓄量为劳动收入的储蓄和资本收入的储蓄之和,即:

$$\begin{aligned} S &= S\omega \times \omega L + Sp \times rK \\ &= S\omega \times (Py - rK) + Sp \times rK \\ &= S\omega \times Py + (Sp - S\omega) \times rK \end{aligned}$$

由此可以得出:

$$rK/Py = 1/(Sp - S\omega) \times 1/Py - S\omega/(Sp - S\omega)$$

假定$S\omega$与Sp不变,则资本分配率(rK/Py)取决于投资率(I/Py),劳动分配率则为:

$$\omega L/Py = 1 - rK/Py$$

从上述等式中可以看出,资本分配率与投资率同方向变动,劳动分配率与投资率反方向变动。这也就是说,在既定的国民收入中,投资率越高,资本在国民收入分配中所占比例就越高,劳动在国民收入分配中所占比例就越低。

(二)边际生产力理论

边际生产力理论是由新古典学派提出来用以解释劳动在国民收入中所占比例的一种理论。该理论的分析基于三个假设之上:①全部国民收入分为劳动的收入(工资)和资本的收入(利息);②总生产函数为齐次线性函数,即生产要素的投入量增加的倍数也是产量增加的倍数,规模收益不变;③在完全竞争下,生产要素报酬率等于边际生产力。

总生产函数所表示的是国民经济的产量(即国民收入 Y)取决于劳动投入量(L)和资本投入量(K)的这种技术性关系,可以表示为:

$$Y = F(L, K)$$

以 MRP 代表劳动的边际产品收益(即边际生产力 MP_L),MR 代表边际收益,p 代表产品价格,ω 代表货币工资,那么,在完全竞争条件下有:

$$MRP = MR \times MP_L = p \times MP_L = \omega$$

因此有:$\omega/p = MP_L$

即由实际工资代表的劳动收入与劳动的边际生产力是相等的。

根据边际生产力理论可以证明,劳动和资本生产要素在国民收入中所占的比例(即分配率)等于他们各自的生产弹性。生产弹性是指生产要素投入量的变化率会引起产量的变化率,即:

生产弹性 = 产量变化的百分比/生产要素投入量变化的百分比

假设名义国民收入为 Py,劳动收入为 ωL,劳动的边际生产力为 $MP_L = \triangle Y/\triangle L$,那么,可以证明劳动的分配率等于劳动的生产弹性。同理,资本的分配率也同理可得。

$$\text{劳动分配率} = \omega L/Py = \omega/p \times L/Y = \triangle Y/\triangle L \times L/Y = \triangle Y/Y \div \triangle L/L$$

$\triangle Y/Y \div \triangle L/L$ 就是劳动的生产弹性。

我们还可以证明,生产要素的价格比例(即劳动的价格与资本的价格之比)如果发生变化,那么分配率还要取决于劳动与资本的替代弹性(σ)的变动。替代弹性是指生产要素价格的变化率会引起生产要素投入量的变化率,即:

替代弹性 = 生产要素投入量变化的百分比/生产要素价格变化的百分比

以 r 代表资本的价格,r/ω 代表劳动与资本价格的比率,K/L 代表劳动与资本投入 σ 量变动比率,因此,我们有:

$$\sigma = [\triangle(K/L) \times r/\omega]/[\triangle(r/\omega) \times K/L] > 0$$

如果 $\sigma = 1$,r/ω 上升 1%,则 K/L 减少 1%,$rK/\omega L$(即资本收入/劳动收入)保持不变,从而劳动分配率(资本分配率)不变。

如果 $\sigma < 1$,r/ω 上升 1%,则 K/L 的减少低于 1%,所以 $rK/\omega L$ 上升,从而劳动分配率下降(资本分配率上升)。

如果 $\sigma > 1$,r/ω 上升 1%,则 K/L 的减少大于 1%,所以 $rK/\omega L$ 下降,从而劳动分配率上升(资本分配率下降)。

从以上分析可以看出，只要 $\sigma \neq 1$，劳动分配率和资本分配率就会发生变动，从而产生收入分配不公平的现象。

（三）垄断程度理论

垄断程度理论是由波兰经济学家 M. 卡莱茨基（M. Kaleski）所提出。该理论以不完全竞争为前提，以企业拥有的市场垄断力量（市场支配力量）来说明国民收入分配率的决定。

我们以 R 代表市场垄断力量，此时，企业收入 T 由企业原料费用 M 和工资总额 ωL 之和构成的企业成本及其所拥有的市场垄断力量 R 所决定，即：

$$T = R \times (M + \omega L)$$

因此，资本收入（rK）为：

$$rK = T - M - \omega L = (R - 1) \times (M + \omega L)$$

名义国民收入（Py）为：

$$Py = \omega L + rK = \omega L + (R - l) \times (M + \omega L)$$

劳动分配率为：

$$\omega L / Py = \omega L / [\omega L + (R - 1) \times (M + \omega L)] = 1 / [1 + (R - 1) \times (j + 1)]$$

j 为原料费用与劳动收入之比：

$$j = M / \omega L$$

根据上述分析，劳动收入在国民收入中所占的比例（劳动分配率）取决于垄断力量 R 的大小和原料费用与劳动收入之比 j。在原料与劳动的投入量与价格为既定时，劳动分配率就取决于垄断力量。垄断程度越高，国民收入的分配就越不利于劳动。而由于垄断在现实中是客观存在的，因而由市场经济决定的收入分配的不公平现象也就必然客观存在。

三、转移支出的理论依据

转移性支出实质上是政府的一种收入再分配手段，其道义上的目标是公平，经济上的目标是社会效用最大化。在符合一定的假设前提条件下，理论上可以证明，政府通过转移支出手段有助于这些目标的实现。

我们假设个人 i 的收入为 R_i，其收入效用函数为 $U(R_i)$，边际效用函数为 MU_i；个人 j 的收入为 R_j，其收入效用函数为 $U(R_j)$，边际效用函数为 MU_j。i 与 j 的收入之和为 N。在收入约束的条件下使总效用最大化可以表述为以下最优化理论模型：

$$\max[U(R_i) + U(R_j)]$$

$$U(R_i), U(R_j)$$

$$\text{s.t. } R_i + R_j = N$$

根据优化理论求解这一问题可得：$U'(R_i) = U'(R_j)$

即 $MU(R_i) = MU(R_j)$

这一理论模型及其解的经济含义是，要使个人 i 与个人 j 的收入效用之和达到最大，总收入 N 在两者之间的分配应遵循这样一条规律：使得两者得到的最后一个单位的收入的边际效用相等。这一条件很容易证明可以适用于存在无数个人的情况。

进一步，如果假设个人 i 与个人 j 的收入效用函数完全相同，即 $U(R_i)=U(R_j)$，根据 $MU(R_i)=MU(R_j)$，我们有 $R_i=R_j$。这一结论的经济含义是，要使个人 i 与个人 j 的收入效用之和达到最大，在 i 与 j 的收入效用函数完全相同时，总收入 N 在两者之间应平均分配。

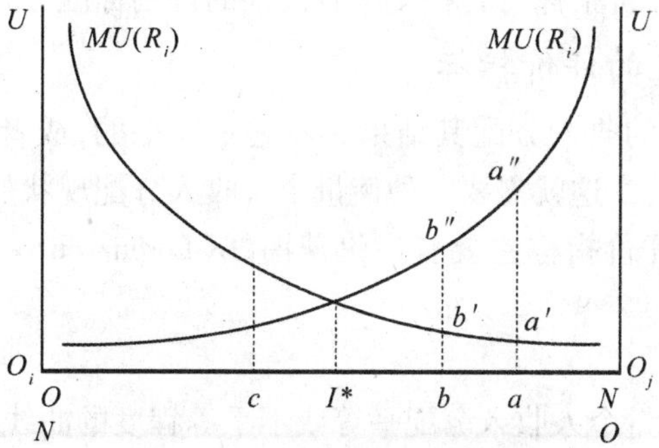

图 11.1　最优化理论模型

在图 11.1 中，横轴代表收入，纵轴代表效用。个人 i 的收入从左往右逐渐增加，个人 j 的收入则从右往左逐渐增加，i 与 j 的收入之和为 N。横轴上所有的点都是收入 N 在 i 与 j 之间不同的组合点。例如在 b 点，i 的收入为 Ob，j 的收入为 bN。$MU(R_i)$ 为 i 的边际效用曲线，$MU(R_j)$ 为 j 的边际效用曲线；随着收入的增加，边际效用呈递减趋势。现在假设，初次分配的结果在点 a，即 i 分得 Oa 的收入，j 分得 aN 的收入，这是一个不平均的分配结果，i 的收入大于 j 的收入。如果将 ba 的收入从 i 手中强制地转移给 j，使得 i 分得的收入变为 Ob，j 分得的收入变为 bN，从而使得收入分配变得平均一些，从图中可以直观地看到，i 因收入减少而损失的效用为 $aa'b'b$，j 因增加收入而增加的效用为 $aa''b''b$，j 增加的效用大于 i 损失的效用，因而总效用比初次分配时有所增加，增加的效用为 $a'a''b''b'$ 的面积。这种为增加总效用而转移收入的过程可以一直进行下去，直到点 I^* 为止。因为在点 I^* 的右面区域内，i 的收入边际效用一直是小于 j，所以减少 i 的收入而增加 j 的收入必然会使两者的总效用增加。在 I^* 点上，$MU_i=MU_j$，总效用也达到最大。此时，如果个人 i 与个人 j 的收入效用函数是完全相同的，即 $U(R_i)=U(R_j)$，那么，$MU(R_i)=MU(R_j)$，从而 $R_i=R_j$，即 $OI^*=I^*N$。所以，当个人的收入效用函数相同时，使总效用最大的收入分配办法应是将收入 N 平均分配给 i 与 j。

以上的分析在理论上支持了转移支出的合理性，为政府进行转移性支出提供了理论依据。但应注意的是，以上分析是建立在一些假设条件基础之上的。这些假设条件主要包括：①收入的边际效用是递减的；②个人收入不受转移性支出的影响；③转移性支出过程中不存在损耗或者说不存在成本;④每个人的收入效用函数完全相同。如果这些假设条件不成立或者不严格的话,那么,对政府转移性支出也许就会得出完全不同的看法。如果认为每个人的收入效用函数是不可能完全相同的话,那么,使总效用最大化的收入分配方案就不是均匀分配,从而政府进行转移性支出的依据就不充分。因为在每个人的收入效用函数不同的条件下,虽然总效用最大化的条件仍是边际效用相等,但是政府不可能具备足够的信息来寻找出使每个人最后一个单位收入的边际效用相等的那种分配方案。

四、个人收入状况的评价指标与转移支出有效性的评判标准

(一)个人收入状况的评价指标

既然由市场经济决定的收入分配其结果必然是不公平的,或者说必然存在收入差距,那么,这种差距到底有多大呢?这就需要一种衡量个人收入分配现状的标准或评价指标。

在经济学中,常用的评价指标主要有洛伦茨曲线(Lorenz curve)和基尼系数(Gini coefficient)。

1. 洛伦茨曲线

洛伦茨曲线是用来衡量个人收入分配平等或不平等程度的曲线。其基本含义及其计算和绘制原理基本如下:

假设可将社会上所有的人按照收入分为5个等级,各占总人口的20%,按照他们各自在国民收入中所占份额的大小排序并累加统计,具体情况如表11.1所示。

表11.1 洛伦茨曲线计算表 单位:%

级别	占人口百分比	占人口百分比累计	占收入百分比	占收入百分比累计
1	20	20	6	6
2	20	40	12	18
3	20	60	17	35
4	20	80	24	59
5	20	100	41	100

将表11.1的数据描绘成图便得到了图11.2的洛伦茨曲线*OBL*。

在图11.2中,纵轴*OL*代表收入的比例,横轴*OP*代表人口的比例。根据表11.1中的数据得到的洛伦茨曲线为*OBL*。洛伦茨曲线*OAL*和*OPL*是两种极端的情况。直线*OAL*,即20%的人得到20%的收入、40%的人得到40%的收入、60%的人得到60%的收入,是一种绝对平等的分配结果,称为绝对平等洛伦茨曲线;折线*OPL*,即收入全部集中在一个人手中,是一种绝对不平等的分配结果,称为绝对不平等洛伦茨曲线。现实的洛伦茨曲线总是介于*OAL*和*OPL*之间。实际的洛伦茨曲线越接近*OAL*,收入分配结果越公平;反之,越接近*OPL*,越不公平。

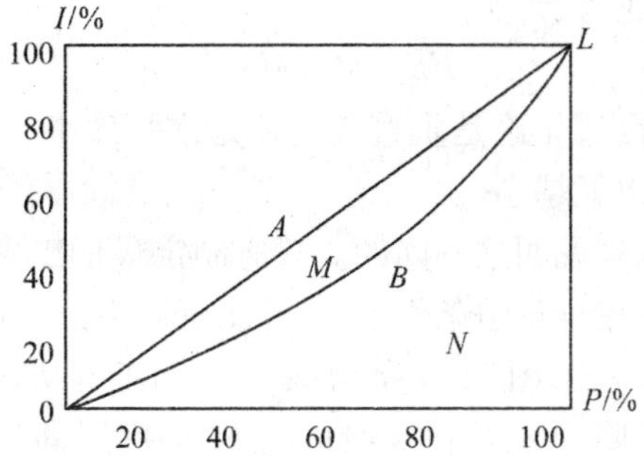

图 11.2　洛伦茨曲线

2. 基尼系数

基尼系数是用于表示个人收入分配平等程度的一种系数指标，是根据洛伦茨曲线计算出来的。

将实际的洛伦茨曲线 *OBL* 与直线 *OAL* 之间的面积用 *M* 表示，将实际的洛伦茨曲线 *OBL* 与折线 *OPL* 之间的面积用 *N* 表示，则计算基尼系数 *G* 的公式为：

$$G = M/(M + N)$$

当收入分配绝对平等时，实际的洛伦茨曲线就是绝对平等线 *OAL*，此时，$M = 0$，$G = 0$；当收入分配绝对不平等时，实际的洛伦茨曲线就是绝对不平等线 *OPL*，此时，$N = 0$，$G = 1$。因此，基尼系数介于 0 和 1 之间，系数值越大，表示收入分配结果越不公平；反之，系数值越小，收入分配结果越公平。根据基尼系数的大小，可以很直观地评判一个社会个人收入分配的现状。

一般认为，基尼系数在 0.2 以下表示分配平均，在 0.2 ~0.3 之间表示分配比较平均，在 0.3 ~0.4 之间表示分配较为合理，在 0.4 ~0.5 之间表示分配差距较大，在 0.5 以上表示分配差距悬殊。

（二）转移支出有效性的评判标准

政府采用转移支出手段能在多大程度上实现其公平分配的政策目标，可用目标效率（target efficiency）来进行衡量。目标效率是衡量政府各种政策有效性的一种重要指标，可以分为垂直效率和水平效率。垂直效率是指对不同收入者阶层的影响；水平效率是指对同一收入者阶层的影响。

如果转移支出的目标是要给低收入阶层以利益，以 *M* 代表低收入阶层中得到利益的人数（或转移支出政策在低收入阶层产生的利益），*N* 代表低收入阶层中未得到利益的人数（或希望转移支出政策在低收入阶层产生而实际未产生的利益），*G* 代表高收入阶层得到利益的人数（或转移支出政策在高收入阶层产生的利益），那么，垂直效率（*VE*）可表述为：

$$VE = M(M + G)$$

水平效率(HE)可以表述为:

$$HE = M/(M + N)$$

从上述表达式中可以看出,无论是垂直效率还是水平效率,其比值越接近于1,就表明政府的政策越有效,目标效率也就越高。

下面以最低工资制为例来说明这一问题。政府制定最低工资制度,其目标是为了增加最底层不熟练工人的收入。在完全竞争条件下,最低工资高于由市场决定的工资时,企业雇用的劳动量(就业水平)就会减少。如图11.3所示,如果货币工资从竞争水平的W_0上升为最低工资的W_2,则就业水平从L_0下降到L_1。在一般情况下,最底层的不熟练工人生产率低,加上政治力量弱小,所以就业水平从L_0下降到L_1,所减少的劳动量必然是以这部分工人为代价的。因而政府实施最低工资制度的垂直效率和水平效率都会下降,即在完全竞争条件下,政府实施最低工资制度的作用有限。

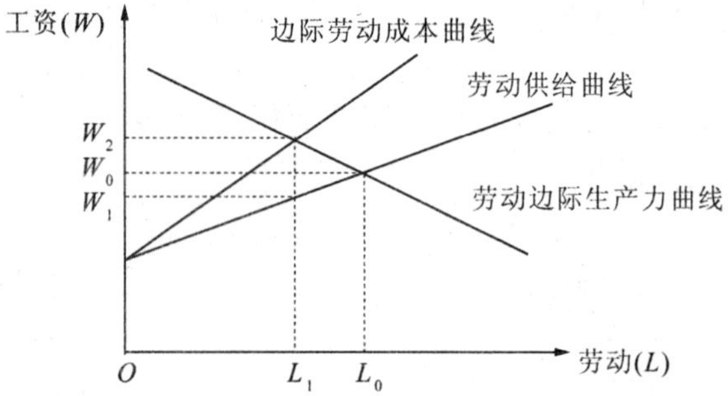

图11.3　最低工资与就业关系

但是,在买方垄断条件下,货币工资低于由竞争决定的W_0,而处于W_1的水平时,如果以W_0为最低工资,那么,货币工资从W_1上升到W_0,就业量从L_1扩大到L_0。这时,政府实施最低工资制度的垂直效率和水平效率都会提高。因而,在存在买方垄断的不完全竞争条件下,政府实施最低工资制度是有效的。而在现实中,买方垄断是客观存在的,因此,作为一种收入分配的政策工具,最低工资制度是可以取得一定效果的。

第二节　社会保障支出

一、社会保障概述

(一)现代社会保障制度的起源和发展

现代社会保障是生产力发展、社会化大生产以及工人阶级斗争的产物。现代社会保障制度起源于19世纪80年代的德国,发展于20世纪30年代的美国,完善于第二次世界大战以后的西方主要资本主义国家和新兴市场经济国家。

1.现代社会保障制度起源于19世纪80年代的德国

19世纪80年代的德国,德意志帝国处于"铁血宰相"俾斯麦当政时期,由于德国在第二次工业革命中发展异常迅速,快速的工业化引起的社会矛盾也异常突出。工人的贫困化和生产劳动条件恶化的情况十分严重,在此背景下,德国的社会主义工人政党得到特别迅速的发展,已经威胁到德国统治阶级的利益。刚刚统一的德国既要压制社会主义工人政党的影响,又需要德国工人的驯服,而俾斯麦认为,要想削弱工人政党的影响,使工人循规蹈矩,就必须把工人的利益同国家的利益紧密联系起来,国家以工人保护者的身份出现,而社会保障计划正好可以在这些方面发挥作用。

于是,一方面德国颁布《反对社会主义非常法》,禁止社会主义工人政党的活动;另一方面俾斯麦提出了三种社会保险计划,这些社会保险计划经过德国议会长时间的辩论,于1883年通过了《疾病保险法》,1884年又通过《工伤事故保险法》,1889年通过《老年与残废保险法》。1883年通过的《疾病保险法》规定,雇主和雇员共同分担保险费,雇员生病时,起码可以得到13周的免费医疗;1884年通过的《工伤事故保险法》规定,雇主全部承担相关的保险费,完全残废的工人每月可以得到2/3的原工资;1889年通过的《老年与残废保险法》受益者更广,工人、农民、工匠、服务员退休后,均可享受养老保险金。由此德国确立了早期的社会保障制度,并迅速被其他欧洲国家效仿:英国、法国、挪威、丹麦先后建立了各自早期的社会保障制度。

2.20世纪30年代现代社会保障制度在美国的确立

1929年,世界性的经济危机爆发。在1929~1933年的经济大萧条中,美国遭受的打击最为严重,美国GDP下滑了1/3,超过半数的银行倒闭,13万家以上企业破产。到1933年,美国完全失业人数达到1300万人(差不多占到当时劳动力总数的1/4)。面对严重的危机,当时美国的胡佛政府一筹莫展,只是坚持自由放任的传统经济政策,等待经济形势的好转,致使危机更加严重。

人民的不满情绪高涨,越来越多的人希望有一个强有力的政府,采取有力的政策,迅速改善经济状况。在这种形势下,罗斯福以反对自由放任,主张加强政府对经济干预的竞选宣言,赢得绝大多数选民的支持,击败胡佛,当选为美国第32任总统。之后,罗斯福进行了一系列改革,主要采取了改革金融、复兴工业、救济贫民、改善劳资关系以及建立社会保障等几大措施,历史上称之为"罗斯福新政"。

1935年,在罗斯福的推动下,美国国会通过《社会保险法》,关于老年保险,规定凡年满65岁退休的工资劳动者,根据不同的工资水平,每月可得10~85美元的养老金。关于失业保险,罗斯福解释说:"它不仅有助于个人避免在今后被解雇时去依靠救济,而且通过维持购买力还将缓解一下经济困难的冲击。"保险金的来源,一半是由在职工人和雇主各交付相当于工人工资1%的保险费,另一半则由联邦政府拨付。该社会保险法反映了广大劳动人民的强烈愿望,受到美国绝大多数人的欢迎和赞许。该法案的颁布奠定了美国现代社会福利保障制度的基础。随后,老年保险于1939年完善为老年和遗嘱保险,经过几年准备,在积累了一大笔基金后,于1942年付诸实施,开始支付退休金。第二次世界大战中没有新的变动。20世纪50年代经济有了很大发展,1956年,老年和遗属保险再发展为《老年、残疾和遗属保险》。1965年增加签署了《老年医疗照顾和援助法案》,1972年国会通过《州和地方财政援助法》,经过50多年的逐步发展与健全,形成了庞大的社会保障体系。

(二)社会保障的概念和基本特征

1. 社会保障的概念

人类对理想社会的探索古已有之,其中蕴含着十分丰富的社会保障思想。大约在公元前6世纪,儒家学者就提出了"大同"社会的理想,《礼记·礼运篇》云:"故人不独亲其亲,不独子其子;使老有所终,壮有所用,幼有所长,鳏寡孤独废疾者皆有所养。"古希腊哲学家柏拉图在其论著《理想国》中也作了类似的设想。

社会保障一词最早出自美国1935年颁布的《社会保障法》。1941年,在罗斯福和丘吉尔签订的《大西洋宪章》中,"社会保障"一词再次出现。由于它简明、扼要、表达确切,因而被国际劳工组织接受,随后就在一系列公约、文件和文章中使用,一直沿用至今。中国在第七个五年计划中,开始使用"社会保障"一词。

关于什么是社会保障,世界各国理论界有着不同的理解和解释,就是同一个国家,不同的研究者也有不同的看法。就中国的社会保障而言,社会保障可表述为:国家和社会通过立法,采取强制手段对国民收入进行再分配,形成社会消费基金,对由于年老、疾病、伤残、死亡、失业及其他灾难发生而使生存出现困难的社会成员,给予物质上的帮助,以保证其基本生活需要的一系列有组织的措施、制度和事业的总称。

2. 社会保障的基本特征

社会保障制度最为最重要的一种转移性支出,主要体现在以下几个方面:

(1)国家法律的强制性

社会保障是由政府强制实施的,并经过一定的立法程序,以法律形式明确规定的。当某种社会保障项目一经设立,并以法律形式确定下来,符合条件的社会成员必须按照相关规定参与该项社会保障,缴纳一定的保障费用,并按规定条件享受相关社会保障待遇。

(2)保障对象的社会性

社会保障是由政府在全社会范围内组织实施的,其保障的对象应包括社会的每一个成员,即对于每一个社会成员都应不分部门和行业,不分就业单位的所有制性质,不分城镇和农村,无论有无职业,只要面临相应的社会风险,都有获得社会保障的机会和权利,都应普遍地、无例外地给予基本的物质保障。这使社会保障不同于个人、家庭、单位内部福利及商业保险提供的保障。

(3)社会福利性

政府在社会成员面临生活困难时提供的物质帮助和社会服务就是典型的社会保障行为。这种物质帮助和社会服务是多方面、全方位的,其范围既包括社会成员的生、老、病、死、伤、残和失业,又涉及社会成员的教育、医疗卫生、环境保护、住房条件等。从发展的趋势看,随着社会经济的发展与增长,社会保障的目的除保证社会成员的基本生活需要之外,还将对人们的生活质量与社会福利水平的提高,发挥更大的作用。

(4)机会公平性

西方国家的社会保障制度看似复杂繁琐,成本巨大,但是一旦理顺,就可以使经济发展与人民生活紧紧相扣,政策制定和执行反而非常容易,这也是西方国家在二战之后社会一直比较稳定的非常重要的原因。制度建设中社会保障设计必须是平等普惠的。把社会保障政策分成三六九等不符合社会保障的本义。实践早已表明,社会保障是保障社会公正的基石。

(5)收支互济性

社会保障资金来自参与社会保障的社会成员缴纳的保障费用,但社会成员中那些因生、老、病、伤、残、失业等原因而亟待获得物质帮助的人毕竟是少数。可见,社会保障制度将少数社会成员发生的社会风险分散到参与社会保障的整个社会成员中,从而分散了风险。从个体角度讲,每个个体都在互相为彼此分散社会风险,因此社会保障具有极强的互济性。

(三)中国社会保障制度的主要内容

1. 社会保险

社会保险是由国家举办的,为丧失劳动能力或暂时失去劳动岗位的劳动者提供的一种收入保险计划。那么,哪些情况可能造成劳动者丧失劳动能力或暂时失去劳动岗位?不外乎年老、疾病、伤残、生育或失业等情况。有了社会保险制度,当劳动者面临年老、疾病、伤残、生育或失业等风险时,社会保险制度就可以保证劳动者的基本收入,以维持基本生活需要,从而起到维护社会稳定的作用。

社会保险制度是社会保障制度的主体,因此,有人将社会保险制度乃至社会保障制度,称之为社会的安全网,减震器。

2. 社会救济

社会救济指由国家和社会依法向无法维持最低生活水平的社会成员给予救助,以保障其最低生活水平的社会保障制度。社会救济保障的是公民的生存权,对维护社会稳定有着积极的作用。社会救助的内容主要是贫困救助、灾害救助以及其他救助。

3. 社会福利

社会福利是国家和社会按照立法或政策的规定,对社会全体成员提供的旨在提高生活水平和生活质量的各种设施、资金、服务等的一种社会保障制度。

4. 社会优抚

社会优抚指按照国家政策规定,对法定的优待、抚恤对象提供资助和服务的一项特殊社会保障制度。

二、社会保障资金的筹集渠道与方式

(一)社会保障资金的筹集渠道

社会保障基金的筹集渠道主要有:用人单位缴纳的社会保障税费;劳动者缴纳的社会保障税费;政府财政补贴;社会保障基金的增值性收入;社会保障基金所获得的捐赠收入和其他收入。

(二)社会保障资金的筹集方式

1. 现收现付式

现收现付式即同一时期用投保人的缴款支付出险人保险金的保险财务模式。以养老保险为例,现收现付式,简言之,就是同一时期用当代劳动者缴纳的养老保险金支付退休者的养老保险金(待遇)的保险财务模式。现收现付式本期征收,本期使用,不为未来预留储备。

现收现付式的优点是:操作比较简单,成本低,没有投资、保值增值的风险和压力。现收现付式的缺点是:随着人口老龄化,将来可能面临收不抵支。

2. 完全积累式

完全用过去缴款所挣得的利息或收入积累提供保险金的保险模式。以养老保险为例,完全积累式,简言之,就是一个人在就业期间向政府管理的养老保险基金(个人账户)缴款,该基金不断投资生息,当这个人退休后,以该基金的本金和利息收入支付养老保险金(待遇)。

完全积累式的优点是:成功解决人口老龄化带来的将来可能面临的收不抵支问题。完全积累式的缺点是:操作复杂;面临资金贬值风险;投资的风险和压力都很大。

3. 半积累式

半积累式又称部分积累式,是现收现付式和完全积累式的折中,即在现收现付式基础上,按照收大于支,略有节余的原则,用其收大于支的部分基金投资,用于保值增值。

完全积累式的特点体现在其折中性。半积累式操作较完全积累式更简单,投资、保值增值的风险和压力较完全积累式更小,可以部分解决人口老龄化带来的将来可能面临的收不抵支问题。

三、社会保障支出的构成

(一)社会保险支出

1. 养老保险支出

养老保险是劳动者由于年老病残等原因丧失劳动能力,退出劳动领域,按月领取生活费用的社会保险制度。养老保险的具体支出项目根据不同的养老保险制度模式特点而有所不同,纵观世界各国的养老保险,总结有以下几种基本类型:

(1)社会保险模式

代表国家有德国、美国、日本等。这种模式是目前主要的养老保险制度模式,实施于许多国家。这种模式强调在权利义务对等的基础上促进社会团结与互助,资金的现收现付可以避免基金积累带来的贬值风险。但是在老龄化社会里,养老保险缴费者和领取者之间比例失衡,现收现付的模式使缴费负担越来越重。劳资双方讨价还价的决策方式加强了该制度刚性化程度,保障水平只升不降,导致劳动力成本过高,容易对经济产生抑制作用。此外,这种待遇与缴费挂钩的机制还具有一定的排他性,未参保缴费人员,特别是移民群体往往被排斥在社会共济的利益共同体之外,他们中的贫困者,需要通过其他制度来解决。

(2)国家福利模式

代表国家有瑞典、挪威、澳大利亚、加拿大等。国家福利模式的资金来源于国家一般税收,不要求享受者预先缴费。国家在社会保障制度中承担主要管理责任,包括直接向老年人发放养老保障金。这种模式覆盖面广,社会公平程度高,能够为社会成员提供基本生活保障。但是由于权利与义务脱节,容易引发"道德风险",出现滥用权利现象。高额的养老金制度,是欧洲一直以来执行高福利政策的一大产物,它就相当于欧洲人退休后安逸生活的奶酪。但是,由于欧洲人口老龄化的趋势逐渐加深,养老金支出成为公共支出的一大部分,公共福利支出的负担也随之加重,成为政府财政赤字的主要因素。

(3)强制储蓄型

代表国家有新加坡、智利等。强制储蓄型养老保险模式实施于少数新兴市场经济国家或地区。国家通过立法强制雇主和雇员加入。强制雇主和雇员分别按照规定的投保费率缴费。所缴保费以及其利息收入全部积累在个人账户。当劳动者退休、伤残或死亡后,可从个人账户中一次性提取或按月提取余额。该模式一般分为公营管理(如新加坡)和私营管理(如智利)两种。个人账户的待遇水平取决于包括投资回报在内的个人账户积累额。这种模式对个人的激励性强,便携性好,有利于劳动力的流动,其预先积累的方式有利于缓解老龄化的资金压力。但是由于这种模式中不包含社会再分配因素,因此缺乏必要的社会互济功能。此外,市场化投资运营容易使基金受到金融风险、通货膨胀等因素的冲击,也使各国各类储蓄性养老基金大幅缩水。

2. 失业保险支出

失业保险是由国家立法强制实行的,由社会集中建立基金,对因失业而暂时中断生活来源的劳动者提供物质帮助的一种保险计划。需要指出的是,第一,失业保险的保险事故仅限于非自愿失业,不包括自愿失业。第二,失业保险支出的物质帮助,不仅指经济上的帮助,还包括职业培训、职业介绍等其他物质帮助形式。

失业保险支出的主要内容包括:失业保险金支出、失业期间的医疗费用支出、失业期间的死亡待遇支出等内容。失业保险金支出发放标准按照低于当地最低工资标准、高于城市居民最低生活保障标准的水平,由省、自治区、直辖市人民政府确定;失业期间的医疗费用支出主要是按照规定向社会保险经办机构,申请领取医疗补助金,医疗补助金的标准由省、自治区、直辖市人民政府规定;失业期间的死亡待遇支出主要包括对其死者家属一次性发给丧葬补助金和抚恤金。

3. 工伤保险支出

工伤保险是国家和社会为在生产、工作或在规定的某些特殊情况下,遭受意外伤害或者职业病的劳动者,提供医疗服务、生活保障、经济保障、医疗和职业康复等物质帮助的一种社会保障制度。工伤保险的特点是:

①工伤保险是由用人单位承担全部责任的一种社会保险,职工个人不负缴纳保险费的义务。

②工伤保险支出是基于赔偿责任而设立的一种社会保险支出。

③工伤保险认定赔偿责任实行无过错责任原则。

④工伤保险的被保险人范围包括全体职工,不论何种用工形式。

4. 医疗保险支出

医疗保险的主要模式包括:

(1)社会医疗保险模式,其代表是德国、日本、法国、韩国

社会医疗保险模式是国家通过立法形式强制实施,由雇主和雇员按一定比例缴纳保险费,建立医疗保险基金,支付雇员医疗费用的一种医疗保险制度。社会医疗保险模式具有以下特征:第一,通过法律强制参保,筹集医疗保险基金;第二,医疗保险基金由医疗保险机构统一筹集、管理和使用,不以盈利为目的;第三,医疗保险基金原则上是以收定支,力求当年收支平衡;第四,提供的医疗服务内容一般包括基本医疗服务,大多数病种的住院治疗及必备药品;第五,对参保人的医疗保障一般有两种方式:一是直接向患者提供免费或部分免费的医疗服务;二是患者垫付医疗费用后由保险机构予以补偿。

社会医疗保险模式的优点是:第一,社会互助互济性强,风险共担;第二,医疗保险机构同医药服务提供者建立契约关系,对控制医疗服务提供者的行为较为有效。社会医疗保险模式的缺点为:这种模式一般实行现收现付制,不能解决代际之间的医疗保险费用负担的问题,随着人口老龄化的到来,这种矛盾将日益尖锐。

(2)国家医疗保险模式,其代表是英国、瑞典、加拿大

国家医疗保险模式是政府直接举办医疗保险事业,通过税收形式筹集医疗保险基金,并采用国家财政预算拨款的形式,将医疗保障资金分配给医疗机构,向国民提供免费或低收费的医疗服务的一种医疗保险制度。国家医疗保险模式具有以下特征:第一,医疗保险基金绝大部分来源于国家财政预算,政府可以根据资金投入量来控制医疗费用总量;第二,卫生行政部门直接参与医疗服务的计划、管理、分配与提供;第三,向全体国民提供免费或低收费的医疗服务;第四,卫生资源配置具有较强的计划性,市场机制对其基本不起调节作用。

国家医疗保险模式的优点是:较好地满足了国民的医疗服务需求,提高了社会整体的福

利。国家医疗保险模式的缺点是：卫生资源配置效率低下，医疗机构微观运行缺乏活力。由于供需双方缺乏费用意识，医疗消费水平过高，政府财政压力巨大。

(3)储蓄医疗保险模式，其代表是新加坡

储蓄医疗保险模式是依据法律的规定，强制性的以家庭为单位建立医疗储蓄基金，并初步积累，用以支付日后患病的医疗费的一种医疗保险制度。储蓄医疗保险模式模式具有以下特征：第一，以个人责任为基础，强调个人通过积累支付部分医疗费用；第二，享受的医疗服务水平越高，付费越多，避免过度利用医疗服务行为的发生；第三，每个有收入的国民都要为其终生医疗需求而储蓄，以解决自身的医疗保健费用，避免医疗负担的代际转移。

储蓄医疗保险模式的优点是：避免过度利用医疗服务行为，减少浪费；避免医疗负担的代际转移。储蓄医疗保险模式的缺点是：不能实现社会互济，共同分担疾病风险；低收入群体得不到医疗保障或难以得到较好的医疗保障。

(4)商业医疗保险模式，其代表是美国

商业医疗保险模式是由商业保险公司承办，以盈利为目的的一种医疗保险制度。商业医疗保险模式具有以下特征：第一，由投保人自愿选择保险项目，属于自愿保险；第二，商业医疗保险供求关系由市场调节，保险公司根据社会的不同需求开展业务。

储蓄医疗保险模式的优点是：管理效率高，能较好地满足中高收入者的医疗需求。储蓄医疗保险模式的缺点是：第一，医疗保险费用较高，低收入人群难以参加，社会公平性差；第二，保险病种项目有限，保险公司以盈利为目的，对参保人身体条件要求十分严格，体弱多病者和老年人往往被排除在外。

以美国为例，全美80%以上的国家公务员和70%以上的私营企业雇员参加了商业医疗保险；除此以外，为了弥补商业医疗保险模式的不足，美国政府举办了“医疗照顾计划”，专门为65岁以上的老年人和残疾人提供“医疗照顾”，举办“医疗救助计划”，专门为低收入家庭提供“医疗救助”。

5. 女工生育保险支出

生育保险是通过国家立法，在职业妇女因生育子女而暂时中断劳动时，由国家和社会及时给予生活保障和物质帮助的一项社会保险制度。1994年原劳动部颁布了《企业职工生育保险试行办法》，受当时历史条件的限制，原劳动都职能范围是负责城镇企业职工的社会保险工作，国家机关、事业单位的社会保险由人事部负责，因此，这个办法适用于城镇企业以及职工。1998年劳动和社会保障部成立以后，将国家机关事业单位的社会保险职能划转到劳动和社会保障部。近年来，生育保险的范围有扩大趋势。

(二)社会救济支出

中国的社会救济主要体现在城市居民最低生活保障、灾民救济、流浪乞讨人员救助、社会互助等方面。

1. 城市居民最低生活保障制度

1999年,中国政府颁布《城市居民最低生活保障条例》,规定对持有非农业户口的城市居民,凡共同生活的家庭成员人均收入低于当地城市居民最低生活标准的,均可从当地政府获得基本生活物质帮助;对无生活来源,无劳动能力,无法定赡养人、扶养人或者抚养人的城市居民,可按当地城市居民最低生活保障标准全额救助。保障标准的制定,主要依据城市居民的人均收入和人均生活消费水平、上年物价水平、生活消费物价指数、维持当地最低生活水平所必需的费用、需要衔接的其他社会保障标准,以及维持吃穿住等基本生存所需物品和未成年人义务教育费用等,同时还考虑当地经济社会发展水平、本地符合最低生活保障条件人数以及财政承受能力等情况。城市居民最低生活保障资金由地方政府列入财政预算。对财政确有困难的地区,中央财政给予支持。

2. 灾民救济

国家建立了针对突发性自然灾害的应急体系和社会救助制度。政府视人民生命安全为第一,灾害发生时及时抢救、转移受灾群众,灾后引导群众进行生产自救、互助互济,并动员社会各方力量参与,最大限度地减少灾害造成的人员伤亡和财产损失,确保受灾群众有饭吃、有衣穿、有房住、有病能医。各级政府在财政预算中安排救灾支出,用于救灾物资储备和转移救济灾民。

3. 流浪乞讨人员救助

2003年8月1日,国家正式实施《城市生活无着的流浪乞讨人员救助管理办法》。该办法按照"自愿受助、无偿援助"的原则,对在城市生活无着的流浪乞讨人员给予关爱性的救助管理,根据受助人员的不同情况和需求,给予食宿、医疗、通讯、返乡及接送等方面的救助服务。

4. 社会互助

国家鼓励并支持社会成员自愿组织和参与扶弱济困活动,推动社会捐赠制度建设,建立经常性的捐助工作机构、工作网点和仓储设施,随时接受各种社会捐赠。基层政府通过兴办社区服务业,为贫困对象提供照顾和服务。

四、中国现行的社会保险制度

(一)中国现行的城镇职工养老保险制度

1. 中国现行城镇职工养老保险的覆盖范围

中国现行城镇职工养老保险的覆盖范围包括:城镇各类企业及其职工、个体工商户和灵活就业人员。

2. 中国现行城镇职工养老保险的基本养老保险费的筹集

基本养老保险费筹集坚持社会统筹与个人账户相结合的制度,基本养老保险费由企业和职工共同负担,国家给予税收上的优惠政策,允许企业按规定缴纳的基本养老保险费可在税前列支。企业依法缴纳基本养老保险费,缴纳比例一般不得超过企业工资总额的 20%,个人账户的规模统一调整为本人缴费工资的 8%,全部由个人缴费形成,其个人账户储存额每年参考银行同期利率计算利息,并由社会保险经办机构定期公布。个人账户基金只能用于职工养老,不能用于其他支付,也不得提前支取。职工跨统筹范围流动时,个人账户全部储存额随同转移。职工或退休人员死亡,个人账户中的个人缴费部分可以继承。个人账户基金由省级社会保险经办机构统一管理,按国家规定存入银行或用于购买国债,以实现基金的保值增值。

3. 中国现行城镇职工养老保险待遇的享受条件

(1)退休年龄条件

目前正常退休年龄条件是按照男职工年满 60 周岁,生产性岗位人员的女职工年满 50 周岁,管理、专业技术岗位人员的女职工年满 55 周岁标准执行。除正常退休以外,还有提前退休的情形。

(2)缴费年限条件

①1998 年 7 月 1 日以后参加工作,并按规定缴费年限累计满 15 年。

②1998 年 7 月 1 日以前参加工作,并按规定缴费年限累计满 10 年。

(3)其他退休条件。

(二)中国现行失业保险制度

1. 失业保险的覆盖范围

失业保险的覆盖范围包括城镇企业、事业单位及其职工。这里所称城镇企业,是指国有企业、城镇集体企业、外商投资企业、城镇私营企业以及其他城镇企业。

2. 失业保险费的筹集

我国失业保险基金主要由用人单位、职工缴纳的失业保险费、失业保险基金的利息、财政补贴依法纳入失业保险基金的其他资金等构成。城镇企业、事业单位按照本单位工资总额的 2%,职工按照本人工资的 1%,缴纳失业保险费。在失业保险基金入不敷出时,财政将给予必要补贴。

3. 失业保险待遇的具体内容

失业人员失业前所在单位和本人按照规定累计缴费时间满 1 年不足 5 年的,领取失业保险金的期限最长为 12 个月;累计缴费时间满 5 年不足 10 年的,领取失业保险金的期限最长为 18 个月;累计缴费时间 10 年以上的,领取失业保险金的期限最长为 24 个月。重新就业后,再次失业的,缴费时间重新计算,领取失业保险金的期限可以与前次失业应领取而尚未领取的失业保险金的期限合并计算,但是最长不得超过 24 个月。失业保险金的发放标准按照低于当地最低工资标准、高于城市居民最低生活保障标准的水平,由省、自治区、直辖市人民政府确定。

失业人员在领取失业保险金期间有下列情形之一的,停止领取失业保险金,并同时停止享受其他失业保险待遇:

①重新就业的。

②应征服兵役的。

③移居境外的。

④享受基本养老保险待遇的。

⑤被判刑收监执行或者被劳动教养的。

⑥无正当理由,拒不接受当地人民政府指定的部门或者机构介绍的工作的。

⑦有法律、行政法规规定的其他情形的。

(三)中国现行的工伤保险制度

1. 工伤保险的覆盖范围

工伤保险的覆盖范围包括中华人民共和国境内的各类企业的职工和个体工商户的雇工。

2. 工伤保险费的筹集

工伤保险基金由用人单位缴纳的工伤保险费、工伤保险基金的利息和依法纳入工伤保险基金的其他资金构成。用人单位应当按时缴纳工伤保险费。职工个人不缴纳工伤保险费。工伤保险费根据以支定收、收支平衡的原则,确定费率。各统筹地区经办机构根据用人单位工伤保险费使用、工伤发生率等情况,适用所属行业内相应的费率档次确定单位缴费费率。

3. 工伤保险事故的界定

我国《工伤保险条例》(2003)第14条规定:职工有下列情形之一的,应当认定为工伤:

①在工作时间和工作场所内,因工作原因受到事故伤害的。

②工作时间前后在工作场所内,从事与工作有关的预备性或者收尾性工作受到事故伤害的。

③在工作时间和工作场所内,因履行工作职责受到暴力等意外伤害的。

④患职业病的。

⑤因工外出期间,由于工作原因受到伤害或者发生事故下落不明的。

⑥在上下班途中,受到机动车事故伤害的。

⑦法律、行政法规规定应当认定为工伤的其他情形。

我国《工伤保险条例》(2003)第15条规定:职工有下列情形之一的,视同工伤:①在工作时间和工作岗位,突发疾病死亡或者在48小时之内经抢救无效死亡的。②在抢险救灾等维护国家利益、公共利益活动中受到伤害的。③职工原在军队服役,因战、因公负伤致残,已取得革命伤残军人证,到用人单位后旧伤复发的。

(四)中国现行的医疗保险制度

1. 城镇职工基本医疗保险制度

1998年12月,国务院发布《关于建立城镇职工基本医疗保险制度的决定》之后,全国范围的城镇职工医疗保险制度改革进入新阶段。

(1)城镇职工基本医疗保险制度的覆盖范围

包括"所有城镇职工",即包括企业(国企、集体企业、外商投资企业、私营企业)、机关、事业单位、社会团体、民办非企业单位及其职工,都要参加城镇职工基本医疗保险制度。乡镇企业及其职工、城镇个体经济组织业主及其从业人员是否参加城镇职工基本医疗保险制度,由省、自治区、直辖市人民政府决定。

(2)城镇职工基本医疗保险费的筹集

城镇职工基本医疗保险制度的筹资机制是由用人单位和职工个人共同缴费,国家财政只负担管理机构的行政管理费用和一些特殊人群的部分医疗补助费。医疗保险基金由社会统筹基金和个人账户基金构成,用人单位的缴费率为职工工资总额的6%(左右),职工个人缴费率为本人工资的2%。职工个人缴纳的基本医疗保险费全部记入个人账户,用人单位缴纳的基本医疗保险费的30%也记入个人账户,剩余的70%为社会统筹基金。

(3)明确划分社会统筹账户和个人账户的使用范围

个人账户为参保人个人所有,主要用于支付基本医疗范围内的门诊医疗费用和在定点药店购药,超支不补,节余归已,利息归已,但不得提取现金,可结转下年度使用和依法继承。社会统筹账户主要用于参保人的住院医疗费用;特定慢性病的门诊医疗费用;门诊急、危、重症大抢救。由社会统筹账户支付的医疗费用,个人除了应承担起付标准外,还要按有关规定负担一定比例。社会统筹账户的起付标准原则上为当地职工年平均工资的10%,最高支付限额为当地职工年平均工资的4倍。起付标准以下的医疗费用,从个人账户中支付,或由个人支付;起付标准以上的最高支付限额以下的医疗费用,在个人承担一定比例后,从社会统筹基金中支付;超过最高支付限额的,自行解决,或通过商业医疗保险等途径解决。

2. 城镇居民基本医疗保险制度

2007年7月,国务院发布《关于开展城镇居民基本医疗保险试点的指导意见》,将医疗保险在全国推广,逐步覆盖全体城镇非从业居民。城镇居民基本医疗保险制度的覆盖范围包括中小学阶段在校学生(含职业高中、中专、技校学生)、少年儿童和其他非从业城镇居民。城镇居民基本医疗保险基金重点用于参保居民的住院和门诊大病医疗支出,有条件的地区可以逐步试行门诊医疗费用统筹。

3. 新型农村合作医疗制度

2002年中共中央国务院发布《关于进一步加强农村卫生工作的决定》,从2003年起在全国部分县(市)试点,到2010年逐步实现基本覆盖全国农村居民。

这是我国政府历史上第一次为解决农民的基本医疗卫生问题进行大规模的投入。从2003年开始,本着多方筹资,农民自愿参加的原则,新型农村合作医疗的试点地区不断的增加,通过试点地区的经验总结,为新型农村合作医疗在全国的全面开展创造了坚实的理论与实践基础。2011年2月17日中国政府网发布了《医药卫生体制五项重点改革2011年度主要工作安排》。这份文件明确,2011年政府对新农合和城镇居民医保补助标准均由上一年每人每年120元提高到200元;城镇居民医保、新农合政策范围内住院费用支付比例力争达到70%左右。

新型农村合作医疗制度覆盖范围一般是包括除了已参加城镇职工基本医疗保险、城镇居民基本医疗保险以外的,并且户籍在当地的农村居民。坚持自愿参加,坚持整户参加原则,坚持以大病统筹为主原则。

(五)中国现行的生育保险

我国的生育保险制度适用于城镇企业及其职工,涵盖国有企业、城镇集体企业、股份制企业、联营企业、私营企业、外商投资企业和与之形成劳动关系的劳动者。

根据"以支定收,收支基本平衡"的原则筹集资金,由企业按照其工资总额的一定比例向社会保险经办机构缴纳生育保险费,建立生育保险基金。生育保险费的提取比例由当地人民政府适时调整,但最高不得超过工资总额的1%。职工个人不缴纳生育保险费。

第三节　财政补贴

一、财政补贴的概念

财政补贴是指在既定的经济条件下,政府为达到资源优化配置的政策目标,改变某些生产资料和消费品的相对价格,在经常性财政支出之外,采取不同的支出形式对企业、单位和个人的无偿支出。

财政补贴实质上是国家把纳税人的一部分收入无偿地转移给补贴领受者的一种转移支付形式。财政补贴总是与相对价格的变动联系在一起的,或者是补贴引起价格变动,或者是价格变动导致财政补贴。财政补贴体现了一定时期内政府的经济政策方向以及政策力度。政府出于某些目的,需要干预微观经济主体追求经济利益的活动,才会产生财政补贴行为。财政补贴的实施使得一部分纳税人的钱无偿转移到另一部分人手中,导致产品或服务价格的相对变化,从而引导微观经济主体自觉按照政府的经济政策方向从事相关活动。财政补贴在一定时期内适当运用,有益于协调政治、经济和社会中出现的利益矛盾,起到稳定物价、保护生产经营者和消费者的利益、维护社会安定,促进市场经济发展的积极作用。但是,价格补贴范围过广,项目过多,也会带来弊端。它使价格关系扭曲,掩盖各类商品之间的真实比价关系,加剧财政困难,削弱国家的宏观调控能力。

二、财政补贴的分类

财政补贴的内容可以从不同的分类角度进行考察:从补贴的环节来看,可分为生产环节补贴、流通环节补贴和消费环节补贴;从政府是否明确地安排支出来区分,可分为明补与暗补;从补贴资金的接受主体来划分,可分为企业补贴和居民补贴;从补贴对经济活动的影响来看,可分为对生产的补贴和对消费的补贴；从补贴是否与具体的购买活动相联系来看，又可分为实物补贴与现金补贴。在国家预算中，一般是按财政补贴的政策目的进行分类，按照这种分类，财政补贴可分为价格补贴、企业亏损补贴、财政贴息和税式支出等。

三、财政补贴支出的构成

（一）价格补贴

价格补贴是国家为了稳定物价、安定人民生活、发展生产或实现其他目标，对某些商品实行购销价格倒挂或持平的价格政策，以及财政对从事商品生产、供销的企业由此产生的价差损失和亏损给予的补贴。我国价格补贴主要包括四类：

一是农副产品收购价提高而零售价不动，由此产生的购销价格倒挂由国家财政给商业经营部门以补贴。它是我国价格补贴中最大的一项，随着粮棉油价格的放开，这部分补贴逐年减少。

二是为了支援农业，国家对农业生产资料实行低价政策，由此产生的亏损由国家财政给生产企业以补贴。近年来，农业生产资料价格逐步放开，国家直接给农民奖售生产资料，不再补贴给生产企业。

三是对某些原材料和燃料等工业品的生产企业和流通企业以补贴。

四是对某些国内紧缺的工业品和农业生产资料从国外进口部分的财政补贴。

（二）企业亏损补贴

企业亏损补贴是指国家在企业发生亏损的时候，为了维持企业生存给予的财政补贴。企业亏损补贴按亏损原因分类，有政策性亏损和经营性亏损两类。政策性亏损是指企业因为国家某项经济政策的影响而造成的亏损；经营性亏损则是由于企业自身经营不善所致，这与企业的主观努力程度有关。所以，国家只对政策性亏损给予补贴。

企业亏损补贴按企业的经营性质分类，可以分为国内经营企业亏损补贴和外贸企业亏损补贴。国内经营企业亏损补贴包括冶金、有色金属、煤炭、化工等计划价格水平偏低的原材料工业的亏损补贴，商业、粮食企业经营购销倒挂商品所需的经营费用补贴，以及农机、轻工、农垦、农牧等企业的政策性亏损补贴。外贸企业亏损补贴包括进口亏损补贴和出口亏损补贴。外贸企业按照国家的定价政策，以国际市场价格进口产品而按低于进口价格的国内同类产品价格投放国内市场，由此造成的亏损，国家财政通过进口补贴给予弥补。出口补贴是指财政对外贸企业以低于收购价格的销价向国外出口产品所形成的亏损给予的补贴。由于近年来我国外贸企业的出口竞争能力有所增强，外贸企业的出口亏损补贴已基本上取消，进口亏损补贴也减少到化肥、农药等个别商品。

（三）财政贴息

财政贴息是指国家对使用某些规定用途的银行贷款的企业，就其支付的贷款利息提供的补贴。一方面,国家提供财政贴息,是在财政资金不足的情况下,鼓励企业单位贷款和银行投资发展社会经济发展项目的一项重要举措;另一方面,国家提供财政贴息,是为了支持相关企业联合,发展名牌产品,引进先进技术,发展节能产品等。财政贴息主要有两种方式:

①财政将贴息资金直接拨付给受益企业。

②财政将贴息资金拨付给贷款银行,由贷款银行以政策性优惠利率向企业提供贷款,受益企业按照实际发生的利率计算和确认利息费用。财政贴息按照贴息的数额不同,可分为财政全额贴息、财政差额贴息。

(四)税式支出

税式支出是指国家财政对于某些纳税人或课税对象给予的减免税。税式支出会减小财政收入,不列入财政支出,是一种隐性的财政补贴支出,如各种减税、免税、退税、税收抵免(含税收饶让)等。

三、财政补贴的作用

(一)支持和促进生产发展,调整产业结构

一个国家的产业的发展往往取决于该产业的投资收益率预期,投资收益率预期高,则产业发展快,反之,则产业发展慢。而国家的财政补贴在一定程度上影响产业的投资收益预期,如果国家对于农业、高新技术产业、交通能源与基础设施建设提供税收优惠与财政贴息,就能够引导企业投资这些产业,使资源向符合国家产业政策的方向流动。如果国家需要抑制某些短线产品的生产,就可以取消财政补贴与税收优惠,或进行一些其他的政策限制。

(二)稳定物价,保证经济的平稳运行和社会安定

物价对于一个国家的政治经济形势和人民生活的正常开展具有重大的影响。因而,对于物价变动的影响,政府应该在生产与流通领域用价格补贴方式弥补生产者与消费者的损失,从而确保生产与人民生活的正常运行,我国的价格补贴 1997 年达财政补贴的 62% 以上。当某一种生产资料的价格变动,会产生关联效应,导致下游产品的价格变动,如果某些商品原材料价格变动而销价不变,亏损由国家财政补贴,就可以避免价格上的连销反应,防止轮番涨价和价格上涨的恶性循环。而且,财政补贴可以通过对某些特定的社会成员和产品提供补助,充分发挥补贴的收入效应与替代效应,降低某些产品的价格或增加某些社会成员的收入。对某些产品如粮棉油等进行价格补贴,可以起到保障人民生活水平的作用。

(三)促进对外贸易的增长

对外贸易是一国国民经济的重要组成部分,它离不开国家财政补贴和大力支持。许多国家为了提高本国产品的竞争能力,占领国际市场,通常采取财政补贴方式,如出口补贴和低息贷款等促进出口。同时,对于本国需要的商品,通过进口补贴、税式支出等财政补贴加以引导,以促进本国经济的发展。通过财政补贴,可以影响进出口商品的价格,国际市场的价格变动对

进出口商品国内定价的影响大,针对国际市场上价格上涨的趋势,国家可以采取进口商品亏损由国家给予价格补贴和对策。国家通过出口补贴可以降低出口产品价格,提高竞争能力,增加外汇收入。

（四）调整供需结构,保持社会总供求的基本平衡

在社会经济生活中,各种经济手段相互配合,在各自领域发挥作用。在改革过程中,价格、税收、信贷和工资等经济杠杆调节经济生活,但这些经济杠杆发挥作用之后,其导致的后续效应需要财政补贴来加以矫正。因而,财政补贴配合价格、税收、信贷和工资等经济杠杆发挥调节作用。

财政补贴作为一种调节手段,就不应在国民经济中扮演主角,只能起到辅助作用,使用范围就要有限度,超过这个限度,积极作用就有可能被削弱,甚至出现消极作用。补贴范围过广、项目过多,也会扭曲比价关系,削弱价格作为经济杠杆的作用,妨碍正确核算成本和效益,掩盖企业的经营性亏损,不利于企业改善经营管理;如果补贴数额过大,超越国家财力所能,就会成为国家财政的沉重负担,影响经济建设规模,阻滞经济发展。

四、税式支出

尽管上面已经对税式支出给出了明确的定义,但在实践中,真正把税式支出项目与正规的税制结构截然区别开来,并非易事。许多国家一般把直接支出作为区分标准:如果能用直接支出替代的减免项目就列为税式支出;否则,就不能算做税式支出。税式支出项目的具体确定虽然困难重重,但还是有一定规律可循的。就刺激经济活动和调节社会生活的税式支出而言,其一般形式大致有税收豁免、纳税扣除、税收抵免、优惠税率、延期纳税、盈亏相抵、加速折旧和退税等。

（一）税收豁免

税收豁免是指在一定期间内,对纳税人的某些所得项目或所得来源不予课税,或对其某些活动不列入课税范围等,以豁免其税收负担。至于豁免期和豁免税收项目,应视当时的经济环境和政策而定。最常见的税收豁免项目有两类:一类是免除关税与货物税;另一类是免除所得税。

（二）纳税扣除

纳税扣除是指国家准许纳税人将一些合乎税法规定的特殊支出,按一定的比例或全部从应税所得中扣除,以减轻其税负。也就是说,纳税扣除是指在计算应纳税所得额时,从毛所得额中扣除一定数额或以一定比例扣除,以减少纳税人的应课税所得额。

（三）税收抵免

税收抵免是指允许纳税人从其某种合乎奖励规定的支出中,以一定比例从其应纳税额中

扣除,以减轻其税负。对于这种从应纳税额中扣除的数额,税务当局可能允许也可能不允许超过应纳税额。若在后一种情况下,它被称为有剩余的抵免;若是在前一种情况,即将没有抵尽的抵免额返还给纳税人,就被称为没有剩余的抵免。在西方国家,税收抵免的形式多种多样,其中最主要的有两种形式,即投资抵免和国外税收抵免。

(四)优惠税率

优惠税率是指对符合税法规定的企业以较低的税率征税。这种方法,既可以是有期限的优待,也可以是长期优待。一般来说,长期优惠税率的鼓励程度大于有期限的优惠税率,尤其是那些需要巨额投资且回收期较长的企业,常可从长期优惠税率中得到较大的利益。

(五)延期纳税

延期纳税是指国家允许纳税人符合税法规定的税收,延迟缴纳或分期缴纳其应负担的税额。这种方式一般可适用于各种税,且通常都应用于税额较大的税收上。因可以延期纳税,纳税人等于得到一笔无息贷款,能在一定程度上帮助纳税人解除财务上的困难。采取这种办法,政府的负担相对较轻,因为政府只是延后收款,损失的是税收产生的利息。

(六)盈亏相抵

盈亏相抵是指准许企业以某一年度的亏损,抵消以后年度的盈余,以减少其以后年度的应纳税款;或是冲抵以前年度的盈余,申请退还以前年度已纳的部分税款。抵消或冲抵前后年度的盈余,都有一定的时间限制。例如,美国税法曾规定,前后可以抵冲的时间是前3年后7年内。这种方式对具有高度冒险性的投资有相当大的刺激效果。因为在这种方式下,如果企业发生亏损,按照规定就可从以前或以后年度的盈余中得到补偿。当然,正因为这种方式是以企业发生亏损为前提,它对于一个未发生过亏损但利润确实很小的企业来说,没有丝毫鼓励效果;而且,就其应用的范围来看,盈亏相抵办法通常只能适用于所得税方面。

(七)加速折旧

加速折旧是指固定资产使用年限的初期提列较多的折旧。采用这种折旧方法,可以在固定资产的使用年限内早一些得到折旧费和减免税的税款。加速折旧是一种特殊的税式支出形式。虽然它可在固定资产使用年限的初期提列较大的折旧,但由于折旧累计的总额不能超过固定资产的可折旧成本,所以,其总折旧额并不会比一般折旧高。折旧是企业的一项费用,折旧额越大,企业的应课税所得越小,税负就越轻。从总数上看,加速折旧并不能减轻企业的税负,政府在税收上似乎也没损失什么。但是,由于后期企业所提的折旧额大大小于前期,故税负较重。对企业来说,虽然总税负未变,但税向前轻后重,有税收递延缴纳之利,亦同政府给予一笔无息贷款之效;对政府而言,在一定时期内,虽然来自这方面的总税收收入未变,但税收收入前少后多,有收入迟滞之弊。政府损失了一部分收入的时间价值。

(八)退税

退税是指国家按规定对纳税人已纳税款的退还。作为税式支出形式的退税是指优惠退税,是国家为鼓励纳税人从事或扩大某种经济活动而给予的税款退还。其中包括两种形式:出口退税和再投资退税。出口退税是指为鼓励出口而给予纳税人的税款退还:①退还进口税,即用进口原料或半制成品,加工制成成品后,出口时退还其已纳的进口税。②退还已纳的国内销售税、消费税和增值税等。再投资退税是指为鼓励投资者将分得的利润进行再投资,而退还纳税人再投资部分已纳税款。

本章小结

洛伦茨曲线是用来衡量个人收入分配平等或不平等程度的曲线。基尼系数是用于表示个人收入分配平等程度的一种系数指标,是根据洛伦茨曲线计算出来的。

转移性支出无论从数量上还是从经济影响上来看,它不仅直接影响国民收入分配,而且间接影响资源的配置。根据各种补助支出的性质特征不同,又可将其划分为社会保障支出和财政补贴支出两种。

中国社会保障制度的主要内容包括社会保险、社会救济、社会福利和社会优抚等;社会保障资金的筹集渠道与方式呈现多样化的特点,就世界范围内主要的社会保障资金的筹集方式而言,可分为现收现付式、完全积累式和半积累式等;社会保障支出主要由社会保险支出和社会救济支出组成,其中社会保险支出的数额和影响最大;社会保险支出中按险种分又分为养老保险支出、医疗保险支出、失业保险支出、工伤保险支出和生育保险支出等项目;具体的支出内容渗透于中国现行的社会保险制度的各个方面。

财政补贴也是政府转移性支出的重要内容,财政补贴内容广泛,是国家调节宏观经济的杠杆之一。在市场经济条件下,起着稳定人民生活、调节供求结构、优化资源配置的作用。

思考题

1. 简述社会保险的内容。
2. 社会保险和商业保险的区别是什么?
3. 简述社会救济的内容。
4. 简述社会福利的内容。
5. 简述财政补贴的构成。

【案例分析】

北欧国家的福利堪称世界上最优秀的社会福利。现代意义上的北欧福利国家则是在二战以后建立起来的。战后至70年代初是北欧社会福利事业大发展的时期。此时的北欧经济已度过了复苏阶段,进入了高速发展时期。经济的高速增长为福利国家的完善提供了雄厚的物质基础。这一时期北欧各国在原有的福利制度的基础上,在内容上不断进行充实和扩展,形成了被称为社会民主主义体制的福利模式。该模式以普遍主义和社会平等观念为价值核心,具有高税收和高再分配效应等制度特征。北欧福利国家制度在战后至70年代，对于缓解社会矛盾、稳定社会秩序、促进经济的持续发展起到了积极作用。北欧各国也因此被称为"福利国家的橱窗"和"西方世界的社会试验室"。70年代中期以来，在石油危机的打击下，北欧各国相继发生了严重的经济危机，陷入了"滞胀"（高通胀、高失业、低经济增长）的困境。经济危机又引发了与之密切相连的"福利国家"的危机，给经济、社会以及政治发展带来了严重的后果。

请分析北欧的福利模式给我国带来的启示。

第十二章

Chapter 12

政府预算

【学习目的与要求】

本章要求了解政府预算的含义、特性及原则；掌握单式预算和复式预算、增量预算和零基预算的含义及作用；了解其他政府预算的分类；了解政府预算的编制、执行与决算的程序及方法；了解预算外资金管理的含义、特征及管理内容。

【本章主要概念】

政府预算；单式预算；复式预算；零基预算；增量预算；预算外资金

【引导案例】

政府预算不再是秘密

2011 年，按照国务院要求，98 个中央部门要公开部门决算。截至 2011 年 8 月，98 个中央部门中，除了外交部、国务院侨办和港澳办因涉密未公布之外，其余部门均已公开。2011 年 5 月 4 日召开的国务院常务会议，决定中央各部门要公开本部门 2010 年度出国(境)费、车辆购置及运行费、公务接待费“三公”经费决算数和 2011 年“三公”经费预算情况。这是根据国务院去年的要求作出的决定。7 月 6 日召开的国务院常务会议要求对“三公”经费支出要公开得更详细。

第一节　政府预算概述

一、政府预算的含义

政府预算是国家具有法律效力的财政收支计划，它规定政府收支规模、结构和平衡状况，成为政府参与国民收入分配的重要工具以及管理社会经济事务和调控社会经济活动的主要经济杠杆。从世界财政史上看,政府预算是在封建社会与资本主义社会交替时期,是资产阶级与封建阶级进行经济斗争中作为一种经济斗争的手段而产生的。政府预算产生之后,在整个国家的政治经济活动中具有重要的地位和作用。它的产生、发展和日趋完善,标志着财政管理走上了法制化、民主化和规范化的轨道。

英国是资本主义发展最早、也是议会制度形成最早的国家。政府预算最早产生于英国。英王约翰在1215年签署了《大宪章》。该宪章规定,除王室政府的正常收入外,一切额外邑捐,无论是租税还是力役,不经过权力机构——"大议事会"的批准,国王不得擅自征收。这样通过法律形式对国王的财政征集权力进行了一定程度的限制。一般认为,《大宪章》的问世标志着预算制度的萌芽。英国资产阶级革命在1640年爆发,标志着世界近代史的开端。此后英国财政发生了一系列质的变化:一是1678年确定了王室政府为执行其职能所需要的财政支出必须由代表资产阶级利益的下议院批准。二是1688年确定了王室年俸由国会批准,国王的私人支出与政府的财政支出不得混同。三是1689年通过了《权力法案》,确定国会为最高权力机构,重申不经国会批准,王室政府不得强迫任何人纳税或做其他缴纳。到17世纪末,政府预算的基本部分就已经形成了。1832年,英国国会又通过了一项法律,规定财政大臣每年必须向国会提出全部"财政收支计划书",并由国会批准。至此,具有现代意义的政府预算制度才真正建立起来。此后,随着资产阶级民主革命在欧美各国相继成功,在资本主义发展过程中,政府预算的范围、内容、规模、组织形成及管理制度日趋复杂,逐步发展,形成现在市场经济国家的政府预算。中国的历史进程和具体国情与欧美国家不同,从清朝末年筹办预算到"中华民国"政府预算,都是在半殖民地半封建社会条件下很不完备的预算。新中国建立,实行计划经济,建立国家预算,其活动内容、范围、方式及预算制度均与什么样的经济制度相联系,成为国民经济和社会发展计划货币形式的综合反映。党的十一届三中全会后,在市场倾向的改革进程中,特别是党的十四大决定建立社会主义市场经济体制,预算制度在变革,到了20世纪90年代后期,公共财政框架初步建立,才初步确立为政府预算。从上述分析预算产生的情况可以看出,政府预算是由政府编制经法定程序批准,具有法律效力和制度保证的年度财政收支计划。

二、政府预算的基本特征

财政预算从其产生、发展,到现代政府预算,经历了一个不断完善的过程,其内涵不断丰富,形成了不同国家政府预算所共有,并区别于其他财政范畴所特有的共性。认识政府预算的基本特征,是为了进一步深刻理解政府预算的概念及其重要性。

(一)法律性

政府预算的法律性是指政府预算的成立、执行调整和执行结果都要经过立法机关的审查批准,它是一个法律性文件。也就是说,政府预算是按照一定的法律程序成立,按照法律法规贯彻执行,又按照一定的法律程序形成决算。这是政府预算区别于其他财政范畴的一个重要特征。在西方国家由总统或首相提出预算草案,经国会或议会审议通过,即具有法律效力。在我国由财政部代表国务院向全国人民代表大会提出预算草案,经人民代表大会审查批准之后,即具有法律效力。法律性特征是政府预算能够顺利实现的前提和保证。由于政府预算的编制和执行是国家政治经济生活中的大事,我国宪法明确规定,全国人民代表大会审查和批准国家的预算和预算执行情况。这就使我国政府预算的法律性特征主要表现在两个大的方面:一是经过立法机关批准的各级政府预算具有法律效力,必须严格执行,不得随意变更预算;二是预算管理程序纳入法制化管理的轨道。

(二)预测性

政府预算的预测性是指政府通过对未来年度预算的编制,对预算规模、收入来源、支出用途,作出事前的预计和设想。无论是发达国家还是发展中国家,各级政府、各部门一般在本年度结束之前,都要对未来年度的预算收支作出预测,编制出预算收支计划,进行收支对比,作出对策研究。至于这种预测是否符合实际,能否得以实现,取决于政府预算事前编制的准确性和科学性;也取决于预算执行中客观条件的变化、应变措施的选择、预算管理水平和预算管理手段的影响。但提高政府预算收支计划的准确度是第一位的。当代预算管理手段的现代化,使预算信息的收集、传递和分析利用的速度加快,这对政府预算准确度的提高十分有利。

(三)集中性

政府预算的集中性是指政府预算的规模、收入来源、支出去向、收支结构和财政平衡等情况,由政府按照社会生产力水平和政治经济形势发展的需要,从国家整体利益出发进行统筹安排。这种集中性特征主要表现为,国家通过政府预算集中资金,保证国家政府履行职能和满足社会的公共需要。从预算管理的角度看,政府预算收入都应及时、足额地缴入国库,任何部门、单位和个人不能截留和挪用。预算支出也是由国库集中拨付,各部门、各单位必须按照政府预算所规定的用途、比例、指标和数额进行使用。在我国当前的预算改革中,政府预算这种集中性特征表现得更为突出。

(四)综合性

政府预算的综合性是指政府预算的内容包括多个单项财政收支计划,综合反映整个财政收支的全貌,全面反映政府活动的范围和方向,是政府的财政收支计划。这一特征体现了预算的完整性,反映着国家的方针政策和政府的年度工作计划安排,使政府预算成为各项财政收支计划的综合和枢纽。它综合反映中央与地方、地方各级之间的纵向分配关系,又反映多级政府与各部门单位之间的横向分配关系,全面反映政府活动的范围和方向。

(五)民主性

政府预算的民主性是指政府预算收支计划的制定、执行以及决算的形成,这一全过程要向公众全面公开;其收支内容也必须明确,以便于社会公众及其代表能够理解和审查。这种民主性一般是通过政府向权力机关提交预算报告的形式，说明预算编制的依据，执行过程中采取的措施，以及如何保证政府预算的实现等。同时，报告上一年度政府预算的执行情况，即决算报告它包括了与预算编制、执行和决策的全过程。预算、决算报告经国家权力机关审议批准后，再通过新闻媒介向全体公众公布，接受公众监督。

（六）年度性

政府预算的年度性是指预算的有效起讫期限，通常为1年。这是各国政府编制和执行预算的法定期限。目前世界各国规定的预算年度起讫日期不尽相同，有历年制如我国预算年度为公历1月1日~12月31日；有跨历年制如英国是从本年4月1日止次年3月31日，两种形式都是编制和执行预算所依据的法制年限。在预算年度内，预算工作程序按时序依次递进，在年度之间循环往复。

三、我国的政府预算及管理职权

①全国人民代表大会审查中央和地方预算草案及中央和地方预算执行情况的报告；批准中央预算和中央预算执行情况的报告；改变或者撤销全国人民代表大会常务委员会关于预算、决算的不适当的决议。

②全国人民代表大会常务委员会监督中央和地方预算的执行；审查和批准中央预算的调整方案；审查和批准中央决算；撤销国务院制定的同宪法、法律相抵触的关于预算、决算的行政法规、决定和命令；撤销省、自治区、直辖市人民代表大会及其常务委员会制定的同宪法、法律和行政法规相抵触的关于预算、决算的地方性法规和决议。

③县级以上地方各级人民代表大会审查本级总预算草案及本级总预算执行情况的报告；批准本级预算和本级预算执行情况的报告；改变或者撤销本级人民代表大会常务委员会关于预算、决算的不适当的决议；撤销本级政府关于预算、决算的不适当的决定和命令。

④县级以上地方各级人民代表大会常务委员会监督本级总预算的执行；审查和批准本级预算的调整方案；审查和批准本级政府决算（以下简称本级决算）；撤销本级政府和下一级人民代表大会及其常务委员会关于预算、决算的不适当的决定、命令和决议。

⑤设立预算的乡、民族乡、镇的人民代表大会审查和批准本级预算和本级预算执行情况的报告；监督本级预算的执行；审查和批准本级预算的调整方案；审查和批准本级决算；撤销本级政府关于预算、决算的不适当的决定和命令。

⑥国务院编制中央预算、决算草案；向全国人民代表大会作关于中央和地方预算草案的报告；将省、自治区、直辖市政府报送备案的预算汇总后报全国人民代表大会常务委员会备案；组织中央和地方预算的执行；决定中央预算预备费的动用；编制中央预算调整方案；监督中央各部门和地方政府的预算执行；改变或者撤销中央各部门和地方政府关于预算、决算的不适当的决定、命令；向全国人民代表大会、全国人民代表大会常务委员会报告中央和地方预算的执行情况。

(三)我国政府预算收支范围

预算由预算收入和预算支出组成

(1)预算收入

包括:税收收入;依照规定应当上缴的国有资产收益;专项收入;其他收入。

(2)预算支出

包括:经济建设支出;教育、科学、文化、卫生、体育等事业发展支出;国家管理费用支出;国防支出;各项补贴支出;其他支出。

四、政府预算的原则

政府预算原则是指政府选择预算形式和体系应遵循的指导思想,也就是确定政府财政收支计划的方针。自政府预算产生之后,就开始了对预算原则的探索,形成各种各样的思想和主张。影响较大并为大多数国家所接受的主要有下述原则:

(1)完整性原则

政府预算应该包括全部财政支出,反映政府的全部财政活动,不允许有预算之外的财政收支,也不允许有政府预算规定范围以外的财政活动。

(2)公开性原则

政府预算反映政府活动的范围、方向和政策,与全体公民的切身利益息息相关,因此政府预算及其执行情况必须采取一定的形式公诸于众,让人民了解财政收支状况,并置于人民的监督之下。

(3)可靠性原则

每一收支项目的数字指标必须运用科学的方法,依据充分确实的资料,并总结出规律性,进行计算,不能任意编造。

(4)合法性原则

政府预算与一般财政经济计划不同,它必须经过规定的合法程序,并最终成为一项法律性文件。政府预算的法律性是指政府预算的成立和执行结果都要经过立法机关审查批准。政府预算按照一定的立法程序审批之后就形成反映国家集中性财政资金来源规模、去向用途的法律性规范。

(5)统一性原则

尽管各级政府都设有该级财政部门,也有相应的预算,但这些预算都是政府预算的组成部分,所有的地方政府预算连同中央政府预算一起共同组成统一的政府预算。这就要求统一的预算科目,每个科目都要严格按统一的口径、程序计算和填列。

(6)年度性原则

任何一个政府预算的编制和实现,都要有时间上的界定,即所谓预算年度。它是指预算收支起讫的有效期限,通常为一年。目前世界各国普遍采用的预算年度有两种:一是历年制预算年度，即从每年1月1日起至同年12月31日止，我国即实行历年制预算年度；二是跨年制预算年度，即从每年某月某日开始至次年某月某日止，中间历经12个月，但却跨越了两个年度，如美国的预算年度是从每年的10月1日开始，到次年的9月30日止。所谓预算年度原则，是指政府必须按照法定的预算年度编制国家预算，这一预算要反映全年的财政收支活动，同时不允许将不属于本年度财政收支的内容列入本年度的国家预算之中。

第二节　政府预算的分类

随着生产力的发展，社会政治经济生活的日益丰富和政府职能的扩大，政府预算的规模、结构、范围和形式日趋多样化，逐渐演变成具有多种预算形式和多种预算方法的一个复杂预算体系。对预算进行科学分类，是进一步认识和研究政府预算长处和不足，有利于从本国国情出发，适时采取先进预算形式和预算管理方法的客观需要。

一、单式预算和复式预算

根据编制形式分类，政府预算可分为单式预算和复式预算。

（一）单式预算

单式预算是传统的预算组织形式，它是在预算年度内不区分各类预算收支的经济性质，将全部的预算收入和支出汇列于单一的预算收支项目表格内。

在20世纪30年代以前，世界各国所普遍采用的是单式预算组织形式。当时西方各国信奉的是古典经济学派的经济理论。人们反对政府干预经济，主张缩小政府职能，压缩政府开支，在财政上提倡预算收支平衡，反对财政赤字。这在当时的历史条件下，单式预算组织形式对监督政府预算行为和控制收支规模，维持预算收支平衡起到了重要作用。

单式预算的优点是综合性强、结构简单、便于操作。它把全部的预算收支汇集到一个预算收支平衡表中，明确地、完整地反映财政收支活动的全貌。所以便于立法机构的审议和社会公众监督。但是，单式预算也存在着明显的缺点：一是没有按经济性质的不同区分预算收支，因此就不能反映各项收支之间的对应关系，不利于经济分析和宏观经济调控。二是各项收入加总和各项支出加总，然后进行总量平衡，看不出预算赤字是发生在哪个方面，容易掩盖了预算赤字的真实状况。三是经常性收支和债务性收支混在一起，容易造成经常性支出和建设性支出的相互挤占，不利于考核预算资金的使用效益。正因为单式预算对应性弱、透明度低，政府进行有选择的宏观经济调控和不利于经济效益分析这些缺点的存在，所以，不少的国家放弃了这一预算组织形式，转而采用了复式预算，或者对单式预算进行了改进。

（二）复式预算

复式预算是在预算年度内，把全部的预算收支按其经济性质的不同，分别汇编于两个或两个以上的预算。世界各国通常的做法是分为经常性预算和资本性预算。这里应该注意的是，各国复式预算的具体结构各有差异，各个分预算的称谓也不相同，即使是采用两式结构的复式预算，有的是截然分开，也有的是交叉使用。

复式预算相比于单式预算明显地存在着一些优点：

(1)对应性强

在同一个预算年度内，把所有的预算收支按其不同的经济性质、不同的来源和用途，分别汇编于不同的收支对照表中，以特定的收入用于特定的支出，使收支之间保持稳定的对应关系。

(2)透明度高

复式预算的各个分预算之间是相对独立的，一般不能相互混淆，资金不能相互挤占，自成一体，自求平衡。各分预算的年终结余或赤字明确，增强了预算的透明度，其结转要经过一定的规程，共同构成一个完整的预算体系。

(3)预算结构清晰，便于分类管理和控制

复式预算把预算收支按经济性质划分得具体、明确，这便于政府采取各种不同的预算政策，加强对各类预算收支的分类管理，有利于控制预算资金的流向和流量，也有利于对经常性支出不合理增长的制约和对资本性支出的"成本－效益"分析。

但是，复式预算也有一些缺点。这主要表现在复式预算的各分预算之间的划分标准上难以掌握。实行复式预算要求对每项预算收支必须进行定性分类，以便于分别列入不同的分预算之中。这无论在预算管理，还是在技术处理上，都是有高标准要求的。从我国近十年的实践看，尚属一个难点。此外，复式预算自身对资本预算的规模没有量的限制，而资本预算有相当一部分资金是来源于借债。如果借口投资需要而大量举债，资本预算必然膨胀，容易造成国债规模失控。

长期以来，我国一直是采用单式预算组织形式。但自改革开放之后，随着我国市场经济的发展，国民经济的分配格局发生了巨大变化，国家财政也日益壮大起来。同时，国家对经济管理和财政管理提出了更高的要求。为了适应这种发展变化的要求，1991 年国务院颁布了《国家预算管理条例》，规定从 1992 年起国家预算按复式预算编制。于是，财政部在 1 992 年对我国的国家预算、中央预算和部分省市预算开始试编。1994 年我国出台的《预算法》中规定，"中央预算和地方各级政府预算按照复式预算编制。复式预算的编制办法和实施步骤，由国务院规定。"这就是说，我国从 1995 年开始，各级政府都要编制复式预算。虽然我国实行复式预算制的实施步骤相当缓慢，但从试行，到立法，再到全面推开，这本身就是预算管理和管理思想上的一种进步。目前，我国所采用的复式预算结构是两式结构：经常性预算和建设性预算。经常性预算收入是国家以社会管理者的身份取得的各项税收收入和其他一般性收入；经常性预算支出是国家用于维持政务活动、保障国家安全和社会秩序、发展各项事业以及用于人民生活和社会保障等方面的开支。建设性预算收入是经常性预算结余、专项建设性收入；建设性支出是指国家预算中各项经济建设活动的支出。

我国实行复式预算有重要的意义和作用,主要表现在实行复式预算有利于健全财政职能,能够提高财政分配的透明度和强化预算约束机制,提高预算管理水平,对其他各项财经改革起到积极的推动作用。但是,我国现行复式预算制度在实行中还存在一些问题,主要表现在:一是目前所实行的复式预算结构比较粗略,还不适应进一步加强财政预算管理的要求。二是有些政府收支活动尚未反映在复式预算中,如各种专项基金。三是不能有效控制债务规模。在建设性预算中,建设性支出基本上都是通过举债来弥补,而建设性支出需求是无限的,这样债务规模不好控制。四是目前的复式预算分类方法不够明了,难以考察其经济效益,还不适应市场经济的要求。

有鉴于此,我国财政理论界和实践界就现行复式预算提出了许多改进方案或完善我国现行复式预算的基本思路。中共中央《关于建立社会主义市场经济体制若干问题的决定》中指出,“改进和规范复式预算制度,建立政府公共预算和国有资产经营预算,并可根据需要建立社会保障预算和其他预算。”还有的主张,根据我国社会主义市场经济的建设进程和我国的财税体制已经进行了重大改革的情况,参照其他国家的做法,结合政府预算收支分类的改革,在现有复式预算的基础上进行完善。其基本思路是:

①仍然是两式结构,但把原来的建设性预算改称为资本性预算,即经常性预算和资本性预算。

②经常性预算收入主要包括税收收入与非税收入。税收收入与原来的内容没有多大变化。非税收入主要包括行政性收费、专项收入、地方上解收入、其他收入,地方上解收入不再单独作为一个层次反映。地方的上解上级支出作为地方上解收入的各项反映。经常性支出主要包括十个部分:即国防支出、行政管理支出、事业发展支出、社会保障支出、对外援助支出、专项支出、付息支出、其他支出、预备费、补助地方支出。

③资本性预算收入主要包括:经常性预算结余、资本性收入和债务收入三部分。资本性支出主要包括:即经济建设支出和环境保护支出两部分。

④经常性预算不能出现赤字。为了控制债务规模,在资本性预算下列出债务收入的依存度和债务规模占 GDP 比重的两个指标。

二、项目预算与绩效预算

根据投入项目能否直接反映其经济效果分类,政府预算分为项目预算与绩效预算

项目预算是指只反映项目的用途和支出金额,而不考虑其支出经济效果的预算。

绩效预算是指根据成本-效益比较的原则,决定支出项目是否必要及其金额大小的预算形式。具体说就是有关部门先制定需要从事的事业计划和工程计划,再依据政府职责和施政计划选定执行实施方案,确定实施方案所需的支出费用所编制的预算。绩效预算是一种比较科学的预算方法。其特点:一是绩效预算重视对预算支出效益的考察,预算可以明确反映出所

产生的预计效益；二是按职责、用途和最终产品进行分类，并根据最终产品的单位成本和以前计划的执行情况来评判支出是否符合效率原则。

三、增量预算和零基预算

根据编制方法分类，政府预算可分为增量预算和零基预算

（一）增量预算

增量预算是指财政收支计划指标是在以前财政年度的基础上，按新财政年度的经济发展情况和财政经济政策要求，加以计算和调整后而形成的预算。它与零基预算是对应的。事实上，零基预算通常只用于具体收支项目，还未成为一种确定的编制政府预算的一般方法。从世界各国的预算实践中看，无论是单式预算还是复式预算，主要仍采用增量预算法。至于其他各种类型的预算，有些是属于政府预算政策或管理方式方面的代名词，如国民经济预算、充分就业预算、通货膨胀预算、财政风险预算等；有些是某项或多项财政收支指标的测定方法，或预算执行情况的考核方法，如中长期预算、项目预算、行动预算、绩效预算等。我国的政府预算无论是单式预算还是复式预算，也主要是采用增量预算。同时在现阶段某些具体项目计划上也采用零基预算方法，并且其使用范围有进一步扩大的趋势。这与我国改革开放以来，合理地吸收和借鉴西方发达国家先进的预算形式和管理方法有关。

（二）零基预算

零基预算是指在编制年度预算时，不依以往年度的预算收支量为基础，对每个部门的工作计划进行全面重新审核和测算，来确定各部门所需资金而形成的预算。理解这一概念要把握三点：简单地说，零基预算就是在编制预算时一切从零开始。严格地说，是指在编制年度预算时，对每个部门的工作计划进行全面审核，然后再确定各部门的资金量。也就是说，不仅对年度内新增任务进行审核，而且要对以前年度确定的项目进行审核。在评估过程中，有的项目可能是一切从零开始，但大多数情况是对原方案做一些修订。

零基预算有三个基本要素，即决策单位、一揽子决策和排序。这是编制零基预算过程中的关键步骤。

（1）决策单位

这是零基预算的基本单位，也是基本预算单位。在采用零基预算法编制预算时，可以用一个项目作为一个决策单位，也可用一个部门的一个机构作为决策单位。例如，在核定某个部门预算时，该部门所属单位就可以作为基本的决策单位。

（2）一揽子决策

在确定了决策单位之后，每一个决策单位的负责人都要对他所负责的活动进行分析，考虑提供不同服务水平的影响，以及不同服务水平所需要的经费，将上述活动汇集成文字资料就是一揽子决策。决策单位的负责人应该针对所负责的任务，根据经费开支的不同，为决策者提供

几个不同的方案,并指出这几个方案的服务水平。

(3)排序

排序是在制定出一揽子决策方案以后,决策单位根据本部门或机构的职责,将对本部门影响最大的方案,按从大到小的顺序排列,呈送给决策单位的管理层。各决策单位的管理者对每一个由决策单位负责人呈送上来的一揽子决策赋予相应的价值,编制"排序表",标明每一决策所需人力和资金。

零基预算起源于美国,在国际上有重要的影响。1979 年卡特出任美国总统,联邦政府决定全面采用零基预算法编制预算。卡特政府宣称,编制预算将不仅集中于新的计划,而且对正在进行计划的所有预算申请,也都将从零加以审核。不必须和过时的活动将被结束,资金将重新调拨给重要计划。许多州政府纷纷效法。到 1982 年大约有 18 个州采用了零基预算编制法。此后,世界上其他一些国家也陆续采用了这一预算编制方法。但是,由于零基预算编制要从基层单位做起,需要层层按照零基预算的原则进行审核,工作量大,并需要强有力的信息数据支持,因此,操作上遇到了很多困难。里根上台以后,认为零基预算是降低费用的有效手段,因此,在作了一些修改之后,继续实行了零基预算编制法。出于政治上的考虑,里根放弃了与卡特总统有联系的零基预算这个名称。在此之后,从表面上看,零基预算编制法似乎在美国被放弃。但实际上,很多部门,无论是政府部门还是私营部门,仍然在运用零基预算编制法的一些具体做法。他们放弃的是一些烦琐的程序和名称。可见,零基预算是政府公共支出发展进程中的一个重要阶段。

四、平衡预算和赤字预算

根据编制预算的政策原则,可分为平衡预算和赤字预算。

(一)平衡预算

平衡预算是指按照收支平衡的政策原则,编制出收入与支出基本相等的预算。实际上,在编制预算时以收定支、量入为出、收支相等称为平衡预算。如果收大于支称为结余,支大于收称为赤字。这三种情况在预算编制时,都可能出现。但预算执行中,即使是平衡预算也可能出现结余或赤字。所以在编制预算时,略有结余或略有赤字,一般都称为平衡预算。

(二)赤字预算

在编制预算时,按照赤字预算政策原则,安排支出大于收入,通常又差额较大,称为赤字预算。赤字预算多见于政府推行扩张性财政政府的实践。在预算编制的实际工作中,与赤字预算相对应的还有盈余预算,即收入大于支出,其数额较大,也体现政府的一种政策原则。但这种盈余预算很少,赤字预算与盈余预算统称差额预算。

五、总预算、部门预算和单位预算

根据预算管理范围,可分为总预算、部门预算和单位预算。

(一)总预算

总预算是指政府汇总编制的预算,一般是按国家的行政区域和政权结构划分为各级次的总预算。我国是一级政权一级预算,有中央预算,省(自治区、直辖市)总预算,设区的市(自治州)总预算,县(自治县、不设区的市、市辖区)总预算,乡(民族乡、镇)总预算。各级总预算一般由各级政府的财政部门负责编制,同级立法机关审查批准。

(二)部门预算

部门预算是指反映政府部门收支活动的预算。它是政府各部门编制的,经财政部门审查,权力机关批准、反映本部门所有收入和支出,包括下属单位预算的收入和支出。部门预算构成政府预算。

(三)单位预算

单位预算是指列入部门预算的政府机关、社会团体和其他单位的收支预算。它是部门预算的组成部分。从单位预算的组成系统看,分为主管单位预算,二级单位预算和三级单位预算。

六、中央预算和地方预算

根据预算分级管理要求,可分为中央预算和地方预算。

(一)中央预算

中央预算是指按法定程序批准的,由中央各部门(含直属单位)的预算组成的中央政府财政收支计划。我国的中央预算还包括地方向中央上解的收入数额和中央对地方返还或者给予补助的支出数额。

(二)地方预算

地方预算是指按法定程序批准的,地方各级政府财政收支计划的总称。它由各省、自治区、直辖市总预算组成。地方各级政府预算由本级各部门(含直属单位)的预算组成。地方各级政府预算包括下级政府向上级政府上解的收入数额和上级政府对下级政府返还或者给予补助的数额。

七、年度预算和中长期预算

根据预算作用时间可分为年度预算和中长期预算。

(一)年度预算

年度预算是指预算的有效期限为一年的财政收支计划。通常,年度预算是指预算年度的起止期限为一整年。目前世界各国的预算年度有两种,一种是历年制,即 1 月 1 日起至 12 月 31 日止,如法国、中国等;另一种是跨历年制,即从本年的某月某日起至下一年的某月某日止,如英国从每年4月1日起至次年3月31日止,美国从每年10月1日起至次年9月30日止。

(二)中长期预算

中长期预算又称中长期财政计划,通常在一年以上,十年以内的财政计划均称中期预算,十年以上的财政计划称长期预算。在计划经济条件下,中长期预算是与中长期国民经济和社会发展计划相联系的,是国家中长期经济和社会发展计划的组成部分。在市场经济条件下,中长期预算作为国家政府宏观调控的手段,以促进协调社会经济发展,防止或缓解经济波动,实现稳定经济增长为目标。

第三节　政府预算的编制、执行与决算

一、政府预算的编制

(一)政府预算编制前的准备工作

1. 修订政府预算收支科目和预算表格

政府预算收支科目是政府预算收支的总分类及明细分类。它系统地反映政府预算收入来源和预算支出方向,是编制预算、办理缴款、拨款、进行会计核算、财务分析、财政统计等的核算工具。政府预算科目由收入科目和支出科目组成。

目前,我国的政府预算收入科目包括:一般预算收入科目、基金预算收入科目、债务预算收入科目,分为"类"、"款"、"项"、"目"四级。政府预算支出科目与上述分别对应,但分为五级科目,即"类"、"款"、"项"、"目"、"节"。这些不同级别科目之间的关系是:前者是后者的概括和汇总,后者是前者的具体化和补充。为了正确反映政府预算收支的内容,适应预算管理的要求,每年在编制政府预算之前,都必须根据财政经济发展变化的情况,对政府预算收支科目进行修订。

预算表格是预算收支指标体系的表现形式。将预算收支数字、相关资料和计算依据等,科学地安排在表格中,就可以清楚地反映出预算的全部内容。由于财政预算管理制度的变化,各个财政年度的预算表格有所不同。在一般情况下,由财政部在上年预算表格的基础上,对预算年度所适用的预算表格进行修订。为了便于我国政府预算的汇总,省级政府总预算表格和财务收支计划,必须由财政部统一制定;省级以下的各级政府总预算、单位预算表格,要在保证中央总体要求的前提下,由省级财政部门根据各自的具体情况自行拟定。

2. 对本年度预算执行情况的预计和分析

各级政府在编制下年度预算之前,要对本年度预算执行情况进行预计和分析。根据当年预算收支的实际执行情况,结合财政经济发展趋势,参照历年的预算收支规律,预计后几个月的预算收支完成情况,汇总为本年度的预算收支预计数,作为编制下年度预算的重要参考。

对本年度预算执行情况的预计和分析，是确定下年度预算收支指标的基础。因此，为了使预算收支预计数符合实际，在对本年度执行情况的预计和分析时，要着重于以下三个方面：

(1)分析本年度预算实际执行数是否做到应收尽收，有无虚收现象；支出是否有超支，或应支未支现象。

(2)分析本年度的后几个月，有无新的、重大的财经政策出台和其他影响预算收支变化的因素，如工资、价格、税率、社会保障等方面。

(3)分析检查年初安排的各项增收节支措施的落实情况，取得的实际效果如何。这里应该注意的是，在我国预算改革中，有的地方可能采取标准预算周期制，会有专门编制预算的机构。上述这种分析会有所变化。但基本思路仍有参考价值。

3. 拟定计划年度预算收支指标

在对本年度预算收支执行情况进行预计和分析的基础上，财政部要根据国家的方针政策和财政经济发展状况，拟定计划年度政府预算收支控制指标。这对中央本级来说，是收支控制指标；对地方来说，则是指导性地方预算收支任务。这种控制指标经国务院审定后下达，作为各地方、各部门编制年度预算的依据。

预算年度收支控制指标基本上规定了预算收支规模和增减变动，它是中央财政和地方财政之间预算年度资金分配的初步框架。我国目前的这种做法，有利于政府预算编制工作的顺利进行，有利于协调国民经济各部门之间资金分配的比例关系，有利于协调中央和各地方之间的财政分配关系，以解决地区之间的平衡问题。在各级政府预算编制之前，做好这项准备工作十分重要。它一方面要体现国家的方针政策，所以要本着实事求是的科学态度；另一方面这是一项政策性强、业务水平要求很高的工作，所以要运用可靠的数据反复测算，尽力达到预算收支控制指标的准确性。

4. 颁发编制政府预算草案的指示、规定

为了使各级政府预算的编制符合国家的方针政策以及国民经济和社会发展计划的要求，保证政府预算编制的统一性、完整性和准确性，每年在政府预算编制之前，财政部还要对预算编制工作进行具体部署。财政部根据国务院关于编制预算草案的指示精神，拟定关于编制预算草案的具体规定，提出有关预算收支划分、预算管理方面的具体要求，供各地方、各部门编制预算草案时参照执行。这些指示和规定具有很强的可操作性，不能含混不清。

(二)政府预算的编制

现代政府预算的编制程序一般是要经过政府行政部门编制草案、政府财政部门汇总审核、政府首长审核批准、议会审核四个大的阶段。

我国政府预算的编制之前做好上述准备之后，就进入预算编制阶段。在政府预算的编制中，应遵循及时性原则、平衡性原则、真实性原则和合理性原则。这是基本要求，并不排除在某些预算年度因国家整体利益的需要而出现不平衡的现象。我国政府预算的编制程序与其他国家的一般程序基本一致。但我国具体实行的是“两上两下”的程序。

(1)自下而上编拟预算收支建议数

基层预算单位编制本单位在预算年度的收支建议数,上报上级部门。上级部门根据国务院关于编制预算的指示和财政部下达的编制预算的具体要求,结合国家社会经济发展情况和本部门的具体情况,提出本部门预算年度的收支建议数,上报财政部门。

(2)自上而下下达预算收支控制指标

财政部门根据政策要求和工作任务,认真审核各主管部门上报来的预算收支建议数,再根据征收部门报来的财政收入测算数,审核汇总成年度预算收支草案报政府批准。财政部门将政府批准的预算控制指标数下达到各主管部门,再层层下达到各基层预算单位。

(3)自下而上编拟预算草案

各主管部门按照下达的预算控制数,根据情况下达到所属下级预算单位和落实到具体项目,按照财政部门的要求编制本单位预算草案,由主管部门汇编成本部门的部门预算草案上报财政部门。

(4)自上而下批复预算

财政部门收到各主管部门报来的预算草案后,进行审核汇总,形成本级政府总预算草案,报同级人民政府。政府批准之后,向人民代表大会提交政府预算草案。人民代表大会审议批准政府预算草案后,即成为具有法律效力的政府预算。财政部门在规定时间内批复部门预算,主管部门接到财政部门批复的预算后,再在规定时间内批复所属单位预算。

(三)收入预算和支出预算的内容和测算规定

我国各级政府预算、部门预算和单位预算的收支测算,一般是根据历年收支情况和下一年度增减变动因素进行。以部门预算为例,它包括一般预算和基金预算。

1. 收入预算的内容和测算规定

①一般预算收入主要包括上年结转、财政拨款、行政事业单位预算外资金、上级补助收入、事业收入、事业单位经营收入、附属单位上缴收入、其他收入、用事业基金弥补收支差额等。

②基金预算收入主要是国家规定的纳入预算管理的各项基金。基金收入的测算,首先要确定本部门纳入预算管理的基金项目,然后确定影响各基金项目的收入因素。在此基础上确定部门基金预算收入的总额。上述这两部分收入,分别列入不同的收入预算表中。

2. 支出预算的内容和测算规定

①一般预算支出主要分为两部分,即行政事业支出、生产建设和事业发展支出。行政事业支出这一部分,主要包括行政事业性支出、上缴上级支出、事业单位经营支出、对附属单位补助支出。生产建设和事业发展支出这一部分,主要包括基本建设支出、其他生产建设性支出、事业发展支出三部分。

②基金预算支出主要是国家规定的纳入预算管理的各项基金支出。部门预算基金支出的测算首先要确定本部门纳入预算管理的基金项目,然后确定上年基金结余,再考虑各项基金支出的具体需要。部门预算收支测算完成之后,要按照规定填列相应表格,编写预算说明,报送

财政部门。

（四）预算的审查批准

1. 预算草案的审核汇总

根据预算法规定，省、自治区、直辖市政府应当按照国务院规定的时间，将本级总预算草案报国务院审查汇总。各级地方政府财政部门必须按照规定，及时地将所属下级上报的总预算和本级预算草案汇编成本级总预算草案，按照国务院规定的期限上报财政部汇总成地方预算草案，由财政部报国务院审核。

2. 预算的审查批准

财政部将中央预算草案和地方总预算草案分别汇编成中央预算草案和地方预算草案后，并附预算草案的文字说明书，上报国务院审查核准后提交全国人民代表大会审查批准。

人民代表大会审查批准预算程序如下：

①首先由财政部门行政长官受国务院或各级政府委托向全国人民代表大会或各级人民代表大会作关于中央和地方预算草案报告，报告上年度预算执行情况和本年度预算草案内容。人大财经委员会或有关委员会将对预算草案审查结果在人代会召开期间提交人民代表大会讨论。

②在讨论审议过程中，人大代表有权就有关问题提出质询，财政部门必须做出答复。审查通过后，应做出批准决议或修改决议，国务院或各级政府，根据人民代表大会的修正决议对预算草案进行调整核定。

③中央预算经全国人民代表大会审查批准后，应及时向社会公布。

3. 预算的汇总备案

地方各级政府应当及时将本级人民代表大会批准的本级预算，报上一级政府备案。县级以上地方各级政府，应当及时将县级人民代表大会批准的本级预算、下级政府报送备案的预算汇总，报上级政府备案。县级以上地方各级政府将下一级政府报送备案的预算汇总后，报本级人民代表大会常务委员会备案。国务院将省、自治区、直辖市政府报送的预算汇总后，报全国人民代表大会常务委员会备案。

4. 预算的批复

各级政府预算经本级人民代表大会批准后，本级政府财政部门要及时向本级各部门批复预算，各部门要及时向所属单位批复预算。

中央和地方政府各级预算，按上述过程经全国人民代表大会或地方各级人民代表大会审查批准后，即具有法律效力。各地区、各部门、各单位都要依法贯彻执行。

二、政府预算的执行

政府预算经过批准之后，就进入预算执行阶段。正确组织预算执行工作是实现政府预算收支任务的核心工作，是预算管理的重要组成部分。它不仅关系到国家方针政策的贯彻执行以及国民经济和社会发展计划的全面实现,而且,这是一项经常的、细致的、艰苦复杂的系统工程。我国《预算法》规定,各级预算由本级政府组织执行,具体工作由本级政府财政部门负责。

(一)政府预算收入的执行

预算收入执行是全面实现政府预算的基础,是完成各项支出资金需要的保证。我国预算收入的执行是由财政部门统一负责组织,并按各项预算收入的性质和征收方法,分别由财政机关、税务机关、海关负责征收和管理。国家金库负责预算收入资金的收纳和保管。

预算收入的执行,重点是做好以下几方面的工作:

①根据组织预算收入的需要,制定相关政策和各种制度,研究和制定组织收入的方法,以节约征收经费,提高征收效率。

②根据预算收入任务和收入计划,帮助和督促各经管收入的部门、纳税义务人和缴款人努力完成预算收入任务,把一切应缴收入及时地、足额地缴入国库,保证政府预算收入随着经济的发展而增加。同时,要防止单纯地为完成预算收入任务而形成"虚收"。

③经常检查预算收入执行情况,分析国家法规、政策,以及国家政治经济情况的发展变化对预算收入的影响,及时解决预算执行中的矛盾和问题,提出加强预算管理、增加收入、改进工作的措施和建议。

④加强征收机关和相关部门的分工协作,建立收入直达国库制度和信息共享制度。坚决纠正预算收入征管中的一些违法乱纪行为,维护国家预算收入的完整性。

(二)政府预算支出的执行

预算支出执行是在国家统一领导、统一计划下,由各支出机关具体负责执行。财政部门在组织预算支出执行中处于主导地位。

预算支出的执行应着重于以下几个方面:

①按照公共财政的要求和组织预算支出执行的需要,制定国家预算支出的政策和法规,制定预算支出管理的各种制度和办法。

②根据部门预算制定年度、季度、月度用款计划,准确掌握国库库款情况。按照集中支付制度的规定,适时地、正确地把预算资金拨付到用款单位。

③建立经济责任制,明确各预算部门和单位的责任,确保预算资金高效和节约使用。

④在保证重点支出需要的基础上,根据国库存款的余额,积极稳妥地推进国库资金的资本营运,实现预算收支的动态平衡。

⑤依法安排预算周转金,解决季节性资金收支进度不均衡的矛盾,做好资金调度平衡。

(三)政府预算执行中的调整

在政府预算执行中,由于政治经济形势的发展变化,往往会出现一些意想不到的事件会影响到原政府预算的执行。这就有必要进行预算调整,根据新的情况组织新的预算平衡。所以,预算调整是在预算执行过程中,通过改变预算收入来源和支出用途,以及预算收支规模,组织新的预算平衡的方法。预算调整一般有两种情况:一种是全局调整;一种是局部调整。全局调整并不经常发生,只是在某些特殊情况下,国家对年度国民经济和社会发展计划做出重大调整时,国家预算才进行全面调整。这实际上等于重新编制一次国家预算。预算的局部调整则是经常发生的事情。局部调整有以下几种情况:动用预备费;预算的追加追减;科目流用;预算划转。

(四)预算执行情况的分析

预算执行情况是预算运行过程的客观反映。对此做出科学地分析,可以及时掌握经济发展和政策的贯彻情况。研究预算执行中的问题和各种有利、不利因素,可以总结经验教训,及时地采取相应措施,以保证国家预算收支任务的圆满实现。做好预算执行情况分析,必须建立健全预算执行信息反馈系统,进一步完善预算会计报表和相应的财务报表、税收报表、金库报表等。预算执行情况的分析主要包括以下内容:

①分析国家方针政策和重大经济措施对预算收支的影响,检查预算执行中贯彻方针政策的情况。

②分析国民经济和社会发展计划主要指标完成情况对预算收支的影响。

③对比分析各部门之间、各地区之间,主要预算收支项目的完成情况。

④分析财政信贷的综合平衡情况等。在充分掌握资料和进行科学分析后,要形成书面材料,报送有关部门领导,并依法向人民代表大会报告。

三、政府决算

决算是预算执行的结果,是政府管理的社会经济活动在财政上的集中反映,体现了一年来政府活动的范围和方向。正确地、及时地编制决算有重要的意义。我国决算体系与预算体系是一致的。所以,编制决算前的准备工作、编制程序以及审批与编制预算有许多相通之处。

由于编制政府决算是一项政策性强、工作量大、涉及面广、时间紧迫、复杂而又细致的工作,所以也必须做好前期准备。这种准备主要有三项:

①拟定和下达编制政府收支决算的统一编报办法。

②组织年终前预算收支清理。这种清理主要是核对该预算年度的预算收支数字、清理预算应收应支账款、清理各种往来款项、结清预算拨借款、清查财产物资、进行决算数字的对账等。

③修订和颁发统一的决算表格。

第四节　预算外资金管理

一、预算外资金内涵及特征

预算外资金是国家机关、事业单位和社会团体为履行或代行政府职能,按照国家法律、法规和有法律效力的规章制度，收取、提取和安排使用的各种财政资金。根据这个概念，它的含义应当包括：

①预算外资金属于国家财政资金的范畴，它是与预算资金相对而言，不是指广义的社会资金。它既不包括银行信贷资金，也不包括其他所有制资金。

②预算外资金是按照国家法律、法规和财政制度的规定设置的。它的范围、项目和使用方法都必须按国务院和国务院授权部门的有关规定办理，各地区、各部门、各单位不能随意设置预算外资金的提留标准。

③预算外资金是国家预算必要的补充，其收入有规定的来源，支出有指定的用途，都必须按有关规定办理，不能看成自有资金，不能在收入和支出上违反国家统一规定。

④预算外资金是一种特殊形态的财政资金，这就决定了它既要放在预算之外，又要纳入财政管理，接受监督。

可见，预算外资金是按照国家法律、法规和财政制度的规定而提取和使用的。它是根据财政资金管理的需要，采取不同于预算内资金的管理办法而建立起来的。它有如下基本特征：

（一）法定性

预算外资金不论是来自国民收入（或 GDP）分配部分，还是补偿性质部分，其形成、集中和使用，都是根据国家或国家授权部门的规定而建立起来的。作为预算外资金，它反映着各职能部门事业活动的特点，主要用于解决局部、部分等微观方面的需要，而由各地区、各部门或各单位，分别进行组织、使用和管理，因而属于国家的补充财力。在社会主义公有制条件下，预算外资金既然是财政资金的组成部分，国家财力的一个补充，那么它的形成和使用，同样是要在国家的法令、制度规定的范围内进行。

（二）专用性

预算外资金的专用性是与它建立的目的性紧密地联系在一起的。它之所以成为国家财力的一个补充、国家预算的辅助形式，就是因为它的建立主要是用于解决局部的、某方面的特殊需要。一般说来，它的收入有明确的来源，它的支出有专门的用途。绝大部分预算外资金都有收与支的对应关系，从哪里取得的收入，就应该用到哪里，从哪里转移过来的价值，就应该给哪里补偿，尽量维持原有价值的平衡状态；或者为了解决某些特定需要，而采取预算外资金的筹集方式。

（三）分散性与繁杂性

预算外资金是为满足局部的需要而设立的，因而具有分散性。预算外资金的分散性，可以更好地因地制宜、因事制宜和及时地满足各部门、各地区和各单位的多方面需要。正因为如此，分散性也就体现了预算外资金项目的繁杂性和数量的零散性。

预算外资金是财政资金的组成部分，它在国家经济建设中具有一定的作用。主要是：

①可保证某些专项事业的需要。预算外资金基本上是根据事物的特殊需要而设置的，资

金来源可靠，资金安排使用主动及时，能解决预算内资金渠道难以解决的问题，还能减轻国家预算安排的一些困难。

②有利于加快事业的发展。预算外资金的收入和使用，能因地制宜，因事制宜，切合具体情况，灵活地加以安排，能积极地促进事业的发展。

③有利于调动理财的积极性，提高经济效益。

二、预算外资金的范围

预算外资金的范围，就是指它的外延，即具备其本质属性的所有同类现象的总和。由于不同时期经济体制环境的差别、预算外资金的范围也就不同。在 1993 年《企业财务通则》和《企业会计准则》实施前和 1994 年新税制改革以前，预算外资金的范围包括：

（一）地方财政部门管理的预算外资金

地方财政部门管理的预算外资金主要是：

①地方财政附加. 主要有工商税附加、农业税附加和公用事业附加三项，简称“三项附加”。此外，在渔产区还有渔业建设附加。

②地方财政集中的企业资金，主要有集中企业的一部分基本折旧基金和县办工业利润留成两项。另外还有地方管理的预算外企业收入。

（二）事业行政单位管理的预算外资金

事业行政单位管理的预算外资金有两个内容：

①国家规定留给单位自收自支管理的专项资金。

②国家规定作为预算外自收自支的单位资金。

（三）国有企业和主管部门管理的预算外资金

这部分资金在当时的预算外资金中的比重较大，主要有更新改造资金和大修理基金、企业利润留成等。当时的预算外资金的形成，主要通过五条渠道：

①税收和公用事业的附加。

②从企业的成本费用中摊提出来。

③从企业实现的利润分配中取得。

④服务设施的收费。

⑤国家规定以收抵支、自收自支的单位，以其事业收入解决本单位的事业开支。

三、加强预算外资金管理的必要性

预算外资金的设置，对于各地、各部门和事业单位因地制宜并灵活机动地进行经济建设，发展各项事业起到了积极的作用。但预算外资金规模的不断扩大也带来了一些问题。由于预算外资金的管理办法存在一些缺陷，一些本应纳入预算管理的资金被转移到预算外，一些本不应设立的收费项目设立了,一些收费项目的标准被擅自提高了,预算外资金的使用缺少有力的监督。预算外资金涉及的收费、基金的部门和单位越来越多,形成征收主体多元化局面,加上管理的不规范,严重削弱了财政职能,在一定的程度上分散了政府财力,扰乱了政府分配秩序,助长了不正之风,财政资金使用效益受到极大的影响。更重要的是这些问题的出现破坏了市场经济所要求的公共预算的完整性和统一性。这就给我们提出必须进一步加强预算外资金管理的要求。

四、加强预算外资金管理的主要内容

第一,抓好预算外资金收入的管理,主要是严格审批各种收费(基金)。各种行政事业性收费(基金)是预算外资金的主要来源,预算外资金的不断膨胀,管理混乱,与收费(基金)过多过滥有着直接的关系。因此,必须加强预算外资金收入的管理。凡不符合规定的收费(基金)项目、征收范围和收费标准,都属乱收费行为,必须坚决制止。同时,财政部门要建立和健全收费(基金)的票据管理与监督检查制度。

第二,抓好财政专户管理。财政部门要建立财政专户,对预算外资金实行征收与使用分开的收支两条线的管理办法,以改变预算外资金单位收支一体的做法。财政专户管理办法要求,预算外资金收入上缴财政专户,支出由财政部门按预算外资金收支计划从专户中核拨,结余可经同级政府批准后,由财政部门统筹用于经济建设和事业发展。

第三,抓好预算外资金的支出管理。预算外资金的使用方向和支出范围必须严格按照有关规章制度进行。为搞好支出管理,对不同用途的支出分别采用不同的管理办法。

第四,强化预算外资金的监督。各级政府在加强对预算外资金管理的同时,要接受同级人民代表大会对预算外资金使用情况的监督。各级财政、人民银行、计划(物价)、审计、监察等部门要认真履行各自的职责,相互协调配合,对预算外资金收支活动的相关问题进行监督检查,对违反规定者,除采取经济处罚措施外,还应视情节轻重追究有关人员的责任。

本章小结

政府预算是国家具有法律效力的财政收支计划,它规定着政府收支规模、结构和平衡状况,成为政府参与国民收入分配的重要工具以及管理社会经济事务和调控社会经济活动的主要经济杠杆。

政府预算具有法律性、预测性、集中性、综合性、民主性、年度性的特征。

根据编制形式分类,政府预算可分为单式预算和复式预算;根据投入项目能否直接反映其经济效果分类,可分为项目预算与绩效预算;根据编制方法分类,可分为增量预算和零基预算。

政府预算需要经过编制、执行与决算等几个步骤。

预算外资金是国家机关、事业单位和社会团体为履行或代行政府职能,按照国家法律、法规和有法律效力的规章制度,收取、提取和安排使用的各种财政资金。

思 考 题

1. 列举国家预算的原则。
2. 国家预算有哪些组织形式?
3. 简述国家预算的程序。
4. 什么是预算外资金? 它有哪些特征?

【案例分析】

加拿大作为发达的市场经济国家,在长期的市场经济实践中,形成了一整套较为完善的政府预算管理制度,在政府预算的编制方面也积累了一些成熟的经验和做法。

通常,在预算编制以前,政府内部都会就下一年度预算的编制进行充分的讨论和准备。每年6月,内阁召开1~2天的"静修会",从较为广泛的角度来讨论可能影响下一年度预算的主要因素,包括政府因素、经济与财政因素和政府的优先事项,讨论的结果是形成一个"夏季工作计划",用以指导各部委和中央机构进行预算编制。每年10月,财政部长向内阁成员报告上一年度预算执行情况、对当年和下一年度财政收支、盈余(或赤字)的最新预测,财政部长与各部部长讨论新的支出动议,总理与政府的议员和党派讨论确定下一年度预算的基调和主题。

加拿大在预算编制过程中十分重视鼓励和吸引社会公众的参与,广泛地听取社会公众的意见和建议。每年10月末或11月初,财政部长向议会财政经济委员会报告当前的财政经济形势及其前景,阐明政府的预算政策目标,并向财政经济委员会提交最新的财政经济形势报告。这代表着正式的预算前期磋商开始,各媒体会对此进行广泛报道。财政经济委员会还会主持一系列由专家、利益集团和普通公众参加的公开听证会,听取各方面的意见和建议。12月,财政经济委员会对收集到的各种意见和建议加以汇总整理,形成咨询报告,在报告中会提出对政府编制预算的具体意见和建议。咨询报告中所提出的意见和建议,不是原始材料的罗列,而是经有关专家进行整理、分析、评估后形成的审慎的思考,是能让有关各方面容易接受的"平衡方案",这将成为政府编制预算的重要基础。

加拿大参与预算管理的部门相对较多,他们在预算管理过程中相互制衡和约束。在预算编制过程中,财政部主要负责确定总体财政框架,财政委员会及其秘书处主要负责估算案即各部委、机构、国有企业支出预算的审核与编制。在预算执行过程中,各部委、机构、国有企业具体执行预算,财政委员会及其秘书处对各部委、机构、国有企业执行预算的情况进行监督。

请找出加拿大政府预算制度有哪些先进性。

第十三章

Chapter 13

政府财政关系

【本章学习要求】

本章要求掌握财政分权理论;掌握中央与地方政府间的职责分工、收入分配和我国分税制的财政管理体制。

【本章主要概念】

财政分权;税权;财政管理体制;分税制

【引导案例】

分税制之长

“自1994年施行的分税制配套改革,不仅解除了对地方保护主义与‘诸侯经济’的担忧,还把政府和企业、中央与地方两大基本经济关系的处理,提升到一个可以与市场经济长远发展相匹配的新境界。”近日,接受《瞭望》新闻周刊采访中,财政部财政科学研究所所长贾康认为,分税制实施16年来,在我国财税史上具有里程碑式的意义。全国人大常委会提供的一组数字显示分税制改革带来的巨变:1994年至2009年,中央财政收入从2 906亿元增加到35 896亿元,年均增长18.2%;地方财政收入从2 312亿元增长到32 581亿元,年均增长19.3%;全国财政收入占国内生产总值的比重从12.3%提高到20.4%,中央财政收入占全国财政收入的比重从22%提高到52.4%。

分税制改革之初,全国2 000多个县中一度有1 000多个县因为财政困难发不出工资或拖欠工资,一些县处于“财政崩溃”的边缘,甚至难以维持政权机构的正常运转。而分税制深化实施、中央财力增强后,对国内落后地区转移支付力度逐年加大,1994年至2009年,中央对地方税收返还和转移支付从2 389亿元增加到28 621亿元,年均增长18%。

分税制在强化国家宏观调控能力、平衡地区差距的同时，还优化了国家财政支出结构，使财政用于民生的支出逐年加大。“十一五”期间国家财政用于教育、医疗、社会保障等改善民生和社会事业支出大幅增加，预计将达到9.8万亿元，比“十五”期间增加6万亿元左右。

第一节　财政分权理论

财政分权，在西方学术界被称为财政联邦制，是近十几年来财政学家界和经济学家界比较关注的热点之一。所谓财政分权，是指建立在政府职能或事权基础上、符合经济效率与公平和体现民主精神，采取民主方式并有法律保障、各级政府有相对独立的财政收入与支出范围、处理中央政府与地方政府及各政府间关系等的一种财政体制。它包含多级政府条件下的财政全能配置的相关问题等。其核心是中央政府赋予地方政府一定的自主权。财政分权的好处也显而易见，例如，有利于减少信息成本、提高资源配置效率、增加分配的公正性、有利于财政监督等。

在过去的几十年，世界许多发展中国家和发达国家都先后实行了国家的财政分权制度，即便是在中央集权制和单一制国家，实行财政分权制度，财政的分权化趋势越来越明显，如今已成了一国的国家财政制度的一种变革趋势。财政分权理论最早产生于西方，是为弥补新古典经济学原理不能解释地方政府客观存在这一缺陷而提出来的。可以说，财政分权理论是为了解释地方政府存在的合理性和必要性。传统的财政分权理论以蒂布特的(Tiebout)“以足投票”经典理论为标志，已走过了半个世纪的历程，接着马斯格雷夫(Musgrave)、奥茨(Oates)等经济学家对此进行了发展和补充。

一、蒂布特的“以足投票”理论

美国经济学家蒂布特在1956年发表的《地方支出的纯粹理论》一文中，在回答人们为什么会聚集在一个地方政府周围以及要求这个地方政府为大家提供最大的福利这个基本的问题时，提出了著名的“以足投票”理论。

他首先从公共品入手来分析，假定居民可以自由流动，目的效用最大化；每个社区是一个特定的公共品、税收的组合，有足够的可供人们选择的不同社区；而且在每个社区之间，不存在外部性，财政信息是充分的。在这些假设的前提条件下，构建了一个地方政府模型。那么会发现具有相同偏好和收入水平的居民会自动聚集到某一地方政府周围，居民的流动性会带来政府间的竞争，一旦政府不能满足其要求，那么居民可以“用足投票”迁移到自己满意的地区，他们便会在这一区域居住下来，从事工作，维护当地地方政府的管辖，结果是地方政府要吸引选民，就必须按选民的要求供给公共品，最后得出结论是当以足投票达到均衡时，公共品的资源配置达到了帕累托最优。那么，这个过程就是所谓的“以足投票”。

可见,蒂布特的"以足投票"理论是在地方公共物品生产或社会规划方面,自由资源的个人分权行动能够实现帕累托最优。对财政分权理论有很大的启发性。后来,奥茨及布鲁克纳(Brueckner)等人的实证研究结果也表明,理性的居民会比较享受居住地公共服务的收益与履行纳税义务的成本,在居民的约束下,地方政府有最有效提供公共品的动力。

二、马斯格雷夫的分权思想

1959 年,美国著名财政学家马斯格雷夫从考察财政的三大职能出发,即宏观经济稳定、收入再分配和资源配置。通过三职能理论的分析了中央和地方政府存在的合理性和必要性,他认为,要建立一个有效的多级财政体制,首先必须解决财政社区最佳规模问题。最佳社区规模的设置必须综合考虑以下两个因素:一个是在既定公共服务水平下分担成本递减的有利条件;二是在既定服务水平下社区居民拥挤程度递增的不利条件。

马斯格雷夫分析了既定服务水平下最佳社区规模的选择,以及在既定社区规模下最佳服务水平的选择等两种情形。在此基础上,他将最佳社区规模和最佳服务水平两因素结合在一起,提出了财政社区的最佳结构模型。马斯格雷夫的结论是:高效率的财政体制模式要求有多级财政单位,它们在规模和地区范围上都有区别。其中,属于全国性的公共产品,需要中央政府提供,而那些属于区域性的公共产品,则应当由地方政府提供。他指出了宏观经济稳定与收入再分配职能应由中央负责,因为地方政府对宏观经济稳定实施控制缺乏充足的财力,另外经济主体的流动性也严重束缚了地方政府进行收入再分配的尝试;而资源配置政策则应根据各地居民的偏好不同而有所差别,在这方面地方政府比中央政府更适合,更有利于经济效率的提高和社会福利水平的改进。他还指出在公共品供给效率和分配的公正性实现方面,中央政府和地方政府间必要的分权是可行的,这种分权可以通过税种在各级政府间的分配固定下来,从而赋予地方政府相对独立的权力。

三、奥茨的分权定理

奥茨在《财政联邦主义》一书中,将全部人口中分为两个子集,每个子集内的人都具有同样的偏好,而两个子集间的偏好是不相同的,他从中央政府等量分配公共品出发,认为中央政府忽略了两者的不同偏好,因而达不到帕累托最优,地方政府与中央政府在提供公共品上的效率差别,使其在配置资源的功能上不如地方政府。由此,奥茨提出了"财政分权定理":该定理证明了地方政府提供公共产品的优先性,即如果下级政府能够和上级政府提供同样的公共产品,那么由下级政府提供效率会更高。

与其他理论相比较而言,奥茨的财政分权理论建立在中央政府对每个人口子集等分地提供公共产品这一假定之上,而等量提供公共产品这个限制条件有点强加于个人的品位,因为中央政府事实上不见得把公共产品相等地分给每一个公民。所以,有人指出这个分权定理实际上并没有在最优政策环境中解决为地方政府的存在进行论证的问题。但是,等量提供公共产品的假设还是有一定的现实性的。特别是在美国,中央政府确实在许多场合是按等量提供公共产品或公共服务的原则进行行事的。从这个意义上说,奥茨没有选择最优的政策环境,而是选择次优的政策环境来分析地方政府与中央政府在提供公共产品上的效率差异,还是很有独到之处的。

传统的财政分权理论的核心观点是:如果将配置资源的权力更多地向地方政府倾斜,那么通过地方政府之间的竞争,能使政府官员的决策更好地反映纳税者的偏好,从而加强对政府行为的预算约束,相当程度上改变政府在决策中不倾听地方公民意见的状态。这一观点强调了地方政府间竞争机制的作用。

四、新一代财政分权理论

新一代的分权理论以钱颖一和罗兰、温格斯特等为代表的经济学家发表的论文为代表。他们关注的是两个问题:第一,政府本身,尤其是地方政府本身的激励机制;第二,政府与经济当事人之间那种类似于委托-代理关系的经济关系。承认对政府本身也有激励机制,这是因袭布坎南为代表的公共选择学说。它假定政府并不是普济众生式的救世主,政府官员也有自己的物质利益。所谓“激励”,其实就是政府有自己的物质利益方面的考虑。而财政分权,至少从两个方面会使效率的改进与地方政府的激励机制挂钩:一方面是如果地方政府对经济活动干预太多,这会使有价值的投资活动转向政府干预较少的区域。因此,地方之间的竞争会减少干预;另一方面,由于地方财政收入与支出挂钩,这会促进地方政府有动力去促进本地区的经济繁荣。这样一来,政府,尤其是地方政府的活动,就在相当程度上与经济当事人(企业)形成一种激励—风险上分享或共担的关系。这在某种程度上,就超出了公共品提供的范围。

可见,新一代财政分权理论在主题思想上与传统的分权理论是一致的,只是在分析框架上引入了激励与机制设计学说,并不同于传统理论中市场供求关系式的分析,是当代微观经济学的最新进展在财政学中的运用。因此,这种新的分权学说与前两节所介绍的社会保障理论与最优税收理论的思想脉络上是完全一致的。

总之,无论是传统的财政分权理论还是新一代的财政分权理论,它们的意义不仅在于提高资源配置的效率,而且还在于提供了一种政府间权力制衡的机制与手段。但是,分权并非一定有助于对政府行为的约束。例如垄断寻租理论认为,财政分权使得中央和地方政府之间形成了委托-代理关系。地方政府作为中央政府的代理人很容易产生道德风险问题,地方政府官员的寻租和腐败行为以及与地方特殊利益集团的合谋,可能使社会总福利出现净损失。在过去20多年里,一些发展中国家纷纷打起改革、分权的旗帜,以图尽快摆脱经济困境;前苏东社会主义国家脱离计划经济体制后,经济决策权随私有化和市场化转到了企业经理和地方政府手中;法国曾经是素有集权传统的,但是近些年来一直在尝试地方分权改革;即使是那些地方权力原本就比较大的德国、加拿大等发达国家,也在强调进一步下放权力。可见,在一个存在多级政府结构的国家里,高层级政府向低层级政府分权有一定的好处。

1978 年中国开始了市场取向的经济体制改革,财政分权是由计划经济向市场经济转型的一项重要内容。尽管从广义上讲,中国的财政分权与世界其他国家的财政分权存在一些共性,都是中央政府将财政控制转移给地方政府。但无论从分权的初始动力、法律环境和制度框架还是从分权的表现形式及后果上看,中国的财政分权都与传统的财政分权理论存在着较大的差异。自从新中国建国半个多世纪以来,经历了 3 次大规模的财政分权,第一次是 1958 ~ 1961 年的权利下放,第二次是 1970 ~ 1976 年的权利下放,第三次是 1978 年以来以“放权让利”为核心的财政分权。每次改革的目的都很明确,收获颇好,但是存在着种种的弊端。在我国确定建立社会主义市场经济体制的改革目标后,在 1994 年又进行了一次分税制改革,从而使我国的政府间纵向财政分权进一步走向相对规范化,2008 年,中央政府再次提出调整财税体制。

可见,从未来的发展潮流来看,财政分权已成为世界范围内的大趋势,而对分权理论的研究也已超出了财政领域,学者们越来越关注财政分权对其他社会、经济的影响。由于财政分权所带来的影响是多方面的,单纯强调绝对分权或绝对集权体制的说法都是不科学的,而是应当通过集中与分散、集权与分权格局的合理设定,使财政体制的运行能更和谐、有效,并在恰当界定中央和地方各自职权的同时,充分调动中央和地方两个积极性。

第二节　政府间收支制度的安排

一、中央与地方间的职责分工

无论中央政府还是地方政府都会有其自身利益。一般来说,在任何国家,中央政府是国家利益的代表者,地方政府是地方利益的代表者。因此,国家利益与地方利益的关系,自然而然就表现为中央与地方的关系,换句话来说,中央与地方的关系实质就是国家利益与地方利益的关系。中央与地方关系的发展,伴随着利益的调整,是各方注视的焦点。中央与地方间的职责分工问题是政府间财政关系的核心。

(一)财政职能与政府间的职责分工

财政对整个经济有三种主要的职能,即资源配置、收入分配和宏观调控。基于此,政府间职责分工也就是在不同级别政府间,这些职责如何分工的问题。

1. 资源配置职能在政府间的职责分工

政府资源配置的根本目的是满足社会对公共产品的需要,所以资源配置职能在政府间的职责分工应按着公共产品的受益范围来划分。这样可以促使资源有效配置的机制,因为效率的实现有赖于成本效益的权衡机制，这种机制能够促使人们审慎地将成本和效益进行比较。而且，由于不同地区居民对公共产品的需求曲线有所不同，假定由中央政府提供统一的公共产品，就会导致一定的福利损失。由地方政府按各地不同的需求提供不同的公共产品数量，则可以解决这一问题。如果让中央政府按各地的实际需求提供不同的公共产品，则由于在信息上中央政府较之地方政府没有优势，也非最佳选择。根据公共产品受益范围的大小，可以将其分为全国性公共产品和地方性公共产品。根据收益与成本相对称的原则，全国性公共产品应当由中央政府提供，地方性公共产品应当由地方政府提供。当然，也可以从公共产品的特性来考虑，它的一个重要特性就是其受益范围具有一定的区域性。大多数经济学家还认为公共产品的提供应该是一个分权的模式，地方政府应承担起资源配置的主要职能，以提高效率。

2. 收入分配职能在政府间的职责分工

我们知道财政收入分配职能的根本目标是实现为了实现社会公平。那么在多级政府制度中，这一职能应主要由中央政府（联邦政府）来承担。由中央政府履行收入分配职能，就不会产生因流动性要素在地区间的流动所带来的任何负面影响。如果由地方政府来履行收入分配职能，地方政府之间采取不同的做法就可能扭曲资源配置。假如有两个地区 a 和 b，地区 a 收入分配力度较强，表现为对高收入者征收更高的累进税率，对低收入者提供更多的补贴，则高收入者会大量迁出该地，低收入者会大量涌入该地。最终，地方政府的收入分配政策将因融资困难无法继续，同时还产生了地区间更大的不公平，可能导致该地经济停滞。而且，地区间的财政关系只能建立在平等互利的基础上。地区之间自发的援助行为不足以实现调节地区间收入分配的目标。地方为了自身利益会弱化个人与家庭之间的收入再分配职能。在各地区之间劳动力、商品和资金能够自由流动的情况下，采取较强的收入再分配政策的地方将会在竞争中处于不利地位。

所以，无论是地区间还是单位、家庭、个人间的收入再分配都不能够或者不适宜由地方政府来承担，而应该由中央政府通过全国统一的累进税收和转移支付来进行收入再分配。有一种观点认为，收入分配的公平是一种全国性的目标（即人们不仅关心本地穷人的收入状况，同样也会关心本国其他地区穷人的状况），应有全国统一的标准。纯粹的地方性再分配政策仅可能在本地区范围内进行收入的再分配，而不会把全国的收入转移支付考虑进去，因而应由中央政府承担收入分配的职能。而另一些经济学家则认为，人们更关心的只是本地区穷人的状况，不同地区对收入公平程度的偏好是不同的。如果以分权的形式由各个地方政府在各地分别进行收入的再分配，则可以满足各地的不同偏好，提高社会福利。

3. 稳定职能在政府间的职责分工

财政稳定职能即政府的宏观经济调控职能，一般涉及总需求和总供给的调节问题。对于稳定经济的财政政策而言，需要政府预算周期性地发生赤字或盈余。经济衰退时期，扩大政府开支，减少税收，以扩张经济，形成财政赤字；经济增长过快时期，增加税收，减少政府开支，形成财政盈余。而财政赤字，尤其是长期性大规模的财政赤字，大体上只有中央政府才能够实行。市场经济下稳定职能也只能归中央政府，所以应当以中央为主，地方为辅。

首先，当某个地方政府单独行使宏观调控权时，当地政策运作很可能无法与其他地区的稳定政策运作相配合。由于地区间政策效应的漏损，会导致一地的政策作用效果为其他地区得到，或其他地区的竞争影响地方政府的宏观调控效果。

其次，稳定经济的财政政策需要政府预算周期性地发生赤字或盈余，而财政赤字，尤其是长期性、大规模的财政赤字，大体上只有中央政府才能够实行。

最后，只有中央政府才能综合运用财政政策和货币政策工具，通过他们的配合稳定经济。

总之，中央政府更能有效地履行经济稳定和收入分配职能，并负责区域经济的协调发展。地方政府则在资源配置领域里发挥重要作用，并负责本地区经济发展。

（二）我国中央与地方政府间的职责分工

需要指出的是对政府职能的认识并不是一成不变的，应该与由一国国情所决定的政府经济活动范围相适应。在发展社会主义市场经济和全面构建小康社会的过程中，结合我国的实际国情，并根据中央与地方政府职责划分的理论依据，中央政府与地方政府的职责划分如下：

1. 中央政府职责

提供全国性的公共产品，例如，外交，特大自然灾害救济、一些跨省的特大的基础项目等；提供具有跨地区外部效应的混合产品，例如，环境保护，海洋开发，教育，卫生保健，社会保险等；进行全国范围内的收入再分配，例如个人所得税，社会保险和社会救济等，制定具有全局性的税种的课税权；制定涉及总量平衡或大的经济结构调整、经济发展与经济调控的事项以及实施重大产业技术政策等。总之，全国性的公共产品，属于中央政府的职责范围。

2. 地方政府职责

提供地方公共服务，制定和实施地区性经济社会发展计划，实施区域性产业技术政策，并充分利用地区优势，促进通过税收和公共投资向居民、企业提供各种的公共措施，从而达到促进资源的有效配置。充分利用本地区的优势，更好的促进地区经济发展。可见，地方性的公共产品，属于地方政府的职责范围。地区政府的主要职责就是资源配置的职能。

3. 中央与地方政府职责交叉领域

对于一些大的公共服务项目大的社会福利，例如医疗保健，其费用需要由两级或多级政府共同承担。某项公共产品属于地方政府职责范围内，但由于其经济、社会效益的外部性，使其成本与收益涉及其他地方政府辖区，因此由中央政府来帮助地方政府协调，那么地方政府协作承担。对于中央与地方共有的责任，例如，收入再分配，在地方政府的管辖范围内的收入可由地方政府去做，对于地方政府管辖之外的应由中央政府去做。见表 13.1。

表 13.1　中央与地方支出责任划分的一般做法

内容	责任归属	理由
国防	中央	全国性公共产品或服务
外交	中央	全国性公共产品或服务
国际贸易	中央	全国性公共产品或服务
金融与货币政策	中央	全国性公共产品或服务
管制地区间贸易	中央	全国性公共产品或服务
对个人的福利补贴	中央、地方	收入再分配、地区性服务
失业保险	中央、地方	收入再分配、地区性服务
全国性交通	中央、地方	全国性服务、外部效应
地区性交通	地方	地区性服务
环境保护	地方、中央	地区性服务、外部效应
对工业、农业、科研的支持	地方、中央	地区性服务、外部效应
教育	地方、中央	地区性服务、外部效应
卫生	地方	地区性服务
公共住宅	地方	地区性服务
供水、下水道、垃圾	地方	地区性服务
警察	地方	地区性服务
消防	地方	地区性服务
公园、娱乐设施	地方	地区性服务

二、中央与地方政府间的收入分配

政府间财政关系，是指一国之内不同级别政府之间或同级政府内部财政收支和权限的划分关系，即中央政府与地方政府之间在公共收支上的权责关系。现代经济社会条件下的财政体制，更多地表现为分级财政管理体制，主要分中央政府和地方政府，这里的地方政府指的是广义的地方政府，它包括中央政府以下的所有政府级别，比如在我国，包括省、市、县、乡四级政府。政府间的财政关系所包括的，便是中央与地方以及地方上下级之间多重性的收入划分和收入往来诸方面的相互关系，而其中尤以中央与地方财政关系为主要矛盾。

一般来说，政府间财政关系包括纵向和横向两个方面内容，即中央政府与地方政府间的财政关系和地方政府之间的财政关系，主要是指中央与地方政府间的财政关系。政府间财政关系主要包括两个要素，即事权和财权，各种不同类型的财政体制都是由这两个要素组合而成的。所谓事权，是指一级政府在公共事务和服务中应承担的任务和职责。财权是指一级政府为满足一定的支出需求而筹集财政收入的权力，包括税权、非税收入确定权和收入所有权。那么，从理论层次来讲，政府间的财政关系包括税权的划分理论、各级政府间财权和财力的划分理论等。在我国分税制财政体制下，税收收入是形成一级政府可支配财政收入最主要的来源，所以说，税权是一级政府最重要的财权。一般而言，事权和财权两要素相匹配，才能使一级政府运转正常，政府间财政关系才能协调、稳定。因此，政府间财政关系主要是政府间事权与财权的匹配，也就是支出与收入的匹配。国家本质上是以公共职能为依据的，政府代表国家为全体社会成员提供公共产品。

（一）税权的内容

税权一词最早出现的正式场合是在全国七届人大四次会议通过的《国民经济和社会发展十年规划和第八个五年计划纲要》中，作为指导新一轮税制改革的原则被提出，即"统一税政、集中税权、公平税负"。简要地说，税权是指国家的税收管辖权，即国家在税收领域所拥有和行使的权力。

税权的具体内容应包括税收立法权、税收执法权和税收司法权。其中，税收立法权是基本的、原创性的；税收执法权是最主要、最经常行使的；税收司法权则是必不可少的权力，是对税务机关依法征税和国民公众依法纳税进行的监督权力。具体内容如下：

1. 税收立法权

税收立法权是国家政权机关依据法定程序制订、实施、修改和废止税收法律、法规的权力，可以说它是税权的一个核心内容，一般来说，税收立法权具体包括制定和颁布税法的权限；经立法机关授权，制订税法实施细则和对税收法律法规进行解释的权限；对一些税种，在税法规定的范围内决定开征或停征的权限；对税目、税率等税制要素进行调整或具体确定的权限。税收立法权是一项专项立法权，它只能制定税收法律法规。同时它又是税权中的最高权力，它的行使对于税收执法权和税收司法权都具有普遍的约束力。从当前我国的税收立法实践看，税收立法权具体可分为以下几种情况：一是经全国人民代表大会审议通过的税法；二是经全国人大常委会原则通过、国务院发布的税收条例；三是授权国务院制定和发布的税收条例；四是授权财政部和国家税务总局制订、经国务院批准或批转的税收试行规定；五是地方权力机关和地方政府部门在国家税收法律规定的范围内，对某些地方税法规拥有一定的立法权限。

2. 税收执法权

税收执法权，主要包括税收征收权、税收管理权和税收收益权，这些权力对于有效保障税款的实现，保障资源从私人部门向公共部门的转移有着重要作用。它执行税收法律、进行税收征收和管理的行政权，是政府职能部门拥有的税收征收管理方面的权限。依靠这种权力实现社会资源从私人部门向公共部门的转移，保证国家职能的实现。随之而产生的是税收收益权、税收分享权或税收归属权。它是国家政权机关按照财权与事权对应的原则所享有税收的收益权,如何确定收入归属,如何入库,如何分配,涉及对国家及各级政府的税收利益的保障,需要明确权力界限。

3. 税收司法权

税收司法权是国家专门的法律机构,根据国家意志,按照固定的法律程序,拥有的专门审理、判决税务纠纷案件、税务犯罪案件方面的权限。它是司法权在税收领域的一项具体权力,是应用性权力,其目的是通过行使司法权从事各项税收活动,依照法律维护纳税人和其他税务当事人合法权益,保障国家税收收入,确保税收秩序井然有序,促进税收事业健康发展。税收司法和税收立法、税收行政执法均属税收法制建设的重要内容,只有建立完善的税收司法体系,才能为税法实施和税务部门依法行政提供有力保证。

在税权领域,税收立法权处于核心地位,是税收执法权、司法权存在和有效行使的前提与基础。与税收立法和税收司法相比,税收执法最为直接、具体,其直接体现国家与纳税人之间的利益分配关系和法律关系。税收司法权是保障,税法的良好执行离不开强有力的司法保障,税收违法行为只有得到应有的处罚,才能体现税法的权威,在维护税收公平的同时,纳税人的合法权益才能得到保护,税收司法权是对税收执法权的监督和约束。

(二)税权划分的原则

税权划分,主要是指税收立法权的分配,包括横向分配和纵向分配两个方面。其中,横向划分,税权的横向划分是指在相同级次的不同国家机关之间的税权划分与配置。在国际上主要有两种模式,即独享模式和分享模式。纵向划分是指在不同级次的同类国家机关之间,即中央政府与地方政府之间及地方各级政府之间在税权方面的划分与配置。纵向划分有两种模式,即集权和分权模式。税权在各级政府间的配置,形成了具有一定程度集权和分权特征的政府间税收安排。研究税权问题的关键就是寻求税权集权和分权的最佳结合点。

1. 马斯格雷夫的七原则

1983 年美国著名财政学家马斯格雷夫根据公平权利和有效利用资源的准则提出了税收的划分应遵循以下七个标准:

①以收入再分配为目标的累进税应划归中央。

②作为稳定经济手段的税收应划归中央,而具有周期性稳定特征,收入起伏不大的税收应划归地方。

③地区间分布不均的税源划归中央,否则的话会引起地区间税收收入不平衡。

④课征于流动性生产要素的税收最好划归中央。

⑤依附于居住地的税收,如销售税和消费税较适合划归地方。

⑥课征于非流动性生产要素的税收最好划归地方。

⑦受益性税收及收费对各级政府都适用。

从这七个原则可以看出,划分税种应该有利于政府实现收入再分配的公平目标、稳定经济的宏观调控目标、资源配置的效率目标,这是与其关于财政的三大职能的思想相一致的,反映了近代社会经济中的政府职责要求,期望税种的设立和划分应该有利于政府职能的履行和政府目标的实现。

2. 杰克. M. 明孜的五原则

加拿大学者杰克. M. 明孜也提出过税种划分的五条原则:

①效率原则:税收划分要尽量减少对资源优化配置的影响。

②简化原则:应使税制简化,便于公众理解和执行,提高税务行政效率。

③灵活标准:有利于各级政府灵活地运用包括预算支出、税收补贴等措施在内的一系列政策工具,使税收与事权相适应。

④责任标准:各级政府的支出与税收的责任关系应协调。

⑤公平标准:要使全国各地区间的税种结构、税基税率大体上平衡,即各地居民的税负应平衡。

3. 罗宾 · 鲍德威等人的六原则

世界银行专家罗宾 · 鲍德威等人在对世界各国的财税体制进行考察以后提出了政府间税收分割的六条指导性原则:

①所得税关系到全社会的公平,应划归中央。

②为保证全国统一市场的形成和资源在全国范围内自由流动和优化配置,对与此相关的资本税、财产转移税等税种也划归中央。

③对资源课税涉及公平与效率目标之间的权衡,应由中央与地方共享。

④具有非流动性特征的税收是地方所辖市政府收入的理想来源。

⑤作为受益性税收的社会保障税,可由中央与地方协同征收管理。

⑥多环节征收的增值税、销售税应划归中央,单一销售税、零售税等较适宜于划归地方。

4. 塞力格曼的三原则

美国财政学家塞力格曼对税收划分提出了中央收入与地方收入划分原则。具体包括:

①效率原则:按照划归哪一级政府可以更有效地征税为标准来确定税种的归属,即如果某种税由地方政府征收效率更高,更有利于及时足额地把税款征收入库,则就将这种税划归地方税,相反,应划归中央税。

②适应原则:税基较宽的税种划归中央税,税基窄的税种应划归地方税。

③恰当原则:税种的划分应有利于、至少不损害税收负担的公平,这就要求税源布及全国范围、在全国范围内征收的税种,应该划归中央,而税源只在部分地区存在,因而只在部分地区征收的税种,应该划归地方。

(三)税权划分的类型

1. 以美国为代表的以分权为特征的地方税制体系

美国是联邦制国家,政府机构分联邦、州、地方三个层次,各级政府都有明确的事权、财权,实行以分别立法、财源共享、自上而下的政府间转移支付制度为特征的分税制。联邦、州、地方均有各自相对独立完整的税收体系，联邦政府的主体税种是个人所得税，州政府的主体税种是销售税，地方政府的主体税种是财产税。在美国，州和地方两级权力机构拥有独立的税收立法权，可以对属于自己的税收单独立法，有权决定征什么税及如何征，具体包括税种、税目、税率及其优惠减免等，并付诸实施。在税权分散模式下，地方政府拥有较充裕的本级税收固定收入来源，对中央财政的依赖性较小。

中央和地方分别管理各自的税收，地方政府在税收上拥有相对独立的各种权限。包括制定税法、开征或废止某个税种、确定税率、选择征税方式、方法、决定税收政策等，即使共享税源，地方政府也有自己的税种。显然，在分权式的地方税制体系下，地方政府拥有较为充分的税收管理权限，拥有较充裕的本级税收固定收入来源，对中央财政的依赖性较小。实行这种模式的国家还有加拿大等国。

2. 以法国为代表以中央集权为特征的地方税制体系

这种税权划分方式的主要特点是税收立法权、税收执法权都高度集中在中央。无论是中央税还是地方税，从税收的立法到具体的税收条例和法令均由中央统一制定，地方政府只负责贯彻实施。税收的大部分收入属于中央政府，地方政府支出不足的部分靠中央补给。

这种体制下是由中央政府集中税收管理权限。地方税的立法权集中在中央，地方政府只有一些地方零星税种的执法权，如确定一些地方税的税率和减免税等。地方税的征收制度和征收标准一般由中央统一制定，地方政府在统一的规定下根据本地的情况制定一些具体的征收办法，确定本地地方税的适用税率。全国各税的征收由中央统一管理，征收后再按税种的划分规定拨付给地方。在法国的税收总额中，地方税仅占 15%。由于地方税收收入所占比重较小，一般无法满足地方政府承担各项事务的财政支出需要，所以作为地方税制的补充部分，法国实行中央对地方的补助制度。由于中央集权程度较高，地方政府的税收管理权限十分有限，收入份额较小，财政支出规模取决于中央政府的补助规模，地方对中央的依赖性较强。实行这种模式的国家还有英国、韩国等国。

3. 以日本为代表以集权分权兼顾型为特征的地方税制体系

集权分权兼顾型税权模式的特点是立法权集中，执法权分散，就是说在税权划分方面，税收立法权主要集中在中央，不管是中央税还是地方税，都是由中央统一立法，地方政府只能在允许的范围内制定属于地方税种的条例，并对一些法定税种有开征、停征权和对一些地方税种的税目、税率调整权。在收入划分方面，中央政府控制主要的税种、税源，掌握收入的大部分，地方政府的收入相对不足中央政府通过转移支付制度进行地区平衡。

在税收管理权限划分方面，税法的立法权主要集中在中央政府，国家的基本税收制度和主要税收法规由国会制定颁布，地方政府根据国会颁布的法律制定属于地方税种的条例，并拥有决定开征和停征一些法定外的税种的权力。在税收收入划分方面，中央政府征收国税，地方政府分别征收各自的地方税收，各级政府均有自己的固定税收收入。在税收总额中，地方政府的固定税收收入占 35%。从事权与财权相统一的角度来看，地方政府事权大，财权小，税收收入相对不足。为此,中央政府实行再调剂制度,如让与税制度、下拨税制度、国库支出金制度等等。在这种地方税制体系下,中央与地方的税种划分虽然清晰,但地方税权较小,要通过税收调剂制度方可处理中央与地方的财政税收分配关系。

需要指出的是由于各国政治体制不同及其税制结构的差异,各国的税权选择模式差别很大。这表明,世界上不存在统一的税权划分模式,关键是要从自身国情出发,选择与本国国情相符合的税权划分模式。

(四)我国各级政府税收范围划分现状及存在的问题

1. 税收立法权过分集中

我国宪法规定,省、自治区、直辖市的人大及其常委会在不同宪法、法律和行政法规不相抵触的前提下,可以制定地方性税收法规。但在实际操作中,这项规定并未实现。例如,国务院国发(1993)第85号文件规定,"中央税、共享税以及地方税的立法权都要集中在中央";国发(1993)第90号文件规定,"中央税和全国统一实行的地方税的立法权集中在中央"等。按照这些规定的要求,目前几乎所有地方税种的税法、条例及其实施细则都是由中央制定与颁发的,只是把屠宰税、筵席税的某些税权(如是否征收及征收额度)下划由地方决定。地方税的其他税权如税收优惠政策和减免政策也完全集中在中央,地方不再拥有这一权限。换句话说,地方制定税收法规实际上是不允许的,地方税收立法权有名无实,这是在"合理分权"中要着重解决的问题。因为实行分税制,要害不是分钱,而是分权。税权是根本,而税收立法权又是根本的根本。如果税收立法权分配得当,其他税权的配置就会相对容易。

2. 税权没有体现税收法定原则

税收法定原则是税权遵循的最高原则,该原则要求税收立法、执法和司法只能在法律的授权下进行,税权的。内容、范围、对应的权力机关、乃至税权在政府间的划分都应该有法可依税收的从立法到执法都必须基于法律的规定进行,没有法律依据政府就不能擅自制定相关税收法律法规,任何机关在没有法律依据的情况下不得征收税款,公民在没有法律规定的情况下也没有纳税的义务。税收法定原则同时也表明国家与纳税人之间不是简单的征纳与被征纳、管理与被管理的关系,而是一种法律关系国家有征收的权力,但在行使税权的过程中必须遵守法律的有关规定,履行相应义务纳税人有依照法律规定纳税的义务,但也有权依照法律采取相应的措施保护自身的权利,征纳双方应该是非对抗关系,是相互合作、依赖的关系。税收法定原则的体现,就要求税权的执行、分配有法可依。然而通过对我国目前税权现状的分析,不难发现税收法定原则未得到全面体现。

3. 地方越权、滥权现象严重,与市场经济下政府通行的规范化分配方式相悖

从国外市场经济国家的情况看,政府分配历来以税收分配为主、收费分配为辅,而且将政府收费纳入政府统一的预算管理。而我国当前的现实是,在税权高度集中、地方缺乏必要税权、而且地方财政收支矛盾日益突出的情况下,地方的收费权限和收费规模却在膨胀。

近年来地方各级政府以各种行政性收费方式参与社会收入分配的现象日益严重,一些本应以税收形式征收的地方性收费或基金项目,由于地方没有税收立法权而不能征税,形成了"税不够,费来凑"的现象。我国地方收费扩大化的趋势是在我国经济转轨时期伴生的一种独特分配现象,具有一定的客观背景,但从某种程度上讲,地方收费权的扩张也是地方缺乏必要税权的必然结果。1994年我国在实行新税制的同时,对税务机关分设了国税和地税两个征收系统,并实行垂直领导,税收管理权限更加集中。尽管如此,目前我国地方政府对税收执法的干预仍然相当严重。据统计,1998年的税收执法检查共查出与国家税法不符的涉税文件1103份,其中,地方党政部门或其他部门的文件1048份,占95%.受税收立法权过于集中以及地方利益的驱动,不少地方的领导在对待税收问题上往往以言代法、以权代法,或擅自变通国家税法,或越权减免税,或违规批准缓税。从而造成较严重的政府部门非法使用或滥用税收立法权的现象。见表13.2。

表13.2 2007年中央和地方财政主要收入项目 单位:亿元

项目	国家财政收入		
	合计	中央	地方
总计	51 321.78	27 749.16	23 572.62
税收收入	45 621.97	26 369.85	19 252.12
国内增值税	15 470.23	11 602.61	3 867.62
国内消费税	2 206.83	2 206.83	
进口货物增值税、消费税	6 153.41	6 153.41	
出口货物退增值税、消费税	-5 635.00	-5 635.00	
营业税	6 582.17	202.66	6 379.51
企业所得税	8 779.25	5 646.97	3 132.28
个人所得税	3 185.58	1 911.80	1 273.78
资源税	261.15		261.15
城市维护建设税	1 156.39	7.69	1 148.70
房产税	575.46	1 945.15	575.46
印花税	2 261.75	1 945.15	316.60
证券交易印花税	2 261.75	1 945.15	60.16
城镇土地使用税	385.49		385.49
土地增值税	403.10		403.10
车船税	68.16		68.16

续表 13.2

项目	国家财政收入		
	合计	中央	地方
船舶吨税	18.20	18.20	
车辆购置税	876.90	876.90	
关税	1 432.57	1 432.57	
耕地占用税	185.04		185.04
契税	1 206.25		1 206.25
烟叶税	47.80		47.80
其他税收收入	1.24	0.06	1.18
非税收入	5 699.81	1 379.31	4 320.50
专项收入	1 241.85	153.69	1 088.16
行政事业性收费	1 897.35	353.66	1 543.69
罚没收入	840.26	28.25	812.01
其他收入	1 720.35	843.71	876.64

第三节　分税制的管理机制

分税制最早出现在19世纪中叶的一些欧洲国家，目前，分税制已被西方国家广泛采用。各国的分税制都经历了一个由低级到高级、由简单到复杂的过程。向着将中央集权与地方分权有机结合的方向来发展。

新中国成立以来，中国政府在打破高度集权的财政管理体制（1949～1978）方面做出了巨大的努力，这些努力包括从1979年到1993年间尝试的多种形式的财政包干制和1994年以后实行的分税制。上世纪80年代到90年代初的财政包干制改革的主要目的是为了明确地方政府的经济职责，加强它们在执行财政功能中的自治性。这一改革措施对于地方经济的增长确实起到了促进作用。原来的财政包干体制，在过去的经济发展中起过积极的作用，但随着市场在资源配置中的作用不断扩大，其弊端日益明显，主要表现在：税收调节功能弱化，影响统一市场的形成和产业结构优化；国家财力偏于分散，制约财政收入合理增长，特别是中央财政收入比重不断下降，弱化了中央政府的宏观调控能力；财政分配体制类型过多，不够规范。从总体上看，现行财政体制已经不适应社会主义市场经济发展的要求，必须尽快改革。根据建立社会主义市场经济体制的基本要求，并借鉴国外的成功做法，要理顺中央与地方的分配关系，必须进行分税制改革。

1994 年的分税制改革首次以政府间财政体制为明确改革对象，引入了分税体制，明晰了中央税种、地方税种和中央地方共享税。税收结构也被简化，税收管理上将原有的机构分立成国税局和地税局，前者管理中央税和共享税，后者只负责地方税。

一、分税制的定义

为了进一步顺应中央与地方的财政分配关系，更好地发挥国家财政的职能作用，增强中央的宏观调控能力，党的十四届三中全会决定，于 1994 年 1 月 1 日开始正式实行分税制，分税制是按照公平和效率的原则，在科学合理地划分事权，明确中央和地方税收管辖权的基础上，依据各种税的税收特征及税源的大小，征管难易程度，划分和建立中央与地方的税收管理权限和税收收入，并实行分级管理，以确保各级政府职能顺利实现的一种财政管理体制。分税制是财政分权管理体制的典型代表，也是市场经济国家普遍推行的一种财政管理体制模式。这种制度规范了政府间财政关系，改变了原来中央与地方一对一谈判确定体制的做法。

分税制经过十多年的实践，可以说取得了巨大的成效。分税制的实行，使中国的财政秩序为之大改，中央财政重获活力。一方面促进了全国统一市场的形成和市场经济体制的建立；规范了政府间的财政分配关系。另一方面中央把财权高度集中，在税收上削弱地方政府所占的比重，促进了财政收入的增长。总之，分税制可以处理好政府与企业、中央与地方两大基本经济关系，适应市场经济的客观要求，分税制的改革至今仍在继续完善。

二、分税制财政体制改革的指导思想

一要正确处理中央与地方的分配关系，调动两个积极性，促进国家财政收入合理增长。既要考虑地方利益，调动地方发展经济、增收节支的积极性，又要逐步提高中央财政收入的比重，适当增加中央财力，增强中央政府的宏观调控能力。为此，中央要从今后财政收入的增量中适当多得一些，以保证中央财政收入的稳定增长。

二要合理调节地区之间财力分配。既要有利于经济发达地区继续保持较快的发展势头，又要通过中央财政对地方的税收返还和转移支付，扶持经济不发达地区的发展和老工业基地的改造。同时，促使地方加强对财政支出的约束。

三要坚持统一政策与分级管理相结合的原则。划分税种不仅要考虑中央与地方的收入分配，还必须考虑税收对经济发展和社会分配的调节作用。中央税、共享税以及地方税的立法权都要集中在中央，以保证中央政令统一，维护全国统一市场和企业平等竞争。税收实行分级征管，中央税和共享税由中央税务机构负责征收，共享税中地方分享的部分，由中央税务机构直接划入地方金库，地方税由地方税务机构负责征收。

四要坚持整体设计与逐步推进相结合的原则。分税制改革既要借鉴国外经验，又要从我国的实际出发。在明确改革目标的基础上,办法力求规范化,但必须抓住重点,分步实施,逐步完善。当前要针对收入流失比较严重的状况,通过划分税种和分别征管堵塞漏洞,保证财政收入的合理增长;要先把主要税种划分好,其他收入的划分逐步规范;作为过渡办法,现行的补助、上解和有些结算事项继续按原体制运转;中央财政收入占全部财政收入的比例要逐步提高,对地方利益格局的调整也宜逐步进行。总之,通过渐进式改革先把分税制的基本框架建立起来,在实施中逐步完善。

三、分税制的基本内容

1. 中央与地方政府事权和财政支出的划分

中央财政主要承担国家安全、外交和中央国家机关运转所需经费,调整国民经济结构、协调地区发展、实施宏观调控所必需的支出以及由中央直接管理的事业发展支出。具体包括:国防费,武警经费,外交和援外支出,中央级行政管理费,中央统管的基本建设投资,中央直属企业的技术改造和新产品试制费,地质勘探费,由中央财政安排的支农支出,由中央负担的国内外债务的还本付息支出,以及中央本级负担的公检法支出和文化、教育、卫生、科学等各项事业费支出。

地方财政主要承担本地区政权机关运转所需支出以及本地区经济、事业发展所需支出。具体包括:地方行政管理费,公检法支出,部分武警经费,民兵事业费,地方统筹的基本建设投资,地方企业的技术改造和新产品试制经费,支农支出,城市维护和建设经费,地方文化、教育、卫生等各项事业费,价格补贴支出以及其他支出。

2. 中央与地方收入的划分

根据事权与财权相结合的原则,按税种来划分中央与地方的收入,将维护国家权益、实现宏观调控所必需的税种划为中央税;将同经济发展直接相关的主要税种划为中央与地方共享税;将适合地方征管的税种划为地方税,并充实地方税税种,增加地方税收入。

3. 中央财政对地方税收返还数额的确定

为了保持现有地方既得利益格局,逐步达到改革的目标,中央财政对地方税收返还数额以1993年为基期年核定。按照1993年地方实际收入以及税制改革和中央与地方收入划分情况,核定1993年中央从地方净上划的收入数额(即消费税+75%的增值税-中央下划收入)。1993年中央净上划收入全额返还地方,以保证现有地方既得财力,并以此作为以后中央对地方税收返还基数。从1994年以后,税收返还额在1993年基数上逐年递增,递增率按本地区增值税和消费税的平均增长率法制1:0.3系数确定,即上述两税全国平均每增长1%,中央财政对地方的税收返还增长0.3%,比如若1994年以后中央净上划收入达不到1993年基数,则相应扣减税收返还数额。

4. 原体制中央补助,地方上解以及有关结算事项的处理

为顺利推行分税制改革,1994年实行分税制以后,原体制的分配格局暂时不变,过渡一段时间再逐步规范化。原体制中央对地方的补助继续按规定补助。原体制地方上解仍按不同体制类型执行:实行递增上解的地区,按原规定继续递增上解;实行定额上解的地区,按原确定的上解额,继续定额上解;实行总额分成的地区和原分税制试点地区,暂按递增上解办法,即按1993年实际上解数,并核定一个递增率,每年递增上解。原来中央拨给地方的各项专款,该下拨的继续下拨。地方1993年承担的20%部分出口退税以及其他年度结算的上解和补助项目相抵后,确定一个数额,作为一般上解或一般补助处理,以后年度按此定额结算。

四、现行分税制存在的问题

分税制财政管理体制的实施,充分调动了中央与地方两个积极性,建立了中央与地方财政收入稳定增长的机制。但是,在分税制改革的历程上更要直面对待运行中存在和出现的各类问题。现行财政管理体制中也暴露出了一些不容忽视的问题。突出表现在以下几方面:

1. 政府间支出责任划分不清

我国现行法律对政府间支出责任只作了原则性划分,不够清晰、合理。具体表现在以下几方面:

一是一些应当由中央承担的支出责任,部分交给了地方,如国防、武警、气象及地震等管理职能。

二是应当属于地方的支出责任却由中央承担,如地方行政事业单位人员工资和基础教育等。据统计,2002年中央财政安排用于基础教育的支出477亿元,占全国义务教育支出的19%。

三是部分支出责任划分不够合理,执行中经常发生交叉、错位。如在市场经济国家,养老保险大多属于中央事务,而我国却由地方政府管理,但在实际执行中中央政府又承担了大部分支出责任。

据统计,1998年以来,在财政对基本养老保险资金的补助中,中央占90%以上,地方不足10%。四是各地省、市、县、乡政府间支出责任划分更为模糊,地区之间差别较大,基础教育、医疗卫生等最基本的公共服务以及农业等法定支出主要由县乡政府提供,县乡支出责任偏大。政府间支出责任划分是政府间财政关系的基础,政府间支出责任不清、风险不明,不利于政府间财力的合理分配,为财政可持续发展留下了隐患。

2. 政府间收入划分不尽合理

由于政府间支出责任划分不清,致使我国政府间收入划分依据不足。同时主体税种少、以流转税为主体的税制结构以及政府级次多、地区之间差异大的国情特点,也不利于政府间收入的划分。从实际情况看,大部分地区政府间收入层层划分后,留给基层政府的税种增长潜力有限甚至呈萎缩之势,如农业税、农业特产税等。此外,政府间收入划分覆盖面窄,仅局限于预算内收入中的税收部分,影响了政府间收入划分的效果。据统计,2001年一般预算收入、预算外收入和政府性基金以及社会保障五费之和为25 764亿元,其中,纳入体制范围的税收收入

17 636.45 亿元，仅占 68%。这种政府间收入划分不合理的状况，难以满足基层政府履行其支出责任的基本资金需求，也不利于政府间财力的均衡分配。

3. 转移支付体系总体设计不尽规范

经过数年的探索，目前我国单个转移支付的资金分配日趋规范，但总体设计不尽合理，出现了异化倾向。具体表现在以下几方面：

第一，专项转移支付规模较大，覆盖面广，在地方财政财力紧张的情况下，执行中被挤占和挪用的现象十分严重，部分资金成了地方政府的“吃饭”钱，出现了专项转移支付财力化倾向。

第二，现行财力转移支付中，除一般性和民族地区转移支付以外，调整工资转移支付、农村税费改革转移支付项目虽具有均等化性质，但大多具有专项用途。这些转移支付资金下达地方后，不仅不能增加地方政府的可支配财力，地方政府还需要额外增加配套资金。这种财力性转移支付专项化的倾向，不利于地方政府统筹安排资金，切实缓解县乡财政困难。

第三，由于缺乏有效约束和效益评估，转移支付资金的使用效率不高，有的地方甚至将转移支付资金用于形象工程建设，致使一些基层政府的基本支出需求难以保证。

4. 省以下财政管理体制不够完善

虽然各地不同程度地调整和完善了省以下财政管理体制。但是，省以下体制中存在的问题仍然较为突出：

一是不少地区仍然保留按企业隶属关系划分收入的做法，影响资源的合理配置和产业结构的优化。

二是省级政府没有在调节省以下政府财力不平衡方面发挥应有的作用，各地省以下横向、纵向财力不平衡问题仍较为严重，有些省市内不同地区（县市）的人均财力相差几倍，甚至十几倍；有些地方省市级财政集中较多，对县乡安排的转移支付资金较少。据统计，在纵向财力差异最为明显的地区，其省级、市级人均财力分别是县乡级的 11 倍和 7 倍。由于财力分配不平均，一些地区的县乡财政运行困难，保障不足，有的甚至出现欠发工资的情况。

三是一些地区体制设计还比较复杂繁琐，不够简明。

五、分税制财政管理体制的完善

近年来，随着经济运行环境的变化和多项改革的推进，分税制财政管理体制也在不断调整和完善。具体内容如下：

(1)进一步理顺了中央与地方的收入划分

主要是打破按隶属关系划分收入的办法，实行所得税收入中央与地方共享。

(2)建立了较为规范的政府间财政转移支付制度

2005 年中央对地方转移支付达到 7 363 亿元，相当于 1994 年的 15 倍，年均增长 28%。其中，财力性转移支付 3 716 亿元，专项转移支付 3 647 亿元。尤其是通过 2002 年所得税收入分享改革建立一般性转移支付稳定增长机制，一般性转移支付规模从 2001 年的 138 亿元迅速扩大到2005年的1 120亿元,占地方标准财政收支缺口的比重从11%上升到48%,每年约以5个百分点的速度弥补地方标准财政收支缺口。2005年在全部中央对地方转移支付资金中,中西部地区约占87%。转移支付对实现基本公共服务均等化、促进城乡和地域统筹协调发展发挥了重要作用。

(3)完善税制,合理划分收入

在收入的划分上,除了要考虑中央的宏观调控外,还应考虑满足地方政府行使职能的需要,更重要的是要有利于全国统一市场的形成,有利于生产要素的合理流动和资源的合理配置。因此,应在完善现行税制的基础上重新合理划分收入:统一内外资企业所得税,将其确定为分享税种,采用税源式分享或地方征收附加的方法;实现增值税由生产型向消费型的转变,扩大税基;调整消费税的征收范围。完善地方税收体系:改革农业税,完善个人所得税,适时开征环境保护税、遗产税、赠与税、社会保障税、城乡维护建设税等。在不违背统一税法的前提下,对不需要全国统一的、地方特征特别明显的一些地方税的税权下放地方。与此同时,还要稳妥推进税费改革,规范税费关系,把税收作为政府收入的主要来源;实现政府收入机制的规范化;依靠培植税源,加强征管,提高征收效率,实现收入的稳定增加。这样,中央和地方都将有较为稳定的财政收入来源来保证其履行职能的需要。

要建立以税收收入为主,收费收入为辅,税费并存的财政收入运行机制。发达市场经济国家政府理财的一条重要原则是预算的完整性,即政府部门依赖国家的行政权威、资产所有权或提供某种特殊服务而向企业和个人征收的各种收入,都应作为财政收入。从公共财政理论来说,政府的资金收支活动都看作财政活动而予以全面反映和管理,实现公开化、透明化,防止政府部门出现各种经济浪费和腐败现象。我国财政改革要采取的一项重要行动是认真解决多年来各种行政性收费和预算外资金恶性膨胀、愈演愈烈、大量蚕食和挤占国家财政收入的积弊,增强国家可支配财力,提高国家的宏观调控能力,铲除政府机关腐败的经济根源。对各级政府及其所属部门越权设置或巧立名目设置的不合理乱收费项目、重复税费项目、擅自扩大收费范围的项目以及完全凭借部门行政管理权和执法权强制收取的收费项目予以取消;对于确实需要保留的收费项目,国家可通过法律法规予以规范,但保留的收费项目必须纳入国家预算统一管理;对一些事业性收费项目走依法经营、依法纳税、自收自支、自我发展的路子;对大量具有税收性质的基金和收费,要加大"费改税"的力度,通过扩大现有税种税基或设置新税种的办法加以规范,并纳入国家预算。

(4)促进了省以下财政管理体制的调整和完善,省以下财力布局不均衡状况有所改善

国家根据分税制运行的情况以及宏观调控的需要,适当对分税制财政体进行了一些调整,包括所得税收入分享改革、出口退税负担机制改革等。截至目前,我国已初步建立了与社会主义市场经济体制相适应的分税分级财政体制基本框架。调整我国的分税制,既是落实科学发展观的重要举措,同时也是改善民生的具体行动。因此,深化及完善分税制财政体制,便是理论专家及财税工作者当前面对的一个十分重要和紧迫的研究及解决的课题。

本章小结

财政分权,是指建立在政府职能或事权基础上、符合经济效率与公平和体现民主精神,采取民主方式并有法律保障、各级政府有相对独立的财政收入与支出范围、处理中央政府与地方政府及各政府间关系等的一种财政体制。

财政对整个经济有三种主要的职能,即资源配置、收入分配和宏观调控。基于此,政府间职责分工也就是在不同级别政府间,这些职责如何分工的问题。

税权的具体内容应包括税收立法权、税收执法权和税收司法权。其中,税收立法权是基本的、原创性的;税收执法权是最主要、最经常行使的;税收司法权则是必不可少的权力,是对税务机关依法征税和国民公众依法纳税进行的监督权力。

分税制财政管理体制也在不断调整和完善,进一步理顺了中央与地方的收入划分。主要是打破按隶属关系划分收入的办法,实行所得税收入中央与地方共享;建立了较为规范的政府间财政转移支付制度;完善税制,合理划分收入;促进了省以下财政管理体制的调整和完善,省以下财力布局不均衡状况有所改善。

思 考 题

1. 简述财政分权的基本含义。
2. 如何完善分税制?

【案例分析】

顾名思义,"省管县"体制是将县里的人事、财政、计划、项目审批等方面由省里直接管理,最终实现省市县的行政管理关系由"省—地级市—县"三级体制到"省—市、县"二级体制的转变。有关专家认为:实行省管县的管理模式有助于理顺政府管理体制,解决"政令不出中南海"的弊病,而对县域经济的发展也有推动作用。1992 年以来,包括湖北、浙江、广东、河南、辽宁在内的许多省都在进行省管县的改革探索。与其他省不同,海南的改制有其得天独厚的条件——省域面积小、县级区域少。这个省的面积,在全国 34 个省级行政区域中排行第 29 位;而在 1988 年建省之初便实行了市、县平级的管理体制。全省 2 个地级市、6 个县级市、4 个县、6 个民族自治县都由省里直接管理,彼此间没有从属关系。这不仅实现了财政层面上的省管县,更是实现了行政层面的省管县。"我们此次的改革,是将更多的自主权下放给县市。"海南省委秘书长许俊接受《中国新闻周刊》采访时说。海南省第一批向市县下放的 177 项权力中,民办初中、小学和幼儿园的审批下放市、县、自治县教育行政主管部门;城市自来水价格管理由市、县、自治县人民政府报省价格主管部门备案;投资额在 1 亿元以下项目由市、县、自治县发展与改革部门实施备案等。这与浙江的改革明显不同——在那个 GDP 排行在全国前 5 名的省份,改革主要推动力是发达的民营经济。"财政体制上实行省管县,扩大县级政府经济管理的权限”。这一直是浙江改革中很重要的经验。虽然在社会管理和公共服务等方面,浙江还不是完全的省管县,但浙江改革模式依然可以成为多数地区推行省管县改革参考的样本。1982年,为更好地集中市场要素建设中心城市,以农促工,中央决定全面推行“市领导县”的行政管理体制。大多数省开始实行“市管县”体制,浙江也开始“撤地建市”。但与其他省不同的是,浙江一直保留着原有“省管县”的财政体制。1992年至2002年的十年间,浙江省先后三次出台政策,扩大经济强县的财政、经济管理和社会事务管理范围。尤其在2002年的扩权改革中,浙江省将313项审批权直接下放给绍兴、温岭等20个县(市、区)。作为中国陆域面积偏小的省份之一,浙江多年来占据着全国“百强县”近1/3的席位。农民人均纯收入连续23年位居各省区之首。县域经济发展,对浙江省经济发展的带动作用显而易见。然而,随着经济的发展,前三轮的扩权已不能满足经济强县快速发展的需要。“目前浙江省实现了财政省管县,但是只有部分社会管理权直接下放到县。”浙江省长兴县县长章根明说:“长兴县主要是民营经济,很多企业的项目审批在市里不能完全解决。我们期望能够将权力直接放下来,这样对发展地方经济更加有利。”2006年,浙江省开始了第四轮强县扩权改革试验,在此次试验中义乌市成为唯一的试点。改革后原先属于金华市的131项管理权限、472项省级部门的经济社会管理权限以不同形式下放义乌市。一时间,义乌被媒体喻为“全国权力最大县”。至2007年底,义乌的这603项扩权事项已全部完成权限移交,其中有572项事项和权限已得到落实。省管县体制的“浙江模式”逐渐呈现。

试结合案例分析,如何完善我国的分税制财政体制改革?

第十四章

Chapter 14

财政平衡与财政政策

【本章学习要求】

本章要求掌握财政平衡的概念、公式；了解影响财政赤字产生的因素以及财政赤字的弥补方法；掌握财政政策原理以及财政政策与其他宏观经济政策的配合。

【本章主要概念】

财政平衡；财政赤字；财政政策

【引导案例】

美国政府2011年财政赤字近1.3万亿美元

这是美国政府财政赤字连续第三年超过1万亿美元，显示美国债务风险仍在扩大。2011财年美国政府财政赤字为1.299万亿美元，比2010财年增加500亿美元，仅次于2009财年的1.41万亿美元，是历史第二高位。2011财年美国政府每开销1美元有36美分是借来的，为此全年净付2 270亿美元的利息，比上年增加15.7%。尽管就业状况有所好转带来了额外税收，但减少社安税率和延长失业福利抵消了部分收入。全年美国财政收入2.3万亿美元，增长6.5%；财政支出3.6万亿美元，增加4.2%。美国目前累计债务高达14.8万亿美元。国会两党就提高美国债务上限发生纠纷，纠纷强化了全球对美国债务危机的担心，美国主权信用评级首次遭降。美国国会两党就如何削减财赤存在严重分歧。奥巴马总统提出的4 470亿美元就业法案，日前遭到国会共和党人的封杀。两党就是否应该给富人加税，经济仍低迷时是否应当继续扩大开支以刺激经济，存在严重分歧。

由于财政赤字现已成为一种世界性经济现象，并且其规模呈日益扩大的趋势，当前各国政府纷纷采取措施以期缩小财政赤字，实现财政平衡。

第一节　财政平衡

一、财政平衡的概念

财政平衡是指财政收支在量上的对比关系。财政收支对比有三种结果:一是财政收支平衡、略有结余的稳固平衡。略有结余的数量界限,一般认为以财政结余数占财政总收入的3%左右为度。二是财政收支完全平衡。如前所述,财政收支绝对相等是不存在的,因此,财政收支完全平衡也是财政收支平衡、略有结余的一种形态,只不过略有结余的数量界限不同而已。根据历史经验,财政结余占财政总收入的2%以下可视为财政收支完全平衡。三是财政收支基本平衡。这是指财政收入小于财政支出,略有赤字。略有赤字以财政赤字占财政总收入的3%以内为度。从理论上讲,收支相等是可以成立的,但在实际经济生活中,财政收支相等的情况几乎是不存在的。财政收支之间经常出现矛盾,表现在:在一个年度内,财政收支在数量上总是不相等的,经常出现收入大于支出,或者支出超过收入的情况。财政收支之间的矛盾具有其客观性,对其理解应从以下几个角度着手:

第一,财政平衡是相对的,而不是绝对的。在实际生活中,财政收支正好相等的情况几乎不存在。略有结余或略有赤字都是基本平衡的表现形式,因此,财政平衡的目标是基本平衡或大体平衡。

第二,财政平衡是动态的,而不是静态的。理解财政平衡应考虑时间因素,考虑年度之间的联系与衔接。例如,动用财政结余的当年虽在统计上表现为赤字,如果结合有盈余的年份从动态上看,财政收支仍有可能是平衡的。因此,必须研究财政收支的发展趋势,研究经济周期对财政的影响,以及财政对经济周期的调节作用,以求得一个时期的内在平衡。

第三,财政平衡应从全局角度理解,财政收支作为一种货币收支,同国民经济货币收支体系中其他货币收支是相互交织、相互转化的。财政部门作为一个经济部门,它的收支同家庭部门、企业部门以及对外部门的收支有密切联系,且互补余缺,因此必须从国民经济全局出发研究财政平衡。

第四,财政平衡应从中央预算平衡和地方预算平衡角度分别理解,随着分税制的建立,地方政府成为一级独立的财政主体,因此,必须分别考察中央和地方政府各自的收支对比情况,从中央和地方两个方面理解财政平衡。

第五,理解财政平衡,应注意财政收入的真实性,由于商品的自然损耗或商品质量不合格,品种不对路形成商品积压,使生产部门上交的税收和利润成为一种没有物资保证的虚假收入,用虚假收入抵补真实支出,形成虚假的收支平衡,即假平衡真赤字。因此,理解财政赤字,必须考虑其真实性。

二、财政平衡的公式

我们可以通过对总量平衡的恒等式的理解来考察财政平衡与总量平衡，非政府部门平衡和对外贸易平衡之间的关系。

在封闭经济条件下，总量平衡的恒等式是

$$C+S+T = C+I+G$$

在开放经济条件下，总量平衡的恒等式是

$$C+S+T+M = C+I+G+X$$

恒等式的左边代表总供给的收入流量，由消费 C、储蓄 S、税收 T 和进口额 M 组成；恒等式的右边代表总需求的支出流量，由消费 C、投资 I、政府支出 G 和出口额 X 组成。我们可以列出描述财政赤字的预算恒等式

$$G-T=(S-I)+(M-X)$$

$G-T$ 表示预算收支平衡状况，当 $G>T$ 时，预算出现赤字；当 $G<T$ 时，则有财政结余。等式的右边实际上是两个不同的账户，S 和 I 是储蓄、投资账户，M 和 X 是对外贸易经常账户。当 $S>I$ 时，非政府部门的储蓄大于投资，有结余资金，反之，非政府部门储蓄、投资账户出现赤字。当 $M<X$ 时，对外贸易经常账户有结余当 $M>X$ 时，则出现贸易赤字。这个预算恒等于可以理解为财政赤字 = 非政府部门储蓄、投资账户结余 + 贸易账户经常赤字。为使该恒等式表达的经济含义更容易解释清楚，我们从一个封闭型经济讨论起。即 $M-X=0$，则 $G-T=S-I$。即财政赤字 = 非政府部门储蓄、投资账户结余这个公式表达了一个重要的经济学原理：一个部门的赤字正是另一个部门的盈余，政府预算的赤字，可以由非政府部门的储蓄结余来抵补。财政赤字的增加，可以不影响需求总量，因为弥补赤字的资金可以来源于民间部门的储蓄结余。这种情况下，政府多支出的那一部分正是非政府部门少支出的那一部分。在开放经济条件下，弥补财政赤字，不仅可以动用民间储蓄，还可以动用国外资源。假定 $M-X>0$，即贸易经常账户处于赤字状态，这表明一部分国外资源流入国内补充了国内总供给。在其他条件不变的情况下，谁动用了这部分资源，则取决于 S 和 I 的关系，大体可以分以下几种情况。

当 $S>I$ 时，表示非政府部门有结余，资源净流出。政府既动用了国外资源，也动用了国内结余资金。赤字同时以两种方式加入总需求：用国外资源弥补赤字，会以新的总需求方式叠加在原有总需求之上，使总需求扩张；用国内结余资金弥补赤字，会以替代支出的方式嵌入原有总需求，总需求结构会被改变，但总量不变。

当 $S=I$ 时，表示非政府部门的储蓄等于投资，这个部门既不占用其他部门的资源，也不为其他部门提供结余资源。政府动用了从国外流入的资源，且国外流入的资源数量与财政赤字相等。国内政府的赤字由国外结余弥补，全部赤字都会以新的需求叠加在原有总需求之上。

当 $S<I$ 时，表明非政府部门储蓄，投资账户也出现赤字，需要资金弥补。由于政府财政

也是赤字，因此，两个部门必须从国外筹集资金，所有的赤字使得总需求扩张。

三、影响财政赤字产生的因素

（一）通货膨胀和利率对财政赤字的影响

当研究财政赤字对经济的影响时，最重要的理论问题是通货膨胀起什么作用。几乎所有的经济学家都认为，应该按实际值而不是名义值衡量财政赤字和公债，所衡量的赤字应该等于公债实际值的变动，而不是公债名义值的变动。将公债的名义值调整为实际值公式：如果 D 是公债余额的名义值，P 代表价格水平，那么实际公债余额就是 D/P。将财政赤字的名义值调整为实际值相对复杂。因为实际的财政赤字（$RDEF$）等于实际公债余额每年的变化值，因此，$RDEF = D(D/P)/Dt = (DD/Dt)/P - [(DP/Dt)/P](D/P)$。由上述数学表达式可见，实际赤字就是经过价格调整的名义赤字减去通货膨胀率乘以实际公债余额。等式右边的第二项 $[(DP/Dt)/P](D/P)$ 代表了以前国家债务的贬值额，通货膨胀使政府（债务人）需要偿还的债务减轻了。这种没有在政府支出或税收的官方报告中反应的贬值，实质上是对政府债券持有者征收的通货膨胀税。由于通货膨胀因素，公债持有者的实际财富减少了。因此，通过通货膨胀政府不但能对货币持有者征收通货膨胀税，对国债持有者同样也征收了通货膨胀税。显而易见，国债规模越大、通货膨胀率越高，政府对国债持有者征收的通货膨胀税就越多。通货膨胀是政府减少自身债务的一种隐蔽方式，像巴西或墨西哥这类具有高通货膨胀率和巨额国债的国家，甚至可以通过这种公债贬值的方法来支付大部分政府支出。

与通货膨胀对实际财政赤字的影响相类似，利率的变化对财政赤字也会产生影响。根据投资学原理，在未来产生收益（支出）流的资产（负债）的市场价值取决于未来的收益（支出）流和利率水平。因此，当利率升高时，现存的公债余额的市场价值会降低，低于其面值，这将增加财政收入，降低财政赤字；当利率降低时，则发生相反的过程。利率的变化对期限较长的公债的影响要超过期限较短的国债。需要说明的是，根据著名的费雪方程式，名义利率等于预期的通货膨胀率加上实际利率，因此预期到的通货膨胀本身就会提高名义利率。通货膨胀除了对前期公债余额产生贬值影响外，还通过名义利率的上涨使非指数化的公债的市场价值降低，进一步减少（增加）了财政赤字（盈余）。

（二）经济周期对财政赤字的影响

财政赤字变化中的一部分是作为对经济周期波动的反应而自动地产生的。例如，当经济陷入衰退时，收入减少了，因此人们支付的个人所得税也相应地减少了，在实行超额累进所得税的国家这种情况更容易发生。公司的利润减少了，因此公司所得税也减少了。同时，在经济陷入衰退时，政府支出倾向于增加，失业保障支出和政府救济都增加。即使决定税收和政府支出的法律没有任何变动，财政赤字也会增加。另一方面，如果决定税收和支出的某些法律改变了，例如立法机关决定提高某种税率或决定增加某项政府支出，情况就有所不同。即使经济始终处于潜在的产出水平，这些措施也会增加财政赤字。财政政策（至少在短期内）既改变结构性赤字又改变周期性赤字，财政措施在增加（减少）结构性赤字的同时可能减少（增加）周期性赤字。绝大多数经济学家认为，改变结构性赤字的净作用是按同一方向改变现实的财政赤字（萨缪尔森，1992）。在经济衰退期，扩张性财政政策在增加结构性赤字的同时减少了周期性赤字，但结构性赤字的增加额将超过周期性赤字的增加额，净效果是增加了现实的赤字。因此，即使在经济衰退时期，扩张性财政政策（增加结构性赤字、减少周期性赤字）也会增加现实的赤字，这也就进一步增加了国债余额的绝对规模。

（三）未考虑的政府负债的影响

一些经济学家认为，通常意义上的财政赤字具有误导作用，因为它没有包括一些重要的政府负债。公众持有的公债是政府债务中最大的一部分，也是最明确的部分，但公债并不代表政府全部的债务。美国西北大学的教授 Eisner（1986）就因为不遗余力地提倡如下观点而闻名：要想全面地考察政府的财务状况变化以及由此导致的财政赤字变化，必须全面地考察政府所有的资产和负债。但是如何准确衡量政府的负债却是一个技术上很棘手的问题。例如，政府拥有大量的隐性负债，如政府为私人企业贷款提供的担保、国有银行的不良资产以及地方政府的借款等，其准确价值很难衡量。政府拥有的大量资产也因为没有交易市场而无法衡量其市场价值。

另外，衡量政府负债价值更多地牵涉到一些概念性的问题。例如，目前法律规定的社会保障体系未来的支付算不算政府债务？在社会保障体系的养老保险中，公众在年轻时把他们的部分收入交给这个体系，并期望在年老时得到养老金。这些由法律规定的未来支付的养老金应该包括在政府的负债中。未来的这些负债的现值与目前的社会保障税的差额应该包括在财政赤字当中。

（四）资本预算的影响

许多经济学家认为，准确地衡量财政赤字需要考虑到政府的资产和负债两个方面。特别是，应该用债务的变动减去资产的变动来衡量财政赤字。一种既衡量资产又衡量负债的预算做法被称为资本预算化（Capital Budgeting）。因为这种方法考虑到了资本的变动。整个政府预算实行复式预算，其中经常预算包括经常性支出和政府资产的折旧，而资本性预算则只包括资本性支出。例如，假设政府出售国有股并用其收入偿还公债利息。按照目前的预算方法，财政赤字将会减少。按资本预算化的方法，出售政府资产得到的收入并没有减少赤字，因为政府债务的减少被资产的减少抵消了。根据同样的逻辑，政府通过发行公债为购买资本品筹资也不会增加财政赤字。

按照资本化预算的原则，经常性支出和资本的折旧都包括在经常性预算账户中，资本性支出则进入资本性账户。资本预算化看起来合理，但最主要的困难是难以确定哪一项政府支出应该作为资本支出。

（五）代际核算的影响

美国经济学家考特里考夫对目前衡量的财政赤字提出了严厉的批评。他认为，财政赤字像童话中没有穿衣服的皇帝一样，每个人都清楚地看到了问题，但没有一个人愿意承认问题。他甚至认为"就概念层次而言，财政赤字在学术上已经破产了。但在实用层次上，仍然有许多已失去'预算平衡'真实含义的官方赤字。"他呼吁"迫切需要的是把过时的、具有误导作用的，而且基本是非经济的财政政策衡量指标，即财政赤字，变为代际核算。"

特里考夫说明代际核算是以如下观点为其理论根据：一个人的经济福利取决于他整个一生的收入。因此，当评价财政政策时，不应该只关注某一年的税收和支出，而应该考察人们在一生中所交纳的税收和得到的转移支付。代际核算计算出各代人一生的净税收，即每代人一生要交纳的税收的现值减去其一生能享受的政府支出的现值。由此可见，代际核算衡量财政政策对各代人一生的影响。代际核算对于财政政策如何在各代人之间分配资源提供了重要信息。

四、弥补财政赤字的方法

财政发生赤字后，需要采用一定的方法予以弥补。一般说来，弥补财政赤字的方法有以下几种：动用历年财政结余；增加税收；发行公债；增发货币。不同的弥补方法，对经济的影响是不同的。

（一）动用历年结余

动用历年结余就是使用以前年度财政收入大于支出形成的结余来弥补财政赤字。财政出现结余，说明一部分财政收入没有形成现实的购买力。在我国，由于实行银行代理金库制，因此，这部分结余从银行账户上看表现为财政存款的增加。当动用财政结余时，就表现为银行存款的减少。因此，只要结余是真实的结余，动用结余是不会存在财政向银行透支的问题。但是，财政结余已构成银行的信贷资金的一项来源，随着生产的发展而用于信贷支出。财政动用结余，就意味着信贷资金来源的减少，如果银行的准备金不足，又不能及时通过适当的收缩信用规模来保证财政提款，就有可能导致信用膨胀和通货膨胀。因此，财政动用上年结余，必须协调好与银行的关系，搞好财政资金与信贷资金的平衡。

（二）增加税收

增加税收包括开增新税、扩大税基和提高税率。首先，由于税收的法律规定性，决定不管采用哪一种方法增加税收，都必须经过一系列的法律程序，这使增加税收的时间成本增大，难解政府的燃眉之急。其次，由于增加税收必定加重负担，减少纳税人的经济利益，所以，纳税人对税收的增减变化是极为敏感的，这就使得政府依靠增税来弥补财政赤字的试图往往受到很大的阻力，从而使增税可能议而不决。最后，拉弗曲线告诉我们增税是受到限制的，不可能无限地增加,否则,必将是杀鸡取卵,给国民经济造成严重的恶果。因此,增加税收不是弥补财政赤字稳定可靠的方法。

(三)增发货币

增发货币是弥补财政赤字的一个方法,至今许多发展中国家仍采用这种方法。"剑桥公式"$m+v=p+y$揭示了通货膨胀的决定因素。式中,m是货币的增长速度,v是货币乘数的变化速度,p是通货膨胀率,y是国民生产总值的实际增长率。由上式可得:$p=m+v-y$。由此可知,影响通货膨胀率的因素有三:货币的增长率,货币乘数的变化速度,国民生产总值的实际增长率。货币的增长率和货币乘数的变化速度会加速通货膨胀,而国民生产总值的实际增长率会减少通货膨胀。在通常情况下,一国的实际国民生产总值的增长是相对稳定的,货币乘数在短期内虽然变化较大。但在长期内却相对稳定。因此,从长期来看,通货膨胀在很大程度上取决于货币的增长速度,过量的货币发行必定会引起通货膨胀。因此,用增发货币来弥补财政赤字只是一个权宜之计。

(四)发行公债

通过发行公债来弥补财政赤字是世界各国通行的作法。这是因为从债务人的角度来看,公债具有自愿性、有偿性和灵活性的特点;从债权人的角度来看,公债具有安全性、收益性和流动性的特点。因此,从某种程度上来说,发行公债无论是对政府还是对认购者都有好处。通过发行公债来弥补财政赤字也最易于为社会公众所接受。用发行公债弥补财政赤字的货币效应,依认购者的不同而不同。居民个人或企业以及商业银行购买公债,一般说只是购买力的转移或替代,不产生增加货币供给的效应,但因居民或企业的购买资金不同,具体的货币效应也有所不同。一是用现钞或活期存款购买,意味着M_1相应缩减,财政再用于支出,又形成M_1的供给,因而M_1的供给规模不变;二是用储蓄或定期存款购买,意味着M_2中的准货币减少,而财政支出形成M_1时,虽然货币供给总规模不变,但M_1的规模增加,对市场均衡必将产生一定影响。由中央银行认购国债,通常会扩大货币供给量。中央银行认购国债后,财政金库存款增加,当财政用于支出时,使商业银行账户上居民和企业存款增加,从而商业银行的存款也相应增加,商业银行有了超额准备,往往扩大贷款规模,从而增加货币供给。虽然理论上商业银行在存款增加时并不扩大贷款,或中央银行在认购国债时压缩对商业银行的贷款,就不会增加货币供给,但实际上却不具有现实性。总之,判断财政赤字的货币效应,必须根据实际情况,区别对待。

五、我国财政赤字的成因与治理

(一)我国财政赤字的成因

1. 与经济周期有关

当经济繁荣时,由于税收收入大幅度增长,财政出现盈余或赤字规模缩小。当经济衰退时，税收收入下降，由于财政支出的刚性特征，财政支出仍保持以前的规模，因此，在经济衰退时期出现财政赤字。

2. 政府职能不断扩大

计划经济体制下政府投资是社会总投资的主渠道，基建规模过大，重复建设，盲目投资是导致财政赤字的主要原因。经济体制改革后，产生财政赤字的主要原因是政府为经济体制改革的变迁所付出的成本。

3. 与税收征管和财政资源分配的信息不对称有关

由于信息上的不对称，财政资源使用的缺乏足够的监督，财政支出容易超出合理规模，而纳税制度设置上的疏漏，使得税务机关不能将税收应收尽收。这种财政支出的增加和财政收入的减少在很大程度上影响了我国财政赤字的形成。

4. 外部冲击

在国家遭遇天灾人祸和政治冲突时，抗洪救灾、反恐怖支出、国防支出等开支都会导致财政支出规模上升。

（二）财政赤字的治理

1. 控制支出规模，规范政府行为

加强政府机构改革，削减过多的行政事业性经费和福利费开支，严格控制国防支出、合理发放国债，政府退出盈利性投资领域等措施成为控制财政支出、缩小财政赤字的当务之急。

2. 提高经济运行效率，实现效益型经济增长

财政状况的改善有赖于经济基础的改善。在财政支出规模和税率不变的情况下，经济效率提高，财政收入也提高，财政赤字就会缩减。

3. 强化税收征管，推行“费改税”

一切提高财政收入的措施，都是减少财政赤字的办法。加强税收征管以增加税收收入是控制财政赤字的一个辅助途径。把一部分“费”和制度外资金适当地改为“税”，则有利于扩大正常的财政收入来源和减少赤字。

4. 推进经济体制改革

依据经济的实际情况渐进地推行经济体制改革，特别是税收体制、社会保障体制、投资管理体制等财政收支影响较大的制度改革，降低体制改革带来的机会成本，将有助于减少财政赤字。

第二节　财政政策

一、财政政策原理

（一）财政政策的定义

长期以来，我国财政学界比较忽视对财政政策的研究，对财政政策的定义，没有作专门的研究,其不同解释只是散见于各种著述之中。一般都认为,财政政策是党和国家在财政工作方面的指导方针、原则、行为规范等。这不免显得抽象、空洞。西方经济学则把财政政策解释为"利用政府的开支和产生收入的活动以达到一定的目的。"或者,"财政政策就是利用政府预算(包括税率和政府支出水平),来调节国家的需求水平而促进充分就业和控制通货膨胀。"我国与西方国家对财政政策概念的表述是不同的。但是,财政政策作为经济生活中的一个特殊现象,不论是在社会主义国家,还是在资本主义国家,都有其共同之处。

第一,财政政策是国家有意识活动的产物,因而它属于上层建筑的范畴。但是财政政策又是依据一定的反映客观的分配关系及其运动规律的财政理论而制定的,因此它又是主观见之于客观的东西。

第二,国家可以利用财政政策达到自己的预定目标。不论是资本主义国家还是社会主义国家,财政政策总是为国家预定要实现的某些目标服务,为"纠正市场缺陷""消除经济周期波动""调节就业水平"服务的。

第三,都要通过税收、公债、财政支出等工具,通过财政收支活动来得到贯彻。而财政收支活动也总是在特定的财政政策指导下通过税收、公债、财政支出等工具来进行的。

第四,财政政策是一种经济政策。

根据上面的分析我们认为,财政政策是国家(或政府)以特定的财政理论为依据,运用各种财政工具以达到一定财政目标的经济政策。财政政策、财政理论与财政实践三者之间存在着紧密联系。科学的财政理论是一种精神财富,要把它转变为社会实践,转变为物质的力量,必须通过财政政策这个中介环节。财政理论的生命力主要在于以它为依据制定的财政政策的实用性。如果财政政策是反映客观规律的、切实可行的,为政府决策部门所采纳,并在实践中获得成功,就印证了财政理论的正确性。反之,如果财政政策不符合客观规律,甚至是违背客观规律而在实践中失败了,则据以制定的财政理论将大为逊色,因而也就有修改、完善原有财政理论的必要。

社会主义国家的财政政策与资本主义国家的财政政策,有相同的一面,也有不同的一面。不同的一面主要是指资本主义国家的财政政策从根本上是为维护资产阶级的利益而实施的,而社会主义国家为的是全体人民的根本利益。同时,生产资料所有制性质的不同,也使得二者财政政策作用的对象不同。资本主义国家的财政收入主要来自私人经济,而社会主义国家的财政收入主要来自公有制经济。

(二)财政政策的功能

1. 稳定功能

财政政策的稳定功能主要表现为,政府能够运用财政政策对经济进行有目的的干预。当经济出现膨胀性缺口时,政府可采取减少支出或增加税收等政策手段,减少社会总需求,减少通货膨胀的压力;当经济出现紧缩性缺口时,政府可采取增加支出或减少税收等方法刺激社会总需求。

2. 发展功能

财政政策的发展功能主要表现在以下三个方面：

(1)推进经济结构调整

财政政策对结构调整的作用体现在多个方面，例如，通过对需要限制发展的行业实施高税收政策，减少资源流入这个行业；再如，财政政策通过税收、财政补贴等方式扶持高科技产业，促使产业结构高度化。

(2)调节收入分配

财政政策具有调节收入分配的作用，这是由财政的收入分配职能的本质属性决定的。税收政策、财政投资支出政策、转移支付政策等，可从多方面调节地区之间、行业之间、部门之间、阶层之间的利益分配关系。

(3)推动制度创新和技术创新

财政政策通过建立鼓励企业从事技术创新的税收制度，增加对基础科学研究和教育的财政支出等措施，都可以促进技术创新。还可以在市场机制对资源配置起基础性作用的前提下，采取灵活的财政制度安排，推动经济体制的创新和完善。

(三)财政政策的类型

1. 根据财政政策在调节社会总需求过程中发挥作用方式的不同

根据财政政策在调节社会总需求过程中发挥作用方式的不同财政政策分为相机抉择的财政政策和自动调节的财政政策。

(1)相机抉择的财政政策

相机抉择的财政政策是指政府根据不同时期的经济形势，相应采取变动政府支出和税收的措施，以消除经济波动，实现既无失业又无通货膨胀的稳定增长目标。这种财政政策不能依靠政策本身自动发挥作用，而必须由政府对客观经济形势分析判断后有意识地采取措施干预经济运行。相机抉择的财政政策包括汲水政策和补偿政策。汲水政策是指在经济萧条时要靠一定的公共投资才能使经济自动恢复活力(启动私人投资)。补偿政策是政府为了稳定经济，有意识地从当时经济状态的反方向进行调节的财政政策。在经济繁荣时，为了减少通货膨胀因素，政府通过增收减支的方法，抑制和减少私人的过剩需求。在经济衰退时期，政府通过减收增支的方法来增加消费和投资需求，促进社会有效需求的增加。

(2)自动调节的财政政策

自动调节的财政政策是指随着经济形势的周期性变化，一些政府支出和税收自动发生增减变化，从而对经济的波动发挥自动调节的作用。这种政策不是政府斟酌经济形势后决定的，而是依靠财政税收制度本身所具有的内在机制自行发挥作用。自动调节的财政政策又被称为“内在稳定器”，其自动稳定性主要表现在两个方面：第一，税收的自动稳定性。税收制度可以具有调节社会总需求的内在稳定机制，这主要表现在累进的所得税制度上。第二，政府支出的自动稳定性。在经济萧条时期，随着国民收入下降，失业人数增多，公共支出中的各种转移性支出会自动增加，从而抑制消费支出的下降，防止经济衰退的进一步恶化。在经济繁荣时期，就业人数增多，政府的各种福利支出倾向于自动减少，从而抑制总需求。

2. 根据财政政策在调节国民经济总量方面的不同功能

根据财政政策在调节国民经济总量方面的不同功能可分为扩张性、紧缩性和中性的财政政策。

①扩张性财政政策是指通过财政分配活动来增加和刺激社会总需求，促使供求达到平衡的财政政策。扩张性财政政策的作用机理是通过减税和增加财政支出规模扩大社会的投资需求和消费需求。

②紧缩性财政政策是指通过财政分配活动来减少和抑制社会总需求，促使供求达到平衡的财政政策。紧缩性财政政策的作用机理是通过增税和减少财政支出规模减少社会的投资需求和消费需求。

③中性的财政政策是指财政的分配活动对社会总需求的影响保持中性，对总需求既不产生扩张效应，也不产生紧缩性效应的政策。一般情况下，它要求财政收支量入为出、自求平衡。值得指出的是，实现预算收支平衡的政策并不等于中性财政政策。

（四）财政政策的构成要素

1. 财政政策的目标

财政政策的目标是政府希望通过预定的政策实施所能实现的目的。财政政策目标应具有连续性和一致性的特点，这就要求中短期财政政策在导向上与长期财政政策保持一致，各种财政政策的目标取向在总体上一致。财政政策目标的确定，受到国家的职能，财政在国民经济中的地位，经济形势等多种因素的影响和制约。

具体到财政政策所要实现的目标有以下几个方面：

（1）充分就业

财政政策的首要目标，就是调节失业率、解决就业问题。充分就业几乎在任何时期都是财政政策最重要的目标之一，那么怎样才算充分就业？充分就业并不意味着百分之百就业，因为即使有足够的职位空缺，失业率也不会等于零，也仍然会存在摩擦性失业和结构性失业。对于充分就业，凯恩斯在其名著《就业利息和货币通论》中认为，如果“非自愿失业”已经消除，失业仅限于摩擦失业和自愿失业，就是实现了充分就业。另外一些经济学家认为，如果空缺职位总额，恰好等于寻业人员的总额，即需求不足型失业等于零，就是实现了充分就业。也有些经济学家认为，如果再提高就业率必须以通货膨胀为代价，就是实现了充分就业，等等。西方经济学家通常以失业情况作为是否达到充分就业的尺度标准，衡量失业的指标是失业率。失业率是指未被雇佣的人数与劳动力总数的比率，其中劳动力总数是指就业人数与失业人数之和。

失业率的大小表示与充分就业的差距，失业率越大，距离充分就业越远：失业率越小，距离充分就业越近。一般而言，经济衰退期间失业率高，经济繁荣期间失业率低。具体到数量指标上，保守的观点认为失业率在2%或3%以下才算是充分就业，激进的观点认为只要失业率低于5%就可算是充分就业。

(2)物价稳定

价格稳定一般指价格总水平的稳定。财政政策的扩张和收缩，直接影响社会总需求的增加和减少，从而引起价格的上升和下降。价格总水平持续不断上升的现象，叫做通货膨胀；反之，价格总水平不断下降的现象，叫做通货紧缩。通货膨胀表示货币价值或实际购买力的降低，通货紧缩表示货币价值或实际购买力的增加。由于通货的剧烈波动，价格水平大起大落，成为经济发展的主要障碍之一，所以财政政策的实施必须考虑到如何保持适当的通货稳定。

纵观西方国家的通货膨胀历史，通货膨胀使得各种商品和劳务、各种生产要素及各种债务的价格并非按同一比例变动。通货膨胀的不均衡性，给经济生活带来严重不良影响：通货膨胀引起收入和财富的再分配，损害某些集团的利益；由于价格上升的不均衡性，也使得资源配置失调。因此抑制通货膨胀、稳定价格水平成为财政政策的主要目标之一，当然抑制通货膨胀并非一定就是将通货膨胀率控制在零。一定程度上的通货膨胀可以刺激投资，温和的通货膨胀是加速经济增长的润滑剂，但是，持续的通货膨胀将带来严重的经济后果，甚至带来社会生活动荡、政权更替等政治后果。

值得注意的是上述两个目标(充分就业与物价稳定)之间往往存在着矛盾。西方经济学中的“菲利普斯曲线”说明失业率与通货膨胀率之间有此消彼长、互相替代的关系。当财政实行扩张政策、追求低失业率、提高经济增长率的目标时，往往伴随着通货膨胀。反之，当通货膨胀过高，政府试图加以抑制而实行财政紧缩政策时，则又要付出经济增长速度减缓、失业率增大的代价。因此，采用何种财政政策往往面临两难选择。

(3)国际收支平衡

国际收支是一国与世界其他各国之间在一定时期(通常是一年)内全部经济往来的系统记录。通俗地讲，“每个国家都有自己的主权货币，一个国家与其他国家发生货币往来，可称为国际收支。”在国际收支平衡表中，从国外收入的款项称为“贷方项目”，对国外支付款项，称为“借方项目”。如果贷方大于借方，其差额称为顺差；如果借方大于贷方，其差额称为逆差。

国际收支平衡表一般分为四个部分：经常项目、资本项目和金融、统计误差、官方结算。通常我们把前三部分的收支差额是否等于零作为国际收支是否均衡的标准。一个国家顺差过多，意味着外汇资金的积压、未能及时充分地利用。如果把大量的外汇存放在外国银行里，资金只能让外国利用，我们虽可坐收利息，但要承担通货膨胀的风险。顺差过多，也会扩大国内货币的投入。一个国家逆差过多要比顺差过多更难以解决。逆差过多，也许是引进外资过多，使用不当，发生了债务危机：也许是进口过多，出口能力有限，久而久之，进口少不了，出口上不去，国民经济陷入恶性循环。无论何种情况都可能会引起国内的政治经济危机，因此过多的逆差是国际收入恶化的同义词。

随着国际经济交往日益密切，各国经济发展的相互依赖性提高，经济趋于全球化。各国都不可能闭关锁国搞建设，国际收支反映出国家的经济状况。由于财政的扩张和收缩会引起价格、利率和汇率的升降变化，引起商品和劳务进出口量的变化，从而将引起外汇收支平衡状态的变化，进而影响国家经济均衡发展，所以财政政策不仅要把国际收支均衡作为一个战略目标，而且各国在实现国际收支均衡时要进行财政政策措施的相互协调，否则世界经济就不会顺利发展。

(4)经济稳定增长

这是财政政策的最终目标，也是现代经济社会的必然要求。物质丰裕、政治民主、社会进步都有赖于国家财富的积累，其根本的办法就是要保持经济的稳定增长。

经济增长的源泉是劳动供给增长率、资本存量增长率以及这些要素的生产率，这些主要依赖于技术进步的速度。从历史上看，在任何时期，劳动量和资本量的增加越快，以及技术进步越快，那么该时期的经济增长率就越高。然而，经济周期的存在将影响到上述生产要素的均衡增长，进而影响经济稳定增长。经济周期的波动对经济稳定发展有着严重的阻碍作用：在经济衰退期间，企业投资急剧下降，对劳动力需求减少，失业率上升，企业利润迅速下降，生产停滞，企业破产倒闭；在经济繁荣期间，与上述情况相反，引起利率、利润及敏感商品价格上涨，造成通货膨胀。因此，熨平经济周期从而保持经济稳定增长成为财政政策的主要内容和最终目标。

(五)财政政策主体

财政政策主体是指政策的制定者和执行者，在我国现行体制下，财政政策主体是指各级政府。其行为的规范与否，对于财政政策功能的发挥和目标的实现起着至关重要的作用。

我国财政政策主体的位置错位现象严重。长期的计划经济使政府承担了许多本应由市场机制调节的事务，而一些应由政府承担的事务(如社会保障)却留给了企业，财政长期处于“越位”和“缺位”的矛盾之中，影响了财政政策效应的发挥。

(六)财政政策工具

财政政策工具是政府为实现既定财政政策目标而采取的手段。选择什么样的财政政策工具，这是制定和实施财政政策的重要一环。作为财政政策工具，至少必须符合两个条件：第一，它必须是为实现政策目标所需要的。财政政策工具是实现财政政策目标的工具，不能为实现财政政策目标服务的，政府不会选择它为政策工具；第二，它必须是政府能直接控制的。一般把财政政策工具分为三类，即国家预算、财政收入和财政支出。财政收入类的政策工具有税收和国债，财政支出政策工具包括政府购买性支出和转移性支出。因此，在财政政策工具的实际操作中，不能忽视它们的差异性，应使多种工具相互配合和协调。

1. 国家预算

国家预算是一国政府编制的每一财政年度内财政收入与财政支出的安排和使用计划，它是国家的基本财政计划。从范围上讲国家预算分为中央预算和地方预算,作为国家财政政策工具的预算一般是指中央预算或联邦预算。国家预算作为国家的财政收支计划,可以通过年度预先制定的收支规模和收支差额,以及在执行过程中的收支追加变动实现其调控功能。通过确定政府可支配的收入规模,可以确定政府的投资规模和消费规模,影响经济中的货币流量,从而对整个社会的总需求及供求关系产生影响。

2. 税收

税收是政府强制地、无偿地取得收入的一种方式。税收作为收入手段,把民间的一部分资源转移到政府部门,以实现资源的重新配置。由于"市场失灵"决定了资源在私人部门不可能完全保证得到有效配置,政府仍需要用税收手段强制改变资源配置,以弥补市场机制的缺陷。税收调节社会总供求的方式有两种:一是在自动稳定机制作用下,税收受经济波动自动增减,减少经济波动的幅度;二是政府根据经济形势的发展变化,采取相机抉择的税收政策,即政府通过选择税种、税率、税收优惠、税收惩罚等调节工具和作用力度的变化,主动实现供求平衡。还可以通过累进的所得税制和财产税制,对高收入阶层征税,从而实现收入的合理分配。

3. 公债

公债最初是政府组织收入,弥补财政赤字的重要手段。随着信用制度的发展,国债已成为调节货币供求,协调财政与金融关系的重要政策工具。一方面,国家可以利用国债资金用于基础产业的发展,有利于产业结构的优化。另一方面,国债政策的运用,可以调节社会总供求的平衡,实现经济稳定的目标。

4. 政府购买

政府购买是政府利用国家资金购买商品和劳务。政府购买可分为政府投资和政府消费。政府投资多投向基础设施、经济的"瓶颈"部门,可以调整产业结构、技术结构、资源结构,促使经济结构优化。在通货膨胀或通货紧缩的情况下,政府投资可以通过政府购买乘数效应迅速地缩小或扩大社会总需求,是政府进行需求管理的重要手段。政府消费由政府用于维持国防、行政事业费开支等支出构成,政府的消费可以直接变动总需求,也可通过消费的变化间接影响民间部门的投资和消费行为。根据现代公共支出理论,政府购买支出的增减,将直接影响个人收入的增减和社会总消费的增减,进而影响到国民收入的增减,其影响程度取决于政府购买乘数的大小。因此,政府购买作为财政政策的工具是实现反经济周期、合理配置资源、稳定物价的措施手段之一。

5. 转移性支出

转移支出是政府把以税收形式筹集上来的一部分财政资金用于社会福利保障和财政补贴等费用方面的支付。按用途不同转移支出可分为社会福利和社会保障费用支付以及政府补贴费用支付两类。前者所占财政支出比例远大于后者。转移性支出可分为社会保障支出和财政补贴支出。在经济萧条或经济繁荣时期,社会保障和社会福利的增减变化,可以增加或减少居民的可支配收入,影响社会有效需求,实现对经济的调节作用。财政补贴支出可在一定程度上缓和供求矛盾。

(七)财政政策的传导机制

财政政策的传导机制是财政政策在实现财政政策目标的过程中,各个政策工具通过某些媒介体相互作用而形成的一个有机整体。财政政策传导机制中的媒介体主要是收入分配、货币供应和价格。财政政策工具通过这些媒介体的作用达到预期的目标。

1. 以收入分配为媒介体的财政政策传导过程

①通过个人所得税税收的调整,可以减少高收入者的可支配收入,缩小居民收入差距。而通过社会保障支出或消费性财政补贴,可以增加低收入者的个人收入,增加其购买力,扩大社会有效需求。因此,通过税收工具对收入的调整可以实现收入合理分配的政策目标。

②税收工具的调整对企业利润分配产生影响。国有企业的盈利在上缴所得税后才能自主分配,税收上交越多,企业留利就越少。税收的调整体现了国家与企业之间的分配关系。国家也可以通过所得税的各种优惠政策引导企业的投资方向。因此,税收对企业的投资行为、生产经营活动产生重要的影响。

推动社会总需求变化的决定因素是各种收入要素,这些收入是分配的结果。财政政策正是通过对利益的调整来实现充分就业、经济增长、收入合理分配和生活质量提高等政策目标的。

2. 以货币供应为媒介体的财政政策传导过程

政府预算、国债等政策工具极易通过改变货币供应量影响企业的信贷行为、投资行为和物价变动,最终影响到充分就业、经济增长等政策目标。

3. 价格为媒介体的财政政策传导过程

许多财政政策工具的作用是通过价格机制体现出来的,或者是与价格共同作用发挥调节作用的。例如,税收、财政补贴等政策工具就是通过对盈利能力较低的农业、基础产业和盈利能力较高的加工行业的产品价格的影响,实现物价稳定和经济适度增长的政策目标。

(八)财政政策效应

1. 财政政策效应的评价标准

财政政策效应即财政政策作用的结果,政策的执行是否达到了预期的目标。政策实施能达到预期的目标即为有效,反之,则无效。政策是高效还是低效,不仅取决于政策执行的结果,也取决于为达到目标而付出的代价,一般可以通过政策成本与政策效益的对比分析来进行评价。

2. 财政政策效应的偏差

政策效应的偏差是指政策在实施过程中实际效应与预期效应的背离。政策效应的偏差包括两种类型:一类是政策实施过程中非人为因素造成的偏差,也称自然偏差;另一类是政策实施过程中人为因素造成的偏差,又称人为偏差。财政政策的自然偏差与财政政策自身的完善过程有关。任何一项财政政策的实施总有一个生命周期,在政策出台阶段和政策蜕化阶段,政策效果要差一点,在政策完善阶段和政策成熟阶段,政策效果要好一点。财政政策在实施过程中,会出现阶段性的政策效应偏差。财政政策的人为偏差其实是与政策的制定者和执行者的行为不当有关。现实生活中,财政政策的自然偏差与人为偏差往往交织在一起的,需要我们找出引起偏差的真正原因,及时采取措施予以纠正。

二、财政政策与其他宏观经济政策的配合

财政政策与货币政策是国家实施宏观调控的两大经济政策,是国家经济政策体系中的两大支柱。两者各有其功能和特点。在社会主义市场经济下,尤其在当前进一步深化改革、扩大开放的新形势下,财政政策与货币政策如何协调配合,促进国民经济持续、稳定、健康发展,是一个重要课题。

(一)财政政策与货币政策的配合

1. 松的财政政策和松的货币政策

"松"的财政政策,是指政府通过减税(降低税率)和增加财政支出规模等财政分配活动来增加和刺激社会总需求的财政政策;松的货币政策是指通过降低法定存款准备金率和降低利率来扩大信贷支出的规模和增加货币供应量。在社会总需求严重不足和生产能力未充分利用,解决失业和刺激经济增长成为宏观调控的首要目标时,宜采用"双松"的政策组合。这样的政策组合在扩大社会总需求、扩大就业的同时,带来的通货膨胀风险很大。

2. 紧的财政政策和紧的货币政策

紧缩的财政政策和紧缩的货币政策,即双紧政策。当社会总需求成为调控目标时,适宜采取双紧(或适度从紧)的财政政策与货币政策配合模式。紧的财政政策是指通过财政分配活动来减少和抑制总需求的财政政策。财政通过削减政府支出,提高税率等方式压缩社会有效需求。紧的货币政策是中央银行采取紧缩货币政策,减少货币供应量,调高利率,抑制投资和消费支出,两者相互配合使用,可对经济产生有力的紧缩作用。在社会总需求极度膨胀,社会总供给严重不足,政府面临强大的通货膨胀压力时,宜采用这种政策组合。但是,这种政策组合虽然可以有效抑制需求膨胀与通货膨胀,但容易矫枉过正,带来经济停滞的后果。

3. 松的财政政策和紧的货币政策

减税和增加政府支出等松的财政政策对于刺激需求,克服经济萧条,调整经济结构比较有效。紧的货币政策可以避免较高的通货膨胀。当社会运行表现为通货膨胀与经济停滞并存以及经济结构失衡时,宜采用这种政策组合。这种政策组合能够在保持经济适度增长的同时尽可能避免通货膨胀,但长期使用会增大财政赤字,积累大量国家债务。

4. 紧的财政政策和松的货币政策

当经济基本稳定,政府开支庞大,促使经济较快增长成为经济运行的主要目标时,宜采用这种政策组合。紧的财政政策可以减少政府开支,抑制需求过旺。松的货币政策可以保持经

济的适度增长。由于行之有效的松的货币政策不易把握，这种财政政策组合难以防止通货膨胀的出现。

以上是财政政策与货币政策配合使用的一般模式。除紧缩与扩张这两种情况外，财政、货币政策还可呈中性状态。中性的财政政策，指财政收支量入为出、自求平衡的政策。中性的货币政策，是指保持货币供应量合理、稳定地增长，维持物价稳定的政策。若将中性货币政策与中性财政政策分别与上述松紧状况搭配，又可产生多种不同配合。

财政政策与货币政策各有所长、各有所短。运用政策时要能够做到扬长避短，充分认识两者的局限性。

(1)财政政策的局限性

税收的局限性表现为提高税率容易遭到公众的反对，实行起来必须慎重；税收的决策时滞和执行时滞较长，等到政策发挥作用时，客观形势与提出方案时相比可能时过境迁，税收政策甚至会加重经济困难；税收具有强制性、固定性的特点，受法律制定规则的约束，缺乏灵活性，并且，减税方式不是在任何时候都能启动需求，在萧条时期减税，人们可能把减少的税款用于储蓄而不是消费。

财政支出的局限性表现为政府支出具有刚性特征，实施紧缩性财政政策操作起来有难度；经济萧条时期，政府增加转移性支出，人们可能把钱用于储蓄而不是消费和投资；增加政府支出，可能对民间投资产生挤出效应；增加财政支出水平，易削弱政府成本意识，破坏政府财务纪律，降低公共服务的效率。

(2)货币政策的局限性

货币政策的局限性表现为在经济萧条时期，一方面，商业银行从减少风险的角度出发，对贷款很慎重；另一方面，受预期不佳的影响，即使贷款利率不高，企业可能不会增加贷款。在经济繁荣时期，尽管中央银行采取提高利率等措施限制企业借款，但企业会在良好预期的鼓舞下置高利率而不顾，增大借款。货币政策只用于总量调节，对结构调节的效果不明显。

需要指出的是，财政、货币政策对经济总量的调整效果比较明显，但结构、体制因素不能依赖财政、货币政策来消除。因此，我国在采取财政、货币政策措施对产业结构和地区经济结构进行调整时，应加快在金融领域的市场化改革，以市场为导向调整经济结构、深化经济体制改革、培育要素市场、转变财政职能等措施来实现经济目标。

(二)财政政策和公债政策的配合

1. 公债政策的独立性

在西方社会，公债政策是独立于财政政策的又一宏观经济政策。作为国家宏观经济政策的一个组成部分，它有着不同于财政政策和货币政策的地方，作为连接财政政策和货币策的桥梁，辅助和配合财政政策和货币政策的运作，共同完成国家宏观经济政策目标。市场经济条件下政府的宏观经济政策总目标是如何熨平经济周期，促进经济稳定增长。为此，西方公债政策一方面以弥补财政赤字为主要目的，配合财政政策运作；另一方则与中央银行的货币政策相配合，从而使得政府能够对它们灵活搭配运用。这就使在经济不景气而需要扩张社会总需求时，一方面财政政策实行赤字政策，而公债政策及有关政策的制定则应确保公债收入取得，以弥补财政赤字；另一方面中央银行实行扩张性货币政策，其要通过公开市场操作来实施，因而公债政策及其制度则应有利于中央银行对公债的吞吐。这些都决定了西方公债发行政策、流通政策和偿还政策，必须具有自愿性和市场性等特点，才能适用市场经济的要求，在保证公债政策与财政政策和货币政策配合的同时，必须具有独立性。

2. 财政政策与公债政策的配合

财政政策和公债政策作为国家宏观经济政策的组成部分，它们的关系应是既相互补充，又相互制约的。在市场经济条件下，公债政策独立于财政政策，就为在它们之间形成这种正常关系提供了保证。它使得公债政策不仅能对财政政策起补充作用，而且还能对财政政策，尤其是对赤字政策起一定的约束和限制作用。即使是在赤字财政政策发挥着很大作用的时期，反对赤字的呼声从不断绝，其原因就在于赤字的副作用是明显的。一旦人们过度滥用赤字，过度依赖公债，其对经济和社会的危害也将是极为严重的。所以公债政策具有独立性，并因此而对财政政策起着应有的制约作用，是完全必要的。

财政政策与公债政策关系上，除了公债政策的独立性之外，更主要的还在于两者的配合问题。从财政政策看，其运作不外乎三种结果，即财政平衡、财政盈余和财政赤字，它们影响着公债政策的形成，决定着公债政策的制定和运作。反过来，公债政策的确定，也限制和影响着财政政策的确定与运作。从西方国家来看，一旦出现赤字，其基本的弥补手段只有公债。因此，财政政策的运作，就直接对公债政策提出要求，直接决定着各年度公债的发行规模和发行政策，同时也影响着公债的其他政策。此时往往要求年度公债的发行政策必须规定大于偿还政策的收入数额，实现公债的年度净收入。而如果财政实行的是盈余政策，则该年度财政政策对公债政策提出的直接要求，就不是公债的年度净发行，而是公债的年度净偿还，是公债发行政策规模小于偿还政策的规模。而当财政年度平衡时，影响公债政策的，可能是当年公债发行政策和偿还政策规模持平的结果。

相反，公债政策也制约着财政政策，这可以从以下三个方面来看：

①公债取得净收入的能力大小，直接决定着财政赤字的可能规模，在一定程度上制约着财政扩大支出的能力，也就直接制约着财政政策的确定。而年度公债净收入的大小，又是由年度公债发行政策和公债偿还政策共同决定的。这样当政府依据财政政策弥补赤字的要求来确定公债发行政策时，就还要结合公债偿还政策来考虑，而不能仅考虑取得收入问题。

②公债的利息支付，本身就是财政支出的一个组成部分。这就使得公债政策的某一部分，与财政政策的某一部分，即财政支出政策相交叉，也影响着财政政策。

③公债的有偿形式，决定了各个年度存在着公债的累积余额问题。因而公债政策还要考虑公债累积余额的规模，及其对社会方方面面的影响问题。过大的累积余额，将严重地限制公

债的年度发行规模。如西方国家就存在着议会规定国债累积余额的最高限额,以限制政府扩张支出能力的现象。这样在综合考虑偿还政策和累积余额之后的公债发行政策,就很难说一定能够满足弥补预算赤字的要求了。一旦公债确实难以满足弥补当年预算赤字的要求时,修改预算以压缩预算赤字就在所难免了,所以公债政策反过来影响乃至决定着财政政策。

值得注意的是,公债成本一旦形成,就是财政所必须承受的一种负担,不管预算账户上是否成为财政支出项目,结果都一样。因为这些都不属于对债务人本金的偿还范围,而是由于政府举债形成的新增支出,并不存在公债收入与之相抵消的问题。从现代公债来看,如果仅是借新债还旧债本金,则公债累积余额只是算术级数的增加。但是如果借新债偿付旧债本息,则由于利息以复利方式滚动,公债累积余额将呈几何级数增加,很快将会陷公债累积规模于过大的状态。所以公债成本,尤其是利息支出,应列入预算总支出中,而不应从公债收入中扣抵。否则一方面将会低估财政赤字的规模,不利于财政政策的正确运作;另一方面会陷公债政策于被动,将使公债因累积规模过大而无法配合财政政策开展宏观经济运作。

公债成本的形成有其被动性,公债利率是由市场利率,或当时的某一特定标准所决定的。这些都不像公债发行规模具有较大的弹性,从而有着较大的主动性。这就使得财政政策和公债政策的制定,必须被动地满足这些支出的需要。在市场经济条件下,由于政府债券的风险小而信誉高于一般的企业债券,具有“金边债券”的美称,因而其利率通常应低于市场利率,以控制公债的成本。

从上面的分析可知,在市场经济条件下,财政政策与公债政策的配合,不仅体现在公债的弥补财政赤字上,而且还体现在公债成本对财政支出的负担上。公债成本主要是由公债的发行费用、公债利息支出和公债管理费用等组成,严格地讲,都应该属于财政支出。因此,在公债政策与财政政策相配合时,公债成本对于财政政策的影响,是应比公债发行收入予以更大注意的。

本章小结

财政平衡是指财政收支在量上的对比关系。财政收支对比不外三种结果:一是财政收支平衡、略有结余的稳固平衡。二是财政收支完全平衡。根据历史经验,财政结余占财政总收入的2%以下可视为财政收支完全平衡。三是财政收支基本平衡。这是指财政收入小于财政支出,略有赤字。略有赤字以财政赤字占财政总收入的3%以内为度。

财政发生赤字后,需要采取一定的方法予以弥补。一般来说,弥补财政赤字的方法有以下几种:动用历年财政结余;增加税收;发行公债;增发货币。不同的弥补方法,对经济的影响是不同的。

财政政策运用政策工具去作用于宏观经济,其政策效应所引起的社会总需求的变动数量,并不仅仅是政策工具如税收或财政支出本身的变动数量,而是以乘数的状态扩张或收缩的。因此,对于财政政策效应的研究,既要着眼于财政政策手段本身的数量变动,又要考虑它们将产生的乘数效应。

财政政策与货币政策是国家实施宏观调控的两大经济政策，是国家经济政策体系中的两大支柱。两者各有其功能和特点。在社会主义市场经济下，尤其在当前进一步深化改革、扩大开放的新形势下，财政政策与货币政策如何协调配合，促进国民经济持续、稳定、健康发展，是摆在我们面前的一个重要课题。

思　考　题

1. 简述研究财政平衡时应注意的问题。
2. 简述财政平衡与社会总供求的关系。
3. 简述财政收支平衡的意义。
4. 简述财政、货币政策搭配的方式。

【案例分析】

政府在运用财政政策对宏观经济进行调控时，首要的任务是研判所面对的经济背景模式。理查德. A. 马斯格雷夫在《比较财政分析》中针对财政政策的宏观作用，分析了两种不同的经济背景模式：一是凯恩斯主义模式，即“在发达经济中，当总需求水平低得无力购买充分就业产出时，凯恩斯主义的失业问题就会出现……补救的办法都是在于提高需求的政策措施上，这种需求既可以是私人的（通过货币扩张或税收减少），也可以是公共的（通过增加公共支出）”。二是古典主义的模式。在低收入国家，“就业不足（不同于凯恩斯主义的失业）的存在可能完全是因为它无力对劳动进行支付。资本存量很小，导致劳动生产率和工资率都非常低。只有通过增加资本存量才能增加就业，而且财政政策只有在能够完成使命的条件下才是有效的。”同时，他在分析了财政政策在高收入经济和低收入经济之间的差异的不对称性后指出：“在低收入经济中经济增长的基本问题是一个供给问题而且并不适合以需求扩大的简单办法来加以解决。”

简要分析：上述两种经济背景模式和与之相适应的财政政策目标的选择，对分析经济体制转轨时期的中国经济的背景有何借鉴意义？

参考文献

[1] 陈共. 财政学[M]. 7 版. 北京:中国人民大学出版社,2012.
[2] 邓子基. 财政学[M]. 2 版. 北京:高等教育出版社,2006.
[3] 蔡汉波,彭浪. 财政学概论[M]. 上海:立信会计出版社,2009.
[4] 储敏伟,杨君昌[M]. 3 版. 北京:高等教育出版社,2010.
[5] 张馨. 财政学[M]. 北京:科学出版社,2009.
[6] 赵宇,李冰,王晓红. 西方财政学[M]. 北京:经济科学出版社,2006.
[7] 丛树海. 财政支出学[M]. 北京:中国人民大学出版社,2002.
[8] 哈维 S 罗森. 财政学[M]. 北京:中国人民大学出版社,2009.
[9] 大卫 N 海曼. 财政学:理论在当代美国和中国的实践应用[M]. 北京:北京大学出版社,2011.
[10] 王曙光. 财政学[M]. 北京:科学出版社,2010.
[11] 熊萧. 国家税收[M]. 北京:清华大学出版社,2010.
[12] 方卫平. 国际税收[M]. 大连:东北财经大学出版社,2009.
[13] 陶其高. 税法基础知识[M]. 北京:经济科学出版社,2008.
[14] 中国注册会计师协会. 税法[M]. 北京:经济科学出版社,2011.
[15] 郭庆旺,赵志耘,何乘才. 积极财政政策及其与货币政策配合研究[M]. 北京:中国人民大学出版社,2004.
[16] 罗晓琳. 外国税收理论与制度[M]. 广州:中山大学出版社,2008.
[17] 财政部国库司. 预算单位国库集中收付系统使用手册[M]. 北京:经济科学出版社,2009.
[18] 李延均,杨光焰. 公共财政学[M]. 上海:立信会计出版社,2011.
[19] 毛程连. 西方财政思想史[M]. 上海:复旦大学出版社,2010.
[20] 崔惠玉. 税式支出预算研究[M]. 北京:中国财政经济出版社,2011.

读者反馈表

尊敬的读者：

您好！感谢您多年来对哈尔滨工业大学出版社的支持与厚爱！为了更好地满足您的需要，提供更好的服务，希望您对本书提出宝贵意见，将下表填好后，寄回我社或登录我社网站(http://hitpress. hit. edu. cn)进行填写。谢谢！您可享有的权益：

☆ 免费获得我社的最新图书书目　　☆ 可参加不定期的促销活动

☆ 解答阅读中遇到的问题　　☆ 购买此系列图书可优惠

读者信息

姓名________ □先生 □女士 年龄______ 学历______

工作单位____________________ 职务________

E-mail ____________________ 邮编________

通讯地址____________________

购书名称____________________ 购书地点____________________

1. 您对本书的评价

内容质量	□很好	□较好	□一般	□较差
封面设计	□很好	□一般	□较差	
编排	□利于阅读	□一般	□较差	
本书定价	□偏高	□合适	□偏低	

2. 在您获取专业知识和专业信息的主要渠道中，排在前三位的是：

①________ ②________ ③________

A. 网络 B. 期刊 C. 图书 D. 报纸 E. 电视 F. 会议 G. 内部交流 H. 其他：______

3. 您认为编写最好的专业图书(国内外)

书名	著作者	出版社	出版日期	定价

4. 您是否愿意与我们合作，参与编写、编译、翻译图书？

____

5. 您还需要阅读哪些图书？

____

网址：http://hitpress. hit. edu. cn

技术支持与课件下载：网站课件下载区

服务邮箱 wenbinzh@ hit. edu. cn　duyanwell@ 163. com

邮购电话 0451 - 86281013　0451 - 86418760

组稿编辑及联系方式　赵文斌(0451 - 86281226)　杜燕(0451 - 86281408)

回寄地址：黑龙江省哈尔滨市南岗区复华四道街 10 号　哈尔滨工业大学出版社

邮编：150006　传真 0451 - 86414049